HERMES

在古希腊神话中,赫耳墨斯是宙斯和迈亚的儿子,奥林波斯神们的信使,道路与边界之神,睡眠与梦想之神,亡灵的引导者,演说者、商人、小偷、旅者和牧人的保护神……

西方传统 经典与解释 **HERMES**
Classici et Commentarii
古今丛编
Library of Ancient and Modern
刘小枫◉主编

科耶夫的新拉丁帝国
Kojève's Neo-Latin Empire

[法]科耶夫 Alexandre Kojève 等 | 著
邱立波 | 编译

华夏出版社

古典教育基金·蒲衣子资助项目

"古今丛编"出版说明

自严复译泰西政法诸书至20世纪40年代,因应与西方政制相遇这一史无前例的重大事件,我国学界诸多有识之士孜孜以求西学堂奥,凭着个人禀赋和志趣奋力迻译西学典籍,翻译大家辈出。其时学界对西方思想统绪的认识刚刚起步,选择西学典籍难免带有相当的随意性和偶然性。20世纪50年代后期,新中国政府规范西学典籍译业,整编40年代遗稿,统一制订选题计划,几十年来铢积寸累,至80年代中期形成振裘持领的"汉译世界学术名著"体系。尽管这套汉译名著的选题设计受到当时学界的教条主义限制,然开牖后学之功万不容没。80年代中期,新一代学人迫切感到必须重新通盘考虑"西学名著"翻译清单,首创"现代西方学术文库"系列。这一学术战略虽然是从再认识西学现代典籍入手,但实际上有其长远考虑,即梳理西学传统流变,逐步重建西方思想汉译典籍系统,若非因历史偶然而中断,势必向古典西学方向推进。正如科学不等于技术,思想也不等于科学。无论学界迻译了多少新兴学科,仍与清末以来汉语思想致力认识西方思想大传统这一未竟前业不大相干。

"五四"新文化运动以来,学界侈谈所谓西方文化,实际谈的仅是西方现代文化——自文艺复兴以来形成的现代学术传统,尤其是近代西方民族国家兴起后出现的若干强势国家所代表的"技术文明",并未涉及西方古学。对西方学术传统中所隐含的古今分裂或古今之争,我国学界迄今未予重视。中国学术传统世代传承,"国学"与包含古今分裂的"西学"实不可对举,但"国学"与"西学"对举,已经成为我们的习惯——即"五四"新文化运动培育起来的现代学术习性:凭据西方现代学术讨伐中国学术传统,无异于挥舞西学断剑切割自家血脉。透过中西之争看到古今之争，进而把古今之争视为现代文教问题的关键，于赓续清末以来我国学界理解西方传统的未竟之业，无疑具有重大的现实意义和历史意义。

本丛编以标举西学古今之别为纲，为学界拓展西学研究视域尽绵薄之力。

古典文明研究工作坊
西方经典编译部甲组
2010 年 7 月

亚历山大·科耶夫
(Alexandre Kojève,1902—1968)

目　录

编译者前言：绝对精神的喜剧与自我意识的悲剧（邱立波）………… 1

第一编

法国国是纲要（科耶夫）……………………………………… 3
黑格尔哲学中的死亡理念（科耶夫）………………………… 58
科耶夫—费舍德文献（科耶夫、费舍德）…………………… 127
科耶夫—施米特通信（科耶夫、施米特）…………………… 152
从欧洲视角看殖民主义（科耶夫）…………………………… 188

第二编

科耶夫的拉丁帝国（霍斯）…………………………………… 215
世界的多样性：新背景、旧同盟（阿隆）……………………… 229
世界的多样性（赫克舍）……………………………………… 244
施米特的欧洲（麦考米克）…………………………………… 300
施米特的大空间秩序概念（莫尔顿）………………………… 312
欧洲与世界新秩序（霍斯）…………………………………… 334
三种全球秩序观念（缪勒）…………………………………… 351

第三编

普遍均质国家的合理性（霍斯、弗洛斯特）…………………… 381
评科耶夫《无神论》（佩姆）…………………………………… 424
评《法权现象学纲要》（佩姆）………………………………… 439
评《僭主的爱欲》（达格利尔）………………………………… 453

编译者前言
绝对精神的喜剧与自我意识的悲剧

邱立波

一

在欧美学界,随着施米特和施特劳斯研究的兴起,科耶夫作为跟两位思想家均有密切来往和深刻对话关系的思想家,也逐渐受到重视,研究文献日见增多。由我承乏编译的这个选本,便是围绕科耶夫的"拉丁帝国"理念,①搜集相关研究论著而成。

"拉丁帝国"是一个跟国际政治有关的理念,科耶夫提出这个理念是在第二次世界大战即将结束的1945年,是在他写给当时法国政治领袖戴高乐的建言书《法国国是纲要》里面(科耶夫的不甘寂寞和用世野心人所共知——据伯林说,他其实也给斯大林写过人民来信,但结果是泥牛入海无消息)。在这份颇具纵横家气息的建言书中,科耶夫对当时的国际格局做出了判断:苏联和美国作为两个巨大的政治实体,已经超越了传统政治学和国际法理念所约定俗成的"民族国家"的界限,形成两个可以对全球施加影响的"帝国"。尽管"冷战"和"两极对立"之类名词的出笼还得再等些时日,但明眼人都可以看出,所有国家最终都得在这样一种格局之下,在两个"帝国"的勾心斗角之中重新考虑自己的位置和前途。科耶夫对当时亚、非、拉正如火如荼的、以民

---

① 为了与1204—1261年曾经存在过的拉丁帝国相区别,本书在书名中将科耶夫所动议的拉丁帝国称为"新拉丁帝国"。

族为名义的法理独立运动究竟作何感想不得而知,但他给戴高乐开出的应对方略却是,法国不可以再固守民族国家的旧梦,她应该利用自己在拉丁诸民族(主要包括法兰西、意大利和西班牙)当中的领导地位,利用罗马天主教所塑造的共同精神和文化资源,同时也利用自己在二战之后即将从德国获得的巨大经济优势,联合相关的欧洲国家建立一个拉丁精神取向的"拉丁帝国",以此来跟苏联所主导的斯拉夫—苏维埃帝国和美国所主导的英美帝国分庭抗礼,瓜分世界的统治权。

即便是听传说,人们也都知道科耶夫是所谓"普遍均质国家"理论的炮制者,实际上也是当今世界正在流行的各种或精巧或拙劣的全球化理论的重要源泉。——什么是普遍均质国家?这是科耶夫对未来世界人性状况和生活景观所做的一种全面设想,1930年代在巴黎讲授黑格尔《精神现象学》的时候首度提出,后来又在成书于1943年的《法权现象学纲要》里面全面充实。这种国家,如果用一种漫画或者科幻的手法来说就是这样:如果地球可以切割,如果恰好有一个人(实际上,科耶夫认为这个人就是自己)手里有那么一把刀能够切割地球,那么,他就可以不必在乎历史上或者现实中所存在过的或者正在存在的任何界限(比如今天所存在的国界和所谓的族群认同),随兴之所至地从任何一个地方切下去,然后再从另外一个他喜欢的地方切下大小相等的另外一块,再将这两个部分对换。结果他会发现,普遍均质国家状况下的人们,除了可能会存在的自然性差别之外,比如语言不通(或许到时候全球就只用一种语言了——如果考虑到科耶夫在构想拉丁帝国的时候曾经说拉丁诸民族之间的语言,只要学会其中一种则另外各种都可以很容易学会这点,那么,如上的推理科耶夫应该也是同意的)或者面目陌生这样一些自然性的原因之外,人与人之间的"交流"将不会存在任何困难。到时候人们会发觉,自己原先头脑里面所保存的任何东西都可以忘记,都可以毫不困难地被现实环境改造。没有什么东西是必须固守的,思乡的泪水或许会有,但只要他能够找到一个无毛两足的动物,他马上就会找到"交流"的伙伴。因为在这种国家里面人与人之间将不会再有任何本质性的差别,人们将不会再遇到真正陌生的东西。——地球的空间将被完全地均质化,跟某片土地相结合的历史、传统、文化和风俗等等,都可以被迅速切割,迅速被重新排列组合。

这个科幻传说也可以有另外的表述版本:让那个操刀的超人现在变成一个可以随意摇撼地球的超人。假设他一手抓住太平洋,一手抓住大西洋,把地球像筛糠那样用力摇晃;如果人还没有被第一宇宙速度甩出地球,那么这些可怜的小沙粒也会被甩开原来的位置,跟原先所有的环境,比如朋友,家人(还有家人么?),同学和朋友等等告别。等他从昏厥当中再次醒来的时候,他会发现周围都是陌生人,但"最爱陌生人",因为到时候我有十足的把握可以确信,我在这个陌生人的头脑里面不会发现任何我不熟悉的东西,发现我们彼此之间已经"缘定三生",我们可以很自然地握手言欢。

除了上述空间意义上的均质化,其实还有另外一种时间意义上的均质化。科耶夫指出,在历史尚未终结的时候,人是一种在被将来所规划的现在当中生存的存在。也就是说,历史中的人还是有创造力的,他还会用将来的不确定性超越现在的给定性,从而也超越自身存在的给定性。但在历史终结之后的普遍均质国家,因为历史在本质上已经被完成,所以《旧约·传道书》中所说的"已有的事,后必再有;已行的事,后必再行。日光之下并无新事"必将在去宗教化、最人性化的意义上成为现实,"将来"将不会对人们再有任何的吸引力。那时候的运动,便是日复一日地重复人类已经走过的"圆环"。——在1955年5月16日致施米特的信中,科耶夫说:

> 现在,我相信黑格尔完全正确,我也相信,在具有历史意义的拿破仑之后,历史已经终结。因为,说到底,希特勒只不过是一个"新式的、放大的和改进版的"拿破仑而已[La République une et indivisible(统一而不可分割的共和国) = Ein Land, ein Volk, ein Führer(一个国家,一个民族,一个领袖)]。希特勒犯下了那些您在第166页(接近中间的部分)里面描述得非常之准确的错误:也就是说,如果拿破仑在他的那个时代可以做到希特勒这个程度的话,无疑是足够的。但不幸的是,希特勒做这些事情是远在150

年之后！因此，第二次世界大战没有带来任何从本质上来说是新颖的东西。而第一次世界大战则只是一段幕间休息。

战争以及战争的可能，在历史尚未终结的时候乃是让意义得以维持的根本手段。每一次有意义的战争，既是对现实的汰洗，也意味着人类的重生。但在拿破仑之后，所有的战争都将被虚无化，它的意义也将最终被淘空，人们没有能力证明一种价值比另外一种价值更高尚，也没有办法理直气壮地为某种连自己都犹豫不决的理由而拿起枪杆。也就是说，均质化的时间状况让人们没有办法对未来寄予希望，也没有能力再为任何某种理由所许诺的将来而流血。所有许诺人类以新将来的战争，都将被证明为"虚空的虚空"。——当人们发现战争本身是无意义的循环的时候，抛弃战争、普遍均质的时间观念也将成为必然。

现在的问题是：这种普遍均质的哲学，如何跟"新拉丁帝国"的梦想调和？——这篇建言书的主人公，在两年之前杀青的《法权现象学纲要》里面还在说他不但要依法治国，还要依照法律治理地球，要用由三个人参加的法律情境来取代两个人面对面时的政治决断。——但同样还是这一个人，在这封勾勒拉丁帝国蓝图的建言书里面，却偷梁换柱地把关键词由"法权"换成了"政治"。细绎这篇建言书，几乎字里行间都充满了在两年前的《法权现象学纲要》里面念兹在兹地引为假想敌的、施米特式的"政治"语言。——跟所有把历史任由自然来融化的、"此亦一是非、彼亦一是非"的虚无主义牌的普遍均质国家理论不同，这篇建言书充斥了关于正确、历史、传统、拉丁帝国的昔日辉煌这类如果放在《法权现象学纲要》的语境里面将会被肢解得七零八落的字眼。一言以蔽之，在《法国国是纲要》里面，历史还没有终结，政治也还有价值，哪怕是残余的价值。

邀买君主信任，最简单也最常见的办法就是，把如果不听从自己见解可能会发生的后果说得骇人听闻。在这点上科耶夫也不例外，且看他在建言书中提出的、法国正面临的两个任务：

——一方面,在苏联人与英美人之间可能要爆发的战争到来之前,必须要尽最大努力确保实现中立;

——另一方面,在苏联之外的欧洲大陆,在和平期间,保证法国在经济和政治方面相对于德国的领先地位,是非常重要的。

既然目的是关系到血腥的政治厮杀,为了达到这个目的的中间手段即预想之中的拉丁帝国,自然也不能不政治:

> 在十九世纪仍然非常强大的民族国家,正如中世纪时候的封邑、城市和主教区不再是国家一样,也正渐渐地不再是**政治性的实体**,不再是严格意义上的国家。作为当前政治实体的这种现代意义上的国家,它所需要的基础比严格意义上的民族所能呈现出来的更加广阔。为了能够**在政治上**生存下去,现代国家的基础必须是一种"广阔的、由加盟的民族国家所构成的、'帝国性的'联盟"。

如果有谁不幸提前两年看到了《法权现象学纲要》(有趣的是,这部科耶夫自己感到满意的著作,在他生前并没有出版),而如果有谁又不小心把《法权现象学纲要》当成了"科子晚年定见",那就真的是南辕北辙了。且看科耶夫对跟自己提出的最终方略极端近似的、"国际共产主义运动史"(工人阶级没有祖国!)的评骘意见:

> **另一方面**,"国际主义的"社会主义则确信自己看到了这样的一个过程,即政治实体正在从民族国家移向人性本身。
> ……而国际主义的疏忽则在于,如果离开了人性,它没有办法看到任何一种在政治上能够存在下去的东西。它同样也没有办法揭示出帝国这样一种过渡性的政治实体,而这种实体作为由**加盟的民族国家**所组成的联合或者说国际性的集合体,恰恰就是人们在今天所看到的政治实体。如果说从现实的角度来看民族国家已经不再是一种政治实体,那么,从政治的角度来说,人性也

仍然只是一种**抽象**。而正是因为这个原因,所以国际主义在当前还是一个"乌托邦"。现阶段的国际主义在付出了代价之后才认识到,如果不经历帝国的阶段,从民族国家是不可能跨越到人性的。正如同德国在中世纪的时候就已经认识到:与自己的意志相反,如果不经过封建的和民族国家的阶段,是不可能达到帝国阶段的。已经抛弃了民族国家的、黑格尔意义上的世界精神,在通过人性被体现出来之前,必须要栖息于帝国当中。

也就是说,国际共运史之所以没有达到整合人性的目的,要害在于它妄图不经历政治而直接达到"人性"。既然镜鉴在前,法国之不能"非政治"、之必须讲政治,也就成为情理中事。像下面这样的耸听危言,科耶夫说了不止一遍:

> 因此,人们可以设想,如果法国放弃独立的政治存在,也就是说,放弃自己作为一个国家的存在,那么,她不仅会丢尽拉丁—天主教文明的"脸面",而且还会丢尽自己的脸面。

也就是说,在《法权现象学纲要》里面被顺理成章地作为基础、作为目标的"人性",在建言书里被无限期地搁置了。如下在建言书里面在在可见的痛心疾首的言论,跟施米特从魏玛共和国时期就开始的、对于虚无主义政治学和德国无决断的政治状况的批评比较起来,何其相似:

> 但是,更加贻害无穷的是,非政治化(depoliticization)所带来的灾难性后果已经攫取了法兰西民族的心脏。因为毫无疑问,后者的衰落(这一点没有谁会提出异议,因此再加赘述也没有什么意义——并且也只能徒增烦恼)是与这个国家在政治上的萎缩紧密联系在一起的,而这种萎缩所呈现给世人或者说向世人所表述出来的面相,就是法国丧失了一种现实、明朗而有实际效力的政治意志。因为人们根本没有办法加以否定甚至没有办法视而不

见的事实是,去年,昨天——甚至还有今天——的法国,已经没有一种清晰而明确的政治理念,或者她以后再也不会有这样一种理念了。现代的法国人不但在事实上,而且在自己的思想意识当中,都是在作为一个"资产者"在生活,而不是作为一个"公民"而生活。他在行动和思考的时候,都是一个"私人"意义上的"个人主义者","个别的"利益对他来说是最高的或者说是唯一的价值。他首先是"自由的",或者说首先是"自由主义者"和"和平主义者",因为他再也不想受制于国家"普遍"现实性的负累和要求,也不想受制于国家用来主张和保护自己的那些手段。

但回顾《法权现象学纲要》,科耶夫的矛头所向,便是要想办法融化他其实很早就读到的施米特《政治的概念》当中的中心主张:政治便是划分敌我,便是坚定地说某些东西是永远的,是唯一正确的,并且为了这个永远和这个唯一的正确,要敢于血战到底。——但彼处的科耶夫却说,一旦普遍均质国家成为现实,施米特的理论整体上就会成为真正的过去,就会失去价值。

因为在《法国国是纲要》里面全面接受了施米特的政治观念,所以,科耶夫对于施米特的赞同就不仅包括总体性的政治概念而已,还渗透到许多施米特曾经有所论列的细节。换句话说,科耶夫在真正开始跟施米特的交往之前,虽然未必读过施米特的所有论著,但是因为接受了施米特关于政治问题的根本立场,他也就必然接受施米特在很多直接问题上的遗产(或者说与这种遗产暗合)。

首先,《法国国是纲要》当中所看到的国际格局、所确定的三个帝国,说到底也就是施米特以各种方式谈论了几十年的"大空间"观念。虽然施米特的"大空间"理论在细节上、在瓜分地球的"大空间"的地理构成上随着历史境况的不同前后而有变化,但有两条最基本的见解前后一贯:一是,法理性民族国家没有办法从规范法学的立场来认识,这种国家的"法理主权",在当代世界技术和经济的总体景观之下,必然要依附于那些能够在"事实上"左右地区局势、参与世界瓜分的"大空间"的"事实主权"。或者简单点说:全世界能够拥有法理主权的国家可能有几百个,但拥有事实主权的国家则可能寥寥可数。主权既然说到底就是打破常规进入非常状态,那么,研究事实主权实际上也就是要研究在适当的条件下吞并某些民族国家,使之服从于拥有更大事实主权力量的大空间。二是,施米特极力反对空间被操刀的巨人或者摇撼地球的巨人虚无化,在他看来,任何一个有意义的地理空间,都是不可析离出来而抽象地加以认识的匀质空间,而是那种跟某个人群、跟某种独特的历史、传统、律法等等一一对应的本质性空间。——很容易就可以看出,把这套理论如果用科耶夫的语言加以翻译,就是拉丁帝国的理念。

其次,科耶夫引以为拉丁帝国立国精神的天主教,跟施米特用来对抗自由民主现代性的罗马天主教精神也若合符节。

施米特早年曾经写过一个非常有名的小册子《罗马天主教与政治形式》(中译本收入刘小枫主编,刘宗坤等译《政治的概念》,上海人民出版社,2003年9月,页57—112),对于这个小册子的政治用心,论者曾经指出:

> 要解读这部看起来不难懂的小册子并不容易。韦伯的《新教伦理与资本主义》一书对自由民主现代性的形成及其问题作了经典研究,支配了20世纪学术思想诸多重大的问题意识。施米特从新教伦理的对立面——天主教政治伦理来看待自由民主现代性的形成及其问题,在解释继承了罗马法传统的天主教政治形式时,明显与韦伯相对。研究施米特的这篇文本,对于现代性的形成及其问题的理解,将会出现一片截然不同的景观和完全不同的问题意识(刘小枫:前揭书《编选说明》,页2)。[1]

也就是说,施米特为罗马天主教招魂使之与现代新教伦理的比对,其实也就是利用罗马天主教的形式来对抗被韦伯所揭示出来的现

---

[1] 欧美学界持类似意见的学者也很多,参见凯利(Duncan Kelly),*The State of the Political*,Oxford University Press,2003年,页187—188,及注释129。

代性政治伦理。并不是说韦伯本身的分析没有道理,而是说这个分析所显现出来的那个事实本身——即现代性的政治伦理以及这个伦理所依附的形体即英美的政治取向——必须要从政治上加以反对。但其实施米特在宗教上所反对的不只是新教而已,如果考虑到他在1920年代开始逐渐显露出来的反苏俄的政治倾向也结合着对于东正教传统的严阵以待,则上述对罗马天主教的标举其实也就等于是为欧洲政治形式的精神支持寻找助力和标的。

科耶夫有没有读过施米特的这个小册子还有待于证实,但他在《法国国是纲要》当中所流露出来的、对于新教以及被新教所附体的政治实体即英美帝国的反对态度,却跟施米特的想法毫无二致。首先,科耶夫跟施米特同调,把韦伯憋在心里但没有明说的、新教与英美帝国的重合关系明白地揭发了出来:

> 一方面,人们很容易就会把德意志和英美诸国进入近代以来的巨大飞跃解释成是新教世界里面教会与国家相互渗透、水乳交融的结果;并且毫无疑问的是,从本质上讲起来是"资本主义"的英美帝国或者说德意志—英美帝国,直到今天仍然受到新教教义的巨大鼓舞。(有些社会学家甚至在新教当中看到了资本主义的最初源泉。)

就跟科耶夫很明白地告诉戴高乐的一样:今天所谈的新教云云跟纯粹宗教的问题没有关联,这是十足的政治问题,因为科耶夫所看到的三大基督教支派的思想和精神层面的版图,跟帝国间的政治和地理意义上的版图其实是重合的:

> 在正教传统的斯拉夫—苏维埃帝国和受到新教启示的英美帝国和可能存在的德意志—英美帝国之外,还必须要造就一个拉丁帝国(Latin Empire)。只有这样,一个帝国才能够与已经存在的那两个帝国处于同样的政治水平,因为在帝国独立性受到威胁的情况下,她自己就能够支撑一场可能的战争。并且,只有通过将

自身置于这样一个帝国之领导者的位置上,法国才能够保持其政治上的,从而还有文化上的特殊性。

而就事实来说,新教从一开始就是依附于英美世界的,而这个世界目前正在将德意志世界也纳入进来。正教教会虽然看起来已经脱离了俄罗斯帝国,但它实际上又找到了正处于创建过程之中的斯拉夫——苏维埃帝国。至于天主教教会,可能过不了多久也就没有办法抵制拉丁帝国了。

如果不把天主教的精神跟拉丁帝国的肉体相结合,如果任由文化成为游魂而又不做一番认真的"招魂"工作,则不但拉丁帝国的肢体将成为不折不扣的植物人,而从宗教文化这一面来说,脱离了政治依托,摆脱了政治保护的拉丁天主教文化,只会成为装点和谈资。因此,拉丁帝国不但要保种,也要保教:

在这个帝国的内部,法国非但不会发扬光大,反而还要受制于得到英美集团压倒性的政治权力和经济力量支撑的英美帝国文明——这种文明从其现代形式上来说基本上是新教式的,也是"德意志式"的——的影响。这种影响的蛛丝马迹,已经可以从看着来自海峡对岸和大西洋对岸的电影和小说长大的法国年轻人的身体和道德方面,隐约地辨别出来。因此,人们可以设想,如果法国放弃独立的政治存在,也就是说,放弃自己作为一个国家的存在,那么,她不仅会丢尽拉丁——天主教文明的"脸面",而且还会丢尽自己的脸面。

——《法国国是纲要》跟《法权现象学纲要》之间所存在的上述矛盾该怎样解决?

二

在《黑格尔导读》和《法权现象学纲要》里面,科耶夫非常喜欢用这样一个说法:某个现象"从现象上来说"如何如何,但是,"从本质上来说"、"从我们的角度"或者"从现象学家的角度"(诸如此类)却是另外一个样子。——换句话说,科耶夫毫不讳言,自己所看到的那种现象,并非所有人都可以看到;而自己所具有的那种眼光,也未必是所有人都能够具有。在历史终结之后,所有人都将变得同样聪明或者同样不聪明,但在历史结束之前的最后时刻,却有那么一个人比所有人都聪明。这个人的婴儿版是黑格尔,而他在 20 世纪的成人版,科耶夫尽管没有明说,但其实意思是清楚的:就是我科耶夫!

1955 年 5 月 2 日,科耶夫在读到了施米特的讨论"攫取"(施米特对战争的政治经济学意义上的称呼)绝不可能随着生产和分配方式的解决而被最终解决的论文《占有/分配/生产:一个从 Nomos 出发决定每种社会经济秩序诸基本问题的尝试》之后,曾经写信给施米特,有过如下的意见:

1)"从本质上来说"(当然是从拿破仑以来)不会再有任何的"攫取"存在(所有有关的企图都已经失败了);

2)"对于我们来说"(即对于"绝对知识"[absolute knowledge]来说),现在所有的只是"生产"!

3)但是——"对于意识自身来说"(比如对于美国/苏联来说),"区分"还是存在的。

关于这三条回答的详情,收入本书的美国学者霍斯的《欧洲与世界新秩序:科耶夫与施米特的"大地法"遭遇的教益》有某种分析,关于《法国国是纲要》,霍斯也有某种意见,但这位《法权现象学纲要》的英译者没有谈到的问题是:《法国国是纲要》和《法权现象学纲要》之间的差别到底意味着什么？如果说《法国国是纲要》在前而《法权现象学纲要》在后，那么，人们可以说，前者是作者的少壮之作，后者则是作者的老成之作；但是在为普遍均质国家开创镒基的《法权现象学纲要》宣布历史已经终结、政治已经消亡之后，再来重提政治的问题，这之间的翻云覆雨，该如何解释呢？难道历史又要重新开始一遍？

如果考虑到我们在这里所说到的，科耶夫一直都自视甚高，将自己视为终结历史的"智者"这点来说，如上的矛盾似乎便有了某种线索，也就是说，科耶夫认为自己作为"精神"、作为"绝对知识"，是高于作为意识而存在的具体国家的"政治"的，也就是说，科耶夫认为自己相对于政治、相对于某个具体国家的关系乃是上对下的关系，是智者对愚民的位置，是启蒙者对受教者的位置。因此，上述矛盾除了应该从概念的角度加以疏通之外，还必须要参照科耶夫两面三刀的用心和一龙一蛇的行迹来摸索。

科耶夫出生在"十月革命"之前的俄国，理论上应该是俄国人。但革命后的俄国大学因为他是资产阶级子弟而拒绝让他入学，他不得不亡命法国，此后的大部分生涯也在法国度过，并且也是为法国度过。但上文已经提到，即便到了法国之后，科耶夫其实也没有断绝跟俄国的联系，他甚至还给斯大林写过人民来信。——我对这封信的内容很感兴趣，可惜今天已无从考究其中的详情，可能被克格勃的官员冷笑着丢进了字纸篓里面也说不定。但据伯林说，这封信跟俄国国策的选择有关，我可不可以大胆假设，这是另外一个版本的"俄国国是纲要"？在这个纲要里面，科耶夫提醒斯大林说：你要小心美国，小心欧洲，你要强化你的内政，也要注意跟东正教合作，以便建设一个可以跟美、欧鼎立的斯拉夫—苏维埃帝国。——这是我异想天开吗？我倒觉得从《法国国是纲要》里面，是可以找到证据的，那就是，与平常可以看到的离开了母国便对负我的母国一切都穷极恶语中伤之能事的"人之常情"不同，科耶夫对斯大林从政治的角度给予高度的赞赏。并且，他并不认为这个斯拉夫—苏维埃帝国和拉丁帝国之间有着高下之别，因为它们都是帝国，都是人类走向绝对知识或者精神所预见的那个前途的准备。——再让我们问一个问题：科耶夫在流亡的时候选择法国，这是"必然的"么？也就是说,这是不是因为法国跟科耶夫之间有某种本质性的、需要用生命来证明的关系。我觉得未必,而如果机缘凑泊,科耶夫流亡的下一站是英国或者美国,他成为与拉丁帝国或者斯拉夫—苏维埃帝国相对立的英美帝国的智囊,应该也不是太过离谱的推测吧。

科耶夫没有祖国,也不需要祖国。因为既然他的着眼点乃是全球性的普遍均质国家,他唯一需要考虑的,便是自己应该如何"道成肉身",通过一个国家机器让自己的规划找到寄托。因此,在这个自比黑格尔的绝对精神看来,自己寄身于何处、选择何种语言,跟道德毫无关联,或者,即便有关联,也没有必要考虑。因为,既然绝对精神是人类不可避免的趋势,那么,现实的对立、界限等等,就没有哪一条是不可跨越的。

既然绝对精神就是主观与客观的统一,那么从自身学说的角度来说,科耶夫显然也没有恪守"学术道德",1955 年 5 月 16 日,科耶夫致信施米特告诉他说,所有目前表现为对立的界限都可以泯灭:

> 我非常高兴我们对所谓的现代"国家"想法是相同的。但是,我不能理解,为什么尽管如此您仍然还能够谈及一场即将到来的政治—军事"冲突"。对我来说,莫洛托夫的牛仔帽才是未来的象征。

在这封信里面,科耶夫从政治的最终消亡出发,赞赏了施米特许久以来切齿不已的苏俄。这还不算完,1957 年 1 月,科耶夫在施米特的关说之下,到杜塞尔多夫继续贩卖自己的历史终结哲学,这次科耶夫更是当着施米特的面,皮里阳秋地赞赏了美国:

> 我想说的只是,从内心深处来说,我从来都没有办法理解人们到底出于什么理由反感美国。因此,从个人角度来说,我总是会在这当中看出一种可以称之为偏见的东西。但也有可能我是错的。

其实,科耶夫的如下说法,可以看成是他对施米特政治理论的定论:

> 除了关于时间的问题之外,我赞同您的所有观点(对于其中那些才华横溢的东西来说,我无话可说,您本人当然也是知道这一点的)。您关于这个问题的观点在过去是正确的,但现在却不再正确了。

话还是要说回来,当科耶夫所有这一切的时候,他的身份乃是法国政府的公务员,他的事业仍然是不折不扣的政治事业;也就是说,这个公务员正在从事的工作,还是《法国国是纲要》里面对戴高乐说过的那些。说得再白一些(用黑格尔式的哲学语言来说):以《法国国是纲要》为代表的科耶夫的一系列用世作品,是科耶夫穿上政客行头之后、化身历史情境中的"自我意识"之后的语言;而《法权现象学纲要》则是科耶夫面对少数哲人的窃窃私语。前者是后者的准备,后者是前者的目标;而尤其重要的是,前者当中的那个我,对于自己正在做什么事情有非常清醒的自我意识。

许多人都知道科耶夫有一句经常说的俏皮话(就收入本书文献来说,至少阿隆和后来的法国总理巴尔都从科耶夫口中听到过这句话):人生是场戏剧,只有一次,但是得好好演! ——从如上小论所建议角度出发,是不是可以说:《法国国是纲要》里面政治化的"科耶夫"是一个演员,《法权现象学纲要》里面普遍均质的科耶夫则是一个导演?

"二程语录"里面记载过二程子对于张良的评价,大意是说,像刘邦这样的人物,怎么可以"用"张良?事实乃是,始终都是张良在利用刘邦。这段评论,大概是针对刘邦非常自鸣得意的那段自我评论:某某方面我不如萧何,某某方面我不如韩信,但是这些人最后都入了我的彀中,成为我的臣下。二程子是在说闲话么?

时至二十世纪,史学大家顾颉刚曾经在《汉代学术史略》当中说,汉代的学者很没用,因为他们竟然承认孔子做过老子的学生,跟老子问过学,结果把圣人弄成了"双重人格"。无独有偶,另外一位史料学大家钱穆的名著《先秦诸子系年》,其中最为人诟病但其实也是钱穆最担心、最害怕却始终又最坚定地说自己已经解决了的一个问题是:孔子没有做过老子的学生。这其中包含的隐情我想跟顾颉刚是一致的:他们都太怕发现孔子学里面的权术(尽管害怕的基点非常不同)。

但不是连孔子自己都说么,"可与共学,未可与适道;可与适道,未可与立;可与立,未可与权"。圣贤为什么就一定要"表里如一"、"不欺暗室"? 圣贤在为谁守贞节?

回到科耶夫:在《法权现象学纲要》的法文版说明里面,编者说:"虽然作者说自己对这部著作是满意的,但此书却始终都没有出版,并且也一直保持着原貌。"让人感到好奇的是,既然是让自己满意的著作,为什么不付梓出版?这里面包含着什么样的隐情呢?

现代学术环境所养成的学术"公德"不能无限制延烧,在有些人那里,人们似乎就是没有办法从他的前天和昨天而推知他的明天。有些人似乎就是"瞻之在前,忽焉在后"的。——不要以为做了公务员,就只能变成螺丝钉,就只能按照螺丝钉的方式来思维。至少从科耶夫这里我们可以看到,公务员也可以有另外的气象跟规模。

三

但问题是,找到了绝对精神,所有的问题是不是都能够心安理得地解决? 比理论上的简洁明快更加耐人寻味的是一个实践性的问题:所有声称全球化和人类大同的理论家都喜欢用"大势所趋"、"人心所向"这一类的字眼,他们都喜欢或隐或显地强调上述"趋势"和"方向"当中所包含的那种力量的"自然"特性。但无论是现实的证据还是科耶夫的行迹都表明:从个别意识之间的血腥对决到普遍均质国家的实现,这之间并不是一个自然历史的过程,而是一个"飞跃";说白了,这个在《法权现象学纲要》里面始终一笔带过、语焉不详的、以取消政治、泯灭意义、终结历史为目标的"飞跃"的实现,恰恰要借重政治、标举意义、置身历史。

跟绝大多数只知道低头拉车而不知道抬头看路的理论家不同,科耶夫这位"绝对精神"的化身对于自己化妆为"意识"所正在做的事情有明确的意识,也就是说,他完全有可能是面带冷笑和自嘲地看待自己正一本正经地从事着的这桩政治游戏的:因为最终的目标既然是非政治的人类大同,那目前正进行得热火朝天、煞有介事的事业,到头来除了沦为势必灰飞烟灭、势必被人在茶余饭后"戏说"的游戏,还能是什么呢?但科耶夫始终没有回答的问题是:如果说历史在拿破仑之后已经终结,那么他现在所利用的这个"政治"又是什么,这种东西跟施米特一语中的的"敌友划分"可有丝毫的区别?自由民主政治的扩散、各种堕入更深层"洞穴"却惑然不自知的族群"自觉"、表现为"中间领域"的科技交流,确乎在以各种面目解构此前板块化的政治体系,确乎让世界越来越多表现出某种"均质化"的迹象,但是,这些自由了的个体、解放了的族群、进步了的技术,除了再次沦为有待于争夺的标的、有待于吸纳的游子、有待于变成政争利器的不宣秘宝之外,除了表现为被麦当劳堵住嘴巴、被好莱坞迷住眼睛、被电子游戏把时间占用从而再次被不知政治为何物的美国人政治化之外,人们可看到了真正的另外一种选择?

政治的残余价值真的耗尽了么?

借用政治真的可以把政治取消么?

1955年5月16日,科耶夫致信施米特:

> 再过一、二十年,就连一个"非黑格尔主义者"都会看出,东方和西方不但需要的是同样的东西,做的也是{同样的事情}。到时候"联合"将是非常容易的事情。

事情真的如此?

1967年,科耶夫去世的前一年,他在从密访北京回到法国的途中,到柏林给当时正在造反的学生开了一场讲座。讲座之后,在座的陶伯斯问他接下来会去那里,他的回答是去拜访施米特,因为施米特是德国"唯一值得一谈的人"。——如果政治已经不成问题,如果施米特真像有些一面乐观一面又准备政治别人或者被别人政治的人物所看到的那样:这场施米特—科耶夫的论战是科耶夫赢了,那么让人感到兴味的是,再见施米特还有什么好谈的? 关键是:还有什么"值得一谈"的?"人之将死,其言也善",是哪一道锐利的光芒划过了这位天纵英才的脑际,使得他在志得意满、睥睨一世的未央之夜再去敲施米特的门?①

四

最后对本书入选的文章略作说明。

作为展示科耶夫思想的文献,在选择科耶夫本人的著述的时候主要集中在三个方面。一是国际政治的方面,主要是本书书名所自来的《法国国是纲要》、科耶夫跟施米特的《通信》和科耶夫1956年1月应施米特邀请在杜塞尔多夫的讲演;二是神学的方面,便是《科耶夫—费舍德文献》;三是跟整个科耶夫论证的哲学基础有关的《黑格尔哲学中的死亡理念》。在科耶夫现在已经出版的著述当中,上述三个方面是科耶夫变换各种形式一再谈到的问题。

主题的设置跟国际政治有关,为了突出科耶夫在这个领域、在当代政治哲学话语情境当中的位置,本书特意选择了若干讨论科耶夫与施米特异同和争论的文章。霍斯、麦考米克、莫尔顿、缪勒等学者的论文都围绕这方面问题展开。研讨科耶夫与另外一个思想家施特劳斯对话关系的文献最近几年也出了一些,但因为双方的主要论战文献

---

① 作为题外话,需要告白于读者的是,我如上的质疑并不代表我认为科耶夫的对立面就是没有丝毫问题的。因为非常明显的问题是,如果说科耶夫可以不要祖国的话,施米特和施特劳斯却不能没有祖国,但后面两位恰好却是没有祖国的(前者在形式上留在了祖国,但战后德国的自由化显然不是施米特愿意看到的;后者则到了美国,但,美国可以成为这位哲人寄托身心的祖国么?),政治、哲学,作为一个游魂,仍然还没有找到现实的依托。

《论僭政》已经有了中译本,也因为施特劳斯讨论国际政治的论著很少,所以除了收录达格利尔一篇很简短的书评之外,没有再多收录。

  阿隆与赫克舍文章,出自两人合著的《世界的多样性》。这本书的缘起是1956年3月由美国世界和平基金会主办、在纽约哈里曼召开的一次国际学术会议(也就是文章里面一再说到的"阿登堂会议"),与会双方分别是美国和法国的各界名流,会议的议题涉及北大西洋公约组织、德国问题、帝国问题、国际防御与核武器、文化和民主等等。《世界的多样性》这本书便是由分别代表法美代表团起草大会报告的阿隆和赫克舍两人结合会议的讨论合作完成的。这次会议召开在科耶夫杜塞尔多夫讲演之后两个月,在科耶夫与施米特通信前后一两年,这本书的出版在《法国国是纲要》之后12年,但除了少数问题之外,这书所讨论的很多问题跟科耶夫的行迹、跟科耶夫和施米特的通信都是重合的,无论作为背景还是作为相互的发明,这两篇文章都是非常好的对照文献。

  本书是许多人提携、关心和帮助的结果。编译的缘起是我向刘小枫先生自告奋勇要求翻译《法国国是纲要》。后来先生看我收集资料比较方便,便让我索性再搜集其他相关文章,编一个科耶夫的专号。没想到文章越收越多,变成了今天的样子。编译过程中,从总体命意到篇目的确定,自始至终得到小枫先生照看。其次,阿隆和赫克舍的两篇文章,均先由孙美姗女士译成初稿,然后由我修订而成。如果没有美姗的奠基工作,这两篇的文章不会有今天的样子,她付出的辛劳外人难以体会,也格外值得感念。大部译文在完成后都曾经请友人汪涵校对,更正了不少输入上的错误和行文疏忽,特此致谢。但译文当中残留下来的所有讹误,都应该由我负责。

2008年2月3日—8日,于东京驹场铁道边

第一编

法国国是纲要①

科耶夫(Alexandre Kojève)　著
弗里斯(Erik de Vries)　英译

[编者按]第二次世界大战结束以后,作为哲人的科耶夫向法国政府提交了一份"法国国是纲要",这是一篇直到今天仍然具有学术、历史、哲学——或许这最让人感到惊讶——和时代性价值的文献。本译文未经删节,第一次据作者 1945 年备忘录首次译成英文面世,由弗里斯译自法文,译者最近刚在卡尔登(Carleton)大学完成了自己的博士学位论文"科耶夫意义上的欧盟公民模式"(*A Kojèvean Citizenship Model for European Union*),现在作为一个政策分析家供职于加拿大政府。

战后的世界有两个危险正直逼法国。第一个多少有些迫在眉睫;第二个虽说为时尚早,但也极其严峻。

迫在眉睫的危险来自德国,这个危险不在于军事方面,而在于经济乃至于政治方面。德国经济的潜力是非常巨大的(即便它的东部省份已经被分割出去),正因为如此,所以,它——德国人一定会致力于实现"民主"与"和平"的复兴——将来一定会实现的、与欧洲体系(European system)的合并,必然会使法国在欧洲大陆沦为一个二流水

---

① [译按]本文据刘小枫先生提供的英译本翻译,初稿完成后又参照美国《政策评论》(*Policy Review*)杂志 2004 年 8、9 月号刊载的英译本作了校对。英译本原文的注释都是文末注,为了阅读和检视方便,中译本一律改成脚注。科耶夫行文喜用斜体,以示强调,中译本也以楷体文字方式标明。原文当中有许多非法文的词语(如拉丁文、意大利文和葡萄牙文等),英译本保留未译,中译本为了阅读方便做了翻译,但以中译按的形式做了说明(某些来自拉丁文和法文等外语的词汇在现代英语当中已经习用,如 sine qua non 等,对此则径直按照普通英语来翻译,未做说明)。

平的国家,除非法国能够像我们所讨论的那样做出尽量积极的反应。

为时尚早的那个危险当然还不是非常明确的。但是从另一方面来说,它却具有真正的致命性。这个危险是,法国正在被卷入一场第三次世界大战,并且正在重新成为这场大战的、空中的或者其他类型的战场。但是不言而喻的是,如果这种不测发生,那么,不管这场战争的后果如何,法国都将永远没有办法修复它必然要罹患到的那些创伤:首先是人口层面的,但是也有经济方面和文明本身所要遭受到的创伤。

因此,法国的内政和外交政策,就要面临两项生死攸关的、并且从实践角度来说会决定所有其他方面的任务:

——一方面,在苏联人与英美人之间可能要爆发的战争到来之前,必须要尽最大努力确保实现中立;

——另一方面,在苏联之外的欧洲大陆,在和平期间,保证法国在经济和政治方面相对于德国的领先地位,是非常重要的。

接下来的篇幅所要讨论的问题是,为了让这个双重的目标可以有一个真正得以实现的机会,需要保证的必要和充分条件是什么。

一　历史境况

1

毫无疑问,我们目前正在见证一个具有决定性意义的历史转折,这次转折的重要性可以与出现在中世纪晚期的那次相媲美。现代社会的开局是以一个无法遏止的过程为特征的,那就是"封建性的"(feudal)政治结构连续不断地解体,分裂成许多服从于王国(kingdom)利益的、民族性的单元,也就是所谓的民族—国家(nation-State)。但现在,同样也是无法遏止地,这些民族国家正在逐步地让位于超越了民族疆界的政治结构,而这些政治结构可以用"帝国"("Empire")这样一个词来描述。在十九世纪仍然非常强大的民族国家,正如中世纪时候的封邑(barony)、城市和主教区(archdiocese)不再是国家一样,也正渐渐地不再是政治性的实体(political realities),不再是严格意义上的国家。作为当前政治实体的这种现代意义上的国家,它所需要的基础比严格意义上的民族所能呈现出来的更加广阔。为了能够在政治上生存下去,现代国家的基础必须是一种"广阔的、由加盟的(affiliated)①民族国家所构成的、'帝国性的'联盟"。

这样一个从前用民族国家取代了封建性的实体、而目前则又在将民族国家分化为帝国的历史进程,可以而且也必须要借助经济方面的动因来加以解释,而这些经济方面的动因又经由军事技术方面的要求在政治上将自己展示出来。摧毁了中世纪次民族性的(subnational)政治力量的,正是火枪尤其是大炮的出现。封建性的"君主"——领主,教区,城市——是能够用宝剑和长矛来武装他的家臣—市民(vassal-citizens)的,并且,只要这种武装足够支撑他进行一场可能的战争,足够使他的政治独立不至于受到威胁,那么,他就能够在政治上自我维系。但是,正当必须要维系一个炮兵部队以便可以自我保护的时候,封建性政治结构的经济和人口基础却开始显得捉襟见肘,也正是因为这个原因,所以这些结构便日益被凭借一己之力就足以应付裕如的民族国家所吞并。类似地,民族国家在过去——现在也仍然是——的经济和人口基础,对于维系只是用手枪、机关枪和大炮所武装起来的部队是够用的。但是,这样的部队在今天已经不再有什么实际的效果。对于一个真正现代化的军队来说,或者说,对于一个已经实现了机动化、装甲化并且将空军也纳入了基本武器范围的军队来说,它们根本就是无计可施。严格意义上的、民族性的经济和人口是没有办法将这类军队统合在一起的,但帝国却可以将之统合在一起。因此,这样的

---

① 科耶夫使用的词语是apparenté。我接受霍斯的建议,通篇都将这个词译为"加盟的"(affiliated),而没有像普通所做的那样,直接照字面的意思将之译为"有关系的"(related)。前一种译法保留了法文词当中原有的那种亲密性的(affinity)意味,同时又没有给科耶夫添加一种种族共同体(ethnic unity)的概念,而对于这个概念他在下文是毫不含糊地加以反对的。

帝国迟早要在政治上将民族国家吞并掉。

民族国家的这种——人口和经济方面的,从而也是军事和政治方面的——致命缺憾,通过第三帝国这样一个前车之鉴,以一种极其醒目的方式,表现了出来。在整个中世纪的中叶,德国都在追求一种帝国性的功业,但这个事业马上就显得时和早熟,因此是一个乌托邦,也就是说,在当时的情况下它根本不具备一种现实的基础,从而也就没有实现的可能性。对于这样一种事业的追求以及不可避免的失败,产生了一个后果,就是德国开始进入了真正的封建时期,并且在150年之后又重新从封建的局面当中走了出来,但从那以后,它就再也不知道如何从这个局面出发迎头赶上了(它从来都没有能够,或者说根本就没有想过要通过一种革命性的行动来跳过某些阶段)。因此,希特勒开始自己的政治行动的时候,其实已经拖延了一个半世纪的时间。而由他所构想并且造就出来的第三帝国,也因此只是一个坚守"民族性"理想的国家,这种理想产生于中世纪的晚期,并且也早已在打上了罗伯斯庇尔和拿破仑印记的革命性意识形态以及这种意识形态的实现当中,臻于极致。因为很清楚,希特勒式的"一个帝国,一个民族,一个领袖"①的口号只不过是法国大革命的"统一而不可分割的共和国"这样一个格言的(拙劣的)德文翻译版。并且人们还可以说,这个"领袖"②也不过是一个德国版的罗伯斯庇尔,或者说是一个不合时代要求的、能够——知道如何掌握自己的热月——亲手将拿破仑的规划付诸实施的罗伯斯庇尔。除此之外,希特勒还充当了自称是"民族社会主义(national - socialism)"这样一个政治运动的急先锋,从而将自己政治思想的本质和动机表述得淋漓尽致,因为这个运动有意识地将自己与苏联式的"帝国社会主义(imperial - socialism)"和英美式的"帝国资本主义(imperial - capitalism)"相提并论。因此从总体来看,第三帝国无疑是一个民族性的国家,并且还是一个特定和严格意

---

① [译按]"一个帝国,一个民族,一个领袖",原文为德文:Ein Reich, ein Volk, ein Führer。

② [译按]"领袖",原文为德文:Führer。

义上的民族国家。这个国家一方面想努力实现民族性政治的所有可能性,另一方面又通过有意识地确立德意志作为国家的(种族)界限,而想只运用德意志一个民族的力量来达到这个目标。可正是这个"理想的"民族国家输掉了它关键性的政治战争。

人们在解释这个民族国家军事方面——从而还有政治方面——的全盘失败的时候,不能像解释波兰、挪威、荷兰、比利时、南斯拉夫和希腊等民族国家的溃败那样,仅仅局限于这个民族有限的幅员范围。也不能像"解释"法西斯意大利(这个国家同样也是非常"民族性的")的倒台那样,说它在军事方面不够精良。最后,人们在讨论法国溃败的时候所时常列举的那些"原因":比如没有秩序,缺乏远见,国内政局的动荡,等等,也不存在。德意志民族国家征发了八千万的国民投入战争,而事实表明,这八千万人在军事和公民意识方面的(如果不是道德方面的话)素养无论怎样高估都不为过。但是,对于那个真正"毁灭性的"后果来说,这个民族超乎寻常的政治和军事力量,最后只能起到一点苟延残喘的作用。

促成这种"命运"的,无疑是德意志国家那种表现得过于突出也过于执著的民族性格。因为,为了能够持续一场现代化的战争,第三帝国必须要占领并且开发非德意志民族的国家,还要输入一千万以上的外国劳工。但是,一个民族国家是没有办法同化族外人的,在政治上它必须要把他们看成是奴隶。因此,希特勒"民族主义的"意识形态,本身就足以摧毁"新欧洲(New Europe)"的帝国事业,而没有了"新欧洲",德国是没有办法赢得这场战争的。因此我们可以说,正是因为德国想要作为一个民族—国家而赢得这场战争,所以它才会输掉这场战争。因为,即便是一个民族有着八千万在政治上堪称"完美的"公民,它也没有力量支撑一场现代化的战争,从而也没有办法确保国家的政治存在。因此德国的例子很清楚地表明,在现今,一个民族,无论是哪个民族,只要它在政治上顽固地坚持民族意义上的排他性,那么,它迟早都要结束其政治上的存在:这种结束要么是通过一个和平的过程,要么是因为一场军事上的惨败。当前这场由帝国所主导的战争,驱散了1914—1918年间那场战争所造成的错觉,①从而标志着过去五个世纪以来一直都由民族国家所上演的这场巨大悲剧已经到了最后一幕。

2

民族国家在政治上的不现实性——如果连不太显著的形态也考虑在内的话,这种不现实性其实自上个世纪末以来就已经持续存在了——从它刚刚在历史上出现的时候开始,就已经有人或多或少地认识到了。一方面,"资产阶级的"自由主义已经多多少少地公开宣布了国家本身的终结,而这也就等于宣布了民族国家严格意义上的政治性存在的[终结]。自由主义没有在民族性的框架之外设想国家的存在,同时也——或多或少是自觉地——观察到了民族国家在政治上是没有办法继续存在下去的,所以,他们主张自动地废除这种国家。那种原本是政治性的——归根结底是军事性的——实体,或者说是严格意义上的国家,必须要被一种既被置于"社会"的控制之下同时又服务于"社会"的、单纯的、虽然说不上是警察性的但却是经济性的和社会性的管理所代替,而社会则被认为是一种个人的集合体;而处于自身孤立状态的个人,则应该要体现并且要揭示出最高的人类价值。如此看来,"国家主义的(statist)"自由管理,从本质上来说只能是和平的和消极的。换句话来说,这种管理不会有任何严格意义上的"权力意志(will to power)",从而,对于决定了真正国家之最本质特征的"独立"或者说政治上的自主,它也不会再有任何实际的需要或者说是足够的欲望。另一方面,"国际主义的"社会主义则确信自己看到了这样的一

---

① [译按]第一次世界大战的一个重要政治后果,就是民族自决运动的高涨。在欧洲,奥匈帝国解体,许多原先属于奥匈帝国的民族,如波兰、南斯拉夫和捷克斯洛伐克,都宣布成立自己的国家。在俄国,芬兰、爱沙尼亚、拉脱维亚和立陶宛宣布脱离俄国,成立独立的国家。在欧亚两洲的交界处,奥特曼帝国的解体,土耳其和另外几个中东地区的国家宣布独立。在澳洲,澳大利亚和新西兰宣布独立。在美洲,加拿大在大战初期是作为英帝国的一个自治领参加战争的,但后来他们也证明自己是一个民族,在战后也完全独立。科耶夫在这里使用"错觉"一词的初衷,可能就是在从帝国的立场出发,批评这个民族自决的潮流。

个过程,即政治实体正在从民族国家移向人性本身。如果说国家还应该有什么政治意义或者说有什么存在理由的话,那么也只能是在这样的条件下,即,它能够从"人类"本身为自己找到存在的基础。既然政治性的实体正在远离民族国家并且正在移向人性本身,那么,唯一(临时具有民族性特征的)就长远来说能够在政治上存在下去的国家,只会是那种把所有的人性都包括进来这样一点作为自己首要目标的国家。俄罗斯的共产主义,在最初的时候正是从这样一种对于历史境况的"国际主义的"——虽说不能算是"社会主义的"——解释出发才产生出来的,而这种共产主义接下来又将苏维埃国家与第三国际(the third internationale)联合在一起。

但实际上,社会主义—国际主义的解释跟自由主义—消极主义的解释一样,都是错误的。自由主义的解释之所以错误,是因为它没有在民族性的实体之外看到任何政治性的实体。而国际主义的疏忽①则在于,如果离开了人性,它没有办法看到任何一种在政治上能够存在下去的东西。它同样也没有办法揭示出帝国这样一种过渡性的政治实体,而这种实体作为由加盟的民族国家所组成的联合或者说国际性的集合体,恰恰就是人们在今天所看到的政治实体。如果说从现实的角度来看民族国家已经不再是一种政治实体,那么,从政治的角度来说,人性也仍然只是一种抽象。而正是因为这个原因,所以国际主义在当前还是一个"乌托邦"。现阶段的国际主义在付出了代价之后才认识到,如果不经历帝国的阶段,从民族国家是不可能跨越到人性的。正如同德国在中世纪的时候就已经认识到:与自己的意志相反,如果不经过封建的和民族国家的阶段,是不可能达到帝国阶段的。已经抛弃了民族国家的、黑格尔意义上的世界精神②,在通过人性被体现出来之前,必须要栖息于帝国当中。

斯大林的政治天才正在于他已经理解了这一点。从政治上关注

---

① 打印稿作"pèche",应作"péche"。[译按]"péché(名词)或 pécher(动词)",法文,"罪错"、"疏忽"之义。

② [译按]"世界精神",原文为德文:Weltgeist。

人性是"托洛茨基主义（Trotskyist）"乌托邦的特点，在这方面，托洛茨基本人是最著名的——但显然不是唯一的——代表。斯大林通过反击托洛茨基，通过彻底粉碎俄国内部的"托洛茨基主义"，把苏联造就成为一个斯拉夫—苏维埃帝国（Slavo - Soviet Empire），从而重组了当时的政治实体。他反托洛茨基主义的、"在一个国家内部实现社会主义"的口号，造就了这样一种"苏维埃主义"，或者也可以说，造就了这样一种"帝国性的社会主义"，这样一种社会主义经由当前的、苏维埃式的帝国性国家而将自身展示出来，从而也就不再需要"第一国际"、"第二国际"、"第三国际"和其他任何形式的国际主义。并且，这种现在已经证明能够在政治上存在下去的"帝国性的社会主义"，既与"托洛茨基式的"、"人道主义的"、国际主义的社会主义乌托邦相对立，也与不合时代要求的、建立在政治上已经陈旧的民族基础之上的、希特勒式的"民族社会主义"相对立。

　　类似地，也正是在如何理解帝国性实体的问题上，英国某些国家领导人，尤其是丘吉尔的政治天才也得以展示。在这场战争以前，这个国家就已经在其作为英联邦（British Commonwealth）、作为各个自治领（Dominions）之联合的外观里面，含有了一种"帝国性的"——或者说是跨国性的、国际主义的——结构。但是，即便是这个"帝国"，仍然因为它具有过多的"民族性"，所以在由当前这场战争所造成的时局之下，还是不足以在政治上确立自身的地位。在今天，能够成为实际的和实在的政治实体的，乃是英美帝国（Anglo - Saxon Empire），或者说是英美政治—经济集团（Anglo - American politico - economic bloc）。而英国的政治天才则表现在它已经理解了这个集团，已经从中吸取过教训并且也品尝过苦果。因此，现在的问题不是（步德国的后尘）去异想天开地预测英美之间那些让人惊心动魄的"分歧"，因为这些分歧——即便它们存在——只是暂时性的，而只能是时刻谨记着在现代世界，有一个无论在经济方面还是在政治方面都牢不可破的英美集团的存在，并由此来从政治的角度考虑问题，采取行动。

3

从长远来说,在一个帝国(即英美帝国——或者说英国—美洲帝国[Anglo-American]——和斯拉夫—苏维埃帝国)已经存在的世界上,无论是维系哪一个民族性的政治实体,都将是徒劳的。即便是德意志这样一个迄今为止在所有严格意义上的民族里面最为强大的民族,也没有办法再打赢一场战争,从而也没有办法作为一个国家确立自身的地位。并且可以确定的是,即便是这样一个从性格上来说对各种政治实体浑然不觉的民族,即便这个民族从根本上来说是"乌托邦式的",将来它也不会对上述两个帝国同时开战了。换言之,日后的德国在政治上一定要依附于这两个帝国当中的一个。

可以预见,德国将来一定会倾向于英美一边。而如果有人会猜想说英美集团不久以后就会变成一个德意志—英美帝国,想来也不会有什么差错。在未来的 10 到 15 年里面,苏联军事和经济力量——也可以说是政治力量——的增长一定会要求并且也会助长一种在欧洲平分秋色的态势。而 1940 的经验也已经证明,能够拿出这样一种态势与苏联抗衡的肯定不是法国。只有(得到英美世界帮助的)德国才有能力扮演这样一个角色,因此,毫无疑问,我们的后人肯定要面对一个重新武装起来的德国。

人们都得承认,德国加入斯拉夫—苏维埃帝国的可能性虽然不是完全没有,但却是微乎其微的,因此从实践的角度来看没有考虑的必要。这首先是因为那种蔑视的、将德意志人跟斯拉夫人隔离开来的仇恨源远流长,其来有自,而德意志人与英美人之间的民族"亲近感",以及德国人对于英国人那种真诚的——虽然这种真诚未必总是有回报——同情态度,都表明英美人是倾向于德国的。其次是因为,普鲁士德国所受到的新教启示,也使得他们与本身也是从新教改革当中产生出来的现代英美国家关系更加密切,但和有着正教传统的斯拉夫国家就势不两立了。除此之外,人们可以看得到的、英美人通过对战俘的待遇和占领军的行为等等所展现出来的种种强大和富足的征象,也在德国人的心目当中将他们对隔着英吉利海峡的远亲所一直抱有的那种跨越国界的欣羡,大大深化了,而与此同时,人们在苏联境内所观察到的种种残破景象,即便是在劳动阶级和同情共产主义的圈子里面,好像也产生出一种"反苏联的"印象。所有这些都会使人们有这样的猜想:那些有朝一日会在德国掌权的人,如果说可以在英美人和俄罗斯人之间做选择的话,他们一定会心悦诚服地选择英美人。而在伦敦方面,人们对于事态的看法好像也是一样的。并且人们还会说,即便是莫斯科方面,也没有人谁会在事先考虑从政治上吞并德国的可能性。因为否则的话,无论是第三国际的解散还是苏维埃政策的那些带有斯拉夫—正教色彩的方面,都会变得没有办法理解。

但是,对于处于孤立状态的法国的政治命运来说,摆在德国面前的这两个选择,却只具有一种纯粹的理论价值,尽管一些相反的迹象也是存在的。如果说德国将来会被"苏维埃化",那么法国迟早也要经历相同的命运。而如果出现另外一种可能,那么,法国就会沦为德国军事、经济从而也是政治腹地的一小部分,因为德国自己到那时早已经是英美帝国的军事前哨了。因此,在这两种情况下,法国的地位从政治上来说都是无法维系的。但是,如下这种情形如果说同样不容否认的话,看起来却不是那么明显,那就是:即便人们可以设想德国——因为某种奇迹——在政治和军事方面从此会一蹶不振,也就是说从此被解除了武装,从而可以将之忽略不计,法国的这样一种地位仍然是无法维系的。英美帝国和斯拉夫—苏维埃帝国的存在这样一个事实本身,就足够使得连4000万人口都不到的法兰西民族国家的独立成为泡影。因为,如果想要通过在俄罗斯人和英美人之间"挑拨离间"来玩弄一种"跷跷板策略",这样一个人口数量实在是太不足挂齿了。并且,法国传统上良好的政治意识也根本不允许它抄袭贝克(Colonel Beck)时期的波兰所玩的那种拙劣政治游戏。[①] 一个孤立的法国只能

---

① 贝克(1894—1944)从1932年开始担任波兰外交部长。贝克一方面在表面上保持中立,另一方面又在欧洲各国之间挑拨离间,想以此来为波兰谋取利益。直到1939年初,贝克都靠着跟德国的结盟和对协约国的顺从,为波兰在中欧取得了一些利益,但是,随着波—德两国因为但泽地位问题的交恶,贝克迅速倒向了英法。参见 A. J. Prazmowska,"Poland's Foreign Polichy: September 1938 – September 1939",收入 *Historical Journal* (29:4 December 1986)。

在两个彼此对立的帝国之间选择其一。但是,地理上的境况、经济和政治上的传统,还有心理学意义上的"风土人情",都会毫不含糊地让法国选择英美帝国。因此,一个孤立的法国,它的未来或多或少都会是一种经过伪装的"主权状态"。并且,如果其他欧洲国家也固守其"民族性的"政治孤立性的话,它们的命运也会是如此。

从社会、经济和心理学的观点来看,这样一种解决办法似乎也可以接受。并且,因为这样一个解决办法也意味着民族作为名副其实的国家最终是要从历史上完全消失的,所以,除非是从特殊政治性的观点来考虑问题,否则,的确也没有什么不能接受的地方。但是,历史的经验已经表明,一旦与其政治性的装饰物相互分离,文明本身就会经历深刻的改变,就会逐渐变得贫乏并且分崩离析,而且很快就会丧失其当初作为某个国家的文明在世界上所曾经具有的那种特殊影响力。因此,任何一个想捍卫传统的拉丁—天主教文明(Latino - Catholic civilization)——这种文明本身也是法国的文明(并且,法国对于这种文明的贡献,相对于所有其他有关的拉丁民族来说,要多得多)——的存在和影响力的人,一定也都会想到要为之提供一种足够应付那些特定历史条件的政治基础。并且,任何一个想要这样做的人,都不只是在服务于自己国家的文化利益,也是在服务于整个人类的利益。因为英美人、德意志人和斯拉夫人都没有占有,并且也不会占有以法兰西民族为首的拉丁民族已经给予文明世界并且还将继续给予文明世界的那些东西。

而如果人们想保护同样也是法兰西民族突出价值的拉丁价值和天主教价值,想确保这些价值在全球的影响力——或者换句话说,如果人们不想让政治性的世界分裂为彼此仇视、彼此对立的斯拉夫—苏维埃帝国和英美帝国,如果人们想用第三种可以起到缓和作用的、和平的和全球性的力量对这两种力量——和两种文明——加以补充的话,那么,为了能够与这两种文明并驾齐驱,人们就不能只倚靠一个民族,尤其不能只是倚靠法兰西民族。在正教传统的斯拉夫—苏维埃帝国和受到新教启示的英美帝国和可能存在的德意志—英美帝国之外,还必须要造就一个拉丁帝国(*Latin Empire*)。只有这样,一个帝国才能够与已经存在的那两个帝国处于同样的政治水平,因为在帝国独立性受到威胁的情况下,它自己就能够支撑一场可能的战争。并且,只有通过将自身置于这样一个帝国之领导者的位置上,法国才能够保持其政治上的,从而还有文化上的特殊性。

另外,这样一种开战的可能性并不意味着一定要实在地挑起战争。实际的情形正相反,法国只有通过将自己包裹在自己所倡导的拉丁帝国当中,才能够为自己、为整个欧洲,确保和平。这个帝国永远都不会强大到对环伺于四周的帝国发动进攻的地步,因此,它的领导者不会念兹在兹地要将他们的帝国性政策(imperial policy)转化为真正的"帝国主义(imperialism)"。但是,它的力量也会足够打消任何人对之加以觊觎的企图,当然,这样做的条件是它不会同时跟两个可能的帝国性的对手翻脸。而如果这两个帝国刀兵相见,那么拉丁帝国的存在本身会迫使他们将战场限制在亚洲和太平洋地区,把欧洲空出来,因为欧洲实在是太过狭小也太过"衰老"了,已经根本没有能力再经受日后这场破坏性战争的考验。

二 法国的境况

1

关于历史境况的客观分析已经很清楚地表明,如果法国继续在政治上保持孤立,如果她仍然坚持作为一个排他性的民族国家而生活,那么,她迟早都要终止其作为一个严格意义上的国家和一个独立的政治实体的存在。她最后的命运,一定是在政治上被势必要变成德意志—英美帝国的英美帝国所吞并。但是,考虑到"种族"、文化、语言、宗教、传统和"生活方式"等方面的差异,这个帝国和法国之间根本没有办法实现一种真正的融合。在这个帝国里面,法国将永远是一个某种程度上的外来体,因而永远只能扮演一种边缘的从而是被人冷遇的角色:也就是说,扮演一种卫星的角色,一种在政治上既不会一直"耀眼"也不会当然"耀眼"的"二流"角色。一言以蔽之,在这样一种假设的情形里面,作为目的本身的法国将终止其存在,而只能降格到一种纯粹政治手段的水平。

但是,如果法国可以坐视自己被英美帝国吞并,那么,将来要变得微不足道的,将不只是法国在政治上的特殊影响力。她的经济也将在这个帝国里面仅仅扮演一个完全是二流水平的角色。法国的经济运行,从而还有社会本身的结构,也将不得不逐渐地发生转变,以便可以符合并且适应那些来自于外部的、与传统和理想经常会水火不容的模式和要求,而这些传统和理想,尽管从根本上来说是天主教式的和拉丁式的,但也是真正法国式的。最后,法国的文明本身因为丧失了来自于独立经济活动和独立政治现实的支撑,在英美帝国的核心部分,乃至在整个世界上,都将变得无足轻重。在这个帝国的内部,法国非但不会发扬光大,反而还要受制于得到英美集团压倒性的政治权力和经济力量支撑的英美帝国文明——这种文明从其现代形式上来说基本上是新教式的,也是"德意志式"的——的影响。这种影响的蛛丝马迹,已经可以从看着来自海峡对岸和大西洋对岸的电影和小说长大的法国年轻人的身体和道德方面,隐约地辨别出来。因此,人们可以设想,如果法国放弃独立的政治存在,也就是说,放弃自己作为一个国家的存在,那么,她不仅会丢尽拉丁—天主教文明的"脸面",而且还会丢尽自己的脸面。

事态发展的这些早期征象现在就已经可以感觉得到。因此,通过某些国家的态度和一些到法国来做客的人——军事方面的或者民间方面的——的反应,①人们都可以隐约地看出,未来的世界对于这个国

---

① 我们不清楚科耶夫在这里所提到的那些民间客人到底是谁,但需要注意的是,自从 D 日(D – Day)(1944 年 6 月 6 日)以后,美国的军队就一直驻扎在法国。在安德鲁·A. 汤姆森(Andrew A. Thomson)关于这个问题所写的博士论文的结论部分,他曾经提到,在 1945 年 8 月之前,法国人"因为美国人迟迟不肯承认临时政府、对法国的援助水平很低、优待德国犯人、对法国取索无度,同时有些美国军队对法国妇女举止轻薄等原因,所以对他们非常讨厌"。(参见 http://www.drttours.co.uk/Pages/Sections/PhDconclusion.html.)

(转下页)

家和她的文明，如果说不是持轻蔑态度的话，至少也是一种可有可无的态度。但是，更加贻害无穷的是，非政治化（depoliticization）所带来的灾难性后果已经攫取了法兰西民族的心脏。因为毫无疑问，后者的衰落（这一点没有谁会提出异议，因此再加赘述也没有什么意义——并且也只能徒增烦恼）是与这个国家在政治上的萎缩紧密联系在一起的，而这种萎缩所呈现给世人或者说向世人所表述出来的面相，就是法国丧失了一种现实、明朗而有实际效力的政治意志。因为人们根本没有办法加以否定甚至没有办法视而不见的事实是，去年，昨天——甚至还有今天——的法国，已经没有一种清晰而明确的政治理念，或者它以后再也不会有这样一种理念了。现代的法国人不但在事实上，而且在自己的思想意识当中，都是在作为一个"资产者"在生活，而不是作为一个"公民"而生活。他在行动和思考的时候，都是一个"私人"意义上的"个人主义者"，"个别的"利益对他来说是最高的或者说是唯一的价值。他首先是"自由的"，或者说首先是"自由主义者"和"和平主义者"，因为他再也不想受制于国家"普遍"现实性的负累和要求，也不想受制于国家用来主张和保护自己的那些手段。

　　但是毋庸置疑的是，法国和法国人的这种非政治化不仅通过严格意义上的内外政治的衰落表现出来，还通过一种普遍性的萎缩，一种既表现在经济和社会方面，也表现在文化和道德方面的萎缩，表现出

（接上页）[译按] D 日（D–day）是美军常用军事术语，和 D 日同样常用的另一个军语是 H 小时（H–hour）。这两个字母用来表示特定作战与行动的开始时间。这种表示有两个意义，第一是表示作战时间尚未确定，第二表示行动计划高度保密。

　　D 与 H 两个字母分别源于它们所代表的单词：D = Day, H = Hour。通常，D 日用来表示攻击日，H 小时则表示作战开始的具体时间。在一次特定的作战行动中，D 日和 H 小时都是唯一的。

　　美军制定作战计划时，通常将 D 日与 H 小时加上数字正负标志，以此表示战役开始前后的精确时间。比如，H–3 表示 H 小时的前三个小时，D+3 表示 D 日后第三天。

　　据考证，美军第一次使用 D 日这个军事术语是在第一次世界大战。现在可查到的历史档案是美国远征军第一军在 1918 年 9 月 7 日发布的命令："第一军将在 D 日 H 小时发起攻击，夺取 St. MihielSalient（地名）。"

　　二战欧洲战区最高统帅艾森豪威尔将军最终将诺曼底战役的 D 日确定为 1944 年 6 月 6 日，这一天通常被简称为 D 日。

来。因此,人们早就可以看到,法国因为放弃了自己作为一个被有实际效力的政治意志所鼓舞的强大国家的存在,所以也放弃了她直到今天都一直还占据的那种先驱国家的地位,从而变成了一个几乎在所有领域都在倒退的国家。

2

人们经常都会问及法国国力衰退的问题——与这个国家在过去曾经享有的光彩和辉煌相比,这个衰退实在是太刺目了。但是像"衰老"、"腐化"、"腐朽"等说法都太模糊,太一般化了,没有办法真正说明任何问题。看来人们应该要给出一个更加具体从而也更加具有说服力的理由。

一方面,在政治意识形态的领域,这个国家仍然还在靠一些到大革命时期才最后成形的理念为生。对于法国和法国人来说,"官方的"政治理想直到今天仍然还是民族国家的理想,还是"统一而不可分割的共和国"的理想。

另一方面,在灵魂深处,法国也看到了这个理想的缺憾,看到了严格意义上的"民族国家"的理念在政治上已经不合时宜。但是,这样一种感觉显然还没有达到形成一种清晰而有意识的理念的水平:也就是说,法国还不能,或者说还不想把这种理念公开地表述出来。另外,正因为这个国家在过去的民族性的时代享有无可匹敌的光荣,所以,对于法国来说,要她明白承认并且坦然接受"民族"时代的终结这样一个事实,要她理解这个终结所带来的一切后果,都是异常困难的。对于一个将民族主义的意识形态从无到有地产生出来并且将之输往全世界的国家来说,要让她承认如下这点是很困难的,也就是说,民族主义的所有残余物现在都成了一堆行将被归入历史档案的故纸,现在的问题是要加入一种新的"帝国性的"意识形态,而这样一种意识形态,因为过去几乎没有被人指出来过,所以需要加以澄清,加以条理,从而将之提升到在逻辑上前后连贯、并且具有"民族国家"意识形态的那种明晰性的水准。不过,这种新的政治现实正在逐渐渗入法国人的集体意识里面。而在法国人的意识里面,这种现实首先是表现为一种消极性的东西,也就是说,民众的普遍意志已经不再允许自己被镀上一层民族国家的理想。现在如果还有谁再去回忆不可分割的共和国时期的力量,就会让人感觉装腔作势,是在说假话,而号召人们为了法国的利益而奋斗,在今天已经不再能够找到人们在1914—1918年期间仍然还可以引发出来的那种反响。

人们甚至可以这样说,即,在"一般的法国人"看来,目前这场战争从一开始在政治上就只有两种可能:即,在政治—经济方面,法国要么是屈服于德国,要么是屈服于英国。并且就事实来看,这场战争之所以还能够不时地在法国人里面激起些许的"激情",仅仅是因为这种激情跟两种"通敌卖国的(collaborationist)"倾向之间的对立——在这种对立当中,左派和右派之间那种传统的、无法调和同时也是灾难性的对立被具体化了——有关。但恐怕也正是因为这个原因,在1940年的时候法国军队才没有彻底缴械投降,而在解放以后,抵抗运动则只能在一些边远地区号召起一些老式的群众起义。如果一般的法国人都毫不掩饰地拒绝为了法国的利益去死,甚至还会约束自己,"控制"自己,那么,这或许仅仅是因为他已经或多或少地意识到,民族意义上的"法国"和传统的民族主义意义上的"法国"只是一个理想,而这个理想从政治上来看,已经没有办法存在下去了。因为没有哪个有理性的人会为了一个"普遍性的"目标而牺牲自己特定的价值,因为这个"普遍性的"目标只是一个抽象的理念,或者是一个要么来自于过去要么来自于没有未来的现在的海市蜃楼———一言以蔽之,是一个怀旧的幻梦,一个不可靠的冒险。

3

如此说来,法国在1940年的军事和道德溃败,以及时下正四处弥漫的政治上的不安感,似乎是这个国家走向复苏和重生所要付出的代价。

需要指出的是,像德国这样一个能够不惜一切代价去追求一种错觉、能够鼓动自己去追求一种浪漫派的[romantique]或者一种浪漫的[romanesque]幻梦、能够为了一种想象的和不可行的理想而牺牲现实价值的国家,在政治上是没有希望的。但是,法国人在这场战争当中所表现出来的"拒服兵役(conscientious objection)"①的现象则说明,在法国,普遍性的意志只能围绕一种真正具有实际效力的理念才能形成,也说明,法国的政治意识包含着一种敏锐的现实感,一般都要以某种确定的共识为基础。

但是没有什么能够保证说,一个躲避梦想的国家一定也会否定现实,也没有什么能够保证,那些不想为了一个在政治上已经不合时宜的幻觉而牺牲自己生命的人,也一定不会真正服从于一个在目前这样的时刻有着实际效力的政治理念,不会服从于在从总体上重新建设集体生活的事业。无论如何,这都是一个在目前的法国还没有人进行过的实验。因此也是一个需要在法国展开的实验。

为了进行这个实验,必须要减轻民族国家那种辉煌而久远的过去所遗留下来的沉重负担,与此同时,还要明白而彻底地宣布"民族国家"作为一个历史时期已经终结,而法国作为一个民族国家在政治上也已经一去不复返。但是,在这样说的同时也必须要补充说,这个终结同时也是一个起点,并且至少是在这里,死亡也是一种重生。因为民族国家能够而且也必须要经由一个由加盟国家所组成的国际性联盟来超越自己,在这个国际性联盟里面,民族国家必须而且也能够重申自己在文化、社会和政治方面的特殊性,而办法则是通过一种和平、友好、平等而自由的竞争,将这种特殊性呈现给这个它通过消除自己作为一个排他的、孤立的民族国家而创建起来的庞大组织。如果国家的死亡仅仅是为了帝国的诞生,如果民族性的退场乃是通往帝国宝座的前奏,那么,向人民宣告自我封闭并且局限于已经变得过于狭隘的疆域之内的共和国的灭亡,将一点都不会让人们感到消沉。相反,这样一种宣告还会造成一种激励性的政治效果。

在当前这种历史境况所表现出来的具体现实性里面,对于法国来说,似乎只有一种真正可行的——从而也就有被集体意识接受的机

---

① [译按]"conscientious objection",也有译者直接按照字面将之译为"良心反抗"或者"良知抗拒"。它的意思是指根据自己内心的宗教、道德和伦理命令而拒绝服兵役或者持枪上阵。

会,有产生并且决定一种普遍意志的机会——政治理念。这就是拉丁帝国的理念—理想(the idea – ideal of the Latin Empire),而在这个帝国里面,法兰西民族的目标和任务就是保障自己首屈一指的地位。①

三 拉丁帝国的理念

1

将来,所有的人性都将凝聚成一种政治实体,但这样一个时代的来临,仍然是非常遥远的事。民族性政治实体的时代已经结束了。现在则是一个帝国林立的时代,也就是说,是一个跨国性的政治统一体的时代,不过这些统一体仍然还是要由加盟的民族国家来构成。

目前正变成一种重要政治因素的、国与国之间的"亲缘关系",是一个无可否认的、活生生的事实,这个事实与普通那些含混不清的"种族"理念没有任何关系。国与国之间的"亲缘关系",首先是一种与语言、文明和一般意义上的"精神",或者——像人们有时所说的那样——"风土人情"有关的亲密关系。并且,这种精神意义上的亲缘关系,除了其他一些表现之外,也会通过宗教意识形态的形式展现出来。

这样一种亲缘关系在拉丁民族——主要包括法兰西、意大利和西班牙——之间无疑是存在的。首先,尽管这些国家都是"反教权的(anti-clerical)",但它们都有非常引人注目的天主教色彩。比如,就以法国为例,这里的"自由思想者",甚至还包括新教徒和犹太人,都要受到多少已经有点世俗化的天主教精神的浸染,至少当他们用法语思考问题、待人接物的时候是这样,这种影响程度之深往往会让来自国外的观察者感到不可思议。并且,语言方面密切的亲缘关系使得拉丁各国之间在相互交流的时候非常方便。对于法国、意大利和西班牙这三个国家来说,为了

---

① [译按]"首屈一指的地位",原文是拉丁文:Primus inter pares。

克服语言歧异所造成的所有障碍,人们只要规定所有人再学一门国外的罗曼斯语①(这是非常简单的一件事情)就可以了。另外,各种拉丁文明之间本身就有一种密切的加盟关系。如果说发展当中的某些迟滞今天或许会在人们的心目当中产生一种深刻分歧的话(特别是西班牙),那么,在文明发轫之初(也包括文艺复兴时期,这在拉丁文化的历史上可能是最辉煌的②时期)所产生的那种相互渗透,可以确保拉丁世界彼此分歧的各个文明侧面完全可以在短期之内达到一种完美的协调。总体来说,民族性格上的差异并不能掩盖拉丁"精神"在根本上的统一,并且,这种精神更加能够让外来者感到不可思议,因为拉丁民族自己通常是辨认不出来的。当然,要定义这种精神是非常困难的,但是,人们很快就可以从其类型当中、在其深刻的统一性当中看到其独特的地方。这种精神在成为所有艺术之源泉的那种悠闲艺术(art of leisure)里面,在那种对于与物质上的舒适毫无关系的"生活之甜蜜(sweetness of living)"的创造取向里面,在那种如果不从事一种富有创造力和灵感的劳动(而拉丁帝国的存在本身就会产生出这样一种劳动)便会堕落为纯粹怠惰的"恬淡无为"③的气质里面,都有着特别的表现。

这样一种为拉丁民族所共有的精神——这种精神包含着一种深刻的美感,而这种美感通常(尤其是在法国)又伴有一种非常别致的均衡感,因此,这种精神可以让单纯的"资产阶级性的"好日子转化为贵族性的生活的"甜蜜",也可以转化为经常出现的愉悦的狂喜,而这种愉悦,如果是处在另外一个文明框架之中的话,将会变成(并且在绝大多数情况下都会变成)"下里巴人的"快乐——,这种精神不仅可以确保拉丁民族形成一个真正的——也就是说,政治性的和经济性的——统一体,它还可以通过某种方式在世界和历史面前证明这个统一体的

---

① [译按]罗曼斯语是印欧语系的一支,发源于罗马帝国时期所讲的不同于古典拉丁语的拉丁土语。今天的罗曼斯语种主要有西班牙语、法语、葡萄牙语、意大利语和罗马尼亚语,主要分布在欧洲南部、拉丁美洲以及非洲的西部和西北部。
② [译按]"最辉煌的",原文为拉丁文:par excellence。
③ [译按]"恬淡无为",原文为意大利文:dolce far niente。

合法性。它之所以能够在世界面前证明这个统一体的合法性,是因为,如果说在经济工作的领域和政治斗争的领域,其他两个帝国性的联盟也许永远都要胜过拉丁联盟的话,那么,人们完全可以说,它们永远都不可能像统一起来的拉丁式的西方那样,知道如何在舒适的环境下努力使自己的悠闲生活变得完美;而它之所以能够在历史面前证明这个统一体的合法性,是因为,既然人们都认为民族性的和社会性的冲突有朝一日(这一天或许要比人们想象的来得快)最终都会被清除出去,那么,人们就必须要承认,将来的人类所致力要做的事情一定会是闲暇时间如何组织和如何"人性化"问题。(马克思本人虽然没有认识到这样一点,但他不也是一再地重复亚里士多德的一句话么:人类进步的基本动机,从而也是社会主义的基本动机,就是要最大限度地保证人类的闲暇。)①

  以实质内容和历史渊源的统一为基础的拉丁国家之间的亲缘关系,已经是一个潜在的帝国,只须我们在当前具体的历史条件下将之加以实在化就可以了,而当前的历史条件,对于帝国的建构来说也是非常有利的。并且我们绝对不能忘记,拉丁统一体已经经由天主教会的统一,在某种程度上被实在化了,或者说被实现了。不过,今天我们要谈的问题跟宗教和教会的方面(与"圣职的"方面是完全不同的)几乎没有多少关系。一方面,人们很容易就会把德意志和英美诸国进入近代以来的巨大飞跃解释成是新教世界里面教会与国家相互渗透、水乳交融的结果;并且毫无疑问的是,从本质上讲起来是"资本主义"的英美帝国或者说德意志—英美帝国,直到今天仍然受到新教教义的巨大鼓舞。(有些社会学家甚至在新教当中看到了资本主义的最初源

---

① [译按]科耶夫这里所提到的马克思的关于闲暇的论说,可能是指《德意志意识形态》里面的这样一段话:"在共产主义社会里,任何人都没有特定的活动范围,每个人都可以在任何部门内发展,社会调节着整个生产,因而使我有可能随我自己的心愿,今天干这事,明天干那事,上午打猎,下午捕鱼,傍晚从事畜牧,晚饭后从事批判,但并不因此就使我成为一个猎人、渔夫、牧人或批判者"(《马克思恩格斯选集》第1卷,第37—38页)。这段话典出亚里士多德的《尼各马可伦理学》。

泉。)①另一方面，苏联尽管在一开始的时候是极端无神论的，但它们现在又看到了正教教会的巨大力量并且开始在内政和外交方面（首先是在巴尔干诸国）寻求它的支持；因此，苏联表现得越来越像一个帝国，并且这个帝国不只是斯拉夫—苏维埃意义上的，还是正教意义上的。因此，这两个现代的帝国性结构都在通过与相应的教会建立或多或少的官方联系，来汲取一部分凝聚力，从而也汲取一部分力量。并且人们也都可以同意，在当前的历史条件下，天主教会的存在也是在号召人们建立一个天主教的帝国，而这个帝国只能是拉丁意义上的。（另外，我们不要忘记，天主教首要的目的——往往以诉诸艺术的方式——是要将人类的"冥思"生活甚至是怠惰的生活组织起来并加以人性化，而新教则是与各种艺术化的教化方式针锋相对的，它主要关注劳动者。）

将拉丁诸民族统一起来的这样一种灵魂和精神方面的亲缘关系，应该可以在拉丁帝国内部诸民族的相互关系上，确保一种自由、平等和友爱的性格，而如果没有这种性格，就不会有真正的民主。人们甚至还可以确信，拉丁世界只有通过在整体上确立民主，它的"地方性的"性格才可以被清除，而这种性格，只要拉丁世界还因为纯粹的民族界限而保持着封闭，就会被保留下来。看起来，只有帝国，才可以用它相对来说是极大丰富的物质资源，让徒劳无益、作茧自缚的左派与右派之间的冲突得到解决，这种冲突在单一民族的内部，是没有办法加以缓和的，从本质上来说是贫乏的，也是肮脏的。看起来，只有通过帝国范围内的运作才可以从传统——但这种传统绝不可以是"反动的"——之中造就这样一种改革性的政党，这种政党曾经造就了英国的国力，也是拉丁诸国从来都没有听说过的，而如果没有它，民主的政治生活总是会流于无序和放任。最后，与英美联邦或苏联有着本质差异的拉丁帝国的组织，也可以为关于民主的政治思想提出一些新的问题，而这些问题又可以让这种思想最终克服自身传统的、仅仅适合于民族性的架构因而已经变得过时的意识形态。或许，正是通过确定一个帝国内部（说到底是人类自身）不同民族

---

① ［译按］这显然是指马克斯·韦伯的《新教伦理与资本主义精神》。

之间的关系,民主才可以对当今世界提出一些新的东西。

　　当然,尽管——或者也可以说是正因为——在帝国各民族之间存在着密切的"亲缘关系",尽管帝国的生活因此而有一种"家族性的"性格,但是在统一起来的诸民族之间,还是必然会有一个民族比其他民族"资格要老些",同时在同伴当中也会居于首位。在斯拉夫—苏维埃帝国当中扮演这一角色的是俄罗斯人,而在事实上存在的英美联盟里面,即便这个联盟在名义上也包含了德意志的因素,但处于领导地位的也将会是美国。对于将来会存在的拉丁帝国来说,不消说法国将会占据其中的首要地位。政治、经济和文化方面的原因,都会将她引至那样的位置,也迫使她不得不占据那样的位置。需要特别指出的是,对于西班牙来说,只有人口因素一条可以确保它对于法国的首要地位。而在意大利方面——也就是说,人口因素在这里对法国来说是不利的——则是法国的工业(就像萨尔区、比利时和德国的工业区主要分布在煤矿附近一样,法国的工业区主要分布在铁矿和铝土矿的附近)通过维持法国在政治和文化方面的特殊影响力,而恢复了双方力量对比上的平衡。

2

　　如果说拉丁诸民族之间在精神方面不可否认的亲缘关系使得帝国的产生得以可能的话,那么,仅仅依靠这种联系显然还是不足以保证帝国能够成为一种现实。为了能够与那两个已经建立起来的帝国性构造相抗衡,对于法国来说,靠不时提及她"拉丁姊妹"的存在是不够的;对于拉丁民族来说,仅仅在她们之间签订多少带有一点巴尔干"协定"(Balkan"Pacts")①意味的东西是不够的,按照"协约"②的样式

---

　　① [译按]作者在这里提到的巴尔干协定,是指 1934 年由希腊、土耳其、罗马尼亚和南斯拉夫所签订的一个条约。条约规定搁置缔约国之间的所有领土要求,搁置缔约国与其随着第一次世界大战结束而刚刚产生的邻国之间的领土要求,也搁置各种日趋激烈的、地区性的少数民族冲突。这个条约对确保土耳其的和平以及南欧那些原先曾经属于奥斯曼帝国的国家的独立地位,起到了一定的作用,但是对于遏制二次世界大战期间德国、英国和苏联的军事干预,却没有起到什么作用。

　　② [译按]"协约",原文为法文:Ententes。

建立联盟也是不够的,无论这个协约是小①还是大。人们必须要造就一个在统一性、现实性和有效性方面丝毫不逊色于英联邦②或者苏联的、现实而有效的政治统一体。

如果说在统一性和有效性方面拉丁帝国必须要达到另外那两个帝国的水准的话,那么,这并不意味着拉丁帝国也必须要亦步亦趋地模仿其中一个帝国的政治结构。相反,所有的事态都使得人们相信,拉丁民族必须要找到并且也能够找到一种前无古人的帝国概念。因为,她们必须要统一的各个民族都充满了长期而独立的历史。并且,拉丁帝国更加没有必要照搬那两个与之对立的帝国的社会和经济组织形式。因为,没有任何迹象表明,对于英美集团来说迫在眉睫的、巨型卡特尔的那种毫无规制的"自由主义"和数量众多的失业人口,以及苏联的那种将所有一切都拉平的、有时甚至是"野蛮的""国家主义"(statism),已经将理性化的经济与社会组织的所有可能性都穷尽了。需要特别指出的是,"苏维埃式的"的帝国构造显然与"共产主义"是毫无关系的,并且还可以很容易地与共产主义分开。

最根本的问题是,拉丁联盟必须要真正成为一个帝国,也就是说,必须要成为一个现实的政治实体。但是,正如人们常说的那样,它只有在形成一个现实的经济统一体的条件下,才能成为一个帝国。

看起来没有疑问的问题是,只有在法国、意大利和西班牙通过将她们殖民领地的资源聚集在一起而开始有所行动的条件下,拉丁诸民族才能产生出这样一个统一体。换句话说,在殖民领地当中并且也是为了殖民领地进行工作的可能性,对于这三个国家的所有国民来说,都必须是一视同仁的(除此之外,法国还必须在自己力所能及的范围内,将北非的意大利殖民地从联军手中接收过来归还意大利,这实际上也是归还给拉丁帝国)。在殖民地的开发方面,必须要通过帝国

---

① "微型协约"(Little Entente 是捷克斯洛伐克、罗马尼亚和南斯拉夫于1920—1921年间建立的一个防御性和经济性的联盟(这个联盟与法国的政治和经济利益密切相关),其主要目的是为了维持第一次世界大战之后由各个条约所规定的现状。

② "英联邦"原文为英文。

本身来确立一套统一的计划,并且要通过帝国本身来提供所有实现这一计划的手段。并且,对于那些集思广益、群策群力得来的利益,也必须要由作为一个整体的帝国来享有。总而言之,作为拉丁帝国的现实基础和统一原则的,只能是这种以非洲领地为基础的、由一系列集团所构成的经济统一。

甚至还有一种可能,那就是,只有在这样一个统一后的拉丁—非洲世界里面,穆斯林问题(可能还有一般意义上的"殖民地"问题)有朝一日才能得到解决。因为自从十字军东征以来,阿拉伯世界的伊斯兰教和拉丁世界的天主教就已经在若干综合性的观点问题上,通过彼此的对立而统一了起来(比如,阿拉伯思想对于经院哲学的影响,还有伊斯兰教艺术对于拉丁诸国的渗透,等等)。人们没有理由确信说,在一个真正的帝国里面,对立双方的这样一种综合就不会被释放为帝国内部的、如果仅仅从纯粹民族利益的角度来看的确是没有办法加以缓和的矛盾。但是,如果拉丁世界①与伊斯兰世界之间可以有一个协定存在的话,那么,在地中海流域即便出现另外的帝国,其地位也会变得非常不稳固。

但是,殖民地的经济联盟必须通过一种宗主国的经济联盟加以完善。私人性的或者国家性的合同,必须要将由帝国内部各国所生产的矿产和农业资源全部置于帝国的支配之下。这些合同还必须要在当事人之间,在政治或者军事安全所要求的任务与帝国整体的经济与社会需求之间,保证一种合理的布局。最后,一种在必要情况下由共同关税政策加以支撑的、经过协调的国外贸易原则,必须要确保帝国在出口的方面能够应对全球市场,在进口的方面能够在必要时对抗任何一个掌握着购买方面的垄断地位的卡特尔。

不消说,从经济的观点来看,负担未来帝国所有费用的国家应该是法国,而意大利和西班牙只要坐享其成就可以了。这两个国家必须要把它们的劳动力置于帝国的支配之下(从而也是置于法国支配之

---

① [译按]"拉丁世界",原文为法文:la Latinité。

下），从而参与帝国的经济，至于西班牙的矿产资源就更加不要说了。但人们绝对不可以忘记，工作是国家财富最本真的形式，而这种工作指的是劳动力，从而也包括了一般意义上的人口。

任何人都会同意，法国目前的人口是不足以将法国的经济维持在——或者说提升至——一个巨大的现代性力量所需要的经济水准之上的。但是，指望法国的人口会有大规模的增长也是不切实际的。明智而有效的人口政策对于法国来说生死攸关。但是，这样一种政策充其量只会将真正属于法国的人口维持在目前的水准。至于说到外来的移民，法国已然看到东欧日益消减的劳动力资源正在蒸发出去，因此无论如何，它都必须要把目光转向自己拉丁系的邻居。但是至为明显的是，在劳动力的问题上，只要法国还维持其纯而又纯的民族性，这个问题就会非常棘手。类似地，孤立的、排他性的民族主义（并且，这种民族主义从政治上来说不可行的，从实践上来说也已经不存在）对于另外两个拉丁国家来说也是没有任何好处的，即便造成它们这种状况的原因跟法国方面正好相反。因为，对于意大利和法国的经济来说，如果它们局限于本民族的资源，那它们显然就没有办法为各自的人口提供对于一个现代欧洲人来说能够接受的生活水平，也没有办法吸收迄今为止每年都很可观的人口增长。

与此适成对照的是，一个由一亿一千万或者一亿两千万公民（这些人就其心智和外在表现来说，都是真正的公民）所组成的拉丁帝国，无疑却可以产生并且支撑一种巨型的经济，相对于英美和斯拉夫—苏维埃的经济来说，这种经济的规模当然要小一些，但至少可以与之相抗衡。就其自身来说，这种经济可以让整个帝国的生活水准，也就是说，首先是让西班牙和意大利南部的生活水准，在将来有所提高。通过改善这些地区的物质条件，在即将到来的几十年里面，我们一定可以看到一种人口的大幅度增长。并且，这样一种内部市场的持续（从原则上来说也是无限的）扩展，再伴之以就业人口的不断增长，可以使帝国经济在发展的同时，避免英美经济那种由于内部市场差不多已经饱和而无法避免的周期性危机，也可以避免苏维埃经济那种严酷的、强制的稳定性。

因此人们可以预期，法国在非常短的时期内就可以从它为拉丁帝国的利益所作出的那些所谓"牺牲"当中获益。因为，在被纳入帝国的统一体之后，法国的本土和殖民地会得到联合的开发，而比较严格的"民族性的"开发——指导这种开发原则的经济原则是"自私自利的"，但就现实来说，只不过是过时的——来说，这无疑会给法国带来更加巨大的回报。

3

经济上的联合是拉丁帝国实现统一的必要条件。但这却不是拉丁帝国的存在理由。拉丁世界联合最终的也是真正的目标，从根本上来说是政治性的，因此，产生并且鼓舞这个帝国的乃是一种具有特殊政治意味的意识形态。

而最根本的政治范畴乃是独立或者自主。一般人们都认为政治性的意志乃是一种对于权力或者"伟大"的意志。这当然是没有疑问的。但是，更准确也更精确的说法却是，一切真正的政治意志首先是一种自主的意志(an autonomous will)，也是一种对于自主性的意志(a will to autonomy)。因为，"权力"只不过是一种实现自主的媒介，而"伟大"则不过是实现了自主之后的一个结果。在被看作是一种政治性实体之后，国家所做的事情不外乎是产生一种对于自主的意志；通过这种意志[国家]产生了自身也维持了自身，因为通过这种意志[国家]将那些在另外的情况下莫衷一是的个别意志整合起来并且加以辖制，其手段则是从这些意志当中产生一种"共同意志"，而这种共同意志也不外乎是它自己的、通过这种手段被明白地表达出来并且变得有效的对于自主的意志。相反，如果一个国家不再受一种对于自主的绝对意志的驱遣，那么，它就将自己降至一种单纯的行政管理的水平，充其量只能服务于它没有能力加以调和的私人利益。

因此，产生一个能够作为政治性实体而存在的拉丁帝国，也就是要产生并且维持一种拉丁式的"共同意志"，这种意志就其自身来说是自主的，并且也渴望着最大限度的、与当时的一般政治状况相称的自主性。换句话说，这个帝国的行动归根结底必须要从帝国内部各民族对于联合的意志出发,必须要维持最大限度的独立性,而相对于外国的意志或者行为来说必须要维持其合理性。这一点从实践角度来说则意味着,拉丁帝国就其内部结构和行为以及对外关系所做的一切决定,绝不可以被看作是仅仅为了迎合另外两个已经存在的敌对帝国的意愿和行为。

如果上述三个拉丁国家每一个都愿意从一种对于拉丁自主性的意志——这种意志是由理性引导的,因而是"现实的",甚至是实在的——出发,在她们集体性的行为当中,也就是说在她们国家性的或者政治性的行为当中寻觅各自的动力源泉的话,那么,将她们的三重行动整合起来的那种统一性,就会自动的从这种意志当中产生出来。但是,如果说对外政治行为的这种统一性乃是对于自主的意志的一个直接后果的话,那么,对于一种自主意志的实在现实性(the effective reality of an autonomous will)来说,对外政治行为的统一性也是一个必要的前提。因此,拉丁帝国只有在建立了一种单一的、对外政策的指导原则的条件下,才能存在,这个指导原则无论是在一般取向的领域还是在实际操作的领域,都必须得到所有当事人的接受。

与所有一般意义上的意志一样,对于自主性的政治意志,只有通过应对阻碍并且克服阻碍的办法,才能得到满足。因此,它必须要针对这种阻碍将自己武装起来,而这也正是为什么除了其他一些事情之外,它必须要通过一种军队——陆军、海军和空军——的形式将自身展示出来的原因。这倒不是说对于自主性的意志必须要表现为"军国主义者(militarist)"或者"战争贩子(war-mongering)",也不是说帝国性的意志无一例外地都是"帝国主义性的(imperialist)"。正好相反,"军国主义"和"帝国主义"从根本上来说乃是一种不成熟的对于自主的意志的产物,它们也没有办法使用真正有力的破坏性手段(正是因为这个原因,"军国主义"是危险的产物,并且首先是战败的产物,而这也就等于说,它也是一种虚弱的产物,不管这种虚弱仅仅是处于可能的状态还是已经成为现实)。这类现象首先是民族性政治存在的特征,因为对于驱遣民族国家的自主意志来说,民族作为一种基础总是脆弱的。因此,帝国性的基础可以通过提供更多的效力和安全,从而使这种意志在根本上成为一种"和平的(peaceful)"意志,如果说不是成为一种"和平主义的(pacifist)"意志的话。因为,如果说战争是用来捍卫一种受到威胁的从而显得岌岌可危的自主性的话,那么,帝国却只要使用和平的手段就可以让自主性变得强大,坚实,岿然不动。但是,只要将来的世界还存在多个帝国,那么每个帝国都会残留一种"民族性的"——不是"民族主义的"——弱点,并因此而残留一些"帝国主义的"、好斗的敏感性。也正是因为这个原因,拉丁帝国也需要一支军队。这支军队必须要足够强大,可以确保它在和平时期的自主性,也确保它在自主状态下的、而不是倚靠两个敌对帝国中的一个来维持的和平。当然,这支帝国军队必须要集中统一,必须在所有的方面都要由作为一个整体的帝国来供给。另外需要说明的,在现代的情况下,只有一个帝国才可以负担一支军队的有效运转,而对于任何一个孤立的民族国家来说,这样一种负担足以摧垮它的经济。并且,帝国的军事潜力可以容许至少在某些确定的时期以内对能够使用的军备——这些军备总是过于昂贵并且也非常容易被淘汰——加以严格的限制。但是非常清楚的是,法国仍然需要在帝国的军事力量方面扮演首要的角色。法国历史悠久的军事优势和老到的经验,在这种情况下或许比在其他任何场合,都使它能够毫不畏惧地面对西班牙人和意大利人的合作性的竞争。而通过赋予拉丁军队一种独特的法国性格,法国也可以一举两得地在由这支军队所保护的帝国内部,正大光明地确立自身的全面优势地位。

由法国所指挥的这支帝国军队有一个最终的目的,那就是,通过在内部和外部确保拉丁帝国的现实统一,从而使得对于拉丁世界自主性的"普遍意志"成为一种实在的东西。但是为了能够做到这一点,它必须要仰仗这种统一。而帝国统一的关键又是由它们的共同开发来确保的殖民地领地的统一。因此,坚持这种统一,坚持殖民地区域的整合,便成了拉丁帝国外交和军事政策的首要任务。这就意味着,仅仅共同开发这个区域还是不够的。它还必须要保证这个区域作为一个整体是彼此相连的,是随时都可以进入的。帝国宗主国(metropole)与其殖民地之间的直接通道必须在任何时间都得到保障,尤其是在发生战争的情况下。但是众所周知,大洋相对于拉丁帝国来说是不成比例的(更加不要说法国一国了,因为它甚至连地中海的畅通都没有办法保证)。人们当然不能由此得出结论说,法国必须要放弃它在海洋上的领地,如印度支那,马达加斯加还有其他的岛屿,等等。但是,试图建立一支舰队,希望由此能够控制通往这些地区的航线的做法却是徒劳的,也是危险的。而为了避免如此行事,有必要从一开始就设计并且指导经济的发展和帝国的(外交和军事)政策,方法则是牢记这样一个事实,即,这些遥远的领地有朝一日是要从宗主国当中暂时地甚至是永久地分离出去的。

而从另一方面来说,拉丁帝国的根本利益所在,乃是确保非洲殖民地与宗主国之间的真正畅通。这样做的意思是,拉丁帝国在将大洋让给另外两个帝国来争夺的同时,必须要保持自己在地中海的排他性地位。而由这片海域所提出的战略问题,就拉丁帝国的军事实力来说,无疑是可以应付的,因为帝国占领着比塞大、①西西里和直布罗陀地区的腹地与其他海岸,因此它可以用一个小规模的海军和空军舰队保证地中海的畅通。正是因为这个原因,单一地中海的理念——即"我们的海洋"的理念②——能够并且也应当成为统一起来的拉丁民族对外政策的首要具体目标,虽然说不上是唯一的目标。不消说,这个口号过去曾经被法西斯写在自己的旗帜上,但这完全是掩耳盗铃。这些旗帜的荒诞不在于理念本身,而仅仅在于他们竟然滑天下之大稽,自称能够通过一个孤立的、排他的民族来实现这个口号,不宁唯是,即便这个民族被称作是法兰西,事情也不会有任何转机。但是,拉丁民族无疑却可以将自身所有的影响力投入到这个古旧的罗马俗语中去——当然,前提必须是它要把这个俗语作为所有政策的指导理念,并且要将自己所有的能量都投入进去。

---

① 在科耶夫写这篇文章的时候,突尼斯的比塞大港是法国的第二大港口。1956年,突尼斯脱离法国宣布独立。

② [译按]"我们的海洋",原文为拉丁文:mare nostrum,这是罗马人对于地中海的爱称。

当然这并不是说其他任何人都不能进入地中海。这里必须要强调的只是一种进入地中海的实际可能性。也就是说,这里所涉及的问题是,帝国有权利也有办法向那些想在这片海域自由游弋的人要求补偿,或者是禁止另外某些人进入,因为无论是通行还是禁止通行,都只有在得到帝国同意的情况下才能实行,并且也只能按照只有帝国才有权决定的方式进行。

一般说来,拉丁帝国没有兴趣去进攻或者削弱别人。它甚至也没有兴趣参加未来的战争。正相反,它的最终目的只是为了保证各个当事人的和平,从而保证整个西欧的和平。尽管因为力量薄弱导致它没有能力去进攻别人,但是对于确立自己的中立地位,从而保证地中海的周边和整个西方——指拉丁帝国的西部,也包括拉丁帝国的其他地区——免遭灭顶之灾这点来说,这个力量还是足够的。因此,如果说法国造就拉丁帝国是为了在将来可以延续它在目前作为纯粹民族国家再也没有力量加以支撑的独立性和伟大地位的话,那么,她在这样做的时候,她的角色乃是一个在欧洲具有领导地位的力量,她是在为了保护主要是由她所造就的那种文明而负责。由此人们也可以说,拉丁帝国政策的最终目的是为了维护欧洲西部的和平。

当然,拉丁帝国在政治上的能力绝对不可以估计过高。它永远都不会强大到确保自身绝对独立地位的程度。因为它永远都不会有足够的力量在另外敌对的帝国之间保持中立,也没有办法在必要的情况下阻止它们的武装对抗。因此我们可以说,将来有一天,拉丁民族将不得不调整自己的政策,使之与另外两个对手中的一个保持一致,从而在政治上反对另外一个。

但是,即便在这样一个假想的条件之下,法国仍然可以从拉丁帝国的产生当中获得利益。因为,如果法国将自己置于一个帝国的领导地位,那么,比较她作为一个孤立的民族国家被某个外来的帝国性构造笼络过去,她在政治和经济方面的影响力将会完全不同。正如英国通过追随美国正在努力寻求用"民族性的"卫星国(她也倾向于将法国作为自己的卫星国)将自己包裹起来一样,法国也绝对不可以在一种孤立无援的状况之下接受那种与一个真正强大的势力缔结"协定"所带来的、危机四伏的利益。并且,因为英国一定会愿意在原本法国可以笼络同伴的地方发展自己的"附庸国",这样做就更加有必要了。

尤其是(这种情况当然是最后被讨论的,但却不是最不重要的①),如果英美帝国方面由德国发起进攻的话,那么,一个围绕法国而形成的拉丁帝国,将使德国的阵地在战略上没有办法进行防守。因此,在这样的情况下,没有谁会有兴趣去重建德国的经济和军事潜力,因为这样一种重建最后只能掉过头来危及德国的西邻。但是,如果法国保持孤立的话,那么,即便她可以与英国结盟,但是,出于保护西方免受俄国的侵略这样一种决定,人们最后还是会求助于(这种要求如果不是马上来临的话,在不久的将来也会来临)一个或多或少已经统一起来的德意志世界的力量。但是,如果说与德国为敌的危险似乎可以永久避免的话,那么,一个与其他国家"结盟的"德国在经济方面所呈现出来的那种危险,因为是在一个发源于英美帝国的"西方集团"之内表现出来的,所以绝非一种错觉,而是一种对于法国来说即便是在政治的层面上也具有十足致命性的危险。只有拉丁帝国才可以随时抵抗那种德国式的、不会受到任何来自英美帝国之约束的欧陆霸权——这既是因为拉丁帝国可以使用"说服的手段",也是因为拉丁帝国本身有能力保障欧洲的军力,也有能力保障欧洲的稳定,而这种稳定和军力,如果拉丁帝国不存在的话,人们也许会愿意到莱茵河的另外一侧去寻觅。

四 实现的方式

1

在需要进行对外活动的时候,拉丁帝国如果要确立自身的地位,

---

① "最后被讨论的,但却不是最不重要的",原文是英文。

必须一方面克服外在的障碍，另一方面寻求支持。

很清楚，从最初的阶段开始，拉丁帝国就必须要与来自英国方面的、蓄谋已久的阻碍——并且人们必须要承认，这种阻碍也是有效的——发生碰撞。不管怎么说，到目前为止，人们抱着将拉丁民族更紧密地团结在一起的愿望所做的一切努力——需要指出的是，这种努力还是非常不够的——，都已经在英国方面激起了仇恨性的并且或多或少是暴力性的反对。事实上，在英国人看来，拉丁世界的联合只有一个能够接受的理由，那就是，一个足够强大的拉丁帝国的存在可以使得重新武装德国的必要性不复存在，从而使得重建德国经济繁荣的必要性不复存在，因为德国经济的繁荣总是会对英国经济造成威胁。考虑到在伦敦方面一个强大而繁荣的德国总会被看作是一种不得已而为之的事情，因此这个理由无疑也有某些可取之处。但不可否认的是，在英国人眼里，拉丁帝国将会带来的不便，会在很大程度上抵消将德国的政治和军事竞争力彻底消灭所带来的好处。最多人们可以说，一直都在讨论诸如民主（指民族自决的权利，以及试图建立一种民主的国际组织的努力）与和平（指在俄国和英美之间进行协调的中立活动）之类题目的英国自由主义者的宣传，首先是工党媒体的巧妙宣传，会在某种程度上限制英国反对派的破坏力。另外需要强调指出的是，对构建拉丁帝国（这个帝国当然可以被称为"联合"、"协议"或者"协定"）的努力进行直接而公开的干预，将很难用具有说服力的和有价值的理由加以正当化，并且，这种干预不但从全球性的观点来看很难被正当化，即便是在英国的公共舆论看来，也很难被正当化。因为，目前英国人从同情"西方集团"的立场出发所列举的那些理由，同样也可以在必要的情况下加以变通，适用于拉丁帝国。但是，这类困难的重要性也绝不可以估计过高，因为英国官方这一面所列举的理由从来都没有遇到过诘难。

如果考虑到英国人在反对拉丁帝国的过程中会得到来自美国方面的无条件的支持，那么，在政治和经济上已经被削弱的法国，在不辞辛劳地造就这个帝国的过程中，其处境无疑将会变得无比微妙。但人们或许也可以假设，美国人和英国人在"拉丁问题"上的看法未必会完全一致。一方面,美国人一定会注意到,拉丁帝国的组成和存在不会对它构成任何现实的威胁——军事方面不会,政治方面也不会,甚至在经济方面也不会。因为,从根本上来说,所有的事情最后都会归结到这样一个问题上,也就是说,整个西欧是必须要进入到英国人的经济势力范围从而也进入其政治势力范围之内呢,还是说英国人的势力范围必须要通过一个在经济和政治方面独立的拉丁帝国加以制约。看起来,美国人似乎更加愿意英国在英美集团中的影响力相对于自己有所降低。并且,由拉丁帝国控制地中海,美国人应该也不会太难堪,因为这也会对英国人在相反的状况下或许会取得的、对于中东石油所有具有的那种绝对而排他的军事控制,造成某种冲击。另一方面,从根本上来说,拉丁帝国既不想在经济领域跟美国竞争,也没有能力跟美国竞争,相反,它倒是可以通过一种优惠的商业协定来靠拢美国,而办法一是建立通往美国的国际贸易的流通渠道,二是在某种程度上将美国的注意力从许多对于"英镑集团(sterling bloc)"的未来可能还是颇有诱惑力的海岸当中转移开来。但是非常明显的问题是,对于美国来说,由三个联合起来的拉丁国家的一亿两千万居民所呈现出来的这个市场,相对于同样还是这些国家通过维持其孤立状态所构建起来的那个市场——并且这个市场接下来要或多或少地服从于英国经济的完全控制——来说,其影响力要大得多。最后,人们绝对不可以忘记,美国的公共舆论自始至终都主张要撤销欧洲内部的经济壁垒。因此,拉丁帝国的倡导者们就可以很容易地在美国人的支持者当中,通过着重强调拉丁帝国的自由贸易方面——至少是拉丁民族内部的自由贸易方面,来进行实际的宣传工作。一般来说,如果法国和拉丁帝国注定要在经济上将自己归属于一个比自己强大得多的组织,那么,很明显,被选定的组织肯定应该是最富有从而支出也最少的那个。而毫无疑问,从经济的角度来说,美国远比世界上任何一个国家都要强大。因此,即便是从纯粹法国的观点来看,一个拉丁式的、以美国为目的的经济取向,也要比与英国经济的联合更加可取,而后一种情况对于一个孤立的法国来说,几乎可以说是一种无法逃避的命运。

至于苏联方面,拉丁帝国可以期望得到一种比人们从美国方面所预期的更加有利的姿态。当然,苏联政府的一贯表现是对于所有国与国之间的"集团"都充满敌意——无论这个集团是小型的,中型的,还是大型的。对于这类"集团"的敌对态度在过去甚至是其外交政策的主调,并且现在也还是。但是,人们仍然有可能让莫斯科明白这样一点,即,如果保持分裂——更加不要说保持"民族主义"的局面了——,那么,整个欧洲在政治上迟早都要被英国人控制,从而无论如何都会在将来的对苏战争中占据主动,但是,如果拉丁帝国可以在这场冲突当中保持中立的话,它却可以在某种程度上保护苏联的西线。拉丁帝国当然没有能力使已经相当空虚的苏联战场起死回生,从而对战争的结局施加决定性的影响。但是有一点是所有人都可以同意的,那就是,正是因为这种中立,胜利,不管是什么样的胜利,可以用比较低的代价来获得。一言以蔽之,一个帝国性的拉丁联盟的形成,不会使苏联有任何方面的损失,还可能使它有所得。如果有了这些条件,再通过长期耐心的外交努力,人们可以期望苏联不但会保持善意的中立,甚至还会给处于草创阶段的拉丁帝国提供有效的经济和政治援助——当然这一切的首要条件是拉丁帝国遭遇到了英美两国的联合反对。因此,即便是遇到了这种极为不利的情况,如果苏联方面表示愿意给拉丁帝国提供必要的原材料和工业设备的话,拉丁民族还是可以不必放弃她们创建一个帝国的努力。总之不管怎样,最近一段时期的经验表明,只有当地中海出现问题的时候,一种在法俄之间进行政治合作的暧昧愿望才会在双方同时表现出来。

无论如何,当德国出现问题的时候,这种合作是没有办法建立起来的。至于说到德国问题,与其说与政治秩序有关,毋宁说与经济秩序有关,对此我们将在本章关于经济问题的部分(第3节),结合煤炭问题加以讨论。

因此,除了法国与两个预想中的拉丁伙伴之间的关系问题之外,人们再也没有什么好担心的了。

关于西班牙,问题非常清楚,一方面,佛朗哥暧昧的(也是遭人唾弃)拉丁热情是注定要失败的,另方面,如果领袖(el Caudillo)①和他的政府不被推翻,拉丁帝国是没有办法建立起来的。因为今后的局面已经非常清楚,那就是,这个"民族主义"政治家的目的,乃是通过将西班牙变成英国的"自治领",来延续他的权力,或者至少是延续他所代表的那个社会政权。因此,必须要用一个亲法的(Francophile)政权来取代佛朗哥,也就是说,这个政权必须要支持在法国的庇护之下所建立的拉丁帝国。而如果不再考虑那些已经丧失掉的机会,那么,即便时至今日人们也可以说,拉丁帝国成立的时机不能认为已经完全没有了。一方面,佛朗哥式的拉丁理念(Franco - Latin idea)在某些反对长枪党(Phalanx)的阶级当中将会很受欢迎。② 另一方面,美国对于佛朗哥的支持是非常有节制的,而苏联则是竭尽所能地想推翻他。英国当然是支持佛朗哥的;但是,从全世界甚至是英国人自己的观念来说,英国的立场都是很难说得过去的,而从工党执政以后,情形就更其是如此。如此说来,一场联合性的反佛朗哥运动并不是不可能的,而法国则可以从现在开始就从中争取主动,她可以就这个问题与苏联和美国达成谅解,并且将拉丁美洲的国家团结在自己周围,也可以将意大利团结在自己的周围。要反对佛朗哥,仅仅靠法国一国之力,仅仅靠着那个否定性的"反法西斯"的题目,是不够的。至于说到其他的拉丁民族(或许还有俄罗斯),为了要反对长枪党治下的西班牙,人们必须要诉诸拉丁联合的理念,也就是说,必须要诉诸佛朗哥一直都在鼓吹的那同一个理念,而这个理念就目前来说跟英美两国的利益,尤其是跟

---

① 1939—1975 年统治西班牙的弗兰西斯科·佛朗哥将军(1892—1975),也被人们称为 el Caudillo。[译按]Caudillo,西班牙文,一般用来指独裁政权里面专揽政治权利和军事权利的人。英文一般译作"领袖"、"首脑"、"强人"、"专制者"等等。el Caudillo,是西班牙人对佛朗哥总统的专称。
② Falange *Española* Tradicionalista y de las Juntas de Ofensiva Nacionalsindicalista 从 1938 年开始就是西班牙的执政党。[译按]Falange *Española* Tradicionalista y de las Juntas de Ofensiva Nacionalsindicalista,或译作"西班牙传统派长枪党和国家工团主义进攻委员会"。

英国的利益是相背离的。① 但是,如果推翻佛朗哥会使得西班牙进入一种潜在的无政府状态,那么,这样做也没有多少好处。因为,试图带着一个既会将别人搞乱并且自己也身处混乱的西班牙来建立一个稳固的帝国,是不切实际的,就如同,让法国的在政治和经济上处于统治地位的阶级与过于"赤化的"西班牙共和国达成谅解在心理上很难接受一样。有必要在西班牙内部和西班牙的②海外移民里面,寻找一种更具自制力同时更少"革命性"的基础,并且,当目前的西班牙统治阶级背叛佛朗哥的时候,他们也可以接受这个基础。但是看起来,如果不事先与西班牙教会从而也跟梵蒂冈达成一致,这样一种基础是没有办法建立起来的。这当然不是一件简单的事情。但是人们也不能先验地断定,拉丁帝国的理念永远也不会吸引罗马教廷当中的政治人士(当然,条件是罗马帝国必须愿意保证罗马教廷的财源)。(参见第4节)

  意大利跟西班牙一样,对于法国和拉丁帝国来说真正有利的情形在很大程度上都是过去的事情了。因为在过去的这几个月里面,由于法国对意大利政策的严重失误,英国在意大利的经济和政治影响,已经有了引人注目的发展。但是,在阿尔卑斯山的另外一侧,在法国的领导之下建立一个拉丁帝国的理念一直都非常广泛,并且直到今天都是一种非常坚实的政治理念,受到那些在政治和经济方面非常有实力的阶级的支持。就总体来说,意大利对英国的态度是摇摆不定的,它甚至一直都在——徒劳地——等待来自法国方面的提议,一直都在等待有人可以提出一些跟经济协定、跟政治联盟,甚至跟与这两个拉丁

---

  ① 在1945年7月的波茨坦会议里面,杜鲁门和丘吉尔曾经反对过斯大林所提出的联合反对西班牙的强硬主张。在1943年底的时候,佛朗哥就已经开始主动做出了某些向盟军示好的姿态,但是,情形还是如科耶夫在这里所指出的那样,西班牙与美英两国的关系仍然非常冷淡;在战后不久的许多年里面,西班牙被赶出了联合国(直到1955年),并且也没有办法享受马歇尔计划所带来的好处。尽管英国工党政府有着强大的反佛朗哥的声浪,克莱蒙·艾德礼政府仍然坚持丘吉尔所建立的对西班牙保持谨慎中立的政策。

  ② 打印稿作"expagnole",应作"espagnole"。

国家的联合有关的提议。但是,如果不事先跟梵蒂冈达成协定,一种深远而长久的协定同样也是很难想象的。

葡萄牙也可以列入考虑的范围。但是,这个国家在政治和经济上受英国的影响已经太过久远,因此没有办法在拉丁帝国成立之初就把它包括进来。但是毫无疑问,如果这样一个帝国能够形成,那么,葡萄牙(即便是一个"萨拉查主义的"葡萄牙)最后迟早还是要加入进来的。①

最后一个更加不太有关系的方面跟拉丁美洲有关。将这些相隔遥远的国家跟拉丁帝国联系起来,这在政治上当然是没有疑问的。但是非常明显的是,拉丁帝国在文化上可以对这些国家所产生的吸引力,要远远大于法国、意大利和西班牙单个国家所能够产生的吸引力。而这样一种得到提升的吸引力可以通过从拉丁欧洲(Latin Europe)额外进口货物的方式表现出来。

2

但是,就拉丁帝国来说,关键的问题还不在法国外部,而是在法国内部。只有法国才可以发起这个帝国,但是法国也只有在坚持拉丁帝国理念的前提下,才可以走出那个它正身陷其中的、政治(和经济)上的死胡同。但是,毫无疑问,要将这个一般性的理念转化为具体的"规划",并使之成为法国"现实主义"政策的目标和发动机,则是非常困难的。

这种困难首先是因为一种流行甚广的反拉丁的偏见,而这种偏见

---

① 科耶夫所提到的这种影响可以追溯到1373年英葡两国通过条约所建立的同盟,这种同盟此后断断续续地都有延长,最近一次的延长是在1943年。尽管从1912年以来,英国外交部内部就有一些官员主张中断与葡萄牙的同盟关系,但是,葡萄牙殖民地和岛屿的战略位置,再加上它不时提供的军事援助,使得这种同盟关系直到第二次世界大战结束都还完好如初。1932年以后,主张法西斯主义安东尼奥·德·萨拉查(1880—1970)成为葡萄牙的总理,但英国外交部再次出于战略的考虑,又一次保住了这种同盟关系。参见,The Official British Attitude to the Anglo - Portuguese Alliance, 1910—1945,收入 *Journal of Contemporary History 10:4*(1975年10月)。

说到底或许不过只是一种经过伪装的"自卑情结（inferiority complex）"，并且有时还是一种"过度补偿（overcompensated）"[①]的自卑情结，而从这种情结里面，法国已经开始身受其害了。其次是因为在本世纪的过去几十年里面人们已经看到的那种经济和政治上的"无为主义（Quietism）"，这种"无为主义"麻痹了所有严格意义上的行动欲望，也就是说，麻痹了所有否定既存现实从而焕发活力或者进行改革的行动。但是就拉丁帝国的情形来说，法国要做的事情却不只是"改革"而已，因为，它曾经是一个"伟大的民族"，并且也是世界上出现的第一个真正的"民族"，所以，人们必须要与所有的、在过去几个世纪里面已经成为一种引人瞩目的民族传统的、"民族主义"的传统切断联系。最后则是因为国内的政治状况，因为这种状况似乎已经阻断了任何一个想把所有法国人的行动都集中到一个单一指导理念之下的路途。一方面，"左派"和"右派"的对立已经成为传统，并且牢不可破，它已经从根本上将这个国家一分为二，其中一方所赞成的理念，另外一方的所有政党都会加以反对（戴高乐将军想让自己高踞于这种对立之上，这种设想所导致的境况对他来说当然是"壮观的"，但是这种境况的"独一无二性"也是绝对的，是后无来者的）。另一方面，则是由于像抵抗运动和天主教这样一些准政治性集团的存在，这些集团是更加"让人不安"的，因为它们都分布广泛并且也让人捉摸不定，同时也由于像共产党、激进党和社会主义党这样一些组织精密、规模庞大的政党的出现，这些政党立场（比如像激进党所表现出来的那样）的特点是，越是意识形态色彩比较淡的，越是不会跟别人妥协——这些都使得围绕一个政治理念产生一种"公意"变得非常困难。

但是，如果更加深入地观察就可以发现，比较人们在战前所看到的状况而言，目前的状况对于政治的复兴倒似乎更加有利。人们甚至可以说，大规模政治运动在今天之所以变得如此困难，恰恰是因为它有成功的可能。无论如何，从某种意义上来说，出现这些困难还是"正

[①] ［译按］"过度补偿"，心理学术语，指为了补偿自卑等心理而引发的过激反应。

常的",因为目前的状况也的确没有办法用"简单的"手段来应付。

最重要的有利因素当然是戴高乐将军的存在。拉丁帝国说到底不过是法国期望在政治上实现自主和"伟大"这样一种意志展现。而不可否认的是,这样一种意志,在目前这位法国政府首脑的每次讲演和每个行动当中都有体现。但遗憾的是,至少到目前为止,这位首脑的政治意志还仅限于唤醒人们对于过去——这个过去是有魅力的,也是光荣的——的怀念,而不是要造就一种未来——这个未来或许还不确定,但从政治上来说却是可行的。说到底,体现在戴高乐身上的这种高度政治化的意志,只是一种不合时宜的乌托邦,而这一点就足以很清楚地说明——但却不能说这是合理的——,为什么这个主观性非常强烈的人物的意志没有办法转化为一种客观上有实际效力的"普遍意志"。在这种情况下,最好的解决办法就是戴高乐可以"幡然醒悟",可以接受拉丁帝国的理念,而这种醒悟只有通过一系列长时间的、从公众谣言当中超脱出来的对话才可以做到。但是,目前还没有什么能够表明这样的对话是可行的,并且人们也没有理由相信这种对话就一定会产生预期的结果。

因此,人们就有必要将戴高乐的命运,与通过服务于拉丁帝国从政治上复兴法国的行动,分离开来。人们有必要在作为一个整体的国家里面,寻找并且要找到一种更加广泛或许也更加坚实的基础:这种基础可以允许戴高乐通过自己的人格来体现一种已经创建起来的政治"公意",以此来确保他权力的稳定,或者也可以允许他重返权力。除此之外,这样一种更加广泛的基础,即便是有一个已经转向拉丁帝国理念的戴高乐从一开始就致力于帝国的实现,也是必要的。

但目前的法国并非专制君主政体。它包含着许多历史久远的、有组织的政党,并且,在法国,政治操作的现实基础,必须要通过与它们进行合作而不是通过反对它们,才能够建立起来。

首先是共产党(the Communist Party)。这个政党非常重要,因为它所使用的意识形态手段和物质手段,使得它可以从实际上破坏任何一项它认为自己有义务加以反对的政治事业。人们应该尽最大的努力,不要与之进行公开的对立。但是,人们应该得到的远不止中立而已。

因为拉丁帝国的创建,甚至单纯的法兰西"民族"的复兴,都需要由工人阶级付出巨大的、合作而持久的努力,而这种力量只有共产党才有能力从工人阶级那里得到。但是,人们可以期望与这个政党进行一种积极的合作么?

如果弄清事情的真相,廓清某些偏见,人们是可以做出肯定的答复的。

实际上,至少就共产党的政策乃是由莫斯科共同决定的这点来说,这个党看起来像一个保守性的政党,它的座右铭是维希政权的一套公式:"工作—家庭—祖国(Work-Family-Fatherland)"。实际上,这个政党之所以说是"保守的",是因为它想维持法国的政治自主地位(就像意大利和西班牙的共产党一样),并且,为了保护这种地位,它会不惜一切代价地对抗英美世界的影响,哪怕是无限期地维持经济、社会和政治上的现状,也在所不惜。

因此,共产党如有神助地填补了法国政治生活当中的一个空白,而这又会严重危及国家的稳定,也会大大限制国家采取强有力行动的机会:这个空白是,在法国,长期以来都没有一个一般被称为"保守党"的——但不是"倒退的"——政党存在,因此也就没有这样一个政党,这个党一方面对作为国家而存在的国家赋予极高的价值,另方面又主张,国家要想在政治上生存,只有通过毫无保留的变革才能做到,这种变革经常是激进的、快速的。法国共产党尽管因为周围环境的力量而具有"保守性",但就其意图来说却一点都不是"倒退的":事实正好相反,它对所有旨在将法国加以"现代化"的提议都持一种开放的态度。而如果说它有什么缺陷的话——但是这个缺陷是非常严重的——那么这个缺陷就是,那种赋予它活力的"爱国主义"……甚至连苏联式的爱国主义都不是,而是一种公开的俄罗斯—斯拉夫式的爱国主义。在这种情况下,只要拉丁帝国的事业还没有得到苏联政府的首肯,共产党就绝不会在这个问题上持合作的态度。但是,一旦共产党得到了这种首肯,那么,这个法国政党的绝大多数党员都会非常乐意地将他们俄罗斯式的"爱国主义"替换成一种拉丁式的爱国主义。总体来说,共产党里面有一些最好的后备因素,这些因素存在于这样一群人当中,这些人希望突破那些就其总体而言过于狭隘的、给现代的经济、社会和政治生活施加了民族界限的框架。并且也没有证据表明，共产党在得到了明确的关于拉丁"帝国"的首肯之后，在构建帝国的过程中，共产主义的普世主义不会被拿来起一点推动的作用。

尽管如此，人们还是要承认，共产党是一种非常特别的"保守"政党，并且，人们也很难使共产党在法国扮演像比如说丘吉尔领导下的保守党在英国所扮演的那一类角色。因为一方面，除了某些领导人以外，法国共产党可能还不知道也不想知道，并且更加不愿意承认自己是一个"保守的"政党，更不要说让他们知道或者承认自己是一个"右翼"政党了。另一方面，戴高乐，尤其还有那些目前在政治和经济上处于统治地位的阶级，很显然都对如果想统治下去，绝不可能没有共产党的支持这样一个理念感到"左右为难"。但是，如果没有了戴高乐这个人和他的权威，共产党可能就不会扮演保守的角色，同时也不会扮演人们所期望的那种建设性的角色。并且，如果不跟法国真正有控制力的那些阶层达成协议（这种协议可以是默契的，只要是现实的就可以），它的活动一定不会有什么结果。

因此，为了可以在法国产生一种有价值的政治结构，必须在多少是由共产党所控制的那些人，和戴高乐所代表的政治意志，以及由政治、技术和文化精英所掌握的现实权力之间，建立一种联系。

非常幸运的是，这种联系在目前阶段，在被人们称为抵抗运动（the Resistance）的那种东西里面，可以说已经潜在地存在了；当然，从政治上来说，这种运动还是非常模糊的，但却是有活力的，也是持久的。一方面，抵抗运动包括了这个国家最具活力的因素，它有某些进行深入改革的倾向，并且它与共产主义者也已经有过不是太糟糕的政治合作经验。另一方面，推动这个运动的是一种纯正的法兰西爱国主义，它跟戴高乐和某些法国的统治阶级都已经有过个人的和直接的联系。因为这个运动创立的目的是为了进行抵抗，因为它是来自于一种单纯的否定，所以它至今仍然没有一个确定的指导理念，因此也就缺乏统一性，更加没有什么真正的政治现实性。就总体来说，抵抗运动就其本身而言是没有办法成为发动机的，甚至连传送带或者离合器都不是。

为了能够在抵抗运动之外产生上述那种有效的联系,人们必须要做一个选择。而如果考虑到这个运动因为环境的影响而垄断了许多被称为是"左派知识分子(leftist intellectuals)"的人的话,这个选择就更加必要了,因为这些人从根本上来说都是一些虚无主义者,对于他们来说,不一致性(nonconformity)非但不是一种产生于某种具体建设性意志的、尽管有时必需但却总是会有缺憾的后果,反倒具有一种绝对性的价值。这些从根本上来说是反国家(anti-statist)的要素必须要把它限制在文学的领域,因为这是唯一适合于它们的领域,并且,它们之所以可以从这个领域当中逃逸出来,仅仅是由于意外。但是,这个领域显然不能成为任何人根据一时的兴致来评判并且选择他人的场所。前瞻性的选择必须要通过政治性理念本身来做出,而政治性的理念是会拒绝所有那些认为它太过"一致"的人的。

曾经参加过抵抗运动这样一个事实无疑是一个在所有情况下都应该加以考虑的正面指标。但是,就参与新的建设性的政治精英集团这个问题来说,这点却不是一个充分条件。它甚至也不是一个必要条件。因为人们没有任何理由断言说一个过去的"维希政府的支持者(Vichyssois)"就必须要以某种方式被从政府机关里面清除出去。当然,所有那些作为目光短浅、不可救药的反动派或者是(可以说是)顽固不化的机会主义者而选择维希的人,必须被清除出去。但是,对于真正信仰"民族革命"并且采取相应行动的人来说,这样做却是不公平的,也是危险的。因为,人们必须要允许少数非常杰出的人在某些时候行动和思想出错,哪怕他们的错误是严重的;并且,国家要能够做到随时准备着重用一个能够冲破极限完成任务的人,甚至是一个被误解的人。而如果考虑到当前法国的危机不是一种智力和理解力方面的危机,而是一种意志和实际信仰方面的危机的话,就更加应该这样做。一言以蔽之,如果人们所倡导的那种政治理念有能力清除那些多少有些"冥顽不灵"和"虚无主义"的人的话,那么,它一定也可以把原先那些多少有点"民族主义"、"狂热主义"的人跟热爱精益求精的、富有建设性的劳动的人重新整合在一起。①

总而言之,所有那些被号召起来在同情共产主义的大众、戴高乐将军和目前的统治阶层之间建立联系的精英们,可以来自任何一个社会和政治等级。而上述那种政治理念也必须要善于利用所有愿意支持它的党派。

但有一点是没有疑问的,那就是,对于拉丁帝国的行动来说,有一些法国的政党是没有办法成为一种稳固的政治基础的。这就是激进社会主义党(the Radical Socialist Party)。因为其社会构成的缘故,这个党是一个消费性的政党,而不是一个生产性的政党,也就是说,这个政党更愿意在政府当中看到一种简单的民事管理,而不是看到一个全能国家的代表。另外,与拉丁帝国的产生比较起来,让法国靠拢英美集团对这个党来说更加具有诱惑力,而这样一种靠拢,如果不以长期艰苦的努力和严格的限制为代价,是没有办法保证法国在政治上的自主性的。当然,这并不是说从议会政治和政府管理的角度与激进社会党进行合作也是不可能的。

至于说到社会主义者,他们并没有危险性。他们在共产党和激进党人之间所占据的位置,迫使他们必须要在原则上采取一种折衷的路线。并且,他们甚至还会永远都有一种积极的作用,这种作用在于,他们既可以从左的方面缓和自己邻居的夺权意志,又可以从右的方面激发自己邻居的热忱——即便这种热忱只是口头上的。从实践的角度来说,社会主义党无论是在议会政治的联合行动当中,还是作为一个

---

① [译按]在 2003 年 3 月 9 日的 *Executive Intelligence Review* 上面,有一篇 Jeffrey Steinberg、Tony Papert 和 Barbara Boyd 三人合写的名为"Dick Cheney Has a French Conneciton——to Facism"的文章,这篇文章暗示,科耶夫在二战期间可能跟一个名为 Synarchist/Worms group 的组织关系密切,这个组织是得到维希政府支持的,并且也支持希特勒的欧洲政策。一个听过他讲座的学生马若兰(Robert Marjolin)是这个组织的领导成员。这篇文章的作者未必真愿意考察一下科耶夫学说的究竟,但如果他所说的事实为真,那么,科耶夫在这里所说的这番话,或者有为从策略角度考虑自己开脱的用意? 据这篇文章说,马若兰在 1945 年成了法国经济部的部长,科耶夫后来之所以能够在经济部供职长达 20 年,就是由他推荐的结果。

忠诚的"对立面",都是有用的。

更加重要也更加棘手的问题跟天主教有关。因为这个问题与其说是一个与某个政党的政治关系问题,毋宁说是一个与教会在意识形态方面达成谅解的问题,也毋宁说是一个与那些实际上信仰或者认为自己在信仰的人之间的道德协定问题。但是,这个问题必须要单独加以讨论。

类似地,有一个举足轻重的问题也需要单独拿出来考虑(第3节),这个问题关系到政治理念之间的关系,也关系到秉持这种政治理念的精英与左右着国家经济生活的那些社会等级之间的关系。从实践角度来说,必须要把私人企业的领导者争取到这个理念和秉持这种理念的社会精英这一边来,而首先要做的便是要说服那些还没有达到他们心目中的事业顶峰的人。

在所有一切都已经说完做完之后,如果还没有在事先产生出一个特定的政治精英集团,那么,拉丁帝国的创建是不会有什么结果的,甚至连法国经济和政治的重建都不会有什么结果,因为这个集团可以把如下的这些人重新统一起来,这些人包括"富有建设性的"抵抗组织成员,对国家始终都忠贞不渝的政府官员,热爱本职工作的技术人员,还有始终沉浸在自主、扩展和经济力量之梦想中的"资本家"。因为,只有这样一类精英才可能使自己超脱于左派和右派之间的"地方性"冲突之上,同时在这个过程当中,又不会像抽象的理论和抽象的梦想那样,沉湎到一种不食人间烟火的氛围里面。

3

即便人们的努力是源于一种实在的政治意志,即便这种努力已经被一群精英转化为现实,并且也得到了全体国民的支持,但是,如果没有一个充分的经济基础,这种努力还是没有办法成功。

就拉丁帝国来说,这样一个基础无疑是存在的。当然,这并不是说这个帝国可以形成一个完全自给自足的统一体。并且我们还必须要指出,自给自足在这里既不必要也不可取,因为帝国政策的最高目标是为了维持中立与和平,而不是为了准备战争。但是,这三个拉丁宗主国及其殖民地所蕴藏的资源是如此丰富，乃至于，如果可以得到合理开发的话，它们完全可以让帝国在一个相对平等的立足点上使拉丁世界的市场与另外两个已经存在的帝国性构造相抗衡。帝国只需通过一种正常的商品交换，就可以满足自己所有的需求，而没有必要接受那些以不可回收的"贷款"形式表现出来的捐助，因为，这种贷款需要让债务人付出一种在经济上依附于别人的代价，至于政治方面就更加不要提了。

但是，在这个设想里面有一个问题没有谈到，那就是煤炭。实际上，拉丁帝国在固体可燃物方面是极端贫乏的。而更加棘手的问题是，对将来的人造化学工业来说是一种基础原料的煤炭，拉丁帝国的数量可能是不够的。

所有这些问题当然都是非常严峻的。但是，这能不能成为法国反对构建拉丁帝国的理由？

当然不能。原因非常简单，那就是，如果法国保持孤立的话，它所能拥有的煤炭，比较它融入拉丁帝国的状况来说，会一样少，甚至可能会更少。实际上，只要这三个拉丁国家都是煤炭的重要进口国——这点看来是必然的——，那么，很明显，它们就只能通过组成一个购买集团来得到煤炭，而这尤其是因为拉丁帝国从实际上来说将会在这个领域享有垄断权。很清楚，英国，尤其是德国，有朝一日必须要出口煤炭，要么是以此降低失业所造成的影响，要么是平衡国际的收支。但是，对它们来说，把煤炭卖给这三个拉丁国家以外的地区，将会是非常困难的。

但另外还有一个千载难逢的好机会，或许可以让法国甚至是拉丁帝国一劳永逸地解决煤炭问题。这就是德国的战败，和它一直以来给全世界尤其是给苏联所造成的那种恐惧，以及这样一个事实，即，法国虽然是战胜国阵营里的一员，但如果德国军国主义复兴的话，它同时也会是受威胁最严重的国家。现在的问题只是，如何才能从这样一个机会里面得到尽可能多的好处，以及如何通过这样一种手段，将一时的得益转化为永久性的利益。

为了达到这样一个目的，法国必须要把它对德国的要求集中在三个问题上。并且在这三点要求当中,其中一个是最重要的,乃至于,其他两点如果想要付诸实施的话,必须要最大限度地保证第一点要求得到满足。

这条最基本的要求可以归结为如下几点:德国除了本土出产的铁矿石之外,禁止买卖铁矿石(开采应该是可以允许的),除了铁矿开采之外的所有鼓风炉、钢铁厂和轧钢厂统统都要摧毁;德国所必需的(这点要有盟国来决定)所有额外的钢材,一律都要由法国(或者是由拉丁帝国)以轧制钢材的形式加以供给;德国每年可以得到一批最少量的、数目确定的这种钢材(这种钢材只有在以前所提供的钢材已经被用尽的前提下,才可以被提供),但条件是,作为交换,它必须要提供一个确定数目的、可以炼焦的煤炭(所有焦炭的进口在德国都是禁止的,所以炼焦只能在法国或者拉丁帝国进行;另外,煤—钢的交换比例要加以计算,以此来抵消,比如说在十年里面,分配给法国的战争赔款数额)。

在这种措施里面,人们可以看到一种巨大的优势,因为它赋予法国从而也赋予拉丁帝国一种手段,让它们可以无限期地要求德国遵守那些已经缔结的协定。实际上,建设一个鼓风炉或者钢铁厂需要十八个月的时间,而它们在建设的时候,也必须要便于在经历了很长时间的使用以后可以被炸毁。因此,只要德国不动用超过规定的重工业能力,人们就没有必要怀疑它的忠诚。而一旦德国开始建设新的鼓风炉、钢铁厂和轧钢厂(这点很容易就可以侦查得到),法国就可以把用于出口的钢材变成战时原料(这些材料没有必要事先预备)。在第十八个月的月末,当德国刚刚开始生产重型武器所需要的钢材的时候(即便假定德国会使用"核"武器,钢材也是必不可少的),法国早就已经掌握了足够粉碎来犯之敌的军事装备了。这就等于说,德国必须要无限期地遵守这个旨在使法国和拉丁帝国获益的钢—煤协定。

当然,要让上述措施得以通过绝非易事,而来自英国方面的强烈反对也一定是意料中事。但是,美国对此或许不会太过反感,而来自苏联方面的积极支持也可以加以利用。除此之外,人们还可以诉诸全球的公意,甚至还可以诉诸某些英国的思潮,办法就是在安全问题和反法西斯的问题上大做文章,也可以在反对卡特尔垄断的问题上大做文章,因为从实际的角度来说,这样一个规划可以起到分散欧洲大陆的重工业的作用,从而使之在法国和鲁尔之间平分秋色。并且,人们还可以大张旗鼓地说明这样一个事实,也就是说,法国所提议的对重工业进行重新布局的计划在经济上是合理的,因为,把煤炭从鲁尔输入洛林,比把矿石从洛林调往鲁尔,要合算一些。(另外,即便是在普通德国人的心目中,上述暂时性的人为交换,也要比要求德国用以货代款或者现金的方式支付战争赔款,更加容易接受一些。)

如果钢—煤方案的接受没有把法国提要求的能力完全耗尽,那么,它还必须要求将萨尔地区并入法国,前提是它可以将德国人驱逐出去。吞并萨尔可以进一步增加法国和拉丁帝国的煤炭存量。

最后的但也只是第三位的要求是,出于安全方面的考虑,德国应该被禁止大规模地生产硫酸,而是由法国提供给德国农业所需的过磷酸盐,但德国必须用煤炭来交换(这种交换必须在时机和方案设计上有利于法国)。

总体来说,德国必须要作为拉丁帝国的煤矿而存在。因此,在保证了拉丁帝国对于原料煤炭的需求的前提下,没有什么会妨碍帝国与德国之间商业交换的发展。拉丁帝国在军事上的优越地位有一个目标,并且也是唯一的目标,那就是,确保在这种交换里面"煤炭"构成在质量和数量上的稳定性,除了这点以外,这种交换在商业上其实是正常的。并且非常明显的一点是,即便法国要将德国的煤炭分一部分给意大利和西班牙,但是,它作为有着一亿两千万人口的拉丁帝国的首领这一事实本身,还是可以能够保证它所得到的那一份,从实际上来说要比它在保持孤立的情况下所得的那一份,要多得多。

当然,像这一类德国必须要承担义务的国际协定绝不可能是"永久性的",即便这种协定可以得到一种相当的军事力量的保障。但是,在政治上,指望过于遥远的将来是毫无用处的。并且,如果人们想对将来有所指望的话,应该很容易就会想到要尽最大可能地利用那种时涨时落的力量,这样才可以大大地改观法国和拉丁帝国的能源状况。如果拉丁帝国在政治上运转良好的话,那么,将来他所能够掌握的经济方面的可能性想来就会非常地充分。但是,这些①可能性只有在实现以后才会有实际的价值。而这种实现要靠拉丁帝国的争取和努力,并且首先是要靠注定会成为拉丁帝国军火库的法国的争取和努力,因为拉丁世界的重工业都集中在法国国内(这点将会确保法国对整个拉丁帝国的政治控制)。

但是在法国,一段时期以来人们都可以看到一种经济意志的匮乏——这种匮乏跟非常明显的特殊政治意志的匮乏一样,都是不容置疑的:这种匮乏表现在,人们缺乏一种经济自主性的意志,这种自主性如果是在另外的场合可以促使生产者产生一种大范围的"纵向"垄断;缺乏一种经济扩张的意志,这种扩张意志如果是在其他的国家,可以鼓舞金融家们构建庞大的"横向"集结,从而推动商业征服世界市场;最后,缺乏一种经济权力的意志,这种权力意志有时可以导致一些从单纯物质利益的观点来看很难说得过去的生产和投资。但是,人们没有理由说,这些众所周知的"私营成分"的缺陷会是永久性的,是不可救药的。

在这里我们要再说一遍,能够并且也应当进行干预的,乃是这个国家活跃的精英分子。这个开启了未来那种不会引发任何"民族性"理念的远景的新颖政治理念,可以在"年轻的管理者"当中,首先是在正在通往"成功"之路的管理者和技术人员当中,激发出一种全新的、对于经济自主性、经济扩张和经济权力的意志,而这种意志将会让法国做出必要的投入,以便造就一种足够庞大也足够坚实的帝国经济。无论如何,如果这样一种更新不能够产生出来,那么,一个"民族性的"法国的复兴将是不可能的,而拉丁帝国的产生同样也会沦为乌托邦。

有时人们也会提议说,法国"私营成分"的缺陷应该用大范围的"民族主义化"的措施加以疗救。但是,这个主张看起来并不可取。因为,如果一个具有实际效力的、雄心勃勃的经济意志没有办法在目前的统治阶级当中产生出来,那么,说它会在为法国的政府管理提供了

---

① 打印稿作 ses,应作 ces。

管理人员的中小资产阶级里面出现,应该也不太可能。除非人们能让一个全新的社会等级获取权力,也就是说,除非再发动一场真正的革命(只要法国的地理状况不改变,这场革命就没有可能爆发),否则,人们必须要求助的,就只能是资产阶级统治集团当中的精英,人们只有从这个阶级里面,才能够期望看到那种对于法兰西民族的经济复兴和帝国扩张来说所必需的努力。

无论如何,一种国家主义的经济只有在它幅员足够广阔的条件下,才有机会取得成功。因此,人们所筹划的那种民族主义化的措施,只有当它们能够被适用于一种帝国型经济之全体的时候,才不会是一种乌托邦,才不会支离破碎从而百无一用,更加不会是一种纯粹的虚构。因此,如果不在期望民族主义化的同时期望帝国的出现,根本就是没有意义的。

但是,人们在构建和发展帝国经济的时候,如果能够至少在一开始就得到上述三个拉丁国家里面目前正在指导着"民族"经济的那些阶级的充分同意,那么效果会更好。这样的话,各国政府和帝国就不是在"指导"经济,而是在"刺激"经济。从实践角度来说,人们只要对工业就主要原料、能源和劳动征收某些赋税,同时再赋予它所有的自由,使它可以按照任何一种最好的方式来使用这些赋税,就可以了。类似地,禁止到海外投资可能也足够确保帝国内部资本投资的合理性。总体而言,只有在经济意志表现出某些脆弱征象的地方,帝国的政治意志才可以取代严格意义上的经济意志;并且,只要经济意志表现出某些脆弱的征象,帝国的政治意志就必须要加以取代。

毋庸置疑,帝国一定要控制它与外国的商业贸易,以便杜绝它的生产付出被某些超出其现实经济手段之外的消费所抵消。但是在这里,只要划定大致的轮廓就可以了,执行的问题可以交由那些私人的专家来做。并且,这样一种充分"自由的"干预要想能够存在,看来唯一的手段就是由帝国对财政的利用进行控制。从实践角度来说,帝国的政治活动必须要由一个拉丁式的"法郎集团(franc - bloc)"通过财政运作来加以支持,以此来与美元集团、英镑集团和卢布集团相抗衡。

4

由法国所支持的、出于造就一个拉丁帝国的目的所进行的政治和经济投入,不能够并且也不应该没有天主教会的支持,因为天主教会所代表的那种力量,尽管非常难以估计并且也更加难以利用,但毕竟是极其庞大的。

毫无疑问,正是天主教塑造并且表述出了一些最重要的原动力,这些原动力至今仍然是整个法兰西生活——也包括一般意义上的拉丁生活——的深层的精神资源。因此,非常自然也非常正常的是,政府会试图使帝国的、与世俗性的和世俗化的天主教(secular and secularized catholicism)有关的行为,与这同一个天主教在教会当中或者通过梵蒂冈所发现的那些表述相互协调。

但是,要想成功地开创一个帝国,必须要有两个前提,一个是必须要对拉丁世界的政府进行激进的改革,另外一个是必须要对天主教会进行深刻的改造,尤其是必须要对意大利和西班牙境内的分支教会进行改造。首先是必须要将梵蒂冈"去意大利化(de - Italianize)",但同时又不能把它暴露在就总体而言排他性过强的美国教会的影响面前。这就意味着,法国,还有后来的拉丁帝国,必须要给天主教会的中央和国际组织提供物质上的支持。但这同时也意味着,梵蒂冈必须要克制自己对于法国教会的那种牵涉到教义以及其他一些方面的猜忌,同时也要认识到,它期盼已久的拉丁联盟只有通过那种由法国发起并且由法国加以规划的行动,才能够产生出来。而人们也可以期望,为了获得那些对于将天主教从分裂和限制当中解放出来而言是必不可少的力量,天主教会既可以利用自身的天主教义,也可以利用拉丁世界的理念,因为这些分裂和限制有两个来源,一个是外在于基督教的"民族主义的"因素,另外一个则是伴随这种因素而来的那些经济与社会形式。

实际上,正是因为教会的"天主教信仰",所以,它才总是能够超越强加在民族头上并且也是通过民族来强加的各种不同的框架模式,不管是哪一种模式。但是,它也经历过"反民族"斗争所带来的激烈反应。因此,正是因为这个,所以(天主教)教会的古老辩证法和民族—

国家的古老辩证法,最后才产生出了对自由时代(the liberal epoch)进行"划分"的原则和作法。但是,随着自由时期——更加不要说民族性时期和民族主义时期了——在现在达到了极致,整个的问题又再次变成应该如何从帝国的观点来看待事物了。因此,现在在某种程度上又回到了格里高利七世的时代,① 不过差异在于,从政治的层面上来说,

---

① ［译按］格里高利七世(1020/1025—1085),意大利人,1073 年 4 月 22 日成为罗马教皇,直到去世。作为一个伟大的宗教改革家,他以主张将教职任免权收归教会的功业而著名。

格里高利七世在年轻的时候就遍访德法诸国,主持各地教会会议,加强教皇的权威和影响。1049 年在罗马城复活节会议上,他激烈谴责当时流行的买卖神职和神职人员婚娶。同年在其主持的法国兰斯城会议中,肯定"任何人非由神职班和众信徒所检选,皆不得担任教会领导职务"的原则,以抵制世俗政权操纵教会要职的遴选。在尼古拉二世任内,他主张与意大利南部诺曼人结盟,以对抗神圣罗马帝国皇帝。同时促使尼古拉发布通谕,规定在教皇出缺时,必须由枢机主教提名并商得其他枢机同意后,再交付神职班和众信徒表决选出。这样,既改变了过去由皇帝指派教皇的做法,也为此后可在罗马城以外进行选举,并可选举非意大利人为教皇开辟了道路。

格里高利七世成为教皇之后不久,身为德国国王(后来成为神圣罗马帝国皇帝)的亨利四世(1050—1106)开始因为主张教职应该由世俗的权力来任命,与格里高利七世发生冲突。1075 年,这种冲突表面化。格里高利七世坚持要控制德意志和意大利北部所有主教的任命权,并拒绝让得到教皇支持的米兰大主教就职。1075 年底,格里高利七世警告亨利四世不要干预米兰大主教职位的确定和授职,否则将受到逐出教会的惩罚。亨利四世于是召集全德意志主教在沃尔姆斯开会,宣称格里高利七世是一个伪僧侣,宣布废黜教皇格里高利七世。但是,响应亨利四世的主教很少,普通民众更对皇帝的行为深感不安。作为报复,格里高利七世于 1076 年 2 月 22 日对亨利四世处以破门律:开除、废黜和放逐亨利四世。按照破门律,被惩罚者不在一年之内获得教皇的宽恕,他的臣民都要对他解除效忠宣誓。对亨利四世致命的打击来自德国诸侯,德意志部分诸侯立即以选举德国国王的行动作为支持。在特利布尔会议上,大多数公爵表示如果亨利四世不能在一年之内恢复教籍,他们就不再承认他的合法性。民众也拒绝帮助皇帝;因为他已被逐出教门。亨利四世没有足够的兵力来制服反叛的诸侯,于是 1077 年,便发生了著名的"卡诺莎悔罪"事件:据传说,亨利四世在城堡外的冰天雪地中赤脚站立了三天(从 1 月 25 日到 1 月 27 日),恳求教皇原谅他的一切罪过。格里高利七世明知亨利四世不可能信守他的承诺,但终于还是取消了破门律。卡诺莎事件意味着罗马教廷权力达到顶峰,但也是亨利四世一个成功的策略。破门律被迫取消,对皇权约束之工具解除了,反对皇帝的联盟也垮台了。而亨利四世也在重新获得人民支持并使诸侯没有借口反对他之后,迅速地讨伐了叛乱者。格里高利七世认识到情况有变,于 1080 年再次对亨利四世处以绝罚(破门律)。亨利亦再度宣布废黜教皇,并任命一名敌对教皇克莱芒三世,随即率大军进军罗马(1084 年)。亨利四世成功地占领了罗马,在那里接受了伪教皇克莱芒三世的加冕。格里高利七世弃城南逃萨来诺,向盘踞在西西里的诺曼人首领吉斯卡尔求援。结果诺曼人确实赶走了亨利四世,但他们同时也洗劫了罗马。格里高利七世在流亡中死去(1085 年)。

教会从此以后要应对的不再是一个前民族性的存在,而是一个后民族性的存在。并且,这一点在使整个情形发生彻底改变的同时,会开始重新要求一种全新的、"总体性的"立场和决断。

如果在现实当中已经被整合起来——也就是说,在政治、社会和经济方面被统一起来——的人性仍然在保护一种教会性的结构,那么,这种结构就只能通过一个普世性的教会,也就是说,通过一个具有严格的同时也是最充分的天主教意义的教会来加以提供。但事实却是,现实的人性分裂导致普世化的基督教分裂成了三个庞大的、彼此独立而相互敌视的教会。这些教会的基督教基础,或者说,普世主义的基础,使得它们总是可以超越那些强加在它们头上的、严格的民族界限(当然在这三个教会里面,最能够抵挡所有"教会自主论[Gallican])"①的诱惑的,无疑还是保留了最广泛普世性的天主教会)。但是,就连这三个基督教会的分裂本身都说明,它们在目前阶段上的普世主义的扩张倾向乃是一个乌托邦:就它们目前的状况来说,它们当中没有哪一个能够在放弃自己(对于另外两个教会的)排他性的情况下而——在万一的情况下②——实现普世主义。因此,这三个彼此分立的教会看来需要有一种介于人性和民族国家之间的、中间性的结构作为自己在政治上的对应物,而这种结构也就是帝国。而就事实来说,新教从一开始就是依附于英美世界的,而这个世界目前正在将德意志世界也纳入进来。正教教会虽然看起来已经脱离了俄罗斯帝国,但它实际上又找到了正处于创建过程之中的斯拉夫—苏维埃帝国。至于天主教教会,可能过不了多久也就没有办法抵制拉丁帝国了。

如果从历史的角度分析一下时局,那么,看来只有在这个拉丁帝国里面,现在的天主教会才能够找到那种离开了它教会就没有办法存

---

① 教会自主运动开始于中世纪晚期,其目的是为了推动法国脱离罗马教廷,提高自己在政治和教会方面的自主性。尽管这次运动所取得的成果非常有限,但是它的原则到大革命时期却被法国的国王接受下来,并且到1870年的时候得到了法国僧侣的广泛支持,而在这一年,第一次梵蒂冈会议作为教条所确立下来的教皇权威却将教会自主运动打成了异端。

② [译按]"在万一的情况下",原文为法文:par impossibile。

在下去的现实基础。天主教会尽管是一个不同寻常的基督教会,但就当前来说它只是三个现存的基督教会当中的一个,因此,看来它应该没有办法漠视这种支持——这种支持当然是"现实主义的(realist)",但对于教会的理想来说,或许也是"具有实现作用的(realizing)",这种支持可以给它提供一个帝国性的、超越了呆板而狭隘的民族框架的构造,而不必使它迷失在那个仍然渺不可及的、由统一的人性所构成的将来,同时,基于非常明白的历史原因,这种支持只能是一个拉丁性的构造。某种天主教意义上的政策或许也会因此而破天荒地成为将来人的生活秩序。并且,一个贯注了基督教精神的拉丁世界的政治行动,对于那种经由一种带有拉丁风格的天主教来自我实现的基督教的意志来说,可能会成为其中的一部分。另外,看来梵蒂冈也正在注意到(只要看一下波兰问题就可以了[①]),在教会和单独的国家之间签订单纯"协定"的时代已经结束了,目前的情势则要求这两种力量进行合作,而只要有了这种合作,就可以永久性地避免在它们之间发生冲突。反过来就世俗这方面来说,在拉丁各国,尤其是在法国,一种道德或者意识形态方面的危机到处都可以看到,这就促使那些地方的某些公共舆论开始寻找一些具体的、由教会提出或者赞成的政治、社会和经济理念。并且,尽管人们没有办法说,法国的所有"有良心的人"都会毫无保留地接受与教会进行合作的理念,但不可否认的是,在这些方面,教会已经在自己的庇护之下,成功地集结了一些高质量的政治人才。

需要弄清楚的是,这里绝对不存在将天主教会降格到正教甚至新教水平的问题——也就是说,不存在一个"帝国"教会的问题,更加不要说拉丁帝国教会的问题了。它的内在动力是为了保护从潜在的意义上来说是普世性的教会,并且,它必须要继续在自己的普世性当中看到自己的所有行为所具有的那个最高目标。但是这同一个理想的

[①] 1925年,刚刚独立的波兰与天主教会签订了一个"政教协约(concordat)",这个协约规定教会在宗教、道德、教育和经济活动等方面享有自主权。尽管直到1948年波兰政府才废除这个协约,但是,二战以后波兰被划归苏联的势力范围,由此对于梵蒂冈来说,就产生了科耶夫在这里谈到的这个问题。

实现,可能需要与一个帝国性的、拉丁性的政治实体进行长期的合作。如果说教会反对太过早熟的(德意志的)神圣帝国①无疑是一个正确举动的话,那么,它自外于目前已成定局的帝国运动之外,以此来继续将自己与从历史观点来看已经被超越的民族国家的世界捆绑在一起的作法,就是错误的了。另外,通过成为这些运动的一个组成部分,通过接受拉丁帝国的精神庇护,天主教会也可以在帝国里面充当一个正确而特殊的政治角色。它必须不时地提醒这个帝国,拉丁帝国只不过是历史发展中的一个阶段而已,有朝一日它是注定要被超越的。换句话说,教会必须要保持警惕,这样拉丁帝国就不会像民族国家凝固于民族的疆界之内从而把炸毁它们的工作留给战争那样,也凝固于帝国的疆界之内。一言以蔽之,正是拉丁理念意义上的天主教,才能够使拉丁帝国可以在不必变成"帝国主义"——但却有着所有帝国所应当具有的特点——的条件下而维持一种帝国局面。

从拉丁帝国这一方面来说,它或许可以对天主教最高目标的实现,即,将教会改造成为一个普世的、单一的教会,有所助益。因此,比如说,拉丁帝国与苏联之间的政治合作,或许可以让天主教会与希腊—斯拉夫意义上的正教教会之间的理解大大加深,而这种理解有朝一日或许会使后者在教义上的独立存在显得毫无必要。

无论如何,有一点毋庸置疑,那就是,教会的真正统一要以一种现实的人类统一为前提,并且,如果不经历一个可以通向那里的、以帝国型时期和"忏悔性的"沉思为特点的历史阶段,这样一种统一也没有办法产生出来。只有在经历了这样一个阶段并且超越了它之后,人性才可以到达最终的、让所有政治、经济和社会对立都永远消失的统一状态。并且也只有通过这样一个途径,人们才能够回答这样一个问题:那个不确定的未来到底是属于有些人所预见并且礼赞的、人道主义的无宗教(the humanist irreligion)状态呢,还是属于这种以基督为信仰的天主教? 这种天主教是最后的结局,并且也是——跟其他许多东西一

---

① [译按]这可能是指上文所提到的格里高利七世反对亨利四世任命教职的情况。

起造就了拉丁精神世界的——天主教意义上的基督教(Catholic Christianity)的唯一存在理由。

[英译者按]本文是从一份由科耶夫的传记作者奥弗赖特(Dominique Auffret)所做的抄本当中抽取出来的,而这份抄本的复印件则是通过吉利斯(Hugh Gillis)的帮助才落到我的手上。这份抄本在胡佛研究所档案处(Hoover Institution Archives)有一份复印件。这篇文章的一部分曾经刊载在《游戏规则》(*La Règle du Jeu*, 1990 年 5 月,第 1 期)上面。凡是在我改正了打印稿当中明显排字错误的地方,我都用脚注对更改的地方做了说明。我按照打印稿,保留了科耶夫对某些单词的大写形式,尽管这有些前后矛盾。有些地方的英译无论是在意义还是在精确性方面都没有办法做到,在这些地方,我在方括号里面做了补充性的说明。这个译本吸收了霍斯和弗特吉尔(Patrick Fothergill)的珍贵建议,对此我非常感激。剩下来的错误应该由我负责。

黑格尔哲学中的死亡理念[①]

（1933—1934 学年最后两次讲演的全文）[②]

科耶夫（Alexandre Kojève） 著
卡皮诺（Joseph J. Carpino） 英译

在《现象学》"序言"一段具有根本性意义的文字里面（页19—

[①] ［译按］本文根据《解释》(Interpretation) 杂志 1973 年 no.2—3，页 114—156 的英译本转译的。
关于中译本的脚注体例：英译本一共出现了两种脚注，一种是科耶夫本人的，一种是英译者加的。并且两种脚注的标识方法也不同（详见注2）。中译本限于出版体例，没有采纳这种安排，而是统一以序号施加各种脚注。但为了区别脚注的不同作者，将科耶夫的脚注加［科注］字样，将英译者的脚注加［英译按］字样，中译者脚注则加［译按］字样。

[②] ［英译按］这篇文章最早是以 L' idée de la mort dans la philosophie de Hegel（黑格尔哲学中的死亡概念）为题，作为科耶夫的《黑格尔导读》(Introduction à lecture de Hegel, Paris: Gallimard, 1947; 5th edition)一书的附录 II（页 527—573）发表的。
［译按］在接下来的译文里面，加了数字序号的脚注是科耶夫的；英译者的脚注则以星号标识。小括号代表科耶夫所使用的括号，而跟文字一样大小的括号则说明这是译者插入的内容［译按：这里所提到的"小括号"和"文字大小的括号"，在文本里面都表现为方括号"［］"，只不过前者小一些，后者大一些。为了减少误会，也为了便于读者辨认，中译本将包裹科耶夫添加内容的所谓"小括号"统一用"［］"来代替，将包裹英译者添加内容的"文字大小的括号"统一用"⁀⁀"来代替。但特别需要提醒汉语读者的是，中译本当中的、包裹科耶夫所添加内容的这些"［］"，并不包括脚注 1 里面所说的、中译者为了区别脚注作者所加注的方括号。另外，中译者所附加的有关内容（比如有些比较费解的译名和人名的原文等等），统一用"〈〉"来包裹标识；另外，科耶夫和英译本所做的上述这类文本编辑跟调整，因为在有些情况下中译本可以衔接得比较好，所以，我们没有尽数采用］。为了尽可能地再现科耶夫的标点符号和句法结构，我们采取了某些措施，因此就导致那些英文和法文的插入语，即便是在的确对理解会有帮助的地方，也可能会扰乱读者的视线。在这方面，科耶夫本人也是我们的榜样，而凡是熟悉原作行文之晦涩和随意的读者，也应该可以明白我们的用心。（圆括弧里面的插入语全都是科耶夫的。）

24),①黑格尔勾勒了自家哲学的一些重大主题,同时也说明了这种哲学的基本目标;在这段文字里面,他历数了作为自己思想之基础的若干原则,也历数了从这些原则所引发出来的一些基本结论。读懂了这段文字,人们也就得到了一把钥匙,从而也就可以在总体上理解黑格尔的哲学体系,在局部上理解《现象学》。另外,这段文字也可以很清楚地说明,死亡理念在黑格尔的哲学当中扮演着原始性的角色。

黑格尔一上来先交代了这样一点,那就是:在他看来,自家哲学的独到之处和基本内容是什么。

他是这样说的(页19,第24—27行):

> 按照我的观点——这个观点正确与否只能通过体系自身的展现来加以证明——所有的问题都取决于(es kommt alles darauf an)这样一点,也就是说:人们不[仅]要将真理(Wahre)表述和理解(aufzufassen)为实体,更要在同等程度上将之表述和理解为**主体**。②

主体这个词首先是为了反对谢林,同时也是为了反对谢林将"绝对"等同于"实体"的观念。但是,那种谢林式的观念不过只是重复了斯宾诺莎的观念,而斯宾诺莎的观念接下来又代表了传统存在论——也就是说,古希腊的或者异教的〈pagan〉存在论——的极端形式。这样一来,黑格尔就将自己的哲学置于与所有此前的哲学(仅有的例外

---

① [英译按]英译本所提到的《现象学》(科耶夫的文本引作"PhG"),指的是荷夫麦斯特版的《精神现象学》(Hamburg: Felix Meiner, 1952)。凡是科耶夫的页码和行号跟1952年版不同的地方(因为科耶夫使用的是1937年的荷夫麦斯特本),一律换用与1952年版相应的页码和行号。就内容方面来说,则完全采用科耶夫的法文翻译。[译按]中译本在翻译《精神现象学》有关段落的时候,也采纳英译者的翻译办法,也就是说,我们没有完全照搬已经在汉语黑格尔学界有权威影响的、贺麟和王玖兴两位先学的中译本(商务印书馆,1996年),而是根据科耶夫的理解,做了相应的更动。需要说明的是,有些更动是非常大的。

② [译按]本段文字在翻译的时候参照了贺、王译本,上册,页10最后一段第1—第4行的译文。

是康德和费希特的哲学,笛卡尔的哲学在某种程度上也是例外)相互对立的位置。前黑格尔意义上的哲人们都步泰勒斯(Thales)和巴门尼德(Parmenides)的后尘,将自己紧紧依附于"实体"的概念,而忘记了"主体"的概念其实也同样具有原始性,同样无法归结为其他的概念。

哲学不仅仅是一种真理,是一种真理性的描述;它更其是一种,或者说应该是一种关于真理的描述。而如果说真理(Wahrheit)就是通过前后一贯的话语(Logos)来正确而彻底地"揭示"(=描述)存在和现实的话,那么,真理(das Wahre)就是通过话语被揭示出来的、现实的存在⟨Being – revealed – through – discourse – in – its – reality⟩。因此,对于哲人来说,仅仅描述存在还是不够的;他必须还要描述被揭示出来的存在⟨revealed – Being⟩[l' Etre – révélé],[必须]还要对存在通过话语被揭示出来这样一个事实做出说明。哲人必须要描述所是的和所存在的⟨what is and exists⟩东西的总体。而这个总体实际上也包含着话语,尤其是包含着哲学性的话语。因此,哲人不仅要关注作为话语之对象的、静态的[–]给定的存在⟨static – [and –] given – Being⟩(Sein),也就是说,不仅要关注实体,同时也要关注话语和哲学的主体,也就是说,对他而言,仅仅谈及被给予他的存在还是不够的;他必须还要谈及自己,[必须]还要在[他正在]谈及存在和谈及自己的范围内,将自己解释给自己。

换句话说,哲学必须要解释存在是如何以及为什么被意识到的,并且不仅是作为自然、作为自然性的世界被意识到,同时也是作为人、作为历史性的世界被认识到。哲学不可以仅仅将自己局限为一种关于自然的哲学;他必须还要成为一门人类学;除了自然性现实的诸种存在论基础之外,它必须还要观察唯一有能力通过话语自我揭示的人性化现实的诸种存在论基础。

正是通过同时也将真理描述为主体,或者换句话说,正是通过分析人性化现实的诸种特殊性格,黑格尔才发现了存在和现实的辩证结构,才发现了作为这种辩证法之基础的否定性⟨Negativity⟩这样一个存在论范畴。并且,也正是在描述这种现实的辩证法的过程中,他才发现了真理和真理性的圆环(circularity),并因此也发现了他自家哲学本身的圆环。

在紧接着上引文本之后的一段文字里面,黑格尔自己也谈到了这个问题(页20,第5—19行):

> 更进一步说,有生命的[也就是说,既不是静态的也不是给定的]实体也就是真正成其为主体的存在;或者,用如下的说法也是一样,——[有生命的实体]之所以会成为真正具有客观现实性的[存在],仅仅是因为,实体成为那个自我确定的行为⟨act - of - self - positing⟩[l'acte - de - se - poser - soi - même](Sich - selbstsetzens)的[辩证]运动,或者说,成为那个在他者与自身之间进行转化的行为⟨act - of - becoming - other - to - itself⟩与自身之间的中介(Vermittlung)。作为主体,实体是纯粹的、单纯的⟨simple - or - undivided⟩(einfache)否定性,并且,正是因为这个原因,它还是单一性或者完整性的两分[dédoublement](Entzweiung),或者说,是一分为二的(entgegensetzende)加倍[doublement](Verdopplung),而这个加倍既是对那种无所谓的(gleichgültigen)区分或者区别(Verschiedenheit)的否定,同样也是(weider)对这种区分或者区别的对立面(Gegensatzes)的否定。真理只能是这种将自身重新建立起来的均一性⟨equality⟩,或者说,只能是在身处他在⟨other - ness⟩(Anderssein)之中的自身内部的反映,[而]不是那种原始性的(ursprüngliche)统一状态—统一体⟨unifying - unity⟩本身,也就是说,不是那种[统一体—统一状态的]直接性(unmittelbar)本身。真理是自身的变化,是圆环,这个圆环将自身的终点(Ende)预设为自身的目标,它并且将这个终点作为[自己的]开端,并且,这个圆环只有通过建设性的发展(Ausführung),只有通过自己的终点,才能具有客观的现实性。①

---

① [译按]本段文字在翻译的时候参照了贺、王译本,上册,页11,第2段全部的译文。

正是这段极其凝炼的文字,包含了黑格尔"辩证法"所有根本性的观念,并且也概括了黑格尔哲学里面所有基本的和真正新颖的东西。

如果说被认为是自然性的、静态的[－]给定的存在(Sein)的实体是以(与自身的)同一性〈Identity〉作为其存在论基础的话,那么,将这种存在和自身揭示出来的、话语的主体,即人,就是以否定性作为自己的根本基础。而在其本身的存在里面被否定性所主导的人,不是一种静态的[－]给定的存在,而是一种行动,或者说是一种自我设定或者自我造就的行为。并且,它只有作为一种"辩证的运动"才具有客观的现实性,而这个"辩证的运动"的结果又是由对于作为这一运动之起点的"给定存在"的否定加以"中介"["médiatisé"]的。在造就[一个]与自然相对立的人的过程中,将存在分裂为客体与主体的,乃是在存在当中与存在的同一性联结在一起的否定性。但是,也正是这同样的一种在自然当中被实现为人性化存在的否定性,经由真实的、话语在这当中与被它揭示出来的存在"保持一致"的意识,将主体与客体重新连为一体。因此,真理或者被揭示出来的存在,就不是像巴门尼德和他的追随者们所认为的那样,是存在与思想的、最初的和原始的同一性,也就是说,是存在与思想的、"直接的"同一性,或者说,给定的和自然的同一性,而[毋宁应该说,真理]是一个漫长而积极的过程的结果,而这个过程的开始,则是使人与他所谈及的自然,与他通过自己的行动加以"否定"的自然,相互对立。

这样一种统一性的重建,或者说"实体"与"主体"的最终一致,通过"绝对"哲学(这种哲学的作者——即智者[le Sage],他全部的人性化存在都可以归结为对于这种哲学的阐述,因此,智者也就不会再主动地作为"主体",将自己与被作为"实体"来看待的自然对立起来)对于存在之整体性与现实之整体性的充分描述,就可以实现。但是,现实的整体性包含了人的现实性,而人的现实性只有作为一种创造性的运动才可以存在。因此,存在(＝实体)与话语(＝主体)之间完美的也是最后的等同〈adequation〉,只有在时间终结的时候,只有当人创造性的运动已经被彻底完成的时候,才能实现。并且,这种完成要通过这样一个事实揭示出来,即,人再也不能继续前进了,并且,人(在他的哲学思想里面)愿意再走一遍他已经(通过积极的存在)走过的那条道路。因此,"绝对的"哲学,或者说强调意义上的真理,表现的形式只有一种,那就是对于就其整体性来看待的、现实辩证法做一种圆环状的描述。这样一种哲学,一方面要描述这样一条道路,这条道路的起点是话语(＝人)在存在(＝自然)当中的诞生,终点则是将会通过自身话语将存在的整体性揭示出来的人的出现,另一方面,它[即"绝对"哲学]本身就是这种将整体性揭示出来的话语。但是,这种整体性既包含将这种整体性揭示出来的话语,同时也包含了这种话语的变化过程。这样一来,在到达哲学描述的终点的时候,我们就会被抛回这种描述的起点,而这也就是对于这种哲学描述的变化过程的描述。这个被描述过的变化过程的"终点"就是绝对哲学的出现。但是,这种出现也是我们从一开始就在追求的目标,因为,如果哲学自己没有将自己理解为对自身变化过程的描述,那它就不是绝对的,它也就没有描述整体。但是,这种描述只有从绝对哲学的观点出发才可以完成,而这种绝对哲学也因此就是所有充分描述的"起点"或者源泉。这就是说,就跟它所描述的整体性一样,绝对哲学在客观上如果要跟那个他者{即整体性}同等实现,只能经由它自身的"发展",也就是说,只能作为它的圆环状的话语的汇总〈sum total〉,而这个汇总又构成了一个将自给自足的现实性的辩证法再造出来的、不可分割的总体。正是哲学话语的这样一种圆环状态,才确保了它不可超越、不可改变的整体性,从而也确保了它绝对的真理性。

黑格尔在再一次讨论上引那段文字末尾所表述的那个理念的时候(在一段解释性的说明之后),自己也说到了这一点(页21,第3—8行):

> 真理就是全体[le Tout]。而全体也无非就是通过自身发展来完成自我、完善自我的那种本质的现实性〈essential‐reality〉(Wesen)。关于绝对,人们必须要说,它从本质上来说是{一个}结果,它只有在终结处才真正地成为它之所以为它;而它的本性恰恰就在这里,因为按照它的本性,它就是{一个}具有客观现实

性的实体（Wirkliches），主体或者自我变化的行为（Sichselbstwerden）。①

真理，或者说通过话语被揭示出来的存在，是一个整体，也就是说，是一个创造性的或者辩证性的、在存在当中将话语生产出来的运动的汇总。绝对或者说现实性的整体，不仅仅是实体，更其是将现实性彻底揭示出来的主体；但是，主体只有在其辩证性变化（＝历史性变化）的终结处，只有当这种变化跟它自身的揭示活动一起结束的时候，才会将现实性彻底地揭示出来。并且这种揭示性的变化过程｛ce devenir révélateur｝也意味着，整体包含着人性化的现实，而这种人性化的现实并不是某种永远与自身保持同一的给定物，而是一个时间性的、进步性的、自我创造｛auto-création｝的行为。

人的自我创造是通过对于（自然性的或者人性化的）给定物的否定来实现的。因此，人性化的现实，或者说自我〈Ego〉｛le Moi｝就不是一种自然性的或者"直接性的"现实，而是一种辩证的或者"经过中介的"现实。因此，将绝对看成是主体（在黑格尔看来，这点是最基本的），也就是要看到它包含着否定，也就是这样来看待它：它不仅将自身实现为自然物，更要实现为自我或者实现为人，也就是说，更要实现为创造性的或者历史性的变化。

而这也正是黑格尔在上引这段文字之后的一句话里面要说的内容（页21，第27—31行）（这句话跟在另一段解释性文字之后）：

中介不是别的，只是[辩证地]运动着的自身同一〈equality-with-iteself〉（Sichselbstgleichhei）；或者（更进一步说）是在自我当中的反映，是自为存在着的自我的构成性要素〈constitutive-element〉（Moment），是纯粹的否定性，或者[当它被归结为自身纯粹

---

① ［译按］本段文字在翻译的时候参照了贺、王译本，上册，页12，第2段第1—第4行的译文。

抽象的时候],——是单一的变化过程。①

(在另一段说明之后)黑格尔接着说(页22,第10—11行):

上面所说的话还可以表述为:理性(Vernunft)乃是一种**有目的的行动**(zweckmässiges Tun)。②

说绝对不仅是实体,也是主体,也就等于说,整体除了包含同一性之外,还包含着否定性。还等于说,存在不仅将自己实现为自然,还将自己实现为人。最后,还等于是说,人——人除了具有某种揭示存在的意图,除了是理性(Logos)或者连贯性的话语之外,他跟自然并没有本质性的区别——就其自身而言并不是给定的存在,而是创造性的行动(= 对于给定物的否定)。人之所以是辩证性的或者历史性的(= 自由的)、通过话语来揭示存在的运动,仅仅是因为他生活在未来的函数里面,而这个未来又会将自己以一种规划的形式,或者是作为一个需要通过否定给定物的行动来加以实现的"目标"(Zweck),将自己呈现在人的面前,同时也是因为,如果人不通过像劳动(Werk)这样的行动将自己创造出来,那么他自己就不会作为一个人现实地存在。

正是因为将否定性或者行动(Tat 或者 Tun,这是"人的真实存在")这样一些根本性的范畴引入了存在论,所以黑格尔哲学(= "辩证的"哲学)所有独具特色的特征才会产生出来。

因为这个结果,同时也因为其他的一些事项,所以就产生了一个我们已经熟知的结论,对于这个结论,黑格尔是这样来表述的(页23,第21—24行):

---

① [译按]本段文字在翻译的时候参照了贺、王译本,上册,页12,倒数第4—倒数第2行的译文。

② [译按]本段文字在翻译的时候参照了贺、王译本,上册,页13,第2段第1行的译文。

在上面的讨论所能够得出的各式各样的结论里面,我们可以注意这样一个结论[这个结论主张这样一点],即:如果不是作为科学或者体系,知识就不具有客观的现实性,也没有办法被展现出来。①

在黑格尔那里,"科学"或者"体系"指的是对于现实辩证运动那种已经完成的或者说是自给自足的整体性所做的充分的因而也是圆环状的描述。并且,实际上,一旦我们将否定性或者创造性的行动引入给定的存在,那么,除了确定创造性的辩证过程已经被完成之外,我们没有任何办法可以主张绝对性的、整体性的和决定性的真理的存在。而一种对于已经被完成的辩证过程的描述,也就是说,对如下这样一个过程的描述,实际上只能是圆环状的:这个过程已经在某种条件下终结了,而对于这个条件的否定也不再能够造就一种新的条件。②

并且最后,在结束这段他在其中简要阐述了他的体系作为一个整体所具有的若干基本特征的文字的时候(页 19—24),黑格尔说,我们可以通过绝对即精神(Geist)这样一个说法,把他关于存在的辩证性所说的所有东西都概括起来。

黑格尔是这样来表述自己的(页 24,第 7—16 行和第 27—30 行):

真理只有作为体系才具有客观的现实性,实体就本质而言乃是主体,——[这样一个事实]在这样一种陈述(Vorstellung)当中被表达了出来,这种陈述主张(ausspricht),绝对即[成为]精神——精神是一个极端崇高的概念,并且也是一个专门属于现

---

① [译按]本段文字在翻译的时候参照了贺、王译本,上册,页 14,第 2 段第 1—第 2 行的译文。

② [科注]在黑格尔看来,在这个辩证过程(= 历史性的过程)完成之前,没有一种真理有存在的可能。但是,这样一个后果只有在我们承认存在的整体性具有辩证性的条件下,才是必然的。相反,如果我们认定否定性只有在人性化的现实性当中才会出现,而给定的存在只是被同一性所统治,那么,至少是在跟自然的关系上,在跟人的过去的关系上,我们仍然保持着传统的真理观念。

代、专门属于[基督]宗教的概念。只有精神性的存在(das Geistige)才是具有客观现实性的实体(das Wirkliche):也就是说,它[一方面]是本质性的现实性或者说是自在地存在着的实体(Ansichseiende);[另方面]则是将自身[与自身和他者]联系起来的实体(das sich Verhaltende),是被特定地加以确定的实体(das Bestimmte),是他在(Anderssein),是自为的存在(Fürsichsein);并且[它{das Geistige}最后还是]在这种特殊的被决定状态中、或者说在其外在于自身的存在中(Aussersichsein)仍然停留于其自身的实体(in sich selfst Bleibende);这也就是说,它{das Geistige}是自在而自为的(an und für sich)。……知道或者说注意到自身[是]按照这样一种方式被作为精神确立(entwickelt)起来的精神,便是科学。它[科学]是精神的客观现实性,也是它在自己的因素当中[为]自己建造出来的王国。①

说绝对便是精神,也就是要确认存在的辩证结构,确认被作为一个全体来看待或者说被作为一种整合的整体来看待的现实的辩证结构。因为精神同时是[所有以下的这些]:自在的存在(Being‐in‐itself)(同一性,正题,给定的存在,自然),自为的存在(Being‐for‐itself)(否定性,反题,行动,人),自在自为的存在(Being‐in‐and‐for‐itself)(整体,合题,劳动,历史＝"运动")。成为辩证的总体,成为精神性的实体,也就是要成为具有客观现实性的实体,并且也只有辩证的总体和精神性的实体才会成为具有客观现实性的实体。因为具体的现实性以所有可能的方式包含了所有是其所是的那些东西:{这也就是说}既包含了自然性的世界,又包含了人性化的或者历史性的世界和话语的领域。主体与客体,思想与存在,自然与人,当我们将它们孤立出来看待的时候,它们都只是抽象的东西,就如同孤立的话语和特定的、被作为一个个的物来对待的[chosistes]实体都是抽象的东

---

① [译按]本段文字在翻译的时候参照了贺、王译本,上册,页15,第2段,第1—第7行和倒数第3—第1行的译文。

西一样。只有通过被话语的汇总所揭示出来的现实性的汇总,［只有这样一种汇总］才是客观的现实；而这样一种双重意义——即包含了言说着自然性世界的人的自然性世界——上的汇总,也正是那种被黑格尔称为是"精神"的东西。

因此,通过将现实看作是精神以便从哲学的角度来研究现实,也就是不要像古希腊人和过往的哲学传统那样,将自己局限在对给定的现实、对自然性的｛和｝"永恒的"宇宙做现象学的、形而上学的和存在论意义上的描述,而｛更加是要将｝这样一种三重的描述扩展到那种让人成其为人的、创造性的行动,扩展到人的历史性的世界。并且,被描述过的现实之所以会表现为辩证的或者说"三位一体的",也就是说,之所以会表现为"精神性的",也仅仅是因为这个原因。

并且,黑格尔心目当中的人,并不是古希腊人认为自己已经认识到并且也遗留给自己哲学上的后代的那种人。古代传统｛或者说古希腊传统｝所谓的那种人,实际上乃是一种单纯自然性的(＝与自身保持同一的)存在物,这种人既没有自由(＝否定性),也没有历史或者说严格意义上的个性。就跟动物一样,他经由自己现实的和积极的存在,只能"代表"一种永恒的、被一劳永逸地赋予他并且还会保持与自身的同一的"理念"或者"本质"。正如一个动物的生命一样,他经验性的存在完全都是由他在一个给定的｛并且是｝不变的宇宙当中永久占据的那个自然性的位置(topos)所决定的(他不时之间所发生"出轨"不过是"偶然性"的结果)。而如果说他跟动物之间有什么本质性区别的话,那么,造成这种区别的仅仅是｛由于｝他的思想,或者说是由于他的连贯性的话语(Logos)。但是,这些思想和话语在宇宙当中的出现永远都是没有办法加以解释的。并且,这种话语什么都没有否定,也什么都没有创造:它只是同意揭示给定的现实(错误〈error〉在实际上一直都是无法解释的)。因此,话语——即人——和给定的存在是连成一体的。并且,所有存在的东西归根结底只有这个唯一而独特的、认为自己会永远处于自己被给定的现实性之中的存在。或者说得更清楚一点,正如斯宾诺莎后来说的那样,所有存在的东西归根结底只有｛一个｝作为实体而存在的上帝。

黑格尔所分析的人则恰好相反,这种人是出现在犹太—基督教的前哲学传统里面,并且也是唯一一种真正人类学意义上的人。这种传统以"信仰"或者"神学"的形式在"现代"的历史过程当中仍有维持,但是{这些形式}跟古代和传统的科学或者哲学是没有办法共存的。并且正是这种{犹太—基督教的}传统将自由的和历史性的个体的观念(或者说"人格"〈"Person"〉的观念)传授给黑格尔,而后者{黑格尔}又通过将{这个概念}与异教自然哲学的各种根本性的观念进行调和,第一个对它从哲学上进行了分析。① 按照犹太—基督教的传统,人跟自然有着本质上的差别,并且人跟自然的差别不仅是因为他的思想,更其是因为他的行动。自然是一种"罪",是人身上的"罪",并且还是对人而言的"罪",也就是说,人能够并且也必须将自己与这种罪对立起来,还要在自己身上否定这种罪。即便是在生活在自然当中的时候,人也没有屈服于自然的各种律令(即各种自然奇迹):也就是说,就人与自然对立并且人还否定了自然这点来说,人在自然面前是独立的;他是自主的,自由的。并且,通过在自然性的世界当中"作为一个局外人"而生活,通过与自然性世界及其律令的对立,人在那里创造出了一个属于他自己的新世界;一个人在其中可以"被转变",可以变成一个跟他作为给定的自然性存在之所是的那种东西截然不同的存在

---

① 实际上,在黑格尔之前,笛卡尔(笛卡尔是第一个尝试某种基督教哲学的人)、康德和费希特(最卓越的基督教哲学家)就已经这样做过了。但是,这三种对于哲学人类学的尝试都失败了,因为这些哲学的作者都不敢放弃传统的、关于人和人的"灵魂"的不朽性的理念(并且归根结底也不敢放弃那个"异教的"或者说是"自然主义的"{理念}:即同一性!)——莱布尼茨提出了"单子"("monad")和"充足理由"("sufficient")的观念,从而成了黑格尔精神观念的先驱,也就是说,成了黑格尔的同时既是"主体"又是"客体"的整体性观念的先驱。但是,莱布尼茨没有看到自然与历史之间的本质区别,并且,在莱布尼茨那里也没有一种严格意义上的人类学(也就是说,没有一种明确的{人类学})。——至于说到黑格尔本人,他在将自己("辩证的")人类学与传统的("同一性的")自然哲学加以调和方面也是不成功的。他拒绝将古希腊人的那些"自然性的"范畴适用到人身上,也拒绝古希腊人的伪人类学,在这方面他是正确的。但是,在试图将自己的各种实际上仅仅属于人类学的辩证范畴适用于(既是人性化的也是自然性的)现实的汇总的过程中,他也放弃了他们的自然哲学,在这方面他是错误的。

的(Anerssein)、历史性的世界。在这个历史性的世界里面,并且也通过这种自由的"转变",人不会成为某个永恒的或者固定不变的"样式"的、任何类型的代表,也就是说,他是被创造出来的,他也创造了自己,并且他的创造和被创造都是作为一个独一无二的个体来进行的。

所以,当黑格尔说他的全部哲学没有别的,只是想将实体看作是主体的时候,他的意思是说,这种哲学的基本目标就是要对人在自然世界当中的存在做出一个说明,因为黑格尔哲学看待人的方式跟犹太—基督教的人类学传统看待人的方式是一样的。并且,也正是因为这个原因,所以在上述引文里面,黑格尔使用"精神"一词来概括他哲学的全部。因为他的目的就是为了强调"Geist"这样一个人类学概念的犹太—基督教的来源,也是为了将这个"现代的"观念与整个古代或者异教的传统对立起来,因为这个传统仅仅是一个关于¦一个¦单一"实体"的传统,或者说仅仅是一个关于自然性的给定存在(Sein)的传统。

但是,如果说按照上面这一段引文,黑格尔将自己与那个异教的哲学传统分割了开来并且还接受了犹太—基督教的人类学传统的话,那么,在同样的引文里面他也强调了¦这样一个事实,¦即:他也在一个在哲学方面具有极端重要性的问题上,将自己与后面这个传统分割了开来。

事实是,犹太—基督教的人类学传统是一种就本质而言是宗教性的传统,也就是说,是一种有神论的传统(也是一种"神学的"传统)。的确,犹太—基督教的信徒是发现了人的"精神性"(=辩证性),也就是说,的确是发现了人的自由,人的历史性和人的个体性。但是,对于他们来说,只有在超越性的领域,"精神性"才会被实现,才会将自己充分地展示出来,而严格意义上的精神,或者说,真正"具有客观现实性的"精神,便是上帝,¦也就是说,¦是一个无限的和永恒的存在。依照上帝的形象被制造出来的人本身,只有在他是永恒性的条件下,他才是真正"精神性的",并且,他之所以是永恒的或者说是"不朽的",恰恰也是因为他是精神。人之所以可以现实地超越自然性的世界乃是从这个意义上来说,即,他不仅是生活在一个为自然界所固有的、"超越性的"和历史性的世界,也生活在一个超越性的世界里面。这个｜超越性的｜世界高于除了其他事物以外、还包含着被从经验性存在的角度来对待的人的自然;但是,这个世界据说比这里的这个下层的世界更加"客观",也更加"现实"。人在死后会渗入到这个世界,然后就再也不会离开它;并且因为他在出生之前就已经身处这个世界之中｛在这里科耶夫无疑指的是子宫内的洗礼〈intra - uterine baptism〉。｝,所以当他活着的时候,他也会参与到这个世界当中。说人有一种"不朽的灵魂"(这个灵魂当然是指内在于人的精神)也就等于是承认那个超越性世界的现实性;而承认这样一种现实性也就等于是承认人的不朽性和无限性。而这个｛超越性的｝世界是不依赖于人的:也就是说,因为就其本身而言它是"在先的",并且从本质上来说也是固定不变的,所以它是被一劳永逸地赋予了人。它跟完全要依赖于这个超越性世界的、时间性的人是完全相反的:人在自己的此处—下界〈here - below〉当中所创造出来的那个历史性世界,实际上只是永恒的超越世界在时空自然界当中的一个反映。因此,这个永恒的世界就不是严格意义上的人性化的世界:它高于自由的和历史性的个体,正如自由的和历史性的个体高于动物和物品一样。这个无限的和永恒的世界是一个神圣的世界,而作为精神而存在的、这个世界的唯一而独特的整体,就不是人,而是上帝。人只有在死后才能接近上帝,并且也只有在那时他才能实现并且充分地展示自己的"精神性"。

而按照黑格尔的看法,"精神性的"或者"辩证的"存在必然是时间性的,是有限的。基督教的无限和永恒精神的观念根本就是自相矛盾的:也就是说,无限的存在必然是"自然性的"、给定的[一]静态的存在;而被创造出来的或者说创造性的、"动态的",或者说,历史性的或者"精神性的"存在,则必然要被限制在时间当中,而这也就是说,｛它｝从本质上来说是必死的。而犹太—基督教的传统最后的确也考虑到了这个问题。因为它承认灵魂的不朽,所以它也就承认了作为人死(这个死亡将他作为此处—下界的、自然性的和人性化的世界的组成要素,加以取消)后所在的"自然性处所"的神圣世界的现实性。并且,因为事物之间的逻辑力量,所以基督教思想一定要让不朽的人服从于自己永恒的、无限的和超越性的上帝。它一定要放弃人性化的自由,从而也一定要放弃人真正的历史性和个体性。从文字的角度来说,这三个根本性的人类学范畴(=辩证性的范畴)一下子就变得只能适用于真正的、作为上帝的精神:对于基督教神学思想来说,耶稣基督是唯一一个严格意义上的、自由的、历史性的个体,因为普通人的自由、历史性和个体性只不过是神圣"天恩"的结果而已,也就是说,只不过是超尘世的上帝所实施的那种超人类行为的{结果}而已。但是,即便是在将这些范畴适用于永恒的神—人〈God - Man〉的过程中,人们也会遭遇一些不可逾越的困难。基督只有在他是上帝的范围内才是真正自主的。但是,因为是上帝,所以,他就只能是这样一种唯一而独特的存在,也就是说,这个存在一面维持着与自身的永恒同一,一面又思想者自身。因此,我们所得到的就不是一个自由的、历史性的个体,而是一个巴门尼得已经看到、后来又被斯宾诺莎重新发现、被谢林重新提出的实体—绝对〈Substance - Absolute〉,而谢林重新提出这个实体—绝对的时刻,恰好也就是黑格尔阐述自己的"辩证"哲学或者说人类学哲学的时刻。

一开始的时候,黑格尔想把异教性的古代所不知道的、犹太—基督教的、自由的和历史性的个体性这样一个概念适用于人。但是,在从哲学角度分析那个"辩证"观念的{过程中},他看到,这个概念包含了有限性和时间性。他意识到,如果不是在一种严格意义上的并且也是强调意义上的必死性的条件下,也就是说,如果人在时间当中不是有限的,如果人没有意识到自己的有限性,那么,人就没有办法成为一种自由的、历史性的个体。而在意识到了这样一点以后,黑格尔就否定了来生〈survival〉的概念:也就是说,他心目当中的人之所以是现实的,仅仅是因为他是在自然当中生活和行为的;在自然性世界之外的人是一种纯粹的虚无。

但是,否定来生实际上也就是要否定上帝本身。因为,人虽然可以在(以自己的行为)否定自然的范围内实际地超越自然,但是,一旦他作为一个动物死于自然,他就会将自己置于自然之外,也就会将自己彻底消灭——当人们这样说的时候,也就等于是说,超越了自然性的世界,有的只是无。这个据说是"超越性的"或者说是"神圣的"、非自然性的世界,就现实而言只能是历史性的和人性化的存在的"超越性的"(或者言谈性的)世界,而｛这个世界｝是不会超越自然性世界的时空架构的。并且,"上帝"只有在这个自然性世界的内部才具有客观的现实性,而它在这个世界之内的存在,只能表现为人的神学话语的形式。

  因此,如果不是在一种极端世俗化的或者极端无神论的形式里面,黑格尔是不会接受犹太—基督教的人类学传统的。黑格尔所谈论的精神—绝对或者主体—实体,不是上帝。黑格尔的精神是自然性世界的时空整体,并且也包含着将这个世界和自身揭示出来的人性化的话语。或者用一个更加准确而意思也相同的说法来说就是,精神就是在世的人〈Man‑in‑the‑World〉:这是一个必死的人,他生活在一个没有上帝的世界里面,他言说着所有存于这个世界之内的东西,也言说着他在这个世界里面所创造的一切,包括他自身。

  这就是黑格尔在上引那段文字的末尾暗中说到的东西。在那里,他说"精神"是"科学",说"科学"是"精神"唯一的"客观现实性"。而这种科学也不是别的,正是在人历史性变化的终结处、在自然性的世界当中所出现的黑格尔哲学。因此,就精神是通过完人(= 已经获得满足的人)或者智者｛le Sage｝的话语被完全揭示出来的这点来说,它不外乎就是自然性世界的时空整体,因为这种话语就其本身而言,乃是所有在历史发展的过程中被人们所言说过的那些话语的真实含义的一个简单综合。或者用另外更好的说法也是一样:就黑格尔哲学是绝对的真理这点来说,也就是说,就黑格尔哲学正确而彻底地揭示了所有过去曾经存在、现在正在存在和将来将会存在的东西这点来说,犹太—基督教徒称之为"上帝"的那种精神,实际上也就是黑格尔的哲学。

  而按照黑格尔的看法,对于存在的论证性揭示,只有当从事揭示和言说的存在就本质而言是有限的或者必死的条件下,才是可能的。因此,黑格尔的精神就真实状况来说不是一种"神圣的"精神(因为不存在必死的上帝):也就是说,这种精神作为一种话语是内在于自然性的世界的,它并且是以一种自然性的、被时间和空间限制在自身存在之中的存在作为自己的"物质支撑"（support），从这个意义上来说，这种精神是人性化的。

黑格尔说，他全部哲学的本质内容可以用如下的说法加以概括：这种哲学将实体诠释为主体，或者说将存在看作是精神，当黑格尔这样说的时候，他的意思是说，这种哲学必须首先从哲学的角度对作为一种〈对存在的整体和现实的整体进行彻底而充分地揭示的〉话语的哲学自身做出说明。它完成这个任务的手段则是要解释这样一点：人是怎样以及为什么会用一种具有内在条理的方式来言说自己，言说他生活于其中并且也是由他来创造的那个世界的。并且这种解释是一种对被看作是自由的、历史性的个体的人所做的现象学的、形而上学的和存在论的描述。而把人描述为一个自由的、历史性的个体，也就是等于是{按照这样一种方式}来描述他：在存在论的层面上，经由他自己将他描述为"有限的"；在形而上学的层面上，将他描述为"尘世的"或者说是时空性的；在现象学的层面上，将他描述为"必死的"。在最后这一个层面上，人"表现"为一个对于自己的死亡始终都有清醒意识的存在，[他]一般说来都可以自由地接受它，并且，在有些时候，他可以在明白自己正在做什么的情况下，将之施加到自己身上。因此，黑格尔的"辩证"哲学或者人类学哲学归根结底乃是一种死亡哲学（a philosophy of death）（或者说是无神论哲学，两者是一回事）。

通过分析《精神现象学》里面这一段黑格尔在其中勾勒出自家哲学的若干重大主题的文字，人们可以很清楚地看出，死亡的理念在这种哲学里面扮演了一个原始性的角色。对于死亡这一事实的毫无保留的接受，或者说对于有着自我意识的人类的有限性的毫无保留的接受，是所有黑格尔思想的根本源泉，而这个思想所做的一切，也无非是从这个事实的存在出发将所有的结论都推导出来，甚至是将最具根本性的结论推导出来。在这种思想看来，正是通过在一场纯粹为了名望的斗争中对于死亡危险的自愿接受，人才第一次地从自然性的世界当中显现出来；并且，也正是通过将自己交托给死亡，通过用话语来揭示死亡，所以，人才完成了历史，并且也在完成历史的过程中，最后达到了绝对的知识或者说是智慧。因为，正是从死亡的理念出发，黑格尔才构造出自己的科学或者说是"绝对的"哲学,并且,也只有这种科学或者"绝对的"哲学,才可以从哲学的角度对于有限存在的在世存在这样一个事实做出说明,而这个有限的存在,对于自己的有限性是有意识的,并且在某些情况下,它还可以按照自己的喜好将这种有限性加以消灭。

因此,黑格尔的绝对知识或者说是智慧,跟对于被看成是彻底消灭和最后消灭的死亡的有意识的接受,其实是一回事。在序言的另外一段绝对是具有关键性意义的文字里面(页 29 以下),黑格尔本人对于此进行了大段的论述。并且,只有读懂了这段真正可以说是意义非凡的文字,我们才可以把握黑格尔思想的根本主题,才可以理解这个思想的真正含义,才可以说明它的全部意义。

这段文字大体可以翻译成下面的这个样子(页 29 第 23 行—页 30 第 15 行):

> 分离(Scheidens)的活动(Tätigkeit)乃是理解(Verstandes)的力量和工作,[也就是说,]是这样一种权力(Macht)的力量和工作,[这种权力]是最值得敬畏的(verwundersamsten),是[所有权力当中]最伟大的,或者更加准确一点说,分离的活动乃是绝对性[权力]的力量和工作。就像[一个]实体[所做的]那样、[通过]封闭的方式在自身之中处于静止状态并且拥有(hält)自己的若干构成性要素(Momente)的圆环,是一种直接性的关系(Verhältnis),因此根本就不(nicht)值得敬畏。但是,[事实是],偶然性(Akzidentelle)本身跟它的外围脱离了关系,[事实是],那种跟其他事物联系在一起(Gebundene)、并且只有在跟其他事物发生联系(Zusammenhang)的条件下才具有客观现实性的实体,获得了一种属于它自己的经验性的存在(Dasein),也获得了一种隔离出来的或者说是孤立的(abgesonderte)自由,{所有这些事实}都是否定性的那种无比巨大的(ungeheure)力量[的表示];这便是思想(Denkens)的力量,便是纯粹的抽象自我(Ichs)的力量。死亡——如果我们想这样来称呼那种非现实性(Unwirklichkeit)

的话——是所有事物当中最为强大的(= 最为可怕的)(Furchtbarste),并且,承担{maintenir}死亡是一件需要付出最伟大力量的事情。柔弱无力的美憎恶理解,因为它{即理解}硬要(zumutet)美也这样做;但它[美]却没有这种能力。而精神的生命不是{那种}会在死亡面前战栗(scheut)的生命,也不是那种{只知道}躲避荒废的生涯(Verwüstung)以求自我保存(reinbewahrt)的生命,[而是]那种可以承担死亡并且可以在死亡当中自我保存(erhält)的[生命]。精神只有通过将自己置于极端的撕裂状态(Zerrissenheit)才可以获得自己的真理。如果精神是那种在否定性面前掉头离去(wegsieht)的肯定性,就像我们说起某些东西的时候那样:这个东西要么什么都不是,要么就是虚假的,[因此]我们应该在除掉(damit fertig)了这个东西之后,从那里继续前进,走向另外的什么东西,〈如果是这样的话,〉它{精神}就不会成为这样一种[无比巨大的]力量;不是的,精神只有在面对(ins Angesicht schaut)否定性,长久地凝视否定性[并且]忍受(verweilt)否定性的条件下,才会成为那种力量。这种忍受{séjour - prolongé}(Verweilen)是一种神力(Zauberkraft),它可以将否定性转化为(umkehrt)给定的存在(sein)。——这种[精神的力量,或者说神力],跟我们在上文[页19,第27行]所提到过的主体是一回事,因为主体通过在它[自己]因素里面将一种经验性的存在给予某个特殊的规定,会将抽象的直接性(Unmittelbarkeit)辩证地加以扬弃(aufhebt),〈而这个被扬弃了的直接性〉也就是一般意义上的(nur überhaupt seiende)、仅仅作为一个给定的存在而存在的{直接性},并且正因为上述的原因{par cela même}[它]也就成了真实的或者说是真正的{vraie - ou - véritable}(wahrhafte)实体,[也就是说,]成了那种虽然没有外在的中介(Vermittlung)、但它自己本身却就是那种中介的给定的存在或者说是直接性。①

---

① [译按]本段文字在翻译的时候参照了贺、王译本,上册,页20倒数第1行—页21的译文。

这段文字的开头有点让人不知所云,但从另外的角度来看则非常地简单明了,为了理解这个开头,我们必须要铭记以下的内容。

哲学寻求智慧,而智慧则是自我意识的充满〈fullness〉。因此,黑格尔通过对于真理的追求,也通过主张说自己已经找到了真理,他的目的归根结底是为了说明他自己,是为了对他本人做出一个说明{se rendre compte et rendre compte de soi}:{也就是说,是为了说明}(他是个什么人,他做了些什么)。他真正人性化的存在可以将自己归结为他的活动,而这个活动又是一个哲人或者说是一个智者[un Sage]的活动,而这位哲人或者说是智者又通过自己的话语将他自己之所是的那种存在揭示出来,{也}将他自己之所不是的那种存在揭示出来。因此,在进行哲学描述的过程中,黑格尔必须首先对自己的哲学话语进行说明。而在陈述这种话语的{过程中},黑格尔注意到,我们现在所面临的问题,不是关于某种被动的给定性的问题,而{更其是一个关系到}某种"活动"的结果的问题,而这个活动可以被称为是一种"劳动"{travail},它需要某种伟大的、来自于被他在这里称为是"理解"的那种东西的"力量"。因此,他宣布说理解是一种"力量",并且他也说这是一种"真正值得敬畏的力量"。

很明显,"理解"在这里指的是人身上那种真正人性化的东西,也指人身上专属于人的东西,因为理解乃是那种将人跟动物、人跟其他事物区分开来的话语的功能。对于每个哲人来说,无论他是谁,当然也包括黑格尔本人,它都是最基本的。全部的问题就是要弄清楚它是什么。黑格尔告诉我们说,理解(=人)是一种"绝对性的力量",而这种力量又经由"分离的活动"将自己展示出来,或者说得更准确一些,作为"进行分离的活动"(Scheiden)将自己展示出来。但是,他为什么要说这些呢?

他之所以要这样讲,是因为理解的活动,或者说,人性化的思想,从本质上来讲是推理性的。人不能像闪电那样,在瞬息之间就将现实性的整体揭示出来:也就是说,他不是通过一个单一的概念—词汇来把握那个整体的。他在进行揭示活动的时候,是一步一步来的,是通过构成整体的那些元素,即许多个单独的词汇和许多个片断的话语来进行的,而为了做到这一点,他还必须将这些要素从整体当中分离出来;并且,只有他的那种在时间当中展开的话语的汇总才能够揭示这个整体,同时也揭示现实。但实际上,这些元素都是没有办法从它们所构建的那个整体当中分离出来的,{因为}它们相互之间被多种时空性的或者说是物质性的纽带联结在了一起,而这些纽带彼此之间又是不可能分开的。因此,它们之间的分离就当真成了一个"奇迹",而那种将这个奇迹性化成现实的力量,也同样值得叫做"绝对性的"力量。

黑格尔心目当中的这种来自于理解的、绝对性的力量或者能力,说到底,不外乎就是我们在人身上所看到的那种抽象的能力或者力量。

无论我们在什么时候描述一个孤立的客体,都要将它从宇宙的其他部分当中抽象出来。比如说,当我们谈及"这张桌子"或者"这条狗"的时候,我们对它们的讨论就好像是世界上只有他们一样。但实际上,作为现实的事物,这条狗和这张桌子在某个特定的时刻、在这个现实的世界上只占据某些确定的位置,并且它们也没有从那些围绕着它们的东西当中被分离出来。但是,通过自己的思想将它们孤立出来的人,却可以在那个思想里面,按照他们认为合适的方式将它们{重新}组合起来。比如说,即便在这个特定的时刻,这条狗和这张桌子实际上隔着一千公里的路程,但他也可以将这条狗放到这张桌子的下面。而思想所具有的这种分离和重新组合事物的能力之所以在实际上是"绝对性的",是因为,没有哪一种现实的、连接或者排斥的力量能够强大到对此作出反抗。并且,这种力量根本不是虚构的或者说是"理想性的"。因为,正是在经由推理性的思想对事物做出分隔和重新组合的过程中,人才形成了自己技术性的规划〈technical projects〉,而这些技术性的规划,如果一旦通过劳动被实现的话,就可以通过在自然性的{和}给定的世界内部创造一个文化世界〈a World of Culture〉,而现实地改变自然性的{和}给定的世界的面貌。

一般而言,当我们创造出一个关于某个现实实体的概念的时候,我们就已经将这个实体与它的 hic et nunc 区别了开来。① 关于某个事物的概念也就是那个以与它自身给定的 hic et nunc 相区别的方式存在的事物的本身。因此,"这条狗"这个概念在所有的方面都跟那条与之联系在一起的、现实而具体的狗没有任何的区别,只不过,这条狗是在此时此地的,而它的概念则是既无处不在又无可寻觅,既永久存在又永远都不会存在的。而将某个实体与它的 hic et nunc 相区别,也就等于是将它与自己"物质性的"支撑相分离,而这个物质性的支撑又是被这个给定的、那个实体乃是其中之一部分的时空宇宙的其他部分明确地加以确定的。正是因为这个原因,所以,那个实体在变成一个概念之后,我们就可以按照自己的希望对之进行转化或者"简化"。也因为同样的道理,所以,这条现实的狗作为一个概念,不仅只是"这条狗",还可以超越它所是的那条狗,而作为一个概念,成为"任何一条狗"[un chien quelconque],成为"一般意义上的狗",成为"四足动物","动物",甚至是单纯的"存在",等等。于是,那种作为所有科学、艺术和工艺之源头的分离的能力,也就再次成为一种"绝对性的"、自然没有办法做出任何实际抵抗的力量。

但是,如下的说法却是不对的,即:那个已经变成了一个概念的、现实的实体,被放置到了时间和空间之外。亚里士多德很正确地指出,柏拉图式的"理念"只能存在于"物质性的"、时空性的事物之中,而这些理念又是这些事物的"本质"或者"圆满完成"。理解的绝对力量可以走得足够远,乃至于可以将某种"本质"与其自身的自然物质支撑相互分离:比如说,"狗"的本质就是跟这条此时此地正在跑正在叫的狗相分离的。但是,它却没有办法将它即本质送入到一个超越于时空之上的、可以称之为"在天国之上的"世界。一旦与它自然性的物质支撑相分离,"本质"就会变成"意义"或者"理念"。但是,这个"意义"并不是漂浮在虚空之中的:也就是说,它必定是某个词汇或者某种话语的意义——而这些被读出来、写出来、或者仅仅是被想到的

---

① [译按]hic et nunc,拉丁文,"此时此地"、"当场"的意思。

{词汇或者话语}，永远都只能存在于时空性的世界之中。概念不{仅仅}是某种"理念"或者某种"意义"，它{更其是}某个带有某种意义的词汇，或者某种连贯性的话语（Logos）。因此，理解的绝对能力，如果不将本质—理念⟨essence - idea⟩作为意义—理念⟨meaning - idea⟩依附于某个话语的、就其本身而言同样也是{某个}处于此时此地的物的特殊物质支撑（因为，它之所以是一个被赋予某种意义的话语，仅仅是因为它是被某个具体的人所理解的话语），那么，它就不会将实质—理念与其自然性的物质支撑分离开来。

但尽管如此，情形仍然是："本质"与其自然性物质支撑的分离，并不是一个在自然当中自发产生的事件，而{更其是}"理解""活动"的结果，或者说是某种"劳动"的结果，而这种"劳动"又需要一种带有"绝对能力"的"力量"。因此我们可以最终同意黑格尔的说法了，即：这种能力是"值得敬畏的"，而哲学或者科学的主要任务便是要说明这种能力。

但是，黑格尔的哲学先驱们在{试图}回应上述问题、解释上述奇迹的时候，却走上了错误的道路。他们看待和提出这个问题的方式都是错误的。他们在问自己存在是怎样成为一个概念并且为什么会成为一个概念的时候，也就是说，他们在提出存在为什么以及怎样会有某种意义这样一个问题的时候，也谈到了一般意义上的"主体"，或者是谈到了"思想"本身；但是他们却忘了说明这样一点，即：除此之外，还存在着被赋予了某种意义的话语，还存在着在时空当中被人们谈论、书写或者思想的{词汇}。通过这样将问题简化，他们当然也达到了某种结果。巴门尼德强调过存在与思想的同一；亚里士多德谈到过某种在其整体性当中永恒性地思考着自我的存在；斯宾诺莎曾经从笛卡尔那里汲取过灵感，并且{接下来}也提示过谢林，他主张思想乃是实体的一个特征。黑格尔不满意这种在他之前的哲学成果。他只是说，{此前}那种哲学所看到的存在与思想之间的关系，没有任何特别值得注意的东西。为了可以真正对上述这种关系做出说明，人们只要像黑格尔那样将概念与时间同一看待就可以了；或者用如下的说法也是一样：只要确认存在本身的时间性就可以了。因为概念，或者更加

准确地说存在的意义,除了在这个意义里面看不到那个存在的存在以外,跟存在本身没有任何方面的区别。并且这同样的道理也适用于任何一个存在着的事物的意义,因为存在是所有存在着的东西的综合,而综合的方式则是,这个有意义的"存在"乃是所有一般性意义的综合。正如我们所说的那样,某个事物的本质—意义等于这个事物本身减去它的存在。而这个将存在从存在当中扣除出去的"减法"不外乎就是时间,因为是时间使得存在从其所是的现在进入到其所不是(即不再是)并且因此只是纯粹意义(或者说是没有存在的本质)的过去。并且,既然这不是新的、在当前所是的那个存在,而|更其只是|一个"旧的"或者过去的存在,那么我们就可以说,存在是一种已经获得|某种|存在的本质;或者,按照如下的说法也是一样,|我们可以说|存在不是只有存在本身,|还|有概念;或者,按照如下的说法还是一样,|我们可以说|存在之所以有意义,仅仅是因为它(作为时间)存在。同样的道理,因为当前所是并且未来也将是的(或者,因为迄今仍然还不是,所以它也是没有存在的本质)存在跟过去的存在是同一个存在,所以我们就可以说,存在有一个目标(这个目标就是将将来转化为现在,或者将存在赋予本质,除此之外,就只有将现在转化为过去,或者说将存在转化为概念了):也就是说,|所有|这些我们也可以用另外的方式来表述,即,存在的存在本身是有某种意义的;或者,按照如下的说法也是一样|我们可以说|存在都有 raison d'être①(那个 raison 就是存在对于存在的思想|la pensée de l'être par l'Etre|)。因此,如果说存在跟时间只是同一个的话,那么我们就可以说存在跟思想是一致的,可以说存在会永恒地思想自己,还可以说思想是实体的属性,或者还可以说,|思想是|实体的"目标"。

  黑格尔自己也会同意这种解说的方式。除了上述这些东西之外,对于黑格尔来说,在巴门尼德的"范围"之内的,或者在亚里士多德的(黑格尔在上述那段引文里面曾经提到过的)"圆环"之内的,或者在

---

  ① [译按]raison d'être,法文,"存在的目的或者理由"。

斯宾诺莎和谢林的"实体"（对此他同样也谈到过）{当中}的、存在和思想的关系，{黑格尔会坚持说，这种关系}没有任何"神奇的"东西在里面。因为黑格尔说，这种关系是"直接性的"。而在黑格尔那里，"直接性的"意思是说，"自然性的"或者"给定的"。并且在实际上，这种关系没有预设任何的"活动"、"劳动"、"力量"或者"能力"。因为在那里，"本质"还没有跟它的"自然性的"物质支撑分离开来：也就是说，存在的本质在于存在本身，并且仅仅在于存在本身，正如同这条狗的本质单单在于这条狗身上一样（并且，这也正是为什么在这种存在里面不可能存在，比如说，许多张桌子——也就是说，{不可能存在许多个的}人工制品——的原因）。在这里，既没有行为，也没有劳动或者能力，因为给定的存在一直都维持在它被给定的样子，一直都停留在固定不变的、与自身的同一性之中。

  与之相反，真正"奇迹性的"东西就是理解所引发的那种分离。因为它{即，分离}实际上是"反自然的"。如果没有理解的干预，那么，"狗"的本质只会经由那些现实的狗而存在，而这些现实的狗反过来又会通过它们的存在本身、用一种单一的方式决定"狗"的本质。而这也正是为什么我们可以说"狗"和"狗"的实质之间的关系是"自然性的"或者"直接性的"原因。但是，当实质在理解的绝对力量的作用下变成意义，并且通过某个词汇被体现出来的时候，在它和它的物质支撑之间便再也没有任何"自然性的"关系存在了；否则的话，那些就{它们是}表音的或者是象形的时空性实体这点来说相互之间没有任何共通的东西的词汇，不管它们是什么样的词汇（狗，chien，Hund 等等），①虽然它们全都拥有一个单一而且是完全相同的意义，都没有办法成为一个单一的并且是相同的本质的物质支撑。因此，这里已经出现了一个对于作为给定物（这个给定物的实质和存在之间的关系是"自然性的"）的给定物的否定；也就是说，{已经出现了}创造（概念的创造或者具有某种含义的词汇的创造，而这些词汇作为词汇而言，本身跟在

---

① ［译按］chien，Hund，分别是法文和德文，都是"狗"的意思。

它们身上所体现的那种意义没有任何的关联);换句话说,{已经出现了}行为或者劳动。

而如果说传统的存在—思想{的组合}的概念是通过解释存在是怎样以及为什么会有意义来说明某种揭示了存在物的意义的话语的可能性的话,那么,它没有说明的问题是,话语是怎样以及为什么会变成现实的,也就是说,我们在实际上是怎样以及为什么会设法"让意义从存在当中解脱出来",并设法将这个意义用一组跟那种意义没有任何共同之处、完全是出于体现那个意义的目的而捏造出来的词汇加以体现的。而哲学必须要加以解释的奇迹,也正是话语的这样一种现实性。

黑格尔说,具有奇迹性的是这样一个事实,即:某些就现实来看跟其他{某些}事物不可能分离的事物最终还是获得了一种分离的存在;或者说得更清楚一点——某种单纯的属性或者"偶然性"变成了一种自主的现实性。

而本质是一种"被捆绑的实体"(bound - entity),是一种跟它的物质支撑{束缚在一起的}实体,并且,它只有在跟其他某物,也就是说,跟自己的物质支撑,而不是跟自己发生联系的情况下,才会具有客观的现实性。但尽管如此,理解仍然还是通过将这个本质用某种言说的、书写的或者思想的词汇或者话语加以体现的方式,成功地将本质与它自然性的物质支撑加以分离。而理解自身的"经验性的存在"、那种已经变成意义的本质的"经验性的存在",也就成了它"分离出来的或者说是孤立出来的自由"。因为通过词汇和话语所体现出来的意义,已经不再附属于那种统治着诸多本质的必然性,而这些本质原本是跟它们各自自然性的、被各自的 hic et nunc 以一种单一的方式加以确定的物质支撑捆绑在一起的。因此,比如说,体现在"狗"这个词汇当中的意义,即便在所有的狗都从地球上消失以后,也仍然可以继续存在;它可以(比如说,通过无线电传输的方式)克服诸多对于一条现实的狗来说无法克服的障碍;它{这个词汇}可以被放置在一些后者{即,那条现实的狗}根本无法容身的地方;诸如此类。并且,正是这种"分离出来的自由"以及这种自由所从自出的"绝对性力量",才为前黑格尔的哲人们从来都没有办法说明的错误的出现创造了可能的条件。因为，这种"自由"让体现在词汇当中的意义可以区别于它们各自相应的、跟它们自然性的物质支撑捆绑在一起的本质，以另外的方式，跟外界发生联系。

哲学（或者更加准确地说，科学和智慧）应该要做出说明的奇迹，正是这样一种能够将意义从存在当中解脱出来，能够将本质从存在当中分离出来，并且也能够通过话语将意义—本质体现出来的"活动"。并且，也正是在寻求说明这个奇迹的｛过程中｝，黑格尔发现了（或者说准确地说明了）否定性这样一个具有根本性意义的（存在论意义上的）范畴，而对于这个范畴，黑格尔称之为"否定"（le"Négatif"），或者是称为"否定或者否定性的实体"（l'entité - négative - ou - négatrice）。这种否定性乃是"思想的能量"，它可以通过将本质与存在相分离的办法，把意义从存在当中解脱出来。它｛即，这种否定性｝就是那种产生了"思想"的、被黑格尔称为是"纯粹抽象自我的能量"的东西，也就是说，它就是理解和理解的话语。而不管人们曾经说过些什么，话语都不是从天上掉下来的，也不是漂浮在虚空之中和"水面之上"的。① 如果说它｛即，话语｝表达的是一种仅仅属于某个"自我"的"思想"的话，那么，这个自我，因为是一个人性化的自我，所以在自然性的时空世界里面就必定会有一个经验性的存在。在存在论层面上作为"抽象自我"（Ich）（这个自我的形式是这样的：在这个形式之下，否定性是存在于同一性或者给定存在之中的）而存在的那种东西，在形而上学的层面上会作为人性化的"人格性的自我"（Selbst）而存在：而在现象学的层面上，这个人则会"表现"为一个自由的、历史性的、言说着的个体。

因此，哲学必须要做出说明的、话语的存在这样一个奇迹，不外乎就是人的在世存在这样一个奇迹。并且，我们实际上可以把黑格尔的那段我｛一直都在｝结合着话语来解释的文字适用到人身上。因为人也是一个"只有跟其他某物联系在一起才具有客观现实性的"、"被捆

---

① ［译按］科耶夫在这里应该是在戏拟《圣经·创世记》当中的言辞，"起初，上帝创造天地。地是空虚混沌，渊面黑暗，上帝的灵运行在水面上"。

绑的存在"：也就是说，如果没有那个作为他物质支撑的动物，他就是无；如果外在于这个自然性的世界，他就是纯粹的虚无。但尽管如此，他仍然将自己从这个世界当中分离出来，仍然使自己与这个世界相互对立。他｜为｜自己创造了一个与每个纯粹自然性的经验性存在都有着本质性区别的、"属于他自己的经验性存在"。他并且｜为｜自己获取了一种"分离出来的或者孤立的自由"，这种自由让他可以以这样一种方式来运动或者行动，也就是说，如果那个〈作为他物质支撑的〉动物没有体现出否定性，从而也不存在一个会思想、会言说的自我，那么，这个体现了他的动物的运动和行为方式就会跟现在拥有这种自由的动物完全不同。因为已经具备了一种"绝对性的能力"，而这种能力又在人的身上形成了一种"值得敬畏的"、实际的"力量"，所以，人就用｜或者说通过｜自己理性的或者说是被"理解"所渗透的"活动"或者劳动，产生出了一个现实的世界，这个世界是跟自然界相反对的，是由他"分离出来的自由"为他自己"经验性的存在"所创造的——也就是说，这是一个技术性的或者说是文化性的，社会性的或者说是历史性的世界。

因此，正如他所使用的话语一样，人并不是一种给定的存在，也不是某个"实体"的"偶然性"。他是某种绝对性能力努力之后的结果，也是那种能力的本身：也就是说，他是否定性的化身，或者借用黑格尔的说法，是"否定或者否定性的实体"（das Negative）。只有通过将人理解为否定性，我们才｜能够｜从他"奇迹性的"人性特质出发来理解他，才会将他造就为一个会思考、会言说、会将实质从其与存在之间那种自然性的或者给定的"联系"当中分离出来的自我。

除此之外，我们也知道，在存在论的层面上，否定性会被加以实在化，成为否定性的或者创造性的行为（为了可以作为"抽象自我"而存在下去）。我们还知道，在形而上学的层面上，"人的真实存在就是他的行动"，并且，也仅仅是在行动当中"个体性才具有客观的现实性"（《现象学》，页236，第25—26行）。最后我们也知道，在现象学的层面上，正是通过自己的斗争行为，人才在一个自然"现象"的世界当中第一次将自己"展示"出来；正是通过劳动的行为，理解也才用自己的思想和词汇在这个世界当中"表现出来"。①

而否定性,如果孤立来看的话,(就存在论的层面来说)乃是纯粹的虚无。这种虚无作为在存在当中的(抽象自我的)行为是要走向消灭的。但是,行为走向消灭的途径乃是消灭这个存在,从而{也是}自己消灭自己,因为,如果没有了存在的话,行为就只能是虚无而已。因此,否定性不外乎就是对存在的有限性(finitude)(或者说是一个真正的未来在存在当中的在场,而这个真正的未来永远都不会成为存在的现在);{因此}行为从本质上来说是有限的(finite)。这也正是为什么(就形而上学的层面来说)由行为所创造的、历史性的世界都必然会有一个开端和一个结尾的原因。并且,在其存在当中作为行为的实体,(就现象学的层面来说)对于自身和其他的事物来说,最终都无可避免地要"表现"为必死的。

这也正是为什么在上引那段文字里面,黑格尔可以将否定性或者

---

① [科注]在《现象学》第四章的第一部分,黑格尔也是这样说的。这部分内容的译文参见上文"开场白"。[英译按:在布鲁姆主编、小尼古拉斯英译的科耶夫的《黑格尔导读》里面,这就是第一章"代序"。(New York: Basic Books, 1969)]行为跟时间性的给定存在或者拥有某种意义的{存在}要经历的、"自然性的"时间过程相反。它{即,行为}将未来的首要地位引入到存在只有在现在才存在,还有在现在才具有给定性的时间里面。因为行为的现在就是某个对于未来的规划{d'un projet d'avenir}的实现:也就是说,经由行为(或者说得更准确一些,作为行为),未来在存在当中就拥有了一种现实的在场性⟨real presence⟩。而未来跟过去一样,也是一种存在的虚无性{le néant de l'être},也就是说,是存在的意义。但是,这种意义过去没有、现在也没有跟现在的或者给定的存在现实地粘合在一起。正是因为这个原因,所以,它就可以以某种方式被引导着离开它"自然性的存在"(对于这个"自然性存在"而言,这个意义可以是它的本质),而指向某个"人造的"存在,而这个人造的存在其实也就是话语的存在(对于这个话语的存在而言,这个意义可以是它的意义)。并且,未来作为未来现实地在场的时候,正是作为一种用话语表达出来的规划{projet discursif}。当然,这个规划在现在是自我实现的,在过去它是作为已经被实现的东西而存在的。但是,这个规划的现在,因此还有过去,都是被以话语的形式存在于现在之中的将来渗透并且决定的。因此,被行为所创造出来的现实乃是一种通过思想或者通过被言说的词汇{parole}而揭示出来的现实。将由未来主导的世界,即科学和艺术的世界在由现在和过去所主导(就这个世界是没有活力的、或者说是"物质性的"这点来说,它是被现在所主导的;就这个世界现在是有生命的这点来说,它是被过去所主导的)的自然性世界当中创造出来的,正是行为(=人)。

"否定或者否定性的实体"之所是的那种"非现实性"(unreality)称为是死亡的原因。但是,如果说人是行为的话,如果说行为又是"表现为"死亡的否定性的话,{那么}人,就其人性化的或者言说性存在来说,也只能是一种死亡:{这种死亡}做过程度不同的推迟,并且{这种死亡}也意识到了自身。

因此:从哲学的角度对于话语、对于作为言说而存在的人做出说明,也就等于是要毫不畏惧地接受死亡这个事实,也等于是要从三个哲学的层面{即存在论的层面,形而上学的层面和现象学的层面}来描述这个事实的意义和重要性。而这也正是黑格尔之前的哲人们一直都忽略的事情。

黑格尔对此并不感到惊讶。因为他知道死亡"是最为可怕的事情",也知道接受死亡是"一件需要最伟大力量的事情"。他说理解需要这样一种接受。因为理解通过自己的话语揭示了现实也揭示了自身。并且,因为它{即,理解}生来就是有限的,因此,只有通过思考死亡和言说死亡,理解才能真正成为自己所是的那种东西,即:成为既意识到自身也意识到自身源头的话语。但是,黑格尔也知道,"柔弱无力的美"是没有能力接受理解所提出的这些要求的。美学家、浪漫主义{和}神秘主义都逃避死亡的理念,而他们在谈论虚无本身的时候,就好像虚无是某种正在存在着的东西一样。

黑格尔认为:"精神的生命不是{那种}会在死亡面前战栗的生命,也不是那种{只知道}躲避荒废的生涯以求自我保存的生命,{它更其是}那种可以承担死亡并且可以在死亡当中自我保存的{生命}。"这里的关键点在于,精神是通过言说{la parole}被揭示出来的存在,而精神的生命便是意识到世界和自身的哲人或者智者(le Sage)的存在。只有在意识到自己的有限性,从而意识到自己的死亡的过程中,这个人才能真正意识到自己。因为他就是有限的,必死的。

除此之外,"精神只有通过将自己置于极端的撕裂状态才可以获得自己的真理"。这同样也是因为,精神是通过话语被揭示出来的现实。而话语又是在使自己与自然相对立、或者说——在斗争当中——否定了他自身所是的那个给定的动物体,并且还通过劳动否定了那个被给予他的自然性的世界的人身上产生出来的。那种将现实揭示出来并从而将之转化为精神的理解以及理解的话语,正是从这种将现实区分成人跟自然的"撕裂"产生出来的。这种对立,这种人跟给定现实之间的对抗,首先通过人类用于揭示的(révélateur)话语的过错性(erroneous)品格将自己展示出来,并且,只有到时间终结、历史完了的时候,智者的话语才会将现实重新聚合起来。因为,{只有}到了那个时候我们才可以说,"精神重新发现了自己",才可以说它"获得了自己的真理",而这个真理则是对于现实的充分揭示。但是,它对自己的重新发现只有经由那种在历史发展过程中以多种形式的过错展示出来的"撕裂"(déchirement)才可以实现。并且,这个过程是一个由一系列前后有序的、既生于时间从而也死于时间的世代所组成的。

正是死亡将人在自然当中产生出来,也正是死亡使人迈向自己最终的命运,而这个命运也正是智者的那种对于自己有充分意识、从而也对自己的有限性有充分意识的命运。因此,只要人还处在凡庸(vulgar)的状态,只要他还假装对于否定性一无所知,他就不会达到智慧,也不会达到充分的自我意识,因为否定性恰恰是他人性化存在的源泉,并且否定性不仅作为斗争和劳动,更其是作为死亡或者说绝对的有限性,在人身上展示出来,并且也是对人展示出来。凡庸看待死亡的态度是把它看作这样一种东西,"它什么都不是,要么它就是虚假的";并且,通过迅速地从死亡面前调头,他们会立刻转向日常的秩序。① 但是,如果哲人想要达到智慧的境地,他就必须要"面对否定性、长久地凝视否定性{并且}忍受否定性"。并且,也正是在对通过死亡揭示了自己的否定性进行推理性沉思的过程中,那个意识到自我{并且}也将精神体现了出来的智者的"能力"才会被展示出来。黑格尔说,那种"将否定性转化为给定的存在的神力",也正是这种对于否定性的"忍受"。按照他的看法,他在说这席话的时候,他暗指的是人在

---

① [科注]这个问题海德格尔在 *Sein und Zeit* 第一卷 das Man und das Gerede 当中也有讨论。

世界当中的诞生。① 因为,正是在斗争⦃殊死的斗争,为了纯粹名望(pure prestige)的斗争⦄的过程中,否定性的力量才会通过对于生命冒险的自愿接受(主人),或者是通过被有意识的死亡幽灵所激起的痛苦(奴隶),将自己展示出来(se manifeste),⦃也只有在这种斗争的过程中⦄人才会创造出自己的人性化存在,而他的手段则是通过某种仿佛是"神奇的"力量,将那种他自己所是的、并且也作为死亡向他也通过他展示出来的虚无性,转化为一种战士和劳动者⦃这两种⦄历史创造者的否定性存在。正是这样一种对于死亡的"忍受"才将否定性加以实现,并且还以一种人性化存在的方式将它嵌入自然性的世界之中。并且,也正是通过在自己的话语当中将自己与死亡之间的这种关乎人类起源的联系(ce contact anthropogène)表达出来,智者才将一种关于人的过错性的描述的虚无性,转化为真理之所是的、被揭示出来的存在。

　　黑格尔接着说,这种"神力"就是那种他以前(页19)曾经称之为的"主体",称之为"理解"的"抽象自我"的东西。这也就是说,将现实揭示出来的思想和话语,是来自于那种通过取消存在——这个存在在斗争当中指的是人的给定存在,在劳动(另外,劳动是在斗争的过程中,从与死亡之间的现实联系里面产生出来的)当中则指自然界的给定存在——而将虚无性加以现实化的否定性行为。因此,这也就是说,人性化的存在本身也不外乎就是那种行为;他乃是⦃一种⦄过着人性化生活的死亡。

　　因为这个原因,所以,人的存在,或者如果我们愿意的话也可以称为是推迟的死亡(a deferred death),称为是一种通过否定给定物而对于虚无性的确认——或者说得更准确一下,也可以称为创造——所有这些就不是一种给定的存在;他不会像自然性的存在那样,是"作为一种给定存在而存在的直接性"。相反,他只有在通过否定性的行为"辩证地扬弃"或者"中介"那种自然性的"直接性"的前提下,才会合乎人性地存在。那种"直接性"的中介是"外在于自身的",因为只有人才

---

① ［科注］黑格尔在《现象学》第四章第一部分也谈到了这个问题。这部分内容的译文参见上文"开场白"。⦃这条注释指的是《黑格尔导读》前面的章节。⦄

能够通过自己的劳动或者是在斗争当中对自然加以否定或者改造,也只有人性化的话语才能够揭示它。但人却相反,他可以否定自身;而能够创造和改造自身的也是他自身;通过积极性的从而也是推理性的或者揭示性的否定,他自身就可以成为给定存在的"中介"。而这也正是为什么人可以独特地作为一个揭示存在并且也意识到自身的存在而存在的原因。或者如下的说法也是一样,即:人性化的存在,就他包含着对于他{自身}死亡的意识和意志这点来说,它乃是一种被否定所"中介"的存在——也就是说,人性化的存在乃是一种辩证的存在。

上面所引到的这段出自《现象学》序言的文字,意义便是如此。如果从存在论的层次来诠释,这段文字的意思是,不是存在(或者说存在着的一〈the One – which – is〉)的(无限的)整体性将自己揭示给自己,而是这种整体性被它自己的其中一个(有限的)部分所揭示,而这个部分同时也揭示了自己。从形而上学的角度来说,这段文字的意思是,精神,或者说将自己揭示给自己的存在,不是上帝,而是在世的人。因为那部分揭示存在的{存在}乃是人性化的、并且就本质而言还是有限的存在,这个存在在时间当中通过创造性对于存在的积极否定而将自己创造出来,同时,他作为否定的行为或者否定性,在已经持续存在之后还会将自己也消灭。并且,在时间当中存在并且也是临时性的人性化存在对于存在的这种揭示,作为一种推理性或者说"辩证的"揭示,是在它既在其中产生并且有朝一日也会在其中消失的时间当中将自己展开的。在这样一种推理性的揭示里面,人性化的存在使自身与给定存在的整体发生联系,而联系的方式,首先是通过否定性的行为,其次是通过从这种否定行为当中产生出来的过错性的话语,最后则是通过来自于智者的被动沉思的、充分的话语,而智者因为已经对给定存在"感到满足",所以,即便这个给定存在在他的话语里面是唯一的,他也不会再去否定它,改造它,"扭曲"它。

另外还有一件让人感到好奇的事情,这件事情黑格尔在上引那段文字里面没有提到,而是在整个体系的后面出现了:也就是说,智者的这样一种需要以他对世界和自身的完美意识为前提的"满足"(Befriedigung),如果不经由对于死亡的意识,是不会自行达到完美和充分的状态的。

实际上,人只有在意识到自己的满足的情况下,也就是说,只有在意识到自己已经是得到了满足的情况下，才能得到满足。而如果说人在本质上是有限的，那么，如果说他没有认识到自己的死亡，他就没有办法充分意识到自己。因此，只有在知道自己终有一死的条件下，智者才能够达到充分的满足。

如果更切近地观察一下这个问题，我们可以看到，黑格尔主义的根本结论在哲学上并不像第一眼看上去的时候那样显得很荒谬。的确，死亡的理念不会增加人的福利；不会让人变得幸福，也不会给人带来快乐或者开心。但是，它能够满足人的自尊心，也就是说，它恰恰能够给人带来黑格尔心目当中的那种"满足"，在这方面，它是非常独到的。因为，黑格尔式的"满足"不是别的，正是要充分地满足那种人性化的、关乎人类起源的、希望别人对于下面这样一种欲望加以承认（Anerkennen）的欲望，即：希望所有其他的人都能够对于自己自由的、历史性的个体性或者是自己的人格（personnalité）赋予一种绝对性的价值。而只有通过成为一种必死的或者有限的存在，只有通过感受到自己成为这样一种存在——也就是说，只有通过存在于一个没有超越性或者上帝存在的宇宙，并且也感受到自己的这样一种存在——人才能够确认并且也让别人知道，自己的自由、历史性和个体性，{所有这些}"在世界上都是独一无二的"。

上引这段出自《现象学》序言的文字，充分而又明显地说明了死亡的理念在黑格尔的哲学里面扮演了决定性的角色。但是，我还想再引证一系列其他的文本，以便可以对黑格尔的死亡观念做出一种{更加}精确的说明。不过，因为多方面的原因，我的引文只能从《现象学》和一些早期的作品当中节选。

死亡的主题在 1795 年讨论爱的片断当中就已经出现了，译文见附录 1（见上文，页 510 以下）。[①]

---

① ［英译按］这里指的是《黑格尔导读》前面的章节。这里所提到的"讨论爱的残篇"，其英文译本在克诺克斯（T. M. Knox）所翻译的 *G. W. F. Hegel: Early Theological Writings*（Chicago: University of Chicago Press, 1948）页 302—308 当中可以看到。

在这个残篇里面,爱在黑格尔看来是人身上所有的东西里面最人性化的一种;"爱人"就是被看成是人性化存在的人。黑格尔特别强调,人的死亡跟某种纯粹自然性存在物的{单纯的}"终结"或者"毁坏"存在着本质性的区别;他谈到的是植物——但他所谈的这些其实也可以适用于动物或者无生命的物品。这种区别是这样的:自然性存在物的终结是由一般性的自然规律决定的,是由宇宙的其他部分,由某种与这个有限性存在本身"不相干"的东西,以某种方式从外在强加进来的。与之相反的是,人的死亡必须被理解为这样一种终结:这种终结是"内在的"或者"独立的",也就是说,是自愿的或者出于意志的,因此也是有意识的。

另外黑格尔还说到,人只有在他是必死的这个条件下才会是个体性的。如果精神(在这里被称为是爱)是无限的或者不朽的,那么,它就会具有严格意义上的单一性。而如果说精神可以以如下的方式意识到自己具有多重性的话,即,一方面,不同的人性化存在之间是有区别的,另方面,在不同的人性化存在里面,每个人都过着仅仅属于自己的个体性的生活——{如果说事情果真是如此的话}那么这仅仅是因为人性化的或者"精神性的"存在,或者说"爱人们",是必死的。

同样的道理,人性化存在的"独立性"或者说自由也是跟死亡联系在一起的。说某个存在是"独立的",也就等于说他是必死的。

最后,在这同一个残篇里面也包含了人在此处—下界当中的历史性存在的理念。人是经由死亡被分离,被最终消灭的;但是,他们可以经由自己的后代(正如我们在下文将会看到的,这要归功于教化和历史传统)来维持人性化的生活,也可以维持社会性的统一。子女隐含了也预设了父母的死亡;但是,尽管有将他们分隔开来的"否定行为"存在,在代代相传的人们之间还是可以看到{一种}"同一性"。而这种{同一性}也正是那种被我们称作是历史的东西。或者我们也可以这样说:它{即,这个过程}就是人性化存在的、"整体性的"、"综合性的"或者"辩证的"存在,并且在这个过程里面,"统一"(同一性)的正题和"分离"(否定性)的反题同时出现在"再次统一"(整体)的合题里面。因此,人的历史性(或者叫辩证性)跟他死亡的事实是不可分割的。

因此,黑格尔哲学关于死亡的所有重大主题,在他最早期的作品里面已经就可以找到。而在后来的作品里面,所有这些主题还会被重新讨论,并且还会被进一步精确化和进一步发展。

在《现象学》的导论里面,人的死亡——即严格意义上的死亡——跟单纯生命体的死亡—毁灭(death - corruption)之间的本质性差别的问题,再次得到了讨论。

在那里,黑格尔是这样说的(页69,第12—16行):

> 那种被局限于一种自然性生命的东西,没有办法凭借自己的力量超越(hinausgehen)自己直接的[或者给定的]经验性的存在(Dasein);但是,它可以被[自身之外的]另外某种东西驱赶着超越(hinausgetrieben)这种存在,而这样一个被超越性地夺取[和被超越性地规划]的事实(Hinausgerissenwerden),便是它的死亡。①

自然性存在的"终结"再次被呈现为一种外在的、被动服从的规律。自然性的存在就本质而言是"给定的",也就是说,是"静态的",与自身"保持同一的":也就是说,任何一种不同于其给定性或者先天自然性的"发展"的极端变化,都是从外在强加给他的,也都意味着它的消灭。但人则相反,他可以自发地超越自己,也可以凭借自己的力量超越自己的"先天自然",但即便在这样一个时候,他还是可以继续自己的存在,也就是说,继续自己的人性化的存在。但是,对于那个作为他物质支撑的动物体来说,这种超越却意味着死亡。可是,在这个人性化的动物体身上,这种死亡却不再是外来的:也就是说,他本人(作为人)就是(作为动物的)自身的死亡动因。能够被意识到、并且还能够被自由地接受或者选择(接受或者选择生命的冒险)的,只能是这样一种"自主的"或者"自发的"死亡。并且,真正具有人性意味、真正具有人性化的作用或者说真正关乎人类起源的,也只有这种│有意

---

① [译按]本段文字在翻译的时候参照了贺、王译本,上册,页56倒数第1行—页57第3行的译文。

识的死亡过程}而已。

因为是一种否定性的存在,所以人就可以无限地超越自身(但又不会停止其为人的存在,也不需要变成一个"超人"(un "Sur-homme")。只有这样一种带有人性指向的动物〈anthropophoric animal〉的终结,才会将人性化的自我超越带向终点。正是因为这个原因,所以人的死亡在某种程度上总是仓促的,突如其来的,这跟动植物完成了自己进化周期的"自然"死亡根本不同。也正是因为这个原因,所以,尽管有(或者说因为有)世代之间的前后接续,人性化的超越还是能够作为一种独一无二的历史而加以实现,而在动植物的王国,相互接续世代之间一直都是完全隔绝的。

在1803—1804年的《耶拿讲演录》(卷19,说明4的最后一句话{见页222})里面,①黑格尔也曾经说到这一点:

> 个体就其本身而言首先是处于变化过程中(werdende)的死亡……但是,在他们走向死亡的行为(Totwerden)里面,他们同时也在思考自己走向生命的行为。[人性化的]婴儿并不是像在动物性的关系当中那样,是现存的种[类],而是[在他的身上认出了自己的]他的父母……

正如我们即将再次看到的那样,正是这种自我否定的行为,也就是说,自由的和历史性的、被那个体现了它的动物体的死亡所打断的行为,经由恰恰是通过这种自我否定性的行为被教化或者造就为人的婴儿,延续了这个动物体的生命,同时也完成和完善了自己。

但是,如果人不是有限的或者必死的,他也就没有办法否定自身或者超越自身。因此,人的人性预设了那个体现了他的动物体的有限性,从而也就预设了人本身的死亡。而从另外一个方面来说,人通过否定性的行为超越了自己给定的"自然性",而通过这种超越,人也招

---

① [英译按]关于这个"卷19",可以参见荷夫麦斯特(J. Hoffmeister)本的 *Jenenser Realphilosophie* Ⅰ: *Die Vorlesungen von* 1803—1804(Leipzig: Felix Meiner, 1931)。

致了这个动物体的死亡;也就是说,在极端的情形之下,他可以在没有合理生物学理由的情况下去冒生命的危险,让别人把自己杀死。因此我们说,人乃是动物体的一种必死的病态〈mortal sickness〉。

而黑格尔实际上也是这样说的。

在1803—1804年的《讲演录》里面,我们可以看到这样的几段话:

> 普遍性的体系(universal system)对于这个在它内部的动物体的抚养可以达到这样一个程度,就是说,在这个程度上,体系的普遍性的实体性(universal-entity)是被与它的差别[这种差别将它与所有不是它的事物区别开来]相反对的状态所决定的,并且,这种普遍性的实体性是自为地存在的,[并且]也不会跟那种差别相一致,如果就这个范围内来说的话,那么,这个体系就是一种被确定的、动物体在这里面会超越自身的病态。[但是],如果不将它与动物性的过程联系起来,它也就没有办法为自己将普遍性的实体性组织起来,如果就这个范围内来说的话……那么,它所作的不外乎就是变成自己的死亡[卷19,页174,第28—35行]。——在病态的状况下,动物体可以超越自己自然性的局限;但是,动物体的病态正是精神的变化过程。在病态的状况之下,普遍性的实体性……已经将自己孤立出来;而这种状况正是那种……只能通过死亡才能终结的东西[卷19,页186,第12—15行,第18行]。——病态的、固定的普遍性只能取消对立面(Gegensatzes)的无限性,并且[它]只能在死亡当中改造自己(geht über);[与之相反,]精神的普遍性则在自身内部拥有被辩证地扬弃了的(aufgehoben)对立面,如果就这个范围内来说的话,精神的普遍性是以保存对立面这样一种方式来行为的[卷19,页189,第4—7行]。

动物体的病态和死亡仅仅是一个中途夭折的、自我超越的尝试。病态是动物体跟自然世界其他部分之间的一种不和谐状态;可以说,病态的动物体被从自己"自然性的处所"(topos)、被从确定了这个动物体的特殊性并将这个动物体与所有异于它的事物区别开来的 hic et nunc 当中驱逐了出来。而将{某物}从它的 hic et nunc 当中分离出来，也就是要{将它}普遍化，{将他}改造成一个普遍性的观念或者说{改造成}一个概念。但是，动物体是绝对地被它的 topos 所决定的。因此，将它从那个 topos 当中驱逐出来，也就是要取消它，也就是要将它从病态送向死亡。因为动物体跟人不同，"如果不将它与动物性的过程联系起来，它也就没有办法将普遍性组织到自己身上"：换句话说，它{即，这个动物体}没有办法通过与自己给定的 hic et nunc 相分离，将已经变成为一个概念的特殊的实体发展成为一个话语的领域（而这个话语的领域，将来动物体可以通过行为将之改造成一个现实的、技术性的和历史性的、现实的世界）。但人可以做到这一点，而这仅仅是因为，那个将他体现出来的动物体是可以通过病态和死亡而从它的 topos 当中被驱逐出来的。

那个动物体正是通过病态而以某种方式超越自己给定的"自然性"的。它之所以没有成功地做到这一点是因为，对它来讲，这样一种超越也就等于是对它的取消。但是人的成功却要以这样一种尝试为前提，并且，正是因为这个原因，所以那种导致了动物体的死亡的病态也就成了人的"变化过程"，或者是"精神的变化过程"。（因此，精神就不是一个永恒的、完美的、自己将自己体现出来的上帝，而是一个病态的、必死的、在时间当中自我超越的动物体。）

那种将自己展示为病态的普遍性是"固定的"普遍性；也就是说，他不是合题性质的，整体性的或者辩证的。它只是经由死亡取消了那个动物体的特殊性，并以此破坏了特殊和一般之间的对立。与之相反，"精神的普遍性"，也就是说，那种将自己展示为人性化存在的{普遍性}，则通过"辩证地扬弃"这些对立，也就是说，通过将他们综合于个体的整体性之中，维持了特殊与一般之间的对立。而这时因为，话语的普遍性和理性行为的普遍性，是经由某个人性化个体的特殊性而加以实现的。但是再说一遍，这种自由的、历史性的个体性，必须要以表现为动物性的病态和死亡的、特殊与一般之间的对立为前提，而这种动物性也是人的动物性。

正是因为这个原因，所以在 1805—1806 年的《耶拿讲演录》里面

(卷20,页164,第8—9行),①黑格尔才说:

> 动物体死了。[但是]这个动物体的死亡[也正是][人性化]意识的来临。

一言以蔽之,人就是自然的必死的病态。而这也正是为什么他本身作为自然的一个当然的部分,就其本质而言也是必死的原因。

在年轻时期的作品里面,黑格尔是将人的自由、历史性和个体性跟死亡联系在一起的。而在后来的作品里面,这三重的主题也一再地得到了讨论,并且讨论得也更加精确。

首先,让我们看一下自由的问题。

在很多场合里面,黑格尔都是把自由跟否定性一体看待的。这一点在《道德体系》(System of Morality)(1802年?)里面表现得特别清楚,比如说,他曾经这样写道:

> 否定性的实体(das Negative),即(oder)自由,即犯罪[第2节的题号;卷7,页450]{页446}。——因此,那种否定性的实体,或者说纯粹的自由,以这样一种方式(so)承担起了(geht auf)对客观性实体进行辩证扬弃(Aufhebung)的任务,也就是说,它……将否定性的实体造就为本质性的现实(Wesen),并且接下来否定了处于[给定的]特殊规定性[Bestimmtheit]之中的现实性,但是它又将那种否定固定了下来[卷7,页452,第28—32行][页448,第28—32行]。②

---

① [英译按]关于这个"卷20",可以参见荷夫麦斯特编,*Jenaer Realphilosophie*(Hamburg: Felix Meiner, 1967),本书是荷夫麦斯特编 *Jenaer Realphilosophie* II的重版。

② [英译按]这里所提到的"卷7",可以参见拉松版黑格尔 *Schriften zur Politik und Rechtsphilosophie*(Leipzig: Felix Meiner, 1923)大括号,[译按:关于大括号的问题,参见本文最初的译按]里面的页码和行数就是以这个版本为准的;小括号(或者圆括号)里面的页码和行数则是科耶夫原来所注的页码和行数。

因此,作为否定性之实现和展示的自由,存在于这样一个行为里面,这个行为否定了处于自身给定结构之中的现实,也用一种通过那种积极的否定所造就出来的成果{œuvre}的形式,将这个否定维持了下来。并且,那种作为否定性而存在的自由,也就是人的"本质性的现实性"。

但是,否定性如果就其自身来看的话,也不外乎就是能够将自身"展示"为死亡的虚无。并且,黑格尔在许多场合一直也都是这样讲的。

比如说,在1805—1806年《讲演录》的一条边注里面(卷20,页166,说明2的最后三行),他说:

> 其结果是:——死亡,纯粹的否定性,直接性的无。

因此,如果说一方面自由就是否定性,另方面否定就是虚无和死亡的话,那么,如果没有死亡的话,自由也就不存在了,并且,只有必死的存在才能够是自由的。我们甚至可以说,死亡就是自由最终的、真正的"展示"。

而黑格尔也绝不会在上述结论面前退缩;正如下面这些选自1802年的《道德体系》和1803—1804年的《讲演录》的文字所表明的那样,他是公开接受这个结果的:

> 这种否定性的绝对〈negative Absolute〉,纯粹的自由,就其现象或者表现(Erscheinung)来看,就是死亡;而通过死亡这样一种资质(Fähigkeit),主体也证明(erweist)自己是自由的,是绝对超脱于一切限制(Zwang)之上的。主体就是绝对的征服行为〈act-of-constraining〉(Bezwingung);并且,因为这个行为是绝对的,……是自身的概念,因此它便是无限的,并且也是自身的对立面(Gegenteil),即绝对;并且,处于死亡状态的、纯粹的特殊性,恰好正是自己的对立面,[也就是说,是]一般性。因此,自由在征服行为当中的存在只能通过这样一个事实表现出来,即,这个行为将对于

[给定的]特殊规定性的辩证扬弃当成自己的一切目的(geht auf),……因此也通过这样一个行为表现出来,即,这个被就其自身来看待的行为,是以一种纯粹否定性的(rein negativ)方式来行为(sich hält)的;[卷7,页370,第10—14行,20—25行,27—28行]|页366,第30—34行,页366第39行—页367第4行;页367第7—8行|。——……自由的最高抽象,也就是说,被推至自身的辩证扬弃这样一个程度的征服(Bezwingens)关系,也就是说,自由的、突如其来的死亡[卷7,页389,第17—19行]|页385,第16—19行|。① ——意识[=人]的这个单纯而绝对的点便是意识的绝对存在(absolutsein),但也是被作为一个否定或者否定性的实体[来看待]的存在;或者[换句话说],它就是被如此[看待],也就是说,被作为一个特殊而孤立的实体(Einzelnen)[来看待]的那个个人的绝对存在。这就是刚愎任性(caprice)的自由(Eigensinns)。特殊(Einzelne)可以在这一点上自我改造(sich machen);它可以用一种绝对的方式从所有的一切当中抽身而出,可以抛弃所有的一切;它不能够被看作是要依赖于其他事物的,[它不能够]被任何的事物把持(gehalten);它可以跟自身每一种人们原本可以借此对之进行把握(gefassst)的、特殊的规定性发生分离,并且,[它也可以]在死亡当中实现自己的绝对独立和绝对自由,[它可以在死亡当中]作为绝对的否定性或者否定性的意识而[自我实现]。但是,在它身上,死亡相对于**生命**来说是有矛盾的[卷19,页218,第1—12行]。——它[特殊性]的特殊而孤立的[einzelne]自由[不外乎]就是它的刚愎任性——也就是它的死亡[卷19,页232,说明2最后一行]。

因此,自由的最高展示,至少是孤立个体的那种"抽象"自由的最

---

① [英译按]前面的这段出自"卷7"的文字,不是出自1802年的《道德体系》,而是出自黑格尔的论文 *über die wissenschaftlichen Behandlungsarten des Naturrechts*,这篇论文也是写于1802年。

高展示,正是死亡——这种死亡应该被理解为那种在对相关事项有着充分意识的情况下自愿地或者主动地接受的死亡。如果人在本质上不是必死的,或者说没有主动地接受死亡,那么,人就不可能自由。自由就是在面对给定存在时的独立性,也就是否定给定物的那种被给定状态的可能性,并且,只有通过自愿接受的死亡,人才能够摆脱存在的无论是哪种被给定的(=被强加的)条件的限制。如果人不是必死的,如果他没有能力在毫无"必要"的情况下将死亡加在自己身上,那么,他就不会摆脱由存在的那种给定的整体性(而在这种情形之下,存在的这种给定的整体性完全可以称得起是"上帝")所强加给他的、严格的规定性。

因此,个体自由的本质,便是那种在其纯粹的或者"绝对的"状态中自我展示为死亡的否定性。并且也正是因为这个原因,所以,当"纯粹的"或者"绝对的"自由在社会的层面上、在某场真正革命——也就是那种否定社会给定性的{革命}——的第二阶段被实现以后,它必然会将自己展示为一种集体性的突如其来的死亡,或者展示为"恐怖"。

这一点,黑格尔在《现象学》专门分析革命问题的那部分内容里面,讲得非常清楚(页418第37行—页419第5行):

> 于是,普遍的(allgemeinen)自由所能作的唯一事业和行动就是**死亡**,而且是一种没有任何限界(Umfang)也没有任何内在成就或者事功(Erfüllung)的死亡,因为[经由这种死亡]被否定的东西乃是绝对自由的自我(Selbsts)的那种没有体现为成就或者事功的点;它因而是最冷酷最平淡的死亡,比劈开一棵菜头或者吞下一口水并没有任何更多的意义或者价值。
>
> [正是]在这个无所表示的简单音节的平淡之中,存在着[革命]政府的智慧,[允许]普遍意志可以被完成(vollbringen)的那种理解〈understanding〉[也正好可以归结为这种平淡]。①

---

① [译按]本段文字是参照贺、王译本,下册,页119,第2段倒数第5行至倒数第1行,第3段第1至第2行翻译的。

在革命的第二阶段,那些追求"绝对自由"的革命者作为孤立的特殊性使自己与在国家当中被体现出来的普遍性加以对立。他们想以一种绝对的方式否定这个给定的国家,他们想彻底地把它消灭,于是便使得自己与它绝对地对立起来。因此,国家是没有办法自我维持的,普遍的意志也没有办法被完成,除非它也可以否定自己的这些"特殊性",而这种否定的方式也要跟这些特殊性在现在或者将来通过否定那些普遍性的实体来进行自我的确认那样,必须得是绝对性的。而这也正是为什么"政府的智慧"在这个阶段上要通过恐怖将自己展示出来的原因。而我们已经看到,被以否定性斗争的方式主动地加以面对的死亡也正是绝对个体自由最真实的实现和展示。因此,这种自由只有经由恐怖的手段才能在社会内部传布开来,在一个"宽容的"国家里面,它是没有办法实现的,因为这样的国家对待自己的公民不够严肃,它不会保障他们战斗到死的政治权利。

从这些分析出发,黑格尔得出结论说,因为自由就其本质而言是否定性,所以,它既不可能在纯粹的状态中被实现,也不可能自为地被选择。绝对的自由(= "不服从")就是纯粹的否定性,也就是说,就是虚无和死亡。而后者跟生命、生存和存在本身又都是矛盾的。否定性只有通过存在(= 同一性),才会成为某物,而不是无物,因为否定性即便在否定存在(= 同一性)的时候对存在(= 同一性)也是加以保存的。(对于给定物的)否定只有作为(新生物的)创造或者是{作为}被完成的事业{œuvre},才是现实的。革命者只有在成功地保存自己否定性的事业的条件下,才能将自身消灭,而他保存否定性事业的手段,则是将这个事业附加在记忆或者传统通过(à travers)否定而维持下来的存在的同一性之上。

这也就是说,自由只有作为历史才能被实现,而人之所以是自由的,仅仅是因为它是历史性的(= 社会性的, = 在某个国家之中)。但是反过来说,历史只有在存在着自由的地方才会存在,也就是说,只有在存在着进步或者创造,或者说存在着对于给定物的革命性否定的地方才会存在。并且,因为否定性的自由包含和预设了死亡,所以,只有必死的存在才能成为真正历史性的存在。

但是,历史预设了死亡,尽管它也体现着自由。历史只有在一方面存在着传统和历史记忆,另方面又存在着教化和对于教化的反抗的地方才会存在。而所有这一切又预设一个世代的序列:这些世代是前后相随的,它们生于这个世界也死于这个世界。因为子女的诞生必然意味着父母的死亡。

在1805—1806年《讲演录》的一条旁注里面(卷20,页202,说明3),黑格尔用一种极其残忍的口气谈到了这一点:

> 北美洲的野蛮人杀死自己的父母;我们也是这么干的。

当然,受到父母教化的子女延续了父母的同时也是父母之存在的社会和政治活动,通过这种方式,子女就可以向父母做出保证,保证他们在此处—下界可以有"来生"(survival),而这又是唯一的一种可以跟自由共存的"来生"(尽管这种"来生"是被限制在时间之内的)。但是,历史性的来生虽然保存了个体行为的普遍性,但在此同时它也取消了这一行为的特殊性,因为这种取消恰好就是个体的死亡。父母通过教化子女,通过自愿地从现在返回到过去,也准备好了他们自己人性化的或者历史性的死亡。

这一点黑格尔在1803—1804年的《讲演录》里面说得非常清楚(卷19,页223,第18—20行;页224,第13—22行):

> 父母在教化子女的过程中,将他们业已形成的(gewordenes)意识也放置在子女身上,并且也造成了自己的死亡……在教化的过程中,子女无意识的统一性被辩证地扬弃了;它在自己身上被表达了出来,变成了一种被塑造的或者说受过教化的意识;父母的意识是那种它可以用来自我塑造或者自我教育的材料。对于子女来说,父母是一种模糊的、未知的、对于自我的预感(Ahnen);他们辩证地扬弃了子女的那种处于自身内部的、单纯的[和]浓缩的(gedrungenes)存在。他们丧失了他们给予子女的东西;他们在

子女的身上死去;他们给予子女的乃是他们自己的意识。意识在这里便是在这种意识当中的另外一种意识的变化过程,而父母在子女的变化过程中,也直观到了他们{自己的}辩证扬弃(Aufgehobenwerden)。

历史是(在此处—下界的)超越。它是人的"辩证扬弃",因为人通过"保存"(作为人性化的存在的)自身而"否定"了(作为给定物的)自身,并且也通过自己保存性的自我否定而被"升华"(= 进步)。并且,这种"辩证扬弃"包含和预设了那种"被推动"的东西的有限性,也就是说,包含和预设了创造了历史的人的死亡。

在那篇《自然权利》(1802 年)的论文里面,黑格尔不折不扣地强调了战争的历史必要性(卷 7,页 372,第 5—8 行,第 16—21 行,第 24—35 行;页 373,第 21—22 行){页 368,第 22—26 行,第 33—38 行;页 369,第 1—12 行,第 37—39 行}:

> 绝对形式[= 人]的积极方面(Positive)就是绝对的习惯性道德(Sittliche),也就是说,就是一个民族[= 国家]的习惯{l'appartenance},就是通过死亡的危险[这就意味着战争],以一种毫不含糊的方式,将{它的}与仅仅处于消极方面的民族之间的统一(Einssein)表现出来(erweist)的特殊性。——这种[政治性的]个体性对[政治性的 = 国家性的]个体性的关系(Beziehung)是一种联系(Verhältnis),因此是一种双重的关系;一重是积极的关系,是两种个体性在和平当中平等[而]宁静的共存(Nebeneinanderbestehen),——另外一重是消极的关系,是一种个体性对于另外一种个体性的排除;并且,这两种关系都是绝对必要的……通过这一关系的第二个方面,为了具体形式(Gestalt)所发动的战争的必然性,和习惯性道德的整体性[= 国家]的个体性,就被确立起来。[正是]因为战争当中存在着这样〈两种〉自由的可能性,即,一方面是那些孤立而特殊的特殊规定性可能会被取消(vernichtet),另方面则是它们可能会被作为生命而整合起来(Vollständigkeit),并

且,这种整合是为了绝对自我的缘故,也就是说,是为了民族[＝国家]的缘故,——〈正是因为战争当中存在着上述这两种自由的可能性〉因此,[战争]就可以保存民族的道德(sittliche)健康,因为当战争面对这些特殊规定性、面对[这些特殊规定性]正日益习惯于它们的固定状态(Festwerden)这样一种状况的时候,它采取了一种无所谓的态度〈indifference〉。而战争对于民族道德健康的保护跟风力运动保护湖[水]免于停滞的方式是一样的,而一种长期持续的宁静让湖水归于停滞的方式,也跟一种长期持续的和平——甚或是更糟糕的(gar)永久{和平}——[让人们归于停滞的方式]是一样的……[因为]那种就其本质[这种本质就是行动]而言是[——作为人的——]否定性的东西,必然会维持其否定性,也必然不会变成某种固定和静止的东西(Festes)。

而在1805—1806年的《讲演录》里面,黑格尔坚持,正是因为在战争当中有死亡存在,所以战争才成为历史的创造性力量(卷20,页261第18行—页262第2行)。

> 战士的状态〈soldier - condition〉和战争是人格性自我〈personal - Self〉的、具有客观现实性的牺牲,是为特殊性〈所准备〉的死亡危险——是对于它的〈即,死亡的〉直接而抽象的否定性的这样一种直观(Anschauung);同样的道理,战争同样也是特殊性的直接而积极的人格性自我……其方式是:[在战争里面]每个人都作为这样一种特殊性将自身造就(macht)为绝对性的能力(Macht),都将自身直观为绝对自由,直观为普遍意义上的、现实地、自为地、与他者(Anderes)对抗着[存在]的否定性。只有在战争当中,上述的情形才会面向特殊性开放(gewährt):也就是说,战争是[一桩]为了追求普遍性[＝国家][而犯下]的罪行;[战争的]终结就是[由否定所中介的、]对于那个跟准备要破坏它的敌人对立着的整体[＝国家]的保存。放弃(Ertäusserung)[特殊性进入普遍性]必须要采取这样一种将要被剥夺个体性的抽象形

式；死亡必须被冷酷地接受和给予；〈也就是说，接受和给予死亡的，〉不是这样一场早有准备的{commenté}(statarische)、特殊性可以觉察到自己的对手，并且可以在一种直接性的仇恨当中将他杀死的战争；不是这样的，死亡是在虚空(leer)当中被接受和给予的——也就是说，接受和给予的方式是非人格化的，是随着火药爆炸后的硝烟而来的[à partir de la fumée de la poudre]。

因此，保证了人历史性的自由和自由的历史性的，正是残酷的战争。人之所以是历史性的，仅仅是因为他可以积极地参与国家生活，也因为这种参与在一场纯粹政治性的战争当中、在自愿的对于生命的冒险里面达到了顶峰。同样，人之所以具有真实的历史性或者真实的人性，也仅仅是因为他是一个战士，至少是一个潜在的战士。

在《道德体系》(1802年?)里面，黑格尔也一再地这样说。在这里面，他还认为社会可以区分为三个没有办法再进一步区分的"等级"(Stände)或者阶级，即：农民，手工业者{industries}和商人，贵族。前两个"等级"是劳动的，但是不会参加战争，也不会为国家冒生命的危险。与之相反，贵族从本质上来说则是{一个}战士{的阶级}，尽管他无所事事，尽管他是从其他阶级的劳动成果当中获取利益的，但〈战士的身份却〉可以让他过一种真正人性化的生活："他的劳动只能是战争，或者是这种劳动的养成(Bilden)"(卷7，页476，第16—18行){页472，第16—18行}。因此，将历史加以现实化乃是贵族，并且，也只能是贵族。其他的阶级只能服从于它，它们只能消极地思考这个通过贵族政治性的和尚武的存在而体现出来的历史过程。

黑格尔曾经用一种高度"形而上学的"语言，甚至是谢林式的语言——但仍然是非常清晰地——谈到过这个问题{见下文}(卷7，页476第38行—页477第8行){页472第38行—页473第8行}：

[尚武的贵族这样一个等级的]第一个效用存在于这样一个事实里面，即：它是绝对性的、现实的、道德的具体形式，而它做到这一点的手段则是为他们[=另外两个等级]构建一个绝对性[=

国家]的偶像,这个绝对性是作为一种给定的存在(seienden)而存在的,是被辩证地[=历史性地]推动的,是道德本性所要求的、最高级别的现实直观。由于他们的本性,这些[非战士的]等级在这种直观面前是止步的。他们不是存在于这种绝对的概念里面的,他们没有办法通过这个绝对的概念,让那个对于意识来说仅仅被确定(gesetztes)为一个外在实体(Äusseres)的[实体],变成为他们自己的精神,变成为绝对的、[辩证地]运动着的、能够克服(überwände)他们所有的差别和所有[给定的]特殊规定性的自我。他们的道德本性可以获得这种直观——但这种便利是由处于第一位的[尚武贵族]等级提供给他们的。

后来,尤其是在《现象学》里面,黑格尔不再接受"封建"社会的概念。无所事事的战士阶级的存在对他而言仅仅是一种短暂的历史现象。但是,战争的历史必然性的主题在《现象学》里面仍然是有讨论的。

在《现象学》里面,除了其他的论述之外,黑格尔曾经说过如下的话(页324,第10—33行):

> 因此,一方面,共同体(Gemeinwesen)可以被组织进各种跟人格独立和[私人]财产有关、跟[私人]不动产权和[私人]人格权有关的制度;〈另一方面〉各种首先是追求获得和享受这样一些特殊而孤立的目的的劳动模式,也[可以]按照同样的办法,被表述为跟它们自身的联合(Zusammenküften),也可以变得独立。[但是]一般性的联合[=国家]的精神,就是完整的统一性(Einfachheit),[就是]这些将自己孤立出来的制度的否定性本质(Wesen)。为了不让这些制度在这种孤立的过程中扎根,固定(festwerden),为了避免整体因此瓦解和精神因此涣散,政府必须要不时地通过战争来动摇这些制度,并以此来破坏并打乱那些被赋予(zerechtgemachten)它们的秩序和独立权利;对于个人也是这样,个人因深深陷于(sich vertiefend)这些制度之中而脱离了整体,他

们所追求只是神圣不可侵犯的[孤立的]**自为存在**和个人安全,因此,政府就必须要通过[战事]所施加的劳动,让他们体会到他们的主人,[即]死亡。通过将固定而静止的存在{du maintien – fixe – et – stable}(Bestehens)的形式加以消解(Auflösung),精神[= 国家]就将堕入(Versinken)自然性经验存在(Dasein)的危险从传统性的—道德性的[= 历史性的或者人性化][经验存在那里]清除了出去{à partir de},它并且还保存了它的意识的自我,并将这个自我提升为**自由**和它自己的**力量**。①

需要明确的是,这段文字是在专门分析古代国家的那部分内容里面找到的(第6章,第1节,a)。而主人作为异教国家的公民从本质上来说是无所事事的。因为不劳动,所以他没有"否定"外在于他的自然。他真正人性化的活动,或者说自由的、否定性的活动,可以归结为对他自身的先天"自然性"的否定。而这种否定又在自愿的生命冒险当中达到了顶峰,并且,这种冒险是出现在那种纯粹为了名望的斗争当中,出现在纯粹政治性的战争当中,而且也没有任何"生物意义上的必然性"。因此,所有其中的公民都是无所事事的战士的异教国家,如果不经由它不时发动的、为了名望的战争,就不可能是真正人性化的,也就是说,不可能是自由的,历史性的。

从原则上来说,奴隶和从事劳动的前任奴隶〈ex – Slave〉,可以在不冒生命危险的情况下,通过劳动将自己加以人性化。因为在劳动当中,他们"否定"了给定的和外在的现实,并从而改造了自己。因此从原则上来说,公民在其中从事劳动的那种国家可以在不必分崩离析的情况下,作为一个国家或者真正人性化的实体而放弃战争。但是在上引那段文字里面,黑格尔却说,在实践中,一个在本质上是和平主义的国家就不再是严格意义上的国家了,而是变成了一个私人性的工商业组织,而这种组织是将成员的福利,也就是说,将"自然性的"或者说是

---

① [译按]本段译文参照贺、王译本,下册,页13,第1段第5行至倒数第4行译出。

动物性的欲望的满足,作为自己的最高目标。因此,归根结底,通过把人造就为一个公民而将之提升到动物之上的,仍然是对血腥政治斗争的参与。

但不管怎样,按照黑格尔的看法,人类变化的最终结果乃是主人的尚武的存在与奴隶的劳动生活的综合。那种充分满足于自身存在、并且也正是以此而完成人性的历史进化的人,乃是普遍均质国家(universal and homogeneous State)的公民,而这种公民,对于黑格尔来说,便是拿破仑革命武装里面的工人—战士(worker-soldier)。如此说来,正是(为了承认的)战争将历史带向终结、将人带入完美的境界(= 满足)。如此说来,人之所以可以自我完善,仅仅是因为他是必死的,仅仅是因为他在意识到有关事态的情况下,接受了生命的冒险。

不消说,一旦普遍均质国家建立起来,就再也不会有战争或者革命了。从那以后,人可以在不必冒生命危险的情况生活在这个国家里面。但到了那时,真正人性化的存在就将是智者的存在,而他也仅限于在不再否定或者改变任何事物(除了将现实性的"本质"翻译成话语之外)的条件下理解所有的一切。因此,这种存在将不是那种严格意义上的、黑格尔本人在谈到历史终结之前的人的时候所说的、自由的和历史性的存在。严格意义上的自由和历史性跟死亡是不可分割的:也就是说,只有必死的存在才能是自由的和历史性的,因为他能够接受自身死亡的理念和现实,也能够为了实现某个"理念"或者"理想",在毫无任何"必要"的情况下冒生命的危险。

总的来说,人性化的个体性本身也是由死亡决定的。而如果我们接受黑格尔的下述主张,我们就可以推导出上述的结论:即一个人之所以是个体性的,仅仅是因为他是自由的;而如果他不是有限的或者必死的,那他就不可能是自由的。不过,这个结论也可以从黑格尔对于个体的定义当中直接地产生出来。

在黑格尔看来,个体性是特殊性和普遍性的综合。特殊性如果不在人性化的个体性当中跟话语的普遍性和行为的普遍性结合在一起(话语来自于行为),那它就会成为纯粹"给定的"、"自然性的"动物。而特殊性的行为——特殊性也总是一个做出行为的特殊性——只有在当它代表和实现了某个"共同体"(Gemeinwesen)的"一般意志",或者归根结底地说,只有在当它代表和实现国家意志的条件下,它才会是真正普遍的。只有通过作为{一个}公民而行为的方式(即对立于自己特殊的"私人"利益),{一个}人才会在即便保持着特殊性的情况下,真正地、现实地具有普遍性;也就是说,只有经由国家的渠道,人性化的个体性才可以被展示,被实现,因为只有国家才能赋予特殊性某种得到普遍承认的现实性和价值。但是,国家所做出的行为和为了国家所做出的行为,是在为了纯粹政治性的(= 普遍性的)目的而实施的(特殊性的)生命冒险当中达到顶峰的;拒绝为国家冒生命危险的公民就会丧失其公民资格,也就是说,丧失{其}普遍性的承认。因此,归根结底,{一个}人之所以能够是个体性的,仅仅是因为他能够死去。

在1803—1804年的《讲演录》里面(卷19,页230第32行—页231第10行),黑格尔把这一点讲得非常清楚:

> 特殊整体性[即公民和个体性]的辩证扬弃(Aufgehobenseins)这样一种给定的存在,就是被作为绝对普遍性、被作为绝对精神[= 民族, = 国家][来看待]的整体性。就是作为绝对现实的意识而存在的精神。特殊整体性[即个体性][在国家当中,作为公民]将自己直观为某种经过了辩证扬弃的、理想的[整体性];它不再是特殊的;相反,对于它自己来说,它就是这样一种对于自己的辩证扬弃,并且,它[即"特殊整体性"]之所以被承认[为公民],之所以[就它作为(en tant que)公民来说]具有普遍性,也仅仅是因为它是{en tant que}那样一种被辩证扬弃的[整体性]。整体性[= 普遍性],如果就[它也是]一种特殊性这点来说,[也就是说,如果就它也是个体性这点来说,]乃是作为一种完全可能的整体性被设定在(某个)自我当中的,它不是自为地存在的,而只是[作为这样一个整体而存在的:〈一〉这个整体]在其持续的存在(Bestehen)当中一直都有死亡的准备,〈二〉这个整体已经放弃了自己,〈三〉不错,这个整体是作为特殊的整体性而存在的——比如说,作为家庭存在,或者说存在于[私人性的]财产和

[个人性的]享受里面,但是它也按照这样一种方式存在,也就是说,这种[纯粹特殊性的]关系[家庭,财产和享受就是这样一种关系]对它本身而言是一种理想性的[关系],并且,这种关系是作为对自己的牺牲来证明[erweist]自己的,{或者是通过牺牲自己来证明自己的}。

除此之外,个体性包含并且预设了有限性或者死亡这样一个事实,也可以用另外的方式来说明。

普遍性是对那种作为特殊性而存在的特殊性的否定。如果我们想把某个具体的实体(=特殊性)改造成为一个概念(=普遍性),改造成为一种"一般性的观念",我们就必须要把它从它经验性存在的 hic et nunc 当中分离出来(这条狗是在此时在此地的,但"这条狗"的概念却是"无所不在""无时不在"的)。同样的道理,如果我们想通过将存在的特殊性改造成为人性化的普遍性来实现个体性,我们就必须在现实当中将那个人从他的 hic et nunc 当中分离出来。但是,对于那个人性化的动物体来说,这种现实的分离就等于是死亡,因为,在停止其在此时此地的存在的时候,它也就不会再存在下去了(作为已经死去的狗,这条狗也是"无所不在""无时不在"的)。因此,普遍性向特殊性内部的现实渗透,也就是后者有限性的完成,或者说,是后者实在的死亡。而如果说人性化的存在能够一边保持其特殊性一边又具有普遍性的话,也就是说,如果说人能够作为个体性而存在的话,那么这仅仅是因为死亡的普遍性可以在他活着的时候出现在他的身上:从理念的角度来说,是出现在他对普遍性所抱有的意识里面;从现实的角度来说,则是出现在他自愿的生命冒险里面(上述那种意识预设了这种冒险)。

黑格尔在好几个场合都坚持这样一点:死亡乃是经验性存在当中的那种普遍性的最后展示,同时也可以说是那种普遍性的"实现"。除了其他的地方以外,他在1803—1804年的《讲演录》、1805—1806年的《讲演录》和《现象学》里面,他都谈到过这一点:

死亡是类[划分成特殊性和普遍性]的这样一个加倍现象{dédoublement}的一个方面,也是[特殊性和普遍性]这样一些构成要素的彻底解放;[死亡是]给定存在(Seins)的直接统一,但是在它的概念里面[它却是]那个作为普遍性而存在的、普遍性的自我(Selbst)[卷19,页254,第4—8行]。——在死亡当中,——绝对的力量,便是特殊性的主人;也就是说,共通性的[=普遍性的]意志已经变成了纯粹的给定存在[为国家而死的那个公民的尸体便是这个给定的存在][卷20,页225,说明3]。——特殊性作为特殊性所继承的那种普遍性便是纯粹的给定存在,便是死亡……死亡是完成或者完美(Vollendung),也是个体作为个体[也就是说,作为特殊性]为共同体[=国家,=普遍性]所承担的最高级的事业。[《现象学》页231第31—32行,页232第6—8行]①

因此,"死亡的资质"(Fähigkeit des Todes)不仅对于人的自由和历史性来说是必要和充分条件,而且对于缺了它,人就不具备真正个体性的普遍性来说,也是必要和充分条件。

黑格尔说,"人的真实存在便是他的行为"。而行为又是在"现象"的层面上将自己展示为死亡的否定性的实现。这种死亡作为一种有意识的和自愿的死亡,或者说作为一种被自由地接受的死亡,是没有任何跟生命有关的必要性的。当一个人仅仅出于希望被"承认"(Anerkennen)的欲望,仅仅出于自己的"虚荣心"(vanity),而有意识地冒生命危险的时候,这种对死亡的接受就会产生出来。对于承认的欲望乃是对于某个欲望的欲望,也就是说,不是对于某个给定的(自然性的)存在物的欲望,而是对于这样一个存在物的缺失的欲望。因此,这种{对于承认的}欲望超越了自然性的给定物,并且,就其将自己加以现实化这点来说,它创造了一个超自然的或者说人性化的存在。但

---

① 这段文字按照贺、王译本,下册288—296所提供的"页码对照表",应该出现在中译本《精神现象学》上册,第209页左右,但是在这前后,我们没有找到相似的译文可以对照。姑且按照英文本径直翻译。

是,这个欲望之所以能够将自己现实化,仅仅是因为它拥有比自然性的给定物更多的力量,也就是说,仅仅是因为它把自然性的给定物消灭了。的确,那个出于对承认的欲望而将自己消灭的存在消失了;但是,它的消失乃是一个人性化存在的消失——也就是说,这乃是一种严格意义上的死亡。并且,对于动物体的这种消灭同时也就是对人的创造。的确,人本身在其死亡当中被消灭了。但是,只要这种死亡作为一种有意识的、为了追求承认而甘冒生命危险的意志持续存在{dure},那么,人作为一种人性化的存在,或者说,{作为}一种相对于给定的存在物和自然来说的、超越性的存在,就可以在经验性的存在当中自我维系。

因此,人最先是在第一场为了纯粹名望而展开的浴血斗争当中,作为一个战士,出现在(给定的)自然世界当中的(或者说将自己造就成为一个战士)。这也就是说,如果不是在有限的或者必死的(这个"必死的"同时也就意味着是"有生命的")条件下,一个存在也就不可能将自己建构为人性化的存在。这同时也就是说,如果不是在"意识到"自身死亡的条件下——也就是说,意识到死亡,"承担"死亡,并且也能够自愿地面对死亡,一个存在也就是不可能过一种人性化的生活。对于黑格尔来说,成为一个人,也就是能够去死,并且也知道如何去死。因此,所谓"人的真实存在",说到底也就是他作为一个有意识的现象的死亡。①

产生了主性(Mastery)跟奴性(Servitude)之关系的、为了争取承认而浴血斗争的理念,最早出现在黑格尔的作品当中差不多是在 1802年(《道德体系》,卷 7,页 445—447){441—443}。但是,黑格尔对这个

---

① 后来的海德格尔也步黑格尔的后尘,主张说人性化的存在就是一种"正视死亡的生命"(Leben zum Tode)。在黑格尔之前很久,基督徒也曾经说过这样的话。但是在基督徒那里,死亡只是进入超越领域的通道,也就是说,他并不接受严格意义上的死亡。信仰基督教的人并没有将自己跟虚无面对面地放到一起。在自己的存在当中,他把自己跟一个就其本质而言是一种给定性存在的"另外一个世界"("other world")联系在一起。因此,在基督徒身上,没有任何一种黑格尔意义上的、因此也是海德格尔意义上的"超越性"(= 自由)存在。

理念进行充分发挥首先却是在 1803—1804 年的《讲演录》里面。同样的主题在 1805—1806 年间的《讲演录》当中再次出现。而到了《现象学》(1806 年)里面,斗争和对于生命的冒险具有关乎人类起源的价值这样一个观念,则以一种极端清晰的风格,得到了最终的确立和表述。

这里,首先让我们从 1803—1804 年《讲演录》当中抽取几段文字来看。

黑格尔一上来就说,我们在动物界所看到的那种简单的、纯粹"自然性的"占有物,只有经由以承认为目的而投入的殊死斗争,才会变成一种在本质上具有人性意味的财产——也就是说,变成一种得到承认的,或者说是合法的财产。在为了纯粹名望所展开的斗争里面,人们之所以会冒生命的危险,并不是为了要现实地占有那件争议当中的物品;而是为了要获得人们对于这种占有的排他性权利的承认。而如果不经由这种冒险,或者归根结底,如果不经由死亡,这种权利就不会变成"现实",而"受法律保护的人"⟨legal person⟩(le "sujet juridique" =具有特殊人性化意义的存在)也就不会被实现。

黑格尔自己是这样说的:

> 特殊之所以是一种意识[=人],仅仅是因为,从外在表现上来说,他的占有物(Besitzes)的每一种特殊性和他的给定存在的每一种特殊性,都是附着在他的整体本质(Wesen)⟨total essential-reality⟩之上的,都是被吸纳{impliquée}(aufgenommen)在他对于外界所持的无所谓⟨Indifference⟩的态度之中的,仅仅是因为,他把每一种构成要素(Moment)都作为他自己[之所是的那种东西]加以确定;因为这是意识,是世界的理想性存在。因此,在其众多特殊性当中,[哪怕是]其中一种的丧失{lésion}都具有无限的意义;这种丧失是一种绝对的暴行,是对被作为一个整体[来对待]的他的暴行,也是对他荣誉的暴行;而以任何一种特殊事物为基础的抗争也都是为了总体而进行的抗争。这个[被争夺过来的]事物,[或者说]这个特定的决定,根本没有被作为价值、作为事物来看待;相反,它被彻底地取消了,也被彻底地理想化了;现在唯

一的事实是：它{这个事物}是跟我有关联的；我是一个意识；这个事物已经[通过变成得到别人承认的、我的财产,]丧失了那种跟我对峙的对立性。这两个彼此承认、并且也想让他们之间作为这样一种包含了很多特殊性的整体性而相互承认的[对手]，{这两个人}也彼此作为这样一种整体性而对抗。并且,他们彼此给予对方如下的意义(Bed[eutung])：[a)]每一方在另外一方的意识里面都表现为这样一个人：这个人将自己从他特殊性的每一种延伸里面[也就是说,从他所占有的一切事物里面]都排除了出去；[b)]在这种状况里面,也就是说,在他的排除[或者说排他性]里面,他现实地作为[一个]整体而存在。每一方都没有办法通过言辞、保证、威胁或者{各种各样的}许诺向对方说明这种状况。因为语言仅仅是意识的理想化存在,但是在这里,那些具有客观现实性的实体彼此都是对立的,也就是说,他们都是绝对对立的实体,是绝对地自为存在的实体,并且,他们之间的关系是一种绝对意义上的、就其本身而言具有客观现实性的实践关系。他们达成相互承认[Anerkennens]的中间项[Mitte]〈middle-term〉就其本身而言必须具有客观的现实性。因此,他们必须(müssen)要由其中一个来伤害另外一个{se léser l'un l'autre}；每一方在其存在的特殊性当中都会将自身确定为排他性的整体性这样一个事实,必须要具有客观现实性；因此暴行是必要的[卷19,页226,第6行—页227,第20行]。——这种对抗必须要发生并且也应该发生(muss und soll)，因为,特殊性本身就是理性(Vern[unft])、就是[一种]对于外界的无所谓的态度这样一个事实,如果不是在他的财产的每一种特殊性和他的给定存在都是在那种对于外界的无所谓的态度[?]当中得以确定的条件下,如果不是在他作为[一个]整体与之{即,每一种特殊性}发生关系的条件下,是不可能被人知晓的。而这点之所以可以被人知晓,仅仅是因为,他将自己的所有存在全部都投入(daraufsetzt)到了对自己的[作为所有者]的保存当中,仅仅是因为他绝对地不再对自己做进一步的剖分{se partage}。并且,这个论证过程只有用死亡才可以完成[卷

19,页 226,说明 3,第 1—17 行]。

但是,一个人在为了纯粹名望的殊死斗争当中冒生命的危险,绝不仅仅是为了获得人们对他的财产、对他作为所有者的地位(= 受法律保护的主体或者受法律保护的人)的承认。在这样做的过程中,他必须还要在一般性的意义上,获得人们对他的现实性和他的人性化价值的承认。而对于黑格尔来说,人之所以在人性的意义上是现实的,在现实的意义上是具有人性的,仅仅是因为他是被承认为人的。因此,人之所以必须要死,之所以必须要知道如何去死,乃是为了作为人而存在,乃是为了将自身展示为人或者表现为人。

黑格尔的解释如下:

> 每个人之所以可以被另外一个人承认,仅仅是因为他身上各个方面的表现(mannigfaltige Erscheinung)对于外界都持无所谓的态度,[仅仅是因为他]在自身占有物的每一种特殊性当中都将证明自己是无限性的,同时对于每一种侵犯(Verletzung),他会[通过]最终消灭[来犯之敌]的办法进行报复。并且,这种侵犯必须要发生,因为意识[= 人]必须要将那种……承认作为{自己的}目标(auf...gehen);为了了解(erkennen)自己,[也为了了解自己]是不是具备理性[= 人性化的],特定的个人之间必须要彼此侵犯。因为意识从本质上来讲是这样的,即:〈一〉特殊性的整体性已经跟自身发生了对立,并且在变成另外一个的行为(Anderswerden)当中同样也是如此;〈二〉特殊性的整体性是处于另外一种意识之中的,并且也是对另外一种整体性的意识;〈三〉并且,在后者那里,这种特殊性的整体性恰恰就是这样一种对于它为自己所保有的自身整体性的绝对保持;也就是说,[意识从本质上来讲就是这样的,即]它必须要被另外一个意识承认。但是,我自身的、被作为一个特殊个人的[整体性][来对待的]整体性,在另外的意识当中恰恰是一个自为地存在的整体性,[也就是说]我这种整体性是得到承认,得到尊重的,——对于这样一个事实来说,如

果没有另外一个人的、跟我的整体性相对立的活动（Handelns）出现，我是没有办法知晓的；出于同样的原因，另外一个也必须同时在我面前将自身显示为一种整体性，就像我在他面前显示为一种整体性一样。如果他们都［通过彼此回避］采取消极的行为，如果他们彼此［和平地］分离，——那么，他们当中就没有哪一个会在对方面前作为［一个］整体而存在，其中一个的给定存在也不会作为一个整体［出现在］另外一个的意识当中，无论是｛作为｝呈现（Darstellen）还是｛作为｝承认，都不会出现。语言、解释还有｛各式各样的｝许诺，所有这些都不是承认；因为语言只是［两者之间］一个理想的中间项，也就是说，它只能显示为自己所显示出来的那个样子，它不是一种永久性的（bleibendes）或者现实性的承认［卷19，页226，说明3，第15行至末尾］。——每个特定的个人，为了保存自己任何一种的特殊性，为了保存这种特殊性所有可见的｛apparaissante｝整体性及其生命［本身］，他必须要对抗另外一个人，必须要通过干犯另外一个人的方式，在另外一个人的意识里面将自身确定为整体性；并且出于同样的原因，每种特殊性都必须要将另外一个人的死亡作为［自己的］目标。我之所以能够知道自己在另外一个人的意识当中就是那种特殊的整体性［也就是说，就是人性化的个体，或者说具有人格］，仅仅是因为我可以在他的意识当中将自己确立为一种存在，仅仅是因为我可以在我［对他的］排除当中，将自己确立为一个排他性的、将他的死亡作为｛我的｝目标的整体。在将他的死作为目标的过程中，我将自己暴露于死亡之前，我也拿自己的生命来冒险。为了确认或者说强加（behaupten）自身给定存在的特殊性和自身占有物的特殊性，我故意倒行逆施；而通过我将所有的占有物统统牺牲和将所有占有跟享乐的可能性统统牺牲这样一个事实，｛或者换句话说，｝通过我将自己的生命本身都牺牲掉这样一个事实，这种确认也将自身改造成了它〈＝我的给定存在，我的占有物等等〉的对立面。在将自身确定为特殊性的整体性的过程中，我作为特殊性的整体性辩证地扬弃了自身；我希望在自身存在的延伸当中、在我的给定存在和我的占有物当中得到承认；但是，如果从我辩证地扬弃了那个存在这样一种{意义上}来说，我又对它进行了改造，并且，我之所以会真正地被承认为是具备理性的[＝人性化的]，之所以会被承认为整体，仅仅是因为这样一个事实，即，通过将另外一个人的死作为自己的目标，我自己拿自己的生命来冒险，并且也辩证地扬弃了我存在本身的延伸，[也就是说]扬弃了我的特殊性的整体性。

因此，这样一种对于整体性之特殊性的承认，同时也就产生了**死亡的虚无性**。每个人都必须要了解另外一个人，看他是不是一个绝对的意识[＝人]。每个人都必须要在这样一种与另外一个人形成对立的关系当中告诉自己说，这种对立将会大白于天下；他必须要侵犯他，并且每个人之所以可以知道另外一个人是[一个]整体[＝个体或者人性化的个人]，仅仅是因为他可以强迫这另外一个人去死(bis auf den Tod treit)；同样的道理，每个人之所以可以自己证明自己[是一个]整体，仅仅也是因为他可以跟自己一起去死。如果他在自己身上停止了{s'arrête}死亡的一面{en-deçà}(innerhalb)，如果他让另外一个人看到自己搞丢了一部分{甚至是}全部的占有物，如果他让另外一个人看到他{只}愿意冒受伤的危险[而]不愿意拿生命本身来冒险，——那么，对于另外一个人来说，他马上就成了一个非整体⟨non-totality⟩；他就不是绝对自为的存在了；而是变成了另外一个人的奴隶。如果他在自己身上停止了死亡的一面，如果在死到临头的时候他放弃了战斗，那么，他就没有证明自己是整体，也没有承认另外一个人是整体……

因此，这些特定个人的承认就其本身而言乃是[一种]绝对的矛盾，也就是说，承认只是作为整体[被看待]的意识在另外一个意识当中的给定存在；但是，就[第一个]意识具有客观现实性这点来说，那么，它也[通过杀死另外一个意识]辩证地否定了另外一个意识；而由此承认也就辩证地否定了自身。就它是其所是[＝它存在]这点来说(indem)，它非但没有自我实现，反倒不再是其所是[=不再存在]。然而,意识只有作为一个被某个他者所承认的行为,才会同时也是其所是[=存在],只有作为绝对的、一个一个的统一体(Eins),才会同时也成为意识,并且,[它]必须要被作为意识而承认;但是这也意味着,它必须要把另外一个的死亡和自身的死亡作为自己的目标,如果不是在死亡的客观现实性当中,它就不会是其所是[=不会存在][卷19,页228,第17行—页229,第31行,页230,第7—27行]。

因此,人性化的现实性说到底也就是"死亡的客观现实性",也就是说,人不仅是必死的,他还是死亡的化身,还是他自己的死亡。与"自然性的"、纯粹生物性的死亡相反,那种跟人的存在是一回事的死亡,是一种"暴力性的"死亡,同时也是一种意识到自身的、自愿的死亡。因此,我们可以说,人性化的死亡,或者说人之死,从而还有他所有真正人性化的存在,都是一种自杀。

在1805—1806年的《讲演录》里面,黑格尔对这个问题说了很多(卷20,页211,第34—36行):①

    对于被作为意识[来看待]的意识[=投入到为承认所展开的斗争当中的人]来说,情形是:它将另外一个人的**死亡**作为{自己的}目的;但是[就其本质而言,或者对于我们来说,或者就实在的情形来说,]它乃是将它自己的死亡作为{自己的}目的;就它将自己暴露在**危险**之前这点来说,[这是]自杀。

而只有在为了承认所展开的斗争当中,并且只有通过斗争当中所包含的、对于生命的冒险,给定的(动物性的)存在才会将自己造就为人性化的存在。人的存在只能表现为一种延期的死亡,或者只能将自身展示为一种延期的死亡,这种死亡,用黑格尔的话说,就是一种被否

---

① 黑格尔在那里分析为了承认的斗争的篇幅有两页(卷20,页211—213),并且在那里他也没有说出任何真正的新东西来。

定性的行为所"中介"过的｛自杀｝,而这种否定性的行为又会产生一种能够把外界和自身推导出来的意识。人是一种实施自杀的存在,或者至少是一种能够实施自杀(Fähigkeit des Todes)的存在。人的人性化存在就是一个有意识的、自愿的、正在到来｛en voie de devenir｝的死亡。

在《现象学》里面,[1]黑格尔再次提出了为了承认的斗争这个主题,并将之加以提炼。他特别强调这种斗争的、关乎人类起源的特征,也就是说,只有经由这种斗争,人才可以从动物开始,将自身造就出来。并且黑格尔也很明确地指出,在这场斗争中,真正重要的不是杀戮的意志,而是那种在毫无必要性的情况下、在作为一个动物没有受到强迫的情况下,将自身暴露在死亡危险之前的意志。正是通过在为了纯粹名望所展开的斗争当中被自愿承担的死亡危险,人们才获得了承认的事实。这个"事实"也就是那种被揭示出来的现实,因此也就是现实本身。而人从人性的角度来看之所以是现实的,仅仅是因为他是被承认的。因此,经由自愿的、直面死亡的行为被创建起来,或者说将自己造就出来的,也正是人性化的现实本身。

因此,在《现象学》里面,黑格尔维持并强化了他在1803—1804年《讲演录》当中所提出的、将人的自我造就与人的死亡的实在化一体看待的根本理念。但他放弃了当初所主张的一个悖论。的确,他仍然主张死亡对于人来说意味着对自身整体性的和最终的消灭(参见《现象学》页145)。[2] 但他却不再说人的实现如果不通过实在的死亡,或者说,如果不通过彻底的消灭,就不可能彻底完成。在那段文字里面,他公开地说,单纯对于生命的冒险就足以实现人性化的现实。那种虽然自愿地冒了生命危险但却逃过了死亡的存在,也可以像人那样活下去,也就是说,也｛可以｝在自然性的世界里面、在经验性的存在(Da-

---

[1] 参见上文对于"开场白"对第四章第一部分的注释性翻译(页18—22)。｛原版注释｝

[2] ［译按］科耶夫所说的这段文字,在贺、王《精神现象学》的中译本里面,应该就是指上册,页125—127的"对立的自我意识的斗争"。

sein)当中,维持其自身作为人的存在。

并且,人正是通过对于生命的冒险才认识到:人之所以在本质上是必死的,是从如下的意义上来说的,即,人不可能外在于那个作为他自我意识的物质支撑的动物体而人性化地存在。

已经投入到为了承认所展开的斗争之中的人,为了能够人性化地生活,必须要一直活下去。但是,他之所以可以人性化地生活下去,仅仅是因为他被另外一个人承认。因此,他的对手也必须要回避死亡。因此,这场战斗必须要在死到临头之前停止——但这跟黑格尔在1803—1804年《讲演录》(卷19,页229)中已经讲过的东西正好相反。

在那些《讲演录》里面,黑格尔曾经考虑过上述这种可能性。在两个对手里面,当其中一个拒绝冒生命的危险,而向另外一个屈服的时候,这种可能性就会出现,而他屈服的方式则是变成另外的一个奴隶,或者说,他承认对方但却没有反过来被对方承认。但是,拒绝冒险也就等于是停留在动物性的诸多限度之内。因此,奴隶不是一种真正人性化的存在,接下来,由他所做出的"承认"也就不可能实现被承认一方的人性。因此,真正的承认就只能经由将做出承认的一方彻底消灭的死亡才会被实现;而这样一来,承认本身{就被彻底消灭了},而作为受到承认的存在——也就是说,作为真正人性化的存在——的被承认者{也}会因此被彻底地消灭。因此,这是一个悖论。

在《现象学》里面,黑格尔避免了这个悖论,而办法则是认可奴隶的人性,从而也认可由他所做出的对于主人的承认具有关乎人类起源的价值。但是,对于那种拒绝让自己动物性的生命服从于人性化的、关乎人类起源的承认欲望的存在来说,黑格尔如何论证他们的人性呢?

主人的人性化(被实现为主人,或者说被实现为一种具有特殊人性的存在)是通过来自奴隶的承认,而这种承认是他在接受被后来的奴隶所拒绝接受的那种"反自然"(against-nature)的冒险的过程中,强加在奴隶头上的。至于奴隶自己,他的人性化(被实现为奴隶,而奴隶也是一种具有特殊人性的存在模式)则是通过自己在经验死亡恐惧的过程中所获得的、对于自身本质有限性的认识,因为,在从事为了承认所展开的斗争过程中他看到了死亡,也就是说,他看到,从纯粹生物的意义上来说,死亡并不是一种必需的东西。

跟主人一样,奴隶也意识到了自己,也就是说,他在自己的经验存在里面本质上也是有人性的。不消说,在刚开始的时候,或者也可以说在初生的阶段,奴隶的人性只是潜在的,而主人的人性则因为得到了实在的承认,所以是"客观现实的"。但同样重要的是,通过战斗,人同时将自己造就为主人和奴隶,并且,这两者都具有特殊的人性。并且他们之所以会是如此,归根结底是因为他们都曾经被放置在死亡的面前。

奴隶是在服侍主人的劳动当中实现并且完善自己的人性的。但是,这种卑下的或者说是服侍性的劳动(Travail)之所以具备一种关乎人类起源的力量,仅仅是因为它来自于对死亡的恐惧,是因为它伴随着这样一种意识,即,那个正在用劳动服侍主人的人,在本质上是有限的。

与主人始终都被固定在自己作为主人的人性当中相反,奴隶则会对自己起初是非常卑下的人性进行发展和完善。他将自己提升至推理思维的{水准},并且还阐发抽象的自由观念;他还将自己造就为一个自由的、并且从根本上来说还是得到充分满足的公民,而他获得自由和满足的手段,则是以自己在服务共同体时所付出的劳动来改造给定的世界。因此,严格意义上的人,或者说自由创造历史的人,应该是他{即奴隶—公民},而不是主人。但我们必须要提醒的是,服务和劳动之所以是自由的,是有创造力的,仅仅是因为它们都是在产生于死亡意识的恐惧的范围内{或者说,在恐惧的意义上}被完成的。因此,说死亡意识会把人人性化,会建构人性的根本基础,只有以上述所有这些为前提才可以成立。

如果说为了承认接下来会有厮杀或者浴血的斗争,那么,人们这样做的目的或许是为了"自杀"或者是自愿地拿生命来冒险。但是,这种在主人身上被实在化了的冒险本身之所以会存在,目的或许也是为了在奴隶身上会出现向他揭示出他自身的局限性的死亡体验。"精神的生命",或者说,能够达到自身完美或者充分满足的、具有特殊人性意义的生命,也就是面对死亡的生命。

在世界上,人是唯一知道他必须去死的存在,并且我们还可以说,他就是死亡的意识,也就是说,真正人性化的存在就是一个现存的死亡意识,或者说是一个意识到自身的死亡。因为人的完善也就是自我意识的丰满,因为人就其存在本身来说本质上是有限的,所以,人性化的存在正是在这种对于有限性的有意识的接受当中达到了顶点。并且,正是对于死亡意义的充分(推论性的)理解,才构建了那种通过为人求得满足的手段而终结了历史的、黑格尔式的智慧。

因为在获取智慧的过程中,人理解到,只有他的有限性或者说他的死亡才能确保他绝对的自由,而确保的手段则是不仅将他从给定的世界当中解放出来,而且从永恒的、无限的给定物当中解放出来——如果人不是必死的,那么这个给定物就是上帝。对于这种绝对自由的意识满足了人的无限尊严,而这种尊严不仅构成了他存在的基础,并且还是他自我造就行为根本的也是最后的动机[mobile]。

一般来说,黑格尔的人类学是一种世俗化了的基督教神学。而黑格尔对此也是完全明了的。他在很多场合反复说,基督教所说的一切,如果不是适用在一个想象的、超越性的上帝身上,而是适用在生活在世界当中的、现实的人身上,都是绝对正确的。神学家们在未经说明的情况下发现了人类学。黑格尔所做的仅仅是意识到了那种被称为是神学的知识,而他意识到这种知识的方法则是解释说,神学的真正对象不是上帝,而是历史性的人,或者用他喜欢的说法来说,是"民族精神(Volksgeist)"。

除了其他的一些场合之外,黑格尔在1805—1806年《讲演录》的结尾(卷20,页268,第7—21行)对这个概念也有清楚的解释:

> [一般来说]宗教乃是被再现[为一个外在实体]的精神(vorgestellter),也就是说,[它是]那种没有让自己纯粹的意识与自己客观现实的意识保持一致(nicht zusamenbringt)的自我(Selbst),[并且]对于这个自我来说,前一种意识的内容作为一个他在的实体⟨other‑entity⟩(entité‑autre)在后一种意识里面[跟

自己]是对立的。[换句话说,宗教[的人]也就是这样一种人:当他认为自己在谈论上帝的时候,他并不知道自己谈论的实际上是自己]……绝对的[或者基督教意义上的]宗教的理念,也就是这样一种推测性的理念,即,自我,[或者]具有客观现实性的实体,便是思想([la] pensée),而本质性实体和给定的存在(Sein)[也是]一回事。这个理念的表达(= 表述)方式是这样的,即,上帝,[也就是说]**绝对超越(jenseitige)的本质性实体,[已经]变成了人,变成了在这里的这个具有客观现实性的存在**;但是[也可以用这样一种方式来表达,即]这个客观的实体被辩证地扬弃了,它已经变成了一个过去[的现实],并且,上帝,[一方面是一个][给定的、特殊的]客观现实,[另一方面,又是一个][已经被]辩证扬弃了的客观现实或者说是普遍性,这两者作为人的[一种]精神,是一回事;只有作为一种直接性[也就是说,被作为独一无二的、名叫耶稣的人被呈现(vorgestellt)出来],它才会成为[基督教]共同体的精神。**那个上帝是精神,这个就是那种[基督教式的]宗教的内容。**

因此,就如下的表达方式来说,黑格尔跟基督教是一致的,即,"绝对"或者说存在物的总体,不是同一,给定的存在,实体或者自然,而是精神,也就是说,是被言语{la Parole}或者被从事推理的理性(Logos)所揭示出来的存在。但是对于基督教来说,这个"绝对"精神是一个超越的上帝,而对黑格尔来说,则是世界当中的人。并且,这种极端而不可通融的差异归根结底可以这样来表达,即,基督教的精神是永恒的、无限的,但黑格尔心目中的精神本质上则是有限的或者必死的。正是通过死亡理念的引入,黑格尔将神学改造成了人类学。并且,只有通过对于那个理念的字面理解,也就是说,通过对来生和复活观念的扬弃,我们才能抵达真理,或者说抵达黑格尔的人类学。

黑格尔对此也有极端清楚的认识,在一条跟上引文字有关的注释里面(卷20,页268,说明3,最后两行),他通过对福音神话的解释,对此也有清楚的说明:

在这里,死去的不是人,而是神[本身];也正是因为这个原因(eben dadurch),所以神{或者说这种神圣性}变成了人。

因此,在证明意识、自我意识、理性意志和推理包含了有限性和死亡,并且还要以有限性和死亡为前提的过程中,黑格尔也证明了这样一点,即,"绝对精神",或者被揭示出来的存在的整体,并不是一个永恒的、将世界从虚无当中创造出来的上帝,而是一个否定了自混沌初开便存在在那里、并且他自己作为历史性的人也是在其中出生、在其中死亡的自然性世界的人。

归根结底,基督教神学的上帝(还有古代的或者异教的灵感的上帝),是一个给定的存在(Sein),这个给定的存在永远与自身保持同一,并且经由一个自然性的世界认识并且揭示自己,并且对于存在着的存在物的存在来说,它只能揭示这种存在的本质和力量。相反,黑格尔心目中的人则是虚无(Nichts),这个虚无消灭了作为世界而存在的给定存在,并且也经由对给定存在的消灭,消灭了(作为现实历史时间或者历史的)自己。

自然性的或者"神圣的"经验存在(Dasein)的根本基础是给定的存在,是在永远保持与自身同一的情况下存在下去的能力。相反,人性化经验存的根本基础,或者说,人性化现实的根源,则是虚无,或者说否定的能力,首先,这种基础,只有通过将存在所具有的、给定的同一性改造成为"辩证"变化或者历史变化所具有的、创造性的矛盾,才可以被实现并且向人们展示出来;其次,在这种基础里面,存在只有经由行动(行动可以说是人本质性的现实或者说是"本质")才会存在;再次,在这种基础里面,具有推动作用的不是他(作为给定物)是什么,而是他(自混沌初开以来)不是什么。如果说自然或者"上帝"是那种(作为现实的或者"物理的"空间)是某物的存在的话,那么,人就是那种通过"辩证的扬弃"、通过创造不是某物的存在来消灭那种是某物的存在的虚无。黑格尔哲学的这样一种处于中心地位并且也具有根本性意义的理念,即,客观现实(Wirklichkeit)和人性化经验存在

(Dasein)的根本基础,便是那种作为否定性的、创造性的、自由的、意识到自我的行为展示出来,或者将自身揭示出来的虚无——这样一种理念,在1805—1806年《讲演录》一段美丽而"浪漫"的文字里面,得到了清楚的表述,并且,这段文字恰好出现在黑格尔写作《现象学》的时候:

这段话是这样说的(卷20,页180,第24行—页181,第8行):

> 人就是这样一个在自己的单一性(Einfachheit)当中包含了一切的黑夜,一个空洞的虚无,也就是说,是一笔包含了无量数形象和意象的财富,但是在这些形象和意象当中,还没有一个达到精神的程度{dont aucune ne lui vient précisément à l'esprit},[尤其重要的是]它们都还不是那种现实呈现出来(gegenwärtig)的东西。存在在这里的乃是黑夜,乃是自然的内在状态或者隐秘状态(Innere),[也就是说],乃是纯粹的自我。在变幻莫测的形象当中,到处都是黑夜;但是突然,在这里出现了一个血淋淋的头颅,在那里出现了一个苍白的鬼影(Gestalt);然后又突然消逝得无影无踪。当我们凝视一个人的眼睛的时候,我们所看到的正是这样一个黑夜:也就是说,[此时我们正在将自己的注视投入]一个变得非常可怕的(furchtbar)黑夜;而[此时]呈现(hängt entgegen)在我们面前的也正是世界的黑夜。
>
> 从那个黑夜当中抽取意象的力量(Macht),或者说让这些意象从自动的确定(Selbstsetzen)当中跌落出来的力量,[也就是]自由的创造,内在的意识和行动(Tun)。正是通过深入这个黑夜,作为一个给定的存在(das Seiende)而存在着的实体才被抽取出来{qui s'est retirée};但是,这种力量的[辩证]运动同样也是被确定的。

那种在存在当中将人之为人的那种虚无性加以保留的力量,它的辩证运动便是历史。而这种力量本身也被实现为、展示为否定性的或者创造性的行为,也就是说:这种行为就是那种否定了人本身所是的那种给定存在的行为,就是那种造就了历史性的人的战斗行为;也是那种否定了动物体生活于其中的那个自然性世界之所是的那种给定存在的行为,或者还是那种创造了文化世界的劳动行为(在这个文化世界之外,人只是纯粹的虚无;在这个世界之内,他仅仅在某个特定的时间之内才不同于虚无)。①

---

① ［科注］由于受一元化存在论传统的误导,黑格尔有时也会将自己关于人性化存在或者历史性存在的分析延伸到自然界。在这种情况下,他会说,所有存在着的事物,归根结底都是对虚无的一种消灭(不消说,这种主张是毫无意义的,并且它最终的收场一定是一种站不住脚的自然哲学)。比如,在1805—1806年的《讲演录》里面,在发展自己的自然哲学(谢林式的灵感) 的过程 中,他曾经说:"这些阴影就是虚无;因为同样的原因,所以空间和时间就不是;——跟一般的情况一样,所有的一切都是虚无"(卷20,页80,第5—6行)。海德格尔在关于死亡的问题上重新拾起了这些黑格尔式的主题;但是,他又忽略了那些补充性的、跟斗争和劳动有关的主题;因此,他的哲学在对历史做出说明的方面,是不成功的。——马克思保留了斗争和劳动的主题,因此,从本质上来说,他的哲学是"历史主义的";但是他忽视了死亡的主题(尽管与此同时他也承认人是必死的);正是因为这个原因,所以他就看不到(某些"马克思主义者"就更加看不到了)革命不仅实际上是流血的,并且,从本质上来说,从必然性的角度来说,它也是流血的(这就是黑格尔式的恐怖主题)。

科耶夫—费舍德文献 ①

科耶夫(Alexandre Kojève)、费舍德(Gaston Fessard)　著

[英译按]科耶夫致费舍德三封信和科耶夫的《评费舍德的两本著作》("Review of Two Books by Gaston Fessard"),最初出版的时候是鲁巴克(Henri de Lubac)、高吉尔(Marie Gaugier)和希尔斯(Michel Sales)三人所编的《马尔塞—费舍德通信集(1934—1971)》(*Gabriel Marcel - Gaston Fessard：Correspondance*[1934—1971])一书的附录(Paris：Beauchesne,1985),页506—516。《基督教和共产主义》最初是以 *Christianisme et communisme* 为题收在 *Critique* 杂志 nos. 3—4(1946),页308—312。费舍德的《黑格尔现象学的两位诠释者:伊波利特和科耶夫》("Deux interprètes de la phénoménologie de Hegel：Jean Hyppolite et Alexandre Kojève"),最初收入 *Études* 杂志(décembre, 1947)页368—373,后来又收入费舍德的《黑格尔,基督教与历史》(*Hegel, le Christianisme et l'Histoire*)(Paris：Presses Universitaires de France, 1990)页275—279。本人感谢科耶夫的继承人伊万诺夫(Nina Ivanoff)允许我发表科耶夫的这些材料,也感谢 *Études* 杂志(14, rue d'Assas, 75006, Paris)和 Universitaires de France 出版社的编辑们允许我发表费舍德的著作。还要感谢罗斯(Michael S. Roth)和希尔斯神父的协助。比诺特

---

① [译按]本文译自 *Interpretation*,1991—1992年冬季号,卷19,第2期,英译者是吉利斯(Hugh Gillis)。

本文原来有两种注释,一种是英译按,一种是科耶夫和费舍德的注释。为了与中译按相区别,我们将前者附加[英译按]的标记,将后者按照注释者的不同分别附加[科注]和[费注]的标记,以便于跟中译者附加的[译按]相区别。另外,英文本的注释原本都是文末注,我们一律改成了页末注。

(Paul Benoit)也提供了很多有用的建议。

一、科耶夫致费舍德的三封信

1. 1936 年 6 月 21 日科耶夫致费舍德信节选

……当然,我对古代的异教(paganism)不是很熟悉。但是,所有我了解的情况都使我相信,我不可能将自己归入那些异教徒所描述的那种人里面。我并不相信奥林匹斯山(Olympus)上的诸神,不过这——或许——没有太大的关系。但是,我的无神论没有办法归结为对于他们的存在的否定,这点——我相信——却的确干系重大。并且,我因此——尤其是在我们的讨论所展开的这个层面上——也不相信在主人和奴隶之间,在公民和非公民之间,在"希腊人"和"野蛮人"("barbarian")之间,存在着本质性的区别。一般来说,我并不相信说,人,还有我自己——就像任何一种"其他的东西"那样——是被我"天生的"本性,或者说,是被我在自然宇宙当中的位置,是被我在城邦当中的地位,一劳永逸地决定的。而我之所以这样的原因也非常简单,那就是,我不相信我是生活在一个宇宙里面,[并且]我也不相信再也没有一个人们会现实地生活于其中的城邦了。而所有这一切接下来又让我相信,我不是一个异教徒;这不仅是因为我不想成为一个异教徒,同样也是因为——甚至也可以说首先是因为——对于一个二十世纪的和——我对这点是坚信不疑的——将来任何一个世纪的欧洲人来说,这点在人性上也是不可能的。

不管怎么说,每当在您的书(指费舍德的《我们的和平:国际意识考察》,*Pax Nostra*: *Examen de conscience internationale* [Paris: Grasset, 1936]——英译按)里面犹太—基督教(Judeo - Christianity)与异教出现对立的时候,我总是毫不迟疑地站在前者一边。甚至是在它们神学的形式,或者准确地说是虚构的形式里面,犹太—基督教的"致命之罪"(mortal sin)的理念、①"悔改"(conversion)的理念和绝对完全(absolute perfection)的理念("所以你们要完全,像你们的天父完全一样"),②在我看来,比起一种关于人的"柏拉图式的理念"的观念,比起亚里士多德的认为人在(自然性的)宇宙里面并不是最完美的这样一种主张,似乎更加接近一种真正的人类学。概括来说,当我说我不是一个异教徒的时候,我希望您能够同意我的立场。并且,在另外一点上,在我的"非犹太教"(non-Judaism)这一点上,我同样也希望能得到您的同意。

我所说的"犹太教"——如果我没有弄错的话——跟您本人的意思是一致的,也就是说,跟比如说,圣保罗致信给罗马人的时候心目中所想的是一致的。③ 这种反异教的犹太教,在基督教纪元之前就已经存在了,后来在某些犹太人的意识里面仍然继续存在,如同在这两种情况下所表现出来的那样,这种犹太教在基督教里面是外在于自身的Aufhebung 的④。这首先是一种以"拣选"以色列民族的理念为基础的Weltanschauung[世界观],而正是这种理念让一个名叫哈勒维(Halévy)的人说,⑤并没有一种一般性的标准可以用来区分犹太人和异邦人(Goy)(异邦人是某种与异教的"野蛮人"根本不同的东西)。

可是,对我来说,那样的犹太教跟希腊—罗马的异教一样(尽管在我这里它跟后者一样都是 aufgehoben[被扬弃]的),都是没有办法接受的。不管怎么说,在跟基督教分道扬镳的时候,我所退守的不是那种犹太教:也就是说,我否定基督并不是因为我否定耶和华的道成肉身,而是因为我否定耶和华本身。在其他的一些问题上,比如饮食的

---

① [译按]"致命之罪",典出《约翰一书》第5章第16—17节。
② [译按]"所以你们要完全,像你们的天父完全一样",典出《马太福音》第5章第48节。
③ [译按]当指《罗马书》。
④ [英译按]在黑格尔那里,Aufhebung 和 Aufgehauben 这两个德文单词包含了一种三重的运动,而通过这种运动,一个客体被否定,被保存,也被提升。[译按]Aufhebung 和 Aufgehauben 是黑格尔哲学术语,中译为"扬弃"。
⑤ [译按]哈勒维,著名犹太教思想家。

禁忌,割礼,等等——所有这些对我来说都不过是野蛮的风习。亚伯拉罕、以撒和雅各这些名字对我来说只是毫无意义的符号。而至于像"拣选"某个民族这样的根本理念,还有像某个种族的唯我独尊的人性这样的根本理念,我是永远都没有办法接受的……

梵维斯(Vanves),1939 年 6 月 19 日

2

尊敬的神父:

多蒙您再次眷顾,把您最近的新书邮寄给我(指费舍德的 *Épreuve de force* [Paris: Bloud et Gay, 1939]——英译按)。这本书我刚刚读完。我不想说我是满怀愉悦地把它读完的,因为这本书所引起的那些感觉是完全不同的另外一种。但是我可以说,读这本书是让人感到安慰的。的确,这一类的书只要是在法国来写作、出版和阅读,所有的人就不会感到疑惑。

不消说,在这本书的政治方面,我毫无保留地表示赞成:——这点您是知道的。而在这本书的形而上学的"上层建筑"方面,您也知道我们的意见是不一致的。但是,在我看来,您的书似乎正好实现了您在理论上所拒绝的那种"伸手"(extended hand)的理念。① 对我来说,我认为两条背道而驰的线在某个特定的点是可以相交的,而我相信,对于我们来说,"慕尼黑"恰恰就是这样一个点。②

如果您七月份在巴黎,我会非常高兴能够与您会面(因为这个月我太忙了)。

再次表示感谢,尊敬的神父,谨此献上我满怀敬意的、深深的忠诚。

科耶夫
梵维斯,1956 年 6 月 26 日

---

① [译按]参见下文《评费舍德的两本著作》。
② [译按]或许是指两个人对慕尼黑阴谋的政见一致。

3

尊敬的神父：

非常感谢您的好意，把您最近的新书邮寄给我（指费舍德的《圣伊尼亚斯的精神修习的辩证法卷一：自由、时间与神恩》，*La dialectique des exercices spirituels de saint Ignance de Loyola*, Volume Ⅰ：*Liberté, Temps, Grace*［Paris：Aubier, 1956］——英译按）。我昨天已经开始读这本书了，它深深地吸引了我。

我看了一下附录的图表，我得承认我深受打击——这太糟糕了！

说实在的，您的书对我来说来得正是时候。实际上，我现在正沉浸在（感谢一场病症！……您看，我也是这样）三位一体的神学（trinitarian theology）里面。我从很久以来就认为，这种神学是从柏拉图以来存在论所取得的唯一进展。但是直到最近以来，我一直都低估圣灵神学（the theology of the Holy Spirit）的重要性。很显然，它一直都被（非异端的！）神学家们当做是一种可怜的关系。说实话，在这个问题上，他们到底还是说出了一些非常重要的东西，尽管大部分的内容仍然还是隐约其辞。而我感觉您的书可以解释很多这一些隐约的东西。因为，尽管如此，这个"循环的系统"（circular system）——从本质上来说——就是圣灵（它是从圣父和圣子开始向前推进的，而这跟东方的教父显然是相反的，东方的教父们在这一点上从来都没有超越柏拉图—普罗提诺［Protinus］来考虑问题）。

谨致忠诚和敬意，您的，

科耶夫

二、科耶夫:评费舍德的两本著作 ①

费舍德:《我们的和平:国际意识考察》(*Pax Nostra. Examen de conscience internationale*,Paris, Grasset,1936)

费舍德:《伸出的手:天主教徒与共产主义者对话是否可能?》(*La main tendue? Le dialogue catholique – communiste est – il possible?* Paris, Grasset, 1937)

对于费舍德神父最近的这两本新书,如果不超越一篇书评的限制,那我们的检讨就只能是走马观花。除此之外,作者尝试着从天主教的角度利用黑格尔和马克思所达到的哲学成就,同时也尝试从"黑格尔主义者"和"马克思主义者"——他们实际上也就是或多或少已经意识到自我的"现代人"——的角度增进对于天主教信仰和天主教会的了解,这种尝试是非常真诚同时也极其深入的,——因此,它需要由所有那些只能在这种尝试当中看到一种对于实际状况的误解和掩饰的人来做一种深入的批评。

不消说,我的任务不是从教义学的角度来讨论费舍德神父的理念:这些理念都是"正统的",因为它们已经都出版了。我只能从"黑格尔主义者"和"马克思主义者"的角度来讨论它们,或者从本文的题旨来说,从无神论者的角度来讨论它们。因为,费舍德神父已经看到并且也已经精辟地指出:这两本书里面所提出的那些问题,关于它们的哲学讨论,重心一直都是放在有神论—无神论的问题上。

我要反对 Pax Nostra 的是这样一个事实,即,在这本书里面,上述

---

① [英译按]这篇书评原本要刊发在《哲学研究》(*Recherches philosophiques*)上,后因期刊倒闭,书评被科耶夫转交给了费舍德。科耶夫允许费舍德在时机合适的时候,只要知会一下自己就可以发表这篇文章。随着第二次世界大战的来临,文章刊行变得不可能,于是这篇书评一直到 1985 年都没有被发表。

中心问题非但没有得到严肃的讨论,反倒好像已经得到解决了。在化用黑格尔的历史图式的时候,费舍德神父将(天主教意义上的)基督教呈现为异教正题和犹太教反题的合题。并且由此出发推论说,任何一种要"超越"基督教的企图,在事实上一定会是一种倒退,要么是倒退到"异教"立场,服从于自然和一般意义上的、经验性的给定物,要么是倒退到"犹太教"立场,只知道进行无休无止的和毫无结果的否定。但是,黑格尔的所有努力其实是要证明(在这一点上黑格尔的这种努力被马克思全盘接受了),异教的正题和犹太—基督教的(或者说是"资产阶级的")反题,在它们都片面的和"虚假的"的范围内,能够并且也必须被 aufgehoben[扬弃],也就是说,能够并且也必须被废除[suprimées],但在它们是真实的和本质性的范围内,能够并且也必须经由后基督徒(post-Christian)来加以保存,或者这样说也是一样:经由后革命性的、并且从本质上来说也是无神论的和反宗教的合题来加以保存。费舍德神父所引以为据的是这样一个事实,即,马克思和黑格尔所主张的那个合题的"理念"或者说"理想",发端于——并且也包含着——经由基督教所揭示出来的那种"理念—理想",他并且还得出结论说,这个合题只能是基督教式的、并且从本质上来说乃是有神论的和宗教性的合题的一个发展。但是,在我看来,这种显然并不"辩证"的推理似乎是没有说服力的。因为,一种包含了或者说预设了另外一种理念的理念,是没有办法"超越"这另外一个理念的,从这样一个原则出发,人们就只能"归结到""异教"或者"基督教",或者是两者的简单的"总和",也就是说,"归结到"基督教本身,而毫无疑问的是,这里的基督教同样也会导致对于人的创造性的行为的否定,而这种创造性的行为,恰恰正是"辩证法"想要加以解释的。

不消说,如果基督教意义上的那个上帝是存在的,那么,费舍德神父就是正确的,而企图要超越基督教的努力也就变得没有意义。并且,信仰上帝的人所能够做的,只能是问一下自己"辩证法"对他来说是否仍然还有意义。但是,黑格尔和马克思在发展他们的辩证法并且提出由这个辩证法所引出的历史图式的时候,他们的起点恰恰是这样一点:即,对于他们和"现代的"人来说,承认上帝的存在是根本不可能的。而他们所有努力的目标也就是要在那个"新"人身上,用那个"新"人来取代那个在他们当中已经被杀死并且也是被他们所杀死的上帝的位置。

为了说服"现代的"人相信 Pax Nostra 当中的历史图式,"现代"人已经不再相信的那个上帝的存在就必须要加以证明,并且要通过另外的论证来证明,而不是通过那些人们已经不再觉得满意的老套论证来证明。费舍德神父在 La main tendue 里面想要做的,也正是这样一个工作。

我们在这里可以看到两个论证,但第一个却一点都不新鲜。这个论证——在我看来,这是唯一一个在哲学上能够加以讨论的论证——在柏拉图那里已经可以找到(比如,可以参见《高尔吉亚》[*Gorgias*] 23:467 以下),而费舍德神父是这样说的:

> 任何一个讨论进步(progress)的人都是在讨论更好(being)的问题。但是,较好(better)与次好(less good)的比较却需要考虑进步的**目的**或者说需要考虑**完美**的问题。如果没有目的,没有完美,那就没有办法辨别较好与次好,从而也就没有进步的可能(页122)。

说这样一种看待问题的方式在实际上会导致有神论,这是柏拉图和哲学史的主张。但是,同样的这一部哲学史也教导我们说,问题也可以用另外的方式来看待。比如,别人且不说,按照黑格尔的看法,进步的动力并不是柏拉图—亚里士多德意义上的、对于某种现实的、给定的善的追求(而这种追求归根到底又是指对于善本身或者说上帝的追求),而是对于这种给定的现实的否定。而决定这种否定的,只是这种"不完美的"给定物以及那种不把这种给定物作为给定物来接受的意志。至于说到"较好",它之所以是较好的,仅仅是因为它是对于"次好"的否定,——也就是说,它包含并且预设了次好,但却与次好不一致;而"次好"之所以是次好的,仅仅是因为它是可以被否定的——并且它在现实当中也确实被否定了,因为它让路给了由这同一个否定所产生的"较好"。按照这样一种"黑格尔式的"概念,人们——让我们举一个"苏格拉底式的"或者准确地说是平常一点的例子——为了建造第一个炉灶,为了发现那个炉灶比木头点火更好一些,没有必要先要有一个集中加热的"理念"。同样地,为了发现牙疼是比感冒"次好"一点的东西,人们也没有必要先要享受"完美的健康",没有必要先要知道什么是健康。并且——为了回应《高尔吉亚》当中的柏拉图—苏格拉底——人们在站起来的时候,未必总是为了做"好"事或者说"较好的"事;通常,他之所以会站起来,仅仅是因为他不能或者说不想一直坐着,或者也是因为那种坐姿从身体上来说已经变得不堪忍受了,或者"仅仅"是因为那种坐姿已经让人感到很厌烦了。

在我看来,黑格尔的"无神论的"解释,至少跟柏拉图的"有神论的"解释具有同样的启发性。并且,如果人们想要再造一种"柏拉图式的"解释但又不想或者说不能给这种解释添加任何东西的话,那么,人们或许也同样值得再造一种相反的解释——特别是在人们对柏拉图的解释已经非常熟悉的情况下。因为,当人们进行推理的时候,难道他不想在最后达成一种有意识的、自由的、以对论题的充分理解为基础的共识么?

但是,费舍德神父并不愿意再造"柏拉图式的"推理。在他的第二个论证里面,他修正了这个推理,使之现代化,甚至是非常地"现代化",因为费舍德神父的这个推理从本质上来说是存在主义的。这第二个推理是这样的:"为了可以同时做到既真实又现实,历史过程必须要有一个意义,从而也要有一个目的"(页161)。换句话说,如果人类历史和我在这个历史之中的位置能够有某种意义的话,那么,上帝最终必须得是存在的;并且,如果那个历史和我在这个历史之中的位置对我来说有意义的话,那么,我必须要信仰上帝。

我相信,费舍德神父的学说可以有很多不证自明的前提:也就是说,如果历史(就其整体而言)必须要有一个意义的话,那么,人们必须要求助的对象就不仅包括柏拉图的上帝—善(God - Good),还包括基督徒的上帝—中保(God - Mediator)和神人(God - Man)。只是,是谁说过,并且是谁曾经证明过,历史必须要有一个意义?——或者,更加准确一点说,它在实际上有一个意义?当然,跟每个人一样,我也希望历史可以有一个意义。但是,费舍德神父想要讨论的,难道是这样一种"愿望"么?并且,这难道是一个能够用理性的方式或者说哲学的方式加以讨论的问题么?

在我看来,费舍德神父应该是考虑过我的理由(reason)的。而我的这个理由首先可能会间接地迫使我反对我自己的"对于意义的愿望"。它能够让我看到:那个已经具有一种意义(这个意义不同于——并且也独立于——我在此时此地所附加在它上面的任何一种意义)的历史,其实并不是我的历史,而更其是一种意义本身的历史。接下来我就会看到,具有历史的,并不是我,而是那个"意义",是那个意义的历史——这个历史或许是由我来"实现"的,但却不是由我来造就的。并且,因为我已经看到了这一点,所以我就能够看到,如果说在接受这样一个后果的过程当中,我或许就离"异端"不远了,那么,我当然就没有办法满足我自己的自尊心,也就是说,我根本就没有办法满足这样一种"愿望":这种愿望的满足应该可以在"新人"的身上补偿各种利益的丧失,而这些利益,原本是由"基督教的合题"的意义和"真实而现实"的历史的意义提供给他的。因此,理性就能够揭示出,在我身上,有一种——被理性启蒙了的——"愿望",这种愿望跟"对于意义的愿望"是相对立的,因为它并不接受理性为了后者的满足作为必要条件而揭示出来的东西。并且,如果费舍德神父通过推理而求助于这两种"愿望"当中的一个,那么,他凭什么能够防止黑格尔和马克思通过求助于另外一个来进行推理呢?

但是——并且这点也更加重要——我这里并不是要证明是不是应该在这两种愿望当中选择一个,也不是要在自尊的、超出理性范围的斗志和谦卑的、审慎的平静当中赞成一个,反对另外一个;也不是要主张说,为了让这两个愿望的其中一个支持者幸福起来,人们应该做些什么。理性为了要掌握人,既没有必要提升人的幸福,也没有必要事先假设说人不会幸福;无论是不幸的还是得上帝保佑的,理性对于人来说都是可以理解的。并且,这也正是为什么在某些情况下,哲学可以帮助人们努力按照自己的方式使自己幸福起来的原因,办法就是相信他们可以不需要所有的哲学或者宗教:在这点上,哲学的地位要比宗教有利得多。讨论如下的问题是没有多少价值的,也就是说:历史存在在人身上——并且也是对于人来说——已经不再有什么"意义",这一点能不能让人幸福起来？一般来说,理性——至少是"哲学意义上的"理性——的工作不是为了满足人的愿望。它在那里的目的只是为了向人们表明他是什么,他在哪里。那么,费舍德神父真的已经通过自己的理性向人们表明说:对他而言,历史当真是有某种意义的么？

我不这样认为。费舍德神父所指出的仅仅是这样一个心理学意义上的事实:即,当他想认为自己是幸福的,是得到上帝保佑的时候——即便这时他的名字叫做黑格尔或者马克思,他也可以认为自己已经参与进了某种具有确定性的和"绝对性的""意义"的"历史"之中。并且,他似乎也想说,如果人们想信仰历史当中的这样一种意义,那他就必须要信仰某个神人。换句话说,他在最大程度上表明了,历史的(决定性的和"绝对性的")目的的理念——从而还有我在这个历史当中的行为——,即便是对于某个黑格尔或者某个马克思来说,也必然包含着某种或多或少的、犹太—基督教的神话。并且我相信,这点对他而言是题中应有之义。但不幸的是,一个知道自己是神话的神话已经不再是一个"神话",而是一种或多或少、或传统或新颖的"寓言"(fable)。并且,黑格尔和马克思已经看到的这样一种"现代"人的不幸,因为已经或多或少地都成为现代人本身,所以恰恰是来源于那种要承认神话为神话的倾向,从而也是来源于那种将神话作为被信仰的神话制造出来并且加以保存的能力。通过一种"存在主义"的解释向那个人(that man)表明说,基督教乃是某种内在于人之本性的欲望的要求,而这种欲望也只有基督教才能加以满足,这本身就是要在人身上确定或者说是唤醒这样一种疑惑,即,基督教,即便经过了"黑格尔主义式的"或者说"马克思主义式的"转换的基督教,也只不过是一个神话,一种"意识形态",而这种神话或者意识形态,从根本上来说是有性别差异的,或者说是社会性的,等等。一般来说,用某种制造出来——或者制造者自己也不知道——只是为了自己破坏自己的工具来修复某物是很轻率的。另外,费舍德神父所使用的分析模型很容易有这样一种效果,也就是说,它非但没有使得"现代的"人更具"基督性",反倒让他们成了正统的"黑格尔主义者"和"马克思主义者"。

至于说到他对于共产主义的无神论者向虔诚的天主教伸出的手的解释,我完全同意那种看来是费舍德神父思想主旨的东西。在无神论者和有神论者之间,手是没有办法对等地从其中一个伸向另外一个的。如果其中一个把手伸给另外一个——并且在这样做的时候,如费舍德神父所期望的那样,也没有什么隐蔽的动机——那么,他伸手的方式就跟老师把手伸给学生的方式是一致的,他的目的只是为了帮助另外一个更好地理解他生活于其中那个世界,也是为了更清楚地了解自己。除此之外,借用柏拉图(在这个问题上,我认为柏拉图可以作为一个权威)的话说,一种严格意义上的同时也是强调意义上的对话只有在那样的条件之下才有可能发生。

接下来的问题就是要弄清楚,在这里,它们两个里面哪一个必然会扮演老师的角色。而我的回答则是一个名副其实的"黑格尔主义者"的回答;也就是说,扮演老师角色的乃是那个能够扮演这个角色的一方,是那个会成功地作为"老师"而将自己强加在另外一方头上的那一方,而这种强加要么是通过推理的优越性,要么是通过超理性的理由(extra-rational reasons)(这些理由最终可以归结为老师一方在行动上的成功)。也正是因为这个原因,所以我在本文一开始的时候会说,费舍德神父的著作需要由那些在他的真理当中仅仅看到一种——非常美丽的——神话的人来做一种深入的批评。

至于说到那些"超理性的理由",不消说在这里是没有办法加以讨论的。但是,我还是想就这个问题略说几句,以此来结束本文。

费舍德神父告诉我们说,基督教,至少是天主教,丝毫都不排斥社会主义的幸福理想,只不过它又在这个理想的基础上附加了一些辅助性的、引人入胜的东西,而这些东西也是本质性的。让我们承认这点是正确的。他接着又说,这个理想只有以基督教意义上的人类学为基础才能够形成,而这样一种人类学——作为这样一种人类学,并且从一开始出现的时候——又伴随着某种适当的、其基本原理可以在《圣经》和福音书当中找到的神学。在这点上,神父当然也是正确的。最后,他又告诉我们说,只有经由教会——或者至少是需要教会的参与,这样一种理想才能够在有朝一日被实际地、充分地实现。让我们假设事情果真是怎样。但接下来，人们应该如何解释这样一种现象呢：即，所有向着那样一种实现接近的举措，所有在历史过程当中相继实现的"每周四十小时工作日"的制度，它们的实现一般来说是依靠这样一些人，这些人根本不是什么教会的温顺子民，他们虽然在很大程度上都愿意保留基督教意义上的人类学及其所有现实的后果，但同时又或多或少地完全拒绝教会所附加给这种人类学的神学。并且，我们应该如何理解这样一种现象呢：一个同时也称自己是"基督徒"——之所以是基督徒，是因为他作为基督徒仍然受到教会的承认——的"社会主义的政党"，在它可能的时候，往往都会倾向于像最近以来的奥地利的"社会主义党"那样来行为。①

我愿意提出上面的这些问题。并且我也知道就其本身而言，这些问题对于费舍德神父所说的内容来说，并不能构成异议。但是——这也是我想结束本文的地方——在一个人主张老师（这些老师被召唤来向"马克思主义者"来解释他们必须怎样来着手实现他们作为老师的理想）的角色之前，难道这些问题不是必须要被回答的么？

三、科耶夫：《基督教与共产主义》

费舍德：《法兰西，当心丧失你的自由！》（*France, prends garde de perdre ta liberté*! Éd. du témoignage Chrétiens, 1946）

本书是从天主教立场对共产主义和法国共产党所作的一个批评，可以划分为两个在篇幅上——和价值上——很不均衡的部分。一个

---

① ［译按］科耶夫在这里所提到的奥地利的社会主义政党及其行为，未能详考。但可以指出，自1893年政治活动家卢格（Karl Lueger）成功地创立基督教社会党（Christian Social Party）之后，奥地利便是一个基督教社会主义政党活动非常活跃的国家。但是，卢格从一开始便与奥地利的神职组织之间矛盾尖锐。

部分是对共产主义原理的形而上学内容所作的批判性分析。这方面的内容被费舍德先生先是归结为马克思的辩证法,接下来又归结为黑格尔的辩证法。作者这部分内容所表现出来的那种知识和理解水平,在受到批判的共产主义原理的追随者那里,可以说从来都没有出现过;而如果作者愿意的话,他原本是可以当仁不让地成为法国最具马克思主义色彩的理论家的。另外一个部分占据了本书十分之九的篇幅,可以被称为是"一篇反共产主义的宣传",并且它也具有这一类宣传的一切特质。

不是宣传的那一部分内容无疑值得加以细致的讨论,但这样一个讨论可能会让我们离题万里。另外,对于费舍德先生观点的回应也已经隐含在本杂志即将刊载的另外一篇论文(科耶夫,《黑格尔、马克思与基督教》[*Hegel, Marx et le Christianisme*][该文是对尼尔(Henri Niel)《黑格尔哲学中的中介》(*De la médiation dans la philosophie de Hegel*)一文的批评,收入 *Critique* 3—4,页 339—65。——科耶夫按]该文由吉尔丁(Hilail Gildin)译为英文,发表于 *Interpretation* 第一卷,第一期[1970 年],页 21—42。)里面了。因此,在这里,我想说明的是这样一点:任何一种出于基督教利益的考虑对黑格尔所揭示的辩证法的利用,必然会遇到这样一个事实,即,辩证法是跟通过死亡的方面而向人揭示出来的有限性紧密联系在一起的。就基督徒接受上帝之死的理念(也就是说,接受上帝的人性,接受上帝的历史性)这个范围内来说,他们是可以形成这样一种印象的,也就是说,他们可以使用黑格尔式的辩证法叙述,也可以利用这些叙述的无可争议的解释价值。但是,一旦当他们承认复活的时候,他们又会隐含地否认所有的辩证法(也就是说,他们会否认历史行为的决定性的、最终的和不可通约的价值)。而否认已经死亡的上帝的复活,也就是要否定上帝的神圣本身。因为,如果说通过一种语言的滥用,说一个其存在乃是一种生成(becoming)的存在物仍然可以称为是"上帝"的话,那么,非常明显,这个名词就不能适用于一个在严格意义上已经死亡的存在物。基督教意义上的或者说神学意义上的辩证法(Christian or theological dialectic),这种观念本身就是一种矛盾,并且这种矛盾不是"辩证的":也就是说,它只不过是一种严格意义上的思维的缺失。

作为一种宣传的工作,费舍德先生的著作不消说需要一本同等级别的反对著作,而这本反对著作的目的乃是将费舍德的著作加以"中性化"。这本著作必须要一点一点地做出回应,以便将费舍德先生批评——即便是那些很中肯的地方——的说服力——清除。在这里,我愿意在"客观性"研究的框架之内提出一些一般性的意见。

我想在一开始的时候就指出这样一点,即,这是一本典型的、宣传性的著作,因为在作者的心目当中,这些讨论将会对读者产生什么样的影响,这个问题要比论证的充分性和现实性来得更加重要。因此,在用一种确定不移的方式说明了共产主义的基本原理从根本上来说乃是无神论的之后,费舍德先生并没有善罢甘休。对于一个信仰者来说,人们只要揭示出某种原理不可救药的荒谬性格,从而也揭示出从这个基本原理所生发出来的每个行为和每一种展开从本质上来说也是有害的,就足够了。但是,费舍德先生或许会想到(并且他这样想也是非常正确的),对于现代的人来说,即便他认为自己是一个信仰者,无神论的犯罪也不会再引起如果它当真是一种犯罪所会引起的、并且在过去的许多世纪里面实际上也的确已经引起来的那种恐惧了。并且,他在向自己的同胞公民谴责共产主义的时候,他更多地不是把它当成是无神论者,而是把它当成了一般意义上的坏法国人和邪恶危险的人物,他们能够危害到家家户户的父老,危害到组成了工会的或者没有组织成工会的工人,危害到——最后的但却不是最不重要的——各种类型的知识分子,等等,他们能够危害到所有这些人的安宁和人身安全。

除此之外,这种谴责所采取的方式跟所有好的宣传作品所采取的、已经被证明是行之有效的惯用方式是一致的。也就是说,人们会说出真理,并且所说的也只有真理,但却不是全部的真理。因此,在将现实的某个孤立的侧面当成是那种现实的充分描述的过程中,人们可以在不"捏造"任何东西的情况下,让现实发生深刻的改变。

费舍德先生用了大量的(中肯的)论述和(真实的)材料来证明,比如说,共产主义者都是坏法国人,因为他们会让法国的政治唯苏维埃政治(他有一种要将苏维埃式的政治跟俄国或者斯拉夫各国的政治等量齐观的倾向,不过这次他没有拿出非常具有说服力的证据)的马首是瞻。但是他忘记说了,他的共产主义的对手们也可以做同样的责难。因为,在实际当中与共产主义政治相对立,并且也能够合乎情理地跟共产主义的政治相对立的,并不是一种真正意义上的、排他性的法国的政治(一旦人们想把法国的政治付诸实践,它不合时宜的特性马上就会大白于天下)。对于步苏联后尘的邀请来说,人们在事实上只能拿它与归顺英美的忠告相对立。并且在这两种情形之下,鼓舞人们的并不是爱国主义的动机,而是一种(被公开承认的或者没有被公开承认的)要么是彻底改变、要么是完全保留某种特定的社会和经济秩序的愿望。因此,如果费舍德能够从自己作为一个学养深厚的黑格尔主义者的角色出发,把那些他没有办法忽视的东西说出来,那么,他的分析会更加贴近现实,这也就是说,在我们这样一个"帝国"的时代,一种"民族性的"或者说民族主义的政治已经变得不再可能,因为民族作为孤立的实体已经停止了政治上的(或者说是军事上的)存在。

也正是因为这个原因,所以费舍德先生要求助于那种辅助性的、关于"自由"的论证。如果这不是一本宣传性著作的话,人们或许会对这本书的作者对于民族主义和自由主义如此情有独钟感到惊讶。因为作为一个天主教徒一定知道,基督教的基本价值,如果说不是"国际主义"性质的,至少也应该是超民族性的或者说是跨民族性的,他也一定会知道,这些价值,只有在这样的环境里面才能够被实现:也就是说,对于这种环境,人们至少可以说,人们在这种环境里面,行为和表达的自由没有被完全地压制。但是,如果人们的目的是想要说服民众,是想要突出那些令人怀疑的或者说是不太重要的价值,而如果那些价值又被听众认为是非常基本的,那么,即便作者的观点不是根据真实可靠的来源,他们的作法也是自然的,合理的。

但是,如下这点同样也是自然的、合理的,也就是说,恰恰是作者本人会影响宣传工作的效果。毫无疑问,每个人都可以看到,许多现代的天主教徒都是虔诚的"自由主义者"。并且,人们甚至还可以像解释一般的自由主义那样来解释天主教,而办法则是举出信仰缺失的例子,或者更加准确地说是举出这样一个事实,即,对于那些传统的、字面意义上的信仰表述来说,天主教徒已经再也没有办法完整地、毫无保留地加以接受了。① 但是,即便天主教徒在实际上可以走到或公开或私下地放弃教会自从过去的辉煌时代以来就一直坚持的、反自由主义的作法的程度(不过,这种放弃是很容易证明其正当性的,甚至也有必要证明其正当性),但是,迄今也还是没有什么东西能够证明,如果某些敌对的、外在的势力对他们提出要求的话,他们也能够建立并且维持自由主义的制度。所以,既然我们现在所讨论的是自由的问题,那么,如果有另外一些人持如下的看法,也就没有什么不可思议的了,也就是说:尽管有着数不清的并且或许也是过于漫长的弯路,如果——因为某种奇迹——共产主义没有受到什么干扰的话,有朝一日他们或许也会达到天主教徒永远都不会达到的目的。

在一个宣传性的作品里面,一方面自己利用某些伎俩但同时却谴责自己的对手也使用同样的伎俩,这也是完全的合理的。因此,费舍德先生在极力简化共产主义在初创阶段的现实状况的同时,他也有权利谴责共产主义的喉舌们,说他们扭曲了天主教的现实:也就是说,他们没有考虑天主教的现实状况里面所包含的可能性,而只考虑那些在过去很长的一个发展过程里面迄今为止一直都没有出现过的东西。毫无疑问,在一种宣传性的作品里面,人们也有权利用同样的方式来回敬他。但是,在一项客观的研究里面,我们却必须要关注这样一些特征,这些特征可以让我们把一本书确定为一种宣传,而这本书的作者在另外的场合却写过一些迥异其趣的优秀著作。

所有这些特征到处都可以找到,并且在所有的时代里面都可以找到。费舍德先生的著作不仅跟他宗教家同道的作品相似,跟他的共产主义对手的作品也同样相似。因此,反共产主义的天主教的作品与启蒙性的反天主教的作品之间,就表现出一种无法否认的、让人愉悦的亲缘关系。在两种情形里面,人们都在毫不留情地、尽可能多地收集对方那些荒谬的或者说是骇人听闻的特征,这些特征可以很迅速地向每个人加以

---

① [科注]关于这个题目,可以参见贝里(Pierre Bayle)和福朗斯(Anatole France)作品《圣克莱尔的井》(*Puits de Sainte-Claire*)。

证明,也可以很迅速地被每个人理解,这些特征都属于表面现象,对于确定现象的深层本质的性格来说,只能起一种蜻蜓点水的作用。因此,我们可以说,宣传性的作品从本质上来说,必定是肤浅的;人们既不应该拿它们来判断他人,也不应该拿它们来判断作者心目中的现实。

四、费舍德:黑格尔现象学的两位诠释者 伊波利特(Jean Hyppolite)与科耶夫

黑格尔在法国不消说是一个备受推崇的人物。去年的时候,尼尔(Niel)神父出版了一本名为《黑格尔哲学中的中介》(*Mediation in Hegel's Philosophy*)的书,当时我们曾经在本刊(*Etudes*,1946 年 9 月,页 292——费舍德按)发表文章指出,这本书对于黑格尔的研究来说,提供了一个很好的、概括性的导论。他现在又给我们提供了一个黑格尔《上帝存在证据讲演录》(*Lectures on the Proofs of God's Existence*)的法译本(尼尔译,含前言并注,[Paris: Aubier, 1947]——费舍德按),这本书也来得很是时候。这两个星期以来,一个是伊波利特,一个是科耶夫,也都先后重提黑格尔的无神论或者有神论的问题,同时也提出了应该如何认识黑格尔哲学的整体意义的问题。因为这两本书的目的是为了疏解《精神现象学》,所以,对于已经通过尼尔神父熟悉了黑格尔 oeuvre[著作]之整体的读者来说,这两本是必读的,但是因为非常不同的理由,我们也必须要对它们做更进一步的澄清。

1939 年和 1941 年,当伊波利特刊行《现象学》法译本的时候,他曾经宣布说,他正在准备对这本以萌芽的形式包含了整个黑格尔哲学体系的著作进行一种总体性的解说工作。而那个刚一出版我们即给予好评的(*Construire*,卷八,页 222——费舍德按)译本质量之高,更使得所有的黑格尔主义者都在迫不及待地等待这个解说本的出现。而他们的确也没有失望,因为他们先是看到了一篇以博士论文的形式表现出来的、才华横溢的辩护,接着他们又沉浸于这本六百页的《精神现象学的起源与结构》(*Genesis and Structure of the Phenomenology of Spirit*)

(Paris：Aubier，1947——费舍德按)之中。伊波利特向他的读者宣告说,他的目的是想写一部"好的学术著作"。而如果我们再给这个"好"加一个"很"字的话,那么,这部书的优异之处和局限也就可以描述得更加准确。伊波利特花费了近二十年的光阴,洞悉了哲学史上一部最为艰深的文本的诸多秘密。这部著作凭借自身思想的简明、直接和精确,从此以后将会受到任何一个想直接研究黑格尔的人的欢迎。直到今天为止,《现象学》一直都作为一个几乎无法攀登的顶峰而位于整个体系的极限,只有为数不多的、有着非凡的肺活量和异常之多的闲暇时间的攀登者才能够企及。而伊波利特通过自己的翻译和论文所开辟出来的,如果说不是一条公路——辩证法的地形跟这个完全是两回事,并且,我们相信,对于任何一个想乘坐汽车穿越的人来说,它包含悬崖峭壁实在是太多了——的话,至少也可以说是一条适合骡马行走的小路,这条小路有标记良好的路标,而这些路标对于攀登者来说,无论是在所费的力气方面还是在时间方面,至少可以让攀缘变得容易十倍。对于伊波利特所取得的成就来说,人们无论给予怎样的赞赏或者感谢都不为过。考虑到黑格尔哲学的内在价值,以及他的辩证法在我们这个时代最紧要的问题的中心所扮演的角色,人们当然可以期望这条新开辟出来的道路会吸引众多的哲人甚至是——如果说不是更多的话——神学家来攀登。

但实际上,一旦当他们到达了顶点或者说已经出发在路上,这两帮人都会感到些许的失望。因为,尽管《精神现象学的起源与结构》已经取得了如此巨大的成就,它还是有一些局限,人们甚至可以说,正是因为它已经取得了如此巨大的成就,所以它才有这些局限:也就是说,这是那种"学术著作"所特有的局限。绝对知识的顶点是通过什么样的方式跟《逻辑学》或者《百科全书》当中的那些顶点联系起来的呢?黑格尔将之与概念一视同仁的时间的本质,到底是什么呢? 当他宣称说他已经成功地"理解了历史"的时候,他在多大程度上是正确的? 说到底,冥思苦想的神秘主义和无神论的人文主义,哪一个是黑格尔的基本思想和价值所在呢? 在所有这些问题上,伊波利特倾向于将彼此对立的因素聚集在一起。但是,既然他怕影响到自己的读者,所以每次在面对一个问号的时候他都会离开他们。作为一个顾虑重重的教授和不偏不倚的历史学家,他拒绝在左派和右派的黑格尔主义之间做出抉择,而是把决定权留给了我们。

在遭遇到《黑格尔导读》(这是作者 1933 到 1939 年间在巴黎高等实验学院关于《精神现象学》所做的一系列的讲演,编辑和整理者是雷蒙·格诺,Paris：Gallimard, 1947——费舍德按)之后,这种方法的优缺点杂糅的特点会让人感觉更加强烈。因为科耶夫先生的同样也是解说《精神现象学》的著作乃是一个彻头彻尾的、"好的学术著作"的反题:这首先是因为这部著作的陈述所致,在这种陈述里面,被集合在一起加以考虑的材料彼此水火不容,讲演的文体颠倒不清,并且它们都几乎完全不顾对某段文本的理解,而文本本身又充斥着重复和暧昧之处,有时甚至连错误都还没有清除出去。但是最主要的,这种状况是因为作者的一个断然的选择而造成的,也就是说,他认为黑格尔乃是一个彻底的、有意识的无神论者。不过,科耶夫先生用来捍卫自己观点的那种天纵的才华和严格的逻辑,会很快让人们忘记他表达中的这些缺憾。《现象学》里面那些最费解的、科耶夫先生在引用它们的时候并没有事先判定其根本含义的文字,比如说关于时间与概念的同一性那一段,在这里都被拿来作为整个诠释工作的中心,并且被按照它们投射到整体之上的光辉加以澄清。科耶夫先生以胡塞尔或者更加准确地说以海德格尔为基础,将主奴辩证法作为整个《现象学》最为重要的组成部分,并且,在解释了为什么只有人的极端的有限性才允许我们理解历史之后,他毫不犹豫地在黑格尔那里看到了某些有意识地"将自己看作是基督"的人,但是,他这样做的目的只是为了向(与基督教的空洞性联系在一起的)人性揭示出那种被人们谴责的、冷酷无情的虚无。

在这样一个事实面前,黑格尔不仅变成了一个费尔巴哈主义者和马克思主义者,并且也变成了一个海德格尔主义者,从这个方面来说,不可否认《现象学》的很大一部分内容以及黑格尔主义的最重要的影响,可以比以前得到更好的解释和澄清。另外,科耶夫先生也在关于历史和真理的关系问题上,提出了很多发人深省的问题。

但是,如果与伊波利特先生用来约束自己的那种不偏不倚的自我克制对比起来,所有这些长处都要反过来看了。我们且不谈科耶夫先生因为自己勇往直前的逻辑,因为将黑格尔和马克思拉到自己这边所导致的那些根本性的荒谬。那些将会从这本书当中获益匪浅的、共产主义的"知识分子",面对着它所建立起来的那些真理,将不得不采取某种立场,而看一下他们在这方面的反映将会是非常有趣的。① 但是,在388页和435页的注释里面,他们所期望的"历史的终结"的非人性被揭示了出来,在这些地方,科耶夫能够被共产主义者宽恕么?② 让我们把马克思主义放在一边,还是回到诠释黑格尔的水平上来。为了支撑他的有意识的、无神论的、被赋予了人的极端有限性的黑格尔,科耶

---

① [费注]有一篇署名 A. A., 题为《黑格尔是个马克思主义者么?》(*Was Hegel a Marxist?* 见 *Revue internationale*, 第12期, 1947年1月)的文章,已经在强烈地批评科耶夫先生对于黑格尔所做的"新马克思主义的存在主义的"或者说"伪马克思主义的存在主义的"解释。"如果黑格尔当真已经是一个'马克思主义者',那么,马克思针对黑格尔的一切批评也就丧失意义了。"这话说得再正确不过。跟 A. A. 一样,科耶夫先生应该也会期望说,为了捍卫马克思的原创性,马克思主义必须要成为黑格尔"无神论"的激烈捍卫者,并且这种激烈的程度要比天主教哲学家捍卫有神论所需要的激烈程度高得多。在这种对比里面没有什么好奇怪的东西。正如恩格斯所说的那样,"蔑视辩证法是不能不受惩罚的",它会碾碎所有因为忽视它而轻视它的人。[译按]恩格斯的话典出《自然辩证法》,人民出版社,1984年,页52—63。

② [费注]"历史的终结是严格意义上的人的死亡。在这种死亡之后,还剩下:1,有生命的、具有人之形式但是被剥夺了精神的,或者说,被剥夺了时间和创造力的身体;2,某种精神,这种精神在经验上是以一种无机的和无生命的现实的形式而存在的,就好像一本书,因为不再有一种动物性的生活,所以也就不再跟时间发生任何的关联"(页388)。在431页,科耶夫先生告诉我们说,在无阶级的社会里面,"人在与自然保持和谐的情况下维持着生命",哲学早就已经消失了——这是合乎逻辑的,因为到时候再也不存在具有创造力的精神了——,但是"其余的东西,比如,艺术、爱、游戏等等,却可以被无限制地保存下来;一言以蔽之,所有的东西都是为了让人幸福起来。"如果不是蜜蜂的艺术和猿猴的爱情等等,那么,对于不仅从黑格尔的观点来看而且就其本身而言也是被剥夺了精神的存在物来说,爱和艺术还能够意味着什么呢? 帕尼希(Father Panici)神父曾经因为在圣母玛丽亚的讲坛上将共产主义意义上的人称为是"仅仅比大猩猩或者黑猩猩高级的动物",而被格劳迪(R. Garaudy)认为是"诽谤者"。但他借科耶夫先生之手好好地报了一下仇。但是,科耶夫先生必须要做好准备的,不仅有来自 *Revue internationale* 的"托派分子"的反对,而且还会来自 Pensée 的"正统思想家"革出教门,更加不要说来自《真理报》的"谴责"了。

夫先生需要付出什么样的代价呢？那就是将黑格尔哲学的一元论认定为是一种偏见（页38）！而条件则是将黑格尔哲学当中的自然和历史性的时间彻底地对立起来！还有一个条件就是扣除他的活力论（vitalism），就是忽略《自然哲学》，甚至是忽略在《精神现象学》里面可以找到的同样的自然性的要素。据说，这是黑格尔主义当中"让人难堪的部分"。我也希望情形是如此；但是，事情没有这么简单。经过了科耶夫先生这番处理之后，黑格尔一定会感到自己受了伤害。让我们且不要说什么无神论：我们只想指出尼尔神父所翻译的《上帝存在的证据》，也想指出马克思主义者对这本书的反对。至于说到辩证法，按照科耶夫先生的看法，它只有以人的有限性为前提才是可能的，因为黑格尔说过，"每一个有限的存在物的本质就是要扬弃自己……"，但我们是不是有必要回顾一下，在黑格尔的语言里面，扬弃（aufheben）同时也意味着保存和超越。因此，上述引文所要表达的意思，似乎恰恰是科耶夫先生诠释的反面，黑格尔在另外二十多处不同的地方也曾经补充说，"有限的本质恰恰是要超越自己，是要否定自己的否定，是要变成无限……"（《逻辑学》，拉松版，卷1，页126。费舍德注）。

我们希望以后还会有机会更加展开地来讨论某本书和某些理念，那样的话会比这样一篇概括性的讨论有价值得多。因为人们出版这本书和这些理念的目的是为了使之产生一种深刻的影响。或者毋宁可以说，它们现在已经产生这样一种影响了，并且也已经在不止一本书或者一篇评论里面四处流布。因为不要忘记了：组成了这本书的这些讲演是在战前做的，这当中已经经历了五年的时间。确实，这些讲演的听众非常有限，但是，在这些听众里面，人们除了可以遇到雷蒙·格诺这位目前这些讲演的编辑之外，还可以遇到科瓦雷（A. Koyré），[1]

---

[1] ［译按］科瓦雷（Alexandre Koyré，1892—1964）俄裔法国哲学家，早年曾经在胡塞尔等人指导之下学习哲学，以科学史和科学哲学的研究影响欧美哲学界甚巨（比如托马斯·库恩和保罗·范雅拉本德）。主要著作有《从封闭的世界到无限的宇宙》（*From the Closed World to the Infinite Universe*，New York：Harper, 1958）。科瓦雷曾在巴黎高等实验学院任教，参加过科耶夫的黑格尔哲学讲座，他后来代替科耶夫成为这个讲座的主讲人。

韦伊（E. Weil）,①阿隆（Raymond Aron）,巴塔耶（Georges Bataille）,②科罗梭夫斯基（P. Klossowsky）,③波林（Georges Polin）,④马若兰（Marjolin）,⑤梅洛－庞蒂（M. Merleau－Ponty）,拉康（Lacan）,更不用说另外一些像布勒东（André Breton）这样不太用功的人物了。⑥ 人们只要回顾一下刚刚提到的这些人物所写的那些书籍、论文、书评和期刊文章,就足以看到这些作者已经在多大程度上以各种不同的方式接受了在高等实验学院里面所听到的那些讲座。因为这些人都拥有成为科耶夫先生忠实听众的便利条件,所以我们就可以知道,与一种如此严整的思想进行对话,他们会从中得到什么。正是因为这个原因,所以我们不太愿意非常强烈地向那些已经完全接受了真理与历史之关系学说的、忠实的哲人,尤其是神学家推荐这本书。在研读了伊波利特的书以后再来看这本书,人们就可以发现一种锋芒毕露的意识在今天会在一种什么样的意义上提出问题,也会很快就理解,仅仅求助于真

---

① ［译按］韦伊（Eric Weil,1904—1977）法国哲学家,曾任尼斯（Nice）大学和里尔（Lille）大学教授。

② ［译按］巴塔耶（1897—1962）法国著名作家,哲学家。主要著作有《眼睛的故事》和《我的母亲》等。在哲学上,巴塔耶模仿托马斯·阿奎纳的神学大全（Summa Theologica）所写的《反神学大全》影响很大,但他生前被萨特嘲笑为无神论的神秘主义,而他自己据说也很回避哲学家的头衔。但在他死后,他的著作受到了许多关注生命终结和死后生活的哲学家（比如福柯、德里达、拉康等）的高度关注。巴塔伊是法国重要刊物 Critique 的创始人。

③ ［译按］科罗梭夫斯基（P. Klossowsky,1905—2001）法国作家、翻译家和艺术家。他关于尼采的许多论著对福柯等哲学家影响巨大。他对许多重要哲学家的翻译（如维吉尔、维特根斯坦、尼采和海德格尔等）在法语学术界影响很大。

④ ［译按］波林（Georges Polin）,未详。

⑤ ［译按］马若兰（Robert Marjolin,1911—1986）法国著名的经济学家,政治家。1940年法国投降后,投奔在英国的戴高乐,成为戴高乐的经济顾问。二战末期,马若兰负责起草了法国和欧洲在战后的经济重建计划。二战结束以后,他出任过法国经济事务部负责国外贸易的首席长官,后来又成为负责法国重建的初级部长。他是法国方面欧洲经济共同体的重要推动者。

⑥ ［译按］布勒东（1896—1966）法国作家,诗人,超现实主义的理论家。著名作品有《超现实主义宣言》。他的一系列理论对于超现实主义在法国所有艺术领域的扩散有重要影响。

理的非暂时性是不足以解决这个问题的;另外,说实在话,它甚至都没有碰触到那个基本的问题。接下来他们也会认识到,对于"历史理解"来说,主奴辩证法究竟在多大程度上可以称为是一种必要的和有效的工具;在这之后,他们当中的某些人对于如下的状况或许就不会那么吃惊了:即,马克思主义通过将辩证法简单地加以倒置,造就了纳粹主义,并且,对于任何一个想按照"历史的意义"来指引自己的人来说,必须被看作是一个可靠的出发点的,不是各种虚假的共产主义和资本主义,而是共产主义与纳粹主义的近似性①。并且,如果他们不想对世界和人放弃希望,那么,他们就会被邀请来探究一下,到底什么才是那个著名的辩证法的真正源泉,也会被邀请来问一下,是不是还有其他类型的、更早的也更高级的、并且对于理解历史和揭示历史的意义来说也更加必要的辩证法存在。而在这些辩证法当中,他们怎么会不迅速地发现这样一条道理呢,即,在引导人们"将自己看作是基督"这个方

---

① [费注]我们要记住,资本主义绝对不是一种世界观,因此,企图在它和共产主义之间寻求一种与共产主义和纳粹主义之间的辩证法类似的辩证法,是不会有任何结果的。上述的提醒之所以必要,是因为仍然有一些基督徒认为共产主义是资本主义的死敌,是唯一能够战胜资本主义的力量,所以,他们也就认为加入共产党是正当的,或者至少是在重复共产主义的说教,鼓吹共产主义的理想。如果上述那种无神论的根源被切断了,马克思主义者就会发现自己是又变成了基督徒——这个错觉来源于一种真实的事实,但是被错误地解释了。因为真实的情况是,尽管资本主义因为自己的不正义会导致资本主义,但是,资本主义却不会产生共产主义,而这正是因为资本主义不是一种意识形态。马克思主义的真实根源毋宁是自由主义及其革命性的理想,这种自由主义和革命理想因为已经将人从基督教里面解放了出来,所以,它就没有办法控制物质欲望和权力意志的膨胀。于是,渐渐地,一种资本主义性质的"物质的国家"就产生出来了,这种国家正是马克思主义要反对的,并且也一直都在给共产主义提供营养。但是,作为反基督教的遗嘱继承人的共产主义,因为已经发展成为系统的无神论,所以,除了将人对人的剥削推到极致之外,更加没有能力压制资本主义。它能够并且在现实当中也已经实现的唯一的成功,就是像马克思所说的那样,"将私人财产之间的关系一般化",并且造就一种国家资本主义,这种国家资本主义因为必然是国家性的,所以会转化为帝国主义。"个性、文化、文明的否定",所有这些,按照马克思本人的说法,都是可以借以辨别"粗糙的共产主义"的标记(*Oeuvres philosophique*,Molitar 译,卷 4,页 20—21)。对于那些不想对现实视而不见的人来说,即便是在它声称自己的辩证法已经对资本主义取得了实际效力的情况下,人们只要声讨一下它的虚假性也就足够了。

面,异教和犹太人的、使徒保罗的辩证法有一种完全不同的价值。一言以蔽之,在满怀热情地参加过科耶夫先生的课堂之后,他们就会像我们一样认识到,经过这样一个天才的无神论者的解释,马克思主义和黑格尔主义不仅会被提供给一种批评,使之能够很容易地就揭示出其根本错误,还可以为他们开启最光明的道路,让他们可以恢复到基督教历史性的和永恒性的真理的充分实现。

科耶夫—施米特通信 ①

科耶夫(Alexandre Kojève)、施米特(Carl Schmitt)　著

[英译者弗里斯按]本导言的目的有两个。一是为科耶夫和施米特之间鲜为人知的甚或还有些出人意料的友谊提供一些背景。二是大体勾勒一下他们之间的通信,尤其是科耶夫在1957年应施米特之邀所做的那场讲演,对于理解科耶夫思想的重要性很有帮助,因为科耶夫的思想,比较英语世界的学生经常要加给它的那种解读来说,其实是没有那么系统也没有那么清晰的。因为科耶夫没有像施米特那样,出版过任何带有公开政治倾向的东西,尤其是在他生前的时候,所以,这些文献对于理解科耶夫思想的帮助,要大于对于理解施米特思想的帮助。

乍一看,科耶夫和施米特之间的友谊似乎是不可能的事。当他们在1955年开始通信的时候,施米特有点像是一个学术界的弃儿;1933年,这位法学家加入了纳粹党,并公开宣布了自己的反犹太立场,他后

---

① [译按]本文是根据 *Interpretation* 2001年秋季号,卷29,第1期翻译的。

英文版第一页末尾附有一条"编者按"和"译者按"。"编者按"应当是《解释》杂志附加的,原文说:"本刊同意使用这些文章当中的注释,因为两位作者不会再对原文进行改动,同时也因为这些文章是由第三人编辑的。"

"译者按"应当是弗里斯附加的,原文说:"我非常感谢尼伦(Kirsten Nellen)帮助我翻译了科耶夫那些生僻的德文段落当中最难的部分,也感谢托米森(Piet Tommissen)和施瓦布(George Schwab)改正了译本里面的若干讹误。我也想对马斯曼(Charlotte Masemann)表示谢意,既感谢她帮我翻译那些拉丁文的用语,也感谢她在整个翻译过程中所提出的建议。所有剩下来的错误都应该由我负责。"

为了检视的方便,原文附在每一通信件之后和科耶夫演讲文之后的文末注释,中译本一律改成文末注。

来在纽伦堡受到讯问(但未被起诉),并于 1946 年从柏林大学的教职上退休。科耶夫从 1939 年结束了著名的、关于黑格尔《精神现象学》的系列讲座之后,就加入了抵抗运动(the Resistance)(奥弗赖特[Auffret],1990 年,页 270—71;松巴特[Sombart],1998 年,页 71)。二战结束以后,他辗转进入法国经济事务部,在那里任职一直到 1968 年去世。施米特因为自己的反犹太立场,连那些过去的好友都与之永久断绝了来往,这些人里面有纽曼(Franz Neumann),基尔希海姆(Otto Kirchheimer)和弗里德里希(Carl Joachim Friedrich)(施瓦布,1993 年,页 301)。或许我们还可以把施特劳斯也算在里面,1933 年,施特劳斯写给施米特的某封来信没有得到回复,从那以后,施特劳斯就再也没有恢复过他们之间的友好通信联系(迈尔[Meier],1995 年,页 17)。

科耶夫是如何能够做到连施米特的反犹太主义这一类非同小可的障碍都可以在所不计的,我们不得而知,但是我们的确知道,他欠了施米特一笔可观的债务。科耶夫完成于 1943 年的《法权现象学纲要》,很大一部分的理论基础,都来自施米特《政治的概念》当中的一个观点,即,敌友的区别是首要的政治区分(科耶夫,1981 年,页 144)。对于施米特而言,将这种区别确立为首要的政治区别,也就是要通过克服自由主义的倾向来捍卫一种严肃政治理论的可能性,也就是说,捍卫一种誓死与敌人进行战斗的可能性,因为自由主义的倾向,特别是当它与民主结合在一起的时候,对政治是要加以模糊,加以中立化的(施米特,1996 年,页 23)。科耶夫在《法权现象学纲要》当中对于敌友区别的使用,重复了他早期在《黑格尔导读》中所坚持的一个观点,即,那种合乎人类本性的、为了承认所展开的战斗,必须要作为解读黑格尔《精神现象学》的透镜。在这两本著作里面,人的为了那些绝对非生物学意义上的原因而冒生命危险的能力,造就了一个其意义没有办法归结为一般意义上的生物性欲望之满足的、历史性的和政治性的世界(科耶夫,1973 年,页 143)。

1955 年,当科耶夫和施米特开始通信的时候,西欧已经由于马歇尔计划的实施和欧洲经济共同体的建立而发生了翻天覆地的变化。如果说当时科耶夫的"普遍均质国家"还没有实现的话,那么,政治的

概念也没有了它当初在魏玛德国时期所具有的那种力量。1932 年的时候,施米特曾经写道:

> 如果地球上不同的国家、宗教、阶级和其他各种的人类集团都可以被统一起来,乃至于它们之间的冲突变成是不可能的,甚至是不可想象的,如果内部的战争可以事先就在一个包含了整个地球的范围内加以预防,那么,敌人和朋友的区别也就会停息。剩下来的东西将既不是政治,也不是国家,而是文化,文明,经济,道德,法律,娱乐之类。这样的条件会不会出现以及什么时候会出现,我不知道。但就目前来说,情形却并非如此。而相信说一场现代战争的终结将会导致世界和平,也是在自己骗自己……(施米特,1996 年,页 53—54)[1]

随着"第四点政治"(Point Ⅳ politics;下文科耶夫 1955 年 5 月 2 日的信件里面曾有讨论)的到来,对于这两个人来说,在二战后的西欧,有一个问题变得更加明朗,那就是,虽然政治已经差不多消失,但国家却既没有被科耶夫的"普遍均质国家"取代,也没有被施米特的"行政管理国家"(Verwaltungsstaat)取代(施米特,1980 年,页 11)。取而代之出现的,乃是许多个以"帝国"的形式联合起来的、积极从事去除了政治内容的竞争的国家集团。

无论是这些通信还是科耶夫在 1957 应施米特之邀在杜塞尔多夫所做的那场讲演,都可以帮助人们了解这两个人究竟是怎样理解他们当时所看到的那个晦暗世界的本质的。无论是在 Der Nomos der Erde im Völkerrecht des Jus Publicum Europeaum(1974 年,初版于 1950 年)里面,还是在《陆地与海洋》(1954b)里面,施米特都主张,航海帝国(seafaring empire)在十九世纪的殖民主义之下所导致的那种可开发陆地的枯竭,早已使得历史上陆地与海洋的区别变得没有意义;殖民性的"攫

---

[1] [译按]在翻译这段文字的时候,曾经参考刘小枫主编,刘宗坤等译,《政治的概念》,上海人民出版社,2003 年 9 月,页 173。

取"(Nehmen)也早就已经让位于全球性的"放牧"(Weiden)。科耶夫在杜塞尔多夫的讲演,作为他对于《陆地与海洋》的回应,提出了一个计划,那就是用一种说到底是相当于欧洲对北非的马歇尔计划的、"给予型殖民主义"(giving colonialism)的政策,来保证新的欧洲帝国对于地中海内海的统治地位。科耶夫在杜塞尔多夫所鼓吹的这一个计划,反映的是他自己在法国 Direction des Relations Economiques Extérieures (D. R. E. E)工作时候的管理规划。一份在科耶夫死后才发表的、关于他生前工作履历的报告表明,科耶夫既鼓吹一种统一的欧洲经济政策,又鼓吹拆除贸易壁垒,尤其是要拆除对于第三世界国家农产品的贸易壁垒。在杜塞尔多夫的讲演中,科耶夫则公开揭示了这样一种"给予型殖民主义"的政治基础:他告诉他的听众们说,欧洲以前的那些在非洲的殖民地,它们的居民都是"顾客",但是,"贫穷的顾客都是坏顾客,甚至可以说是危险的顾客"。

最后这一条自白表明,科耶夫在历史有没有能力决定或者淡化政治行为的问题上,态度是犹疑的。至少到 1939 年为止,科耶夫一直都是通过主奴辩证法的透镜来解读黑格尔的,他既把历史跟奴隶的劳动联结在一起,也把它跟主人为了达到被承认的目的而甘冒生命危险的意志连接在一起;而在历史终结时赋予公民的那种普遍性的承认则会使主人和奴隶——从而也使冒险和劳动——失去意义。但科耶夫也曾经在一段他主张说战争已经失去意义的时期,认识到,来自全球工人阶级的那种致命的危险是完全有可能发生的(参见下文科耶夫 1955 年 7 月 11 日信件),因此,战后的科耶夫就切断了主人的冒险和历史之间的联系;如果说后者已经终结了的话,前者的可能性却仍然存在。

人们在历史终结以后仍然可以冒生命危险的能力,在科耶夫战后的著作里面有两种不同的解释。第一种解释出现在对《导读》第二版所做的那段著名的增补里面,而其表现的形式则是后历史时期那种永远都能够"无端自杀"(gratuitous suicide),而不是"再度动物化"("re-animalization")的、"日本化"("Japanized")的人(科耶夫,1968 年,页 437),在第一版里面,"再度动物化"却被认为是历史终结唯一可能的结果。

按照这种解释,后历史时期人们冒生命危险的能力,是无端的,因此也是非政治性的。如果按照科耶夫在《导读》里面的主张,后历史时期人到底是选择再度动物化还是选择无端自杀,是由普遍均质国家所提供给他的承认能不能让他觉得满足这一点来决定的,那么,后一种选择的无端性(gratuitousness)就在于,人们没有办法通过行为来获得承认。科耶夫在 1959 年引为例证的神风特攻队(kamikaze)的飞行员,①在我们这个时代已经被自杀性炸弹取代了,或者在不远的将来,还会被反 WTO 的某个激进的抗议团体所取代;这也就是说,他为之丧生的(或者说他冒着丧生的危险而争取的)那种价值,是"形式性的",而不是历史性的;而这也就是意味着,任何一个成功都是暂时性的,一旦被扬弃,就会被遗忘。后历史的人没有办法否定普遍均质国家,因为,这个国家是无形的(参见下文科耶夫 1955 年 12 月 14 日信件),不可能扮演敌人的角色。

适成对照的是,科耶夫在杜塞尔多夫讲演当中所提到的那种来自"危险顾客"的冒险,却没有任何形式性或者无端性的东西。1950 年,科耶夫曾经写信给施特劳斯说,那些对后历史时期的承认标签不满的人,可以归类为"病人",或者干脆就给"关起来"(施特劳斯,2000 年,页 255)。但是,在纯粹的病人和危险人物之间,却是有天壤之别的。而他对于这种差别的认识表明,后来的科耶夫对于施特劳斯在自己立场之外所选择的那个立场一直都是保持开放的(如果说不是承认的

---

① [译按]太平洋战争后期,日本海军组织的一支全部由十六七岁的青少年组成的自杀性质的敢死队,其主要任务是以飞机撞击敌舰。1944 年,日军在太平洋战场连遭惨败,为阻滞美军的海上进攻,日本遂决心使用潜艇、快艇和飞机撞击敌舰,以挽回败局。1944 年 10 月起,日本海军先后组建 8 个神风特攻队。神风特攻飞机多数由轻型轰炸机或战斗机改装,少数则是专门设计的。神风特攻飞机设备简陋,装有大量炸药,起飞后起落架即自行脱落。1944 年 10 月,神风特攻队在莱特湾海战中首次出击,击沉、击伤多艘美军舰只,使美国海军大为震惊。1945 年 4 月,神风特攻队在冲绳岛战役中频繁出击,并首次使用"樱花"飞机。这种载有 1.2 吨炸药的有人驾驶轻型木质飞机,由轰炸机携载,母机飞近目标后,载机则启动自身火箭发动机,以 600 公里时速飞向目标。在莱特湾海战和冲绳岛战役中,神风特攻飞机共出击 2550 次,其中 475 命中目标,击沉美国航空母舰和其他作战舰只 43 艘,击伤各型舰艇约 370 艘。

话):这个立场就是,人类进行有意义的政治行为的能力是根植于人的本性之内的,而不是根植于历史之中的,因此,在历史终结之后,它仍然还可以存在。

关于文本的说明:

这个译本所依据的那些原始信件和讲稿都是德文,其中所有的名词都是大写的。因此,科耶夫在法文手稿里面经常性地但也是不规律地自由决定要不要大写(比如像主人、奴隶、正义、国家等术语)的情况,在这个译本里面没有体现。

这些信件以及科耶夫的杜塞尔多夫讲演都是直接从托米森精心制作的注释本直接翻译过来的(托米森,1998年)。虽然科耶夫曾经被禁止不准自行发表这个讲稿,但后来还是出版了一个分成两个部分的法文译本(科耶夫,1980年;科耶夫,1999年),不过德文原本当中的某些字句被略掉了。我在这里收录了这些字句,但用方括号作了标识。

托米森的版本里面有很少几处明显是排印错误的地方,对此我都作了细小的更正,并且也加了注释。所有的注释都是我加的。所有的圆括号和方括号都是施米特和科耶夫的;花括号(｜｜)都是编辑性的,用于以下两种情形:一是原文有些地方没有办法加以确定(这是因为科耶夫的手稿有不少地方很难判断),二是有些地方模棱两可或者是一语双关,所以我就给出了原始的德文单词。斜体的文字在原始信件里面都是加了下划线的。[1]

---

[1] [译按]限于编辑的体例,我们没有采纳斜体的处理办法,英文本里面的斜体一律用中文楷体表示。

科耶夫—施米特通信

1955 年 5 月 2 日,巴黎

尊敬的教授:

非常感谢您的好意,为我寄来您论 Nomos 问题的大作。①

我早就已经注意到了这篇文章,并且也已经在 11 月出版的 *Gemeinschaft und Politik* 上读到过这篇文章。重读对我来讲是一件很受益的乐事。能够在 10 页纸的篇幅里面把所有最基本的问题一一谈到,您的手笔真让人叹为观止!

对这篇文章我当然是有一些话要说的,但是在一封信里面这不可能做到。不过就整体而言,我对您深表赞同。

至于说到那些"最后的问题"……简单来说,我的回答是这样的:

1)"从本质上来说"(当然是从拿破仑以来)不会再有任何的"攫取"存在(所有有关的企图都已经失败了);

2)"对于我们来说"(即对于"绝对知识"("absolute knowledge")来说),现在所有的只是"生产"!

3)但是——"对于意识自身来说"(比如对于美国/苏联来说),"区分"还是存在的。"

目标——非常不幸!——是均质的分配。任何一个——在自己的半球上——第一个达到这个目标的人,都将是"最后一个"。美国人的"第四点计划",②与苏联和中国之间的协议等等比较起来,"分配"

---

① 施米特,1953 年。

② 杜鲁门总统(President Harry Truman)的第四点计划是在 1949 年 1 月 20 日他的就职演说里面提出来的,这是一个"大胆而新颖的计划,目的是为了使我们的科学发展和工业进步造福于那些欠发达地区的提高和增长"。这里的"欠发达地区"指的就是西欧。与更加注重通过直接的金融转让而不是技术转让来实现经济复兴的欧洲复兴规划(即马歇尔计划)的条款比较起来,第四点有了重要的提升。

的速度要慢。但是,在"尘世"(the "worldly world")当中,却有着更多可以用于分配的东西。因此,要做出具体的预言是非常困难的。

谨致至高的敬意与

忠诚

(签名)

1955年5月9日,普利登堡(威斯特伐利亚)

尊敬的科耶夫先生:

我冒昧地把一些附带的材料——即,大约七年以前(1948年夏天)我第一次收到的关于您的一些信息——邮寄给您。施诺博士(Dr. Schnur)转交给我的、您5月2日的来信给了我如此冒昧的勇气。① 否则的话,如果您看到像这样的一张卡片,我担心您会把我归到布洛瓦(Léon Bloy)的那些范畴里面。② 一切至关重要的事情都呈现在您《黑格尔导读》的215页上。③ 我不知道施诺博士有没有准确地向您转达

---

① 施诺(Roman Schnur)是一位法学家,他在费切尔(Iring Fetcher)的建议之下将施米特介绍给了科耶夫,尽管按照托米森(1998年,页57—63)所收集到的证据,科耶夫早就已经注意到了施米特的著作。科耶夫完成了1943年的《法权现象学纲要》就曾经使用过施米特于1933年在 Die Begriff des Politischen 当中第一次提出来的敌友之别的概念,这本书被施瓦布译为《政治的概念》(The Concept of the Political,施米特,1996年)。

② 布洛瓦(1846—1917)是一个狂热的天主教信徒,也是一个诗人。施米特这里所说的"那些范畴"究竟指什么,不能详考。

③ 科耶夫在《黑格尔导读》的这一页上解释了荷夫麦斯特(Hoffmeister)版《精神现象学》的第476—477页;这部分内容在米勒的译本中属于第678节(黑格尔,1977年)。在这部分内容里面,科耶夫不折不扣地表述了自己认为黑格尔是一个无神论者的观点:"简单来说,如果不通过一种无神论的人类学,那么,试图将自己完全而彻底地理解为精神的人,是没有办法让自己满足的。也正是因为这个原因,所以所有宗教的 Schicksal [译按:德文,"命运"的意思],也就是说,所有神学的命运,归根结底一定都是无神论。……在有神论里面,人也是意识到自我的。但却是以 Vor - stellung [译按:德文,"外置"的意思][二度呈现(re - pre - sentation)]的方式意识到自我。也就是说,他是将自我投射到自我之外的,是"stellt sich vor"[译按:德文,"将自我外置"的意思][二度呈现自我(re - pre - sents himself)],并且,因为在这种投射里面他不再能够辨认出自己,所以,他相信自己正面对着一个超越的上帝。也正是通过这种方式黑格尔才可以说,他的科学与基督教神学之间的唯一区别就在于这样一个事实,即,后者是一种 Vorstellung, (转下页)

黑格尔意义上的"使用上帝"{Gott-Nahme}对我而言意味着什么。很多人都把黑格尔刻画成"无神论者",并且我们的确也都知道鲍威尔(Bruno Bauer)那非常有趣的"最后审判的号角"。[1]但是,如果那些在学术性的劳动分工的过程中掌管着"哲学"公司的合法权利的哲人真正想要讯问你的话,您在215页上对这一问题的看法将会改变所有现存的哲学。但是,我不同意您的"攫取"自从拿破仑以来就不再存在,而现在所有的只是生产(grazing{geweidet})的观点。现在所剩下来的只是破坏{ausgeweidet}。那个因为是从虚无当中进行创造所以现在只是给予而不再攫取的、尘世的上帝,在创造一切事物之前,最先创造出来的是那种他从中进行创造的,也就是说,从中进行攫取的虚无。

请允许我再寄给您一篇已经发表的论文,因为其他的一些原因(这篇文章发表在恽格尔(Ernst Jünger)六十诞辰的纪念文集里面),[2]这篇论文可能不太会让您感兴趣,但是,在这篇论文里面我提出了一个看法,而对于这个看法,我认为,在现代世界上,没有谁能够比科耶夫先生您,更有资格做出评判。

谨致忠诚

(签名)

1955年5月16日,巴黎

尊敬的施米特先生:

非常感谢您的来信,还有您随信寄来的卡片和收入恽格尔纪念文集里面的文章,这篇文章我刚刚读完。

(接上页)而他的科学则是一种 Begriff,一种被确立起来的概念。事实上,为了获得作为黑格尔科学之基础的、无神论的人类学,只要扬弃这个 Vorstellung 就足够了,只要把握[be-greifen]、知道或者理解被投射的是什么就足够了,只要将基督徒关于他的上帝所说的一切用到人身上就足够了。"

[1] 鲍威尔,1841年;该书由斯特佩勒维奇(Lawrence Stepelevich)译为英文(鲍威尔,1989年)。

[2] 莫勒(Mohler),1955年。施米特的文章在该书的135—167页(施米特,1955年)。

《肖像》《黑格尔在法国》{"Hegel comes to France"}的价值的确是不可估量,①并且看起来也是非常"严肃"的! 我当然不会把您"归到"布洛瓦的名下,因为我对您的作品还是有点熟悉的……我极端不喜欢"commentaire existentialiste de K."{"科氏的存在主义的解说"}这个说法,②这当然是不言而喻的。但让人感到遗憾的是,这种说法在法国却非常盛行。这种说法里面唯一真实的地方就是我曾经尝试(并且现在也再度在尝试)对黑格尔进行"更新"{"update"}。如果"存在主义"的意思是说"现代的",或者说是"时髦的"{"fashionable"},那么我可以接受。

您当然是完全正确的:也就是说,正如您提到的,一切至关重要的事情都呈现在 215 页上了。我在讲课的时候曾经提到过黑格尔的、人类学意义上的有神论,但我同时也强调说,与这种有神论联系在一起的,不仅是一个必死的上帝,而且也是一个垂死的上帝。

但理解这一点的人是何其少! 除了那些法国人之外,我只从一个英国人那里听到过这样的说法。在一篇讨论我的文章里面(这篇文章我已经找不到了,出版商的名字也忘记了),我读到过这样的话:"……但科耶夫先生跟我们这些人一样,也是人。"③真是一个极具英美风格的讽刺和"Ver{?}zenhein"。④ 因为,不但我不理解这句话是什么意思,其他也没有谁能理解这句话的意思。但过去的情形跟却现在完全不同。比如,海涅(Heinrich Heine)对这个问题的理解就非常之好。在

---

① 托米森认为,科耶夫在这里所提到的这个题目,就是杜夫兰(Dufrenne)1948 年的作品。
② "极端"的德文,托米森的版本作 äussert,当作 äusserst。
③ 这句话原文是英文。
④ 据托米森的版本说,这个单词在原件里面无法辨识。

Pariser Tagebüchern(页码忘记了!)里面有这样的话:①"自从我不再是一个黑格尔主义者,我也过得不错。而如果有谁到我这里来跟我抱怨生活,向我求助,那么,我会跟他说:我不再是上帝了!去找一个舒适的、通常都装有塔楼和钟的收容所吧。"

是的,几千年来,人们关于上帝所说的话真可以说是数不胜数,就好像上帝是跟人有关的(也就是说,跟他们自己有关的[在那里我们可以看到"存在主义"!!])。单单是理解这个问题就如此之困难,乃至于即便是在我的书出版之后,理解这点的人仍然是寥寥无几。并且,有谁会严肃地对待这个问题呢?!

在我讲课的那段时间(即,在战争之前),我私底下一直在念的不是"拿破仑"而是"斯大林",但同时我又在解说《精神现象学》[用您的术语来说:斯大林 = "我们这个世界的亚历山大" = "工业化的拿破仑" = 世界(= 国家)帝国]。

现在,我相信黑格尔是安全正确的,我也相信,在具有历史意义的拿破仑之后,历史已经终结。因为,说到底,希特勒只不过是一个"新式的、放大的和改进版的"拿破仑而已["La République une et indivisible"{"统一而不可分割的共和国"} = "Ein Land, ein Volk, ein Führer"{一个国家,一个民族,一个领袖}]。希特勒犯下了那些您在第 166 页

---

① 在海涅的所有著作里面,我没有找到任何一部是以此为题的,不过科耶夫指的可能是海涅的一部名为 *Pariser Berichte* 1840—1848(海涅,1979 年)的文集,其中收录了海涅许多写于巴黎的作品。托米森的看法是,这段引文不是海涅本人的;但大体的意思应该是海涅的。海涅在一封写于 1849 年 4 月 15 日的信里面曾经说:"在某些时刻,特别是当阵阵痉挛令人发指地碾过我的脊背之际,总是会有一种疑惑滑过我的脑际:人真的像 25 年之前黑格尔教授在柏林当面告诉我的那样,是一个两足的神么? ……我再也不是一个神圣的两足动物了。"(海涅,1982 年,页 112)在一封写于 1851 年 11 月 3 日的信里面,海涅说:"黑格尔让我相信我是一个神! 我对自己的神圣是如此骄傲,我认为自己是如此之伟大,乃至于当我穿过圣马丁(Saint – Matin)或者圣德尼斯(Saint – Denis)的门时,我都会不知不觉地低下头来,唯恐让自己碰到拱门上——那是何等美丽的岁月啊,但是那已经成为遥远的过去。"(海涅,1972 年,页 146)[译按:"美丽的岁月"原文是法文,"belle époque"(belle époque 一般也译作:"美好年代")。]

(接近中间的部分)里面描述得非常之准确的错误:① 也就是说,如果拿破仑在他的那个时代可以做到希特勒这个程度的话,无疑是足够的。但不幸的是,希特勒做这些事情是远在 150 年之后!因此,第二次世界大战没有带来任何从本质上来说是新颖的东西。而第一次世界大战则只是一段幕间休息。

拿破仑想要的是什么?是为了"社会"的利益而"扬弃"{"aufheben"}国家本身。并且他相信自己有能力通过在一场"总体"战争中的"总体"胜利而达到这个目的。(通过这场"总体"战争,国家[国家 = 发动战争的领土性单位]本身可以被带向"完成",从而被"扬弃"。)

但英国人和美国人也想要(并且,在当时他们也已经能够要了)同样的东西(不消说,成功的希望更大)。并且,马克思通过他的"自由[做什么的自由呢?!)王国"所要表达的也不外乎此。

谁可以完成这个任务呢?接下来,还会有严格意义上的国家存在么?从而还会有行政管理和政治{Politik}②(= 战争)之外的统治么(这个政治不仅仅是指警察)?③ 美国人从来都不知道战争、政治和国家为何物(美国的"男孩"们不是作为战士而战死,④而是作为警察人员被打死,并且很自然的是,也没有人会觉得这里面有任何的好处。[但是关于所有这一切,您了解得要比我深刻]),并且欧洲也快要忘记

---

① 按照施米特的看法,这个错误是指用"老套的答案"回应当前由陆地和海洋之间的辩证法所产生的"历史的召唤":"尽管人们自认为是历史性的,尽管他们跟曾经是正确的东西站在一起,但他们忘记了,一条历史真理只能正确一次。"

② 整个来看,科耶夫的意思是很含混的,因为,Politik 既可以指"政策"("policy"),也可以指"政治"("politics");Aussenpolitik 在这里可以按照一般的英语用法译为"外交政策",至于 Innenplitik,因为译成"国内政策"("domestic policy")没有任何现实的意义,所以下文把它译为"国内政治"("domestic politics")。

③ 在这里,"警察"一词是括在括号里面紧跟在德文单词 Polizei 之后的。

④ "男孩"原文为英文。

这一点了。(Mourir pour Dantzig?!)①非洲和亚洲呢？不，正如您完全正确地指出的那样，历史是唯一的，并且对于这些国家来说，时间都太迟了：也就是说，在他们达到那种"美国式生活方式"的、让人满意的 Niveau de vie(生活水平)并从而能够考虑"军备"之前，②再也不会有发动战争的机会了。裁军会议的成功正指日可待。

当我在战后作为一个官僚(对外贸易＝对外"政策")进入现代民主"国家"的时候，我(在短短几年之后就)认为，以后再也不会有任何国家存在了。议会和政府(也就是说，从前的政治性的结构)维持着很好的平衡，乃至于它们两个当中没有任何一个可以决定、确定或者完成任何一件事情。由于这样一种彼此的政治"中立化"，行政管理就可以畅通无阻地开展自己的工作，也就是说，[能够]很好地"执行行政管理的工作"(用您的语言来说，＝组织"放牧"的工作)。当然，某种"外交政策"还是存在的。但国内政治，已经再也不存在了：每个人都理所当然地需要同样的东西，即，虚无；因为就大体来看，如果说他们得不到满足{begriedigt}的话，他们至少也是心甘情愿{zufrieden}[并且，只有当大众不心甘情愿的情况下，最不满的精英才能够成为一种革命性的，或者说是政治性的力量]。但是，这种所谓的外交政策只有一个目标：那就是，摆脱政治(＝战争)的世界。从外观上来看，所有的事情看起来都还"像过去那样"：比如，军备，联盟等等。但实际上已经有了非常大的不同，乃至于连 homme de la rue(路人)都已经知道得很清楚了，因为他们再也不会严肃地看待这个问题了。

当我看到(并且也体验到)这一点的时候，我觉得相对于其他那些国家来说，苏联要少许"现代"一些。在这里，人们能够在所有一切都

---

① "Mourir pour Dantzig?"是一篇文章的标题，1939 年 5 月 4 日发表在一份以巴黎为背景的刊物 *L'Oeuvre* 上面，作者狄亚特(Marcel Déat, 1894—1955)在当时是一个社会主义者和和平主义者，但从 1941 年开始加入了维希政府，成为 Rassemblement French Populaire 的创始人。在这篇文章里面，狄亚特主张波兰走廊跟法国农民没有关系。感谢托米森给我指出了这条引文的出处。另外还可以参见孔泰特(Cointet)，1998 年，尤其是页 146—148。

② "美国式的生活方式"原文是英文。

不变的情况下,取消政府和议会。并且,在苏联,他们也被取消了;革命并没有用一种新的统治取代旧的统治,而是用一种新的行政管理取代了旧的统治。

没有议会的统治是"法西斯主义"(暴政)。因此,这种统治的目的就是为了表明这样一点:希特勒=斯大林。目前人们已经看清楚,这行不通。因此,人们都在拼命地寻找一种俄国式的议会,但是没有找到。但是,当有一个"君王"(=皇帝=国家)存在的时候,议会存在的目的是什么呢?! 或者也可以用另外一种方式来表达:当所有人不管怎样都保持沉默、并且也没有什么革命的危险需要用一种"议会式的"方式来处理(或者需要一个没有"议会"的"君王"来处理)的时候,议会存在的目的是什么呢?

这些可以称为是"反共产主义的"俄国人究竟想要什么呢? 他们想要的跟那些"共产主义的"俄国人是一样的,那就是,"舒适而和平地生活"。只不过前者认为后者对这个目标的追求太冒进了(赫鲁晓夫[Krushchev]对马林诺夫[Malenkov])。① 但这不是一个政治性的问题,并且为了达到那个目的,既不需要战争,也不需要革命,更加不需要国家,需要的只是一种行政管理。而行政管理已经有一个了。

因此——我们可以以黑格尔主义为基础,做出如下的"世界性预

---

① 马林诺夫(Georgi Malenkov,1902—1988)在1953年斯大林临死之前被后者指定为继任的共产党领导人和总理,但他担任这两个职务只有十天。当时在党内排名第二位的赫鲁晓夫(Nikita Krushchev,1894—1971)劝说政治局的成员将这两个位置分开,获得了他们的同意,于是赫鲁晓夫就成了党的总书记,而由马林诺夫担任权力要小得多的总理。1955年2月8日,赫鲁晓夫把马林诺夫赶下台,立布尔加宁(Nikolai Bulganin,1895—1975)为总理。在科耶夫写这封信的时候,赫鲁晓夫已经采取强硬的反西方立场,并因此而显得像是一个顽固不化的斯大林主义者(因此也是一个"共产主义者")。但另一方面,马林诺夫则鼓吹一种与西方和解的外交政策,在国内经济政策方面,则鼓吹由重工业向日用消费品生产转移(因此用科耶夫的术语来说,他扮演一种"反共产主义"的角色)。但是,赫鲁晓夫在1956年发表了否定斯大林进行政治迫害的"秘密讲话",这就证明,他根本就不是一个忠诚的斯大林主义者;另外,在马林诺夫下台之后不久,赫鲁晓夫也开始模仿他妥协性的外交政策。

言":"局势缓和"①——裁军｛Abrüstung｝（开一句合辙押韵的玩笑）｛一语双关一下｝,可以说是"没有怒火（Endrüstung）"的裁军——"第四点计划"——政治（因为否则的话（otherwise）｛?｝②会导致在美国的失业——西方内部原材料和工业制成品（=没有"破坏"的"放牧"）的"合理划分"——每个国家内部和所有国家（"欠发达的国家"③）之间收入的持平。

再过一二十年,就连一个"非黑格尔主义者"都会看出,东方和西方不但需要的是同样的东西,做的也是｛同样的事情｝。到时候"联合"将是非常容易的事情。

所有这些都是对于我"不再有任何攫取,有的只是放牧"（这种放牧跟"异想天开的"、取决于劳动时间的生产是一起的,而这种劳动时间又是"教育"（Bildung）的一个函数,也就是说,是一种不愿意闷"在家里"的可能性）的观点的注解。

您的"陆地和海洋"仍然还会继续存在。④

除了关于时间的问题之外,我赞同您的所有观点（对于其中那些才华横溢的东西来说,我无话可说,您本人当然也是知道这一点的）。您关于这个问题的观点在过去是正确的,但现在却不再正确了。并且,这也是您在156页上自己说过的。⑤

如果只是泛泛而言的话,人们可以用如下的方式来表述这个问题：

——从经济的角度来看,现在不会再有任何的"大洋"存在,有的只是"内海"［在20世纪,只有墨索里尼这样抱着意大利式的愚蠢和"罗马式的"不合时宜不放的人,才会相信地中海仍然是一种政治性的

---

① "局势缓和",原文是英文。
② 据托米森的版本说,otherwise原稿有些模糊。
③ "欠发达的国家",原文是英文。
④ 科耶夫这里所指的不是施米特那本同名的 *Land und Meer*（施米特,1954b）,而是指施米特收入悼格尔纪念文集的文章（施米特,1955年）。
⑤ 在这一页施米特讨论了技术（die Technik）从批评的规范性标准当中的根本性的分离,也讨论了技术从"辩证的—历史的思想"当中的根本性的分离。

现象:今天,所有的一切显然都是"地中海"]。

——从战略上来说,"陆地和海洋"已经在"太空"当中被用一种黑格尔式的方式"扬弃"了:但是,战争永远都不会"被拉出太空",并且无论如何,以后不会再有任何人会喜欢"攻击机"。而且,在一个所有人都只想"保护"自己并且也只能"保护"自己的地方,不会再有任何意义上的历史存在,从而也就不会再有"亚历山大"的存在。

请您原谅这封冗长而又……不知所云的来信。但是我也想把自己"一时的想法"交给一位"有资格"法官来评判。谨致忠诚,

(签名)

1955 年 5 月 26 日

尊敬的科耶夫先生:

我在德国南部旅行的时候收到了您 5 月 11 日的来信,①等(下周)返回普利登堡之后我会从那里给您回信;今天我只是跟您确认一下我已经收到信了,也跟您确定一下我当然是理解"K. remains human"②这句话的意思的。在这里,"第四点计划"是我们的宪法这个想法,每一天都在我的耳边回响;我从拥挤不堪的大街上逃回到我的蜗居里面。

同时,我想寄给您我的一本还不坏的小册子,*Land und Meer* 的第二版;③原谅我的鲁莽,竟然把一本对一个小姑娘(小女安妮玛)讲述世界历史的书送给您,但是,它实际上是那篇讨论东西问题的文章的前提,因此,应该是可以原谅的。④

非常感谢您丰富的思想,也感谢您最后一封信对我的启示。

您的

(签名)

---

① 施米特指的应该是科耶夫 5 月 16 日的来信。
② 科耶夫的原文是"Kojève rests human"(英文)。
③ 施米特,1954b。
④ 施米特收入莫勒 1955 年的论文。

巴黎,1955 年 5 月 28 日

尊敬的施米特先生：

非常感谢您的来信,也感谢您的好意,以您的 *Land und Meer* 相赠。

我是以一种非常轻松的心情来读这本小书的：您能够举重若轻地处理这样一些重大的问题,这真是一门非凡的艺术。

我已经禀告过您：在关于过去的问题上,在关于"基本原理"的问题上,我完全同意您的意见。并且现在我又看到,在关于未来的问题上,我们之间观念的差异,也比依据悔格尔论文所得出的观感要小。

您给我的回信让我感觉兴味无穷：在今天,仍然知道国家和政治（从而还有"历史"）为何物,或者更加准确地说,知道国家和政治曾经为何物的人,已经是凤毛麟角。

昨天,我跟英国人和美国人就"可兑换性"（Convertibility）问题进行了一整天的官方讨论：①这件事情是一个很好的例证,既证明了"陆地—海洋"的对比,又证明了不合时宜的、对于 Leçons de l' Histoire（历史教训）的利用！

Really one②（?）the philosophy（or the "wisdom"）（?）2epochs where the danger of anachronism for nonphilosophy becomes real.

谨致至高的敬意和

忠诚

（签名）

---

① "自由兑换",原文是英文。按照 1944 年布雷顿森林会议协议的要求,所有的成员国都应该以某种稳定的汇率让本国的货币"自由兑换"成美元,而美元自己则兑换成黄金。就实际而言,这种状况仅仅在 1958 年底出现过。法国从来都不热心于布雷顿森林会议,因为它把维持汇率稳定的负担加在美国之外的成员国身上。参见波尔多（Bordo）,1994 年。

② 据托米森的版本说,原文在这两处有不清晰的地方。[译按]这段文字没有办法按照字面所提供的信息准确翻译,所以只好照录原文,跟英译者一样存疑。

普利登堡,1955年6月7日
尊敬的科耶夫先生：

跟"国家"有关的一切都已经结束了,这是真的;这个必死的上帝也已经死去,对此人们无计可施;目前这种现代性的、仅仅提供"生存照顾"("care of Dasein")的行政管理机构,也不是黑格尔意义上的"国家",不是"统治"(我不知道您在巴黎能不能看到这出因为教育和艺术部长的任命事件①而在哥廷根上演的滑稽[两边都很滑稽]戏——这出滑稽戏是1837年"哥廷根七君子"事件的拙劣模仿);②这种机构不再有能力担当战争和死刑;从而也就不再有能力创造历史。但,虽然我承认您是正确的,但我仍然认为,对于下一个历史阶段来说,③ magni homines｛伟人们｝——或者说 major homines｛更加伟大的人们｝——正在关注的乃是大空间的争论;④而大空间也就是一个跟现在和将来的技术｛Technik｝维度相称的计划空间(planning‑space)。我们的地球,无论它已经变得多么得小,我都不认为它是一个计划单位——我觉得这是一件遥遥无期的事情;我甚至觉得,它有没有这样的可能性都是一个问题。对我来说,大空间并没有一种跟"小空间"｛Klein‑Raum｝(这种含义我只有在回顾历史的时候才会｛提及｝)对立的含义,而是有一种跟世界一统、跟认为时间循环已经终结的看法相对立的含义——也就是说,｛这种含义指的是｝一种多元的状态

---

① 施鲁特(Franz Leonhard Schlüter,1921—1981),自由民主党党员,在1955年下萨克森州议会里面被任命为教育部长。哥廷根大学的评议会公开反对这项任命,理由是,施鲁特曾经是一个纳粹的支持者。海尔维格总理(Premier Heinrich Hellwege,1908—1991)任命了一个委员从未来调查这些陈情,但施鲁特还没等这个委员会提出最后的报告,就在四天之后辞职了。参见马尔登(Marten),1987年。

② 1837年,汉诺威国王奥古斯特(Ernst August,1771—1851)废除了1833年的宪法。哥廷根大学的七名教员,其中包括雅科布·格林(1785—1863)和威廉·格林(1786—1859)两兄弟,出面进行抗议,他们接着也被解除了教职。

③ 这里的 nächste,托米森本作 nächse。[译按] nächste,德文,"下一个"的意思。

④ "Grossraum",一般来说可以译为"大空间",这个词是1920年代开始出现在包括施米特在内的德国法学界的。本德斯基(Joseph Bendersky)曾经对这个词之所以逐渐盛行的语境有所说明(本德斯基,1983年,页250—261)。

(plurality),因此,它就能够产生一种有意义的敌对状态,而从正当性和历史性的角度来说也就值得注意。我不相信的是世界一统和时间循环的终止。Le cercle n'est pas encore parcouru{这个循环至今尚未走到尽头}。当今世界的(东与西,或者陆地与海洋)二元对立并不是统一之前的最后冲刺,也就是说,并不是历史的终结。它毋宁说是一个瓶颈,过了这个瓶颈,人们就可以找到新的、"当代的"magni homines{伟人}。因此,我正在寻找一种新的全球 nomos,①一种新的大地之法(geo-nomy);这种法不是来自几个诺贝尔和平奖的得主可以将权柄托付到他手上的那个世界主人的宣示;而是来自一种声势浩大、你来我往的"权力角逐"。

我在直言不讳地回答您上两封信(5月16日和5月28日)里面提到的问题,因为我没有办法对您保留我的意见。我知道在今天每一次类似的讨论都多么容易导致误会,但是,如果我不对您坦率地说出我的看法,那也是不对的。我担心(并且我也看到了)"攫取"至今都还没有终止。最近我提出一个主张(在法兰克福电台的一次广播讨论里面):人仍然是大地之子。等广播稿一出版,我就马上寄给您。②

我在热切地盼望您关于黑格尔的书。它应该用德语出版。德国的大众居然没有注意到您的《黑格尔导读》,这真让人恼火。但是您将会亲身体验到歌德曾经说过的一条真理:"我非常了解这些可爱的德国人:他们先是一言不发;继而吹毛求疵;接着是不闻不问。"③(原文

---

① 尽管 nomos 可以大略地翻译成"法律"或者"规则",但施米特对于这个术语则坚持一种更加精确的含义。对于施米特来说,nomos 是一种直接与区域划分联系在一起的、奠基性的秩序。参见施米特,1974年,页36—48。

② 施米特的"Gespräch über den Neuen Raum"于1955年4月12日在 Hessische Rundfunk 上面播出。后来,这篇广播稿跟另外一篇广播稿以 Gespräch über die Macht und den Zugang zum Machthaber;Gespräch über den Neuen Raum 的书名出版(Berlin:Akademie Verlag,1994年)。施米特在这里所引到这句话,出现在该书的64页上。

③ 这段话的原文是:"因为我了解这些可爱的德国人:他们先是一言不发,继而吹毛求疵,接着是不闻不问,接着是偷窃和掠美。"这段文字,在1816年歌德致蔡尔特(Carl Friedrich Zelter)的信(利玛,1833年,页298)和利玛自己所记录的歌德在1816年8月29日的一次宴会谈话里面(利玛,1841年,页719),同样都出现过。

如此;这句话歌德在 1816 年说过两次,见利玛[Riemer]和蔡尔特[Zelter])——一个绝妙的五阶段定律。因此,我已经建议一个德国出版商(Eugen Diederichs)考虑一下看能不能出版一个德文译本。我个人此后没有办法再参与这类事务;但我对于《导读》的感激是非常强烈的,并且至今仍然非常强烈,以至于我一直以来所能够做的便是保持沉默。

谨致忠诚,
(签名)

巴黎,1955 年 7 月 11 日
尊敬的施米特先生:

请原谅我迟至今日才回复你上一封(6 月 7 日的)来信。我前些日子一直都在因公出差,并且官厅的工作也非常繁忙(西西里、布鲁塞尔、突尼斯、摩洛哥)。

我非常高兴我们对所谓的现代"国家"想法是相同的。但是,我不能理解,为什么尽管如此您仍然还能够谈及一场即将到来的政治—军事"冲突"。对我来说,莫洛托夫的牛仔帽才是未来的象征。①

但是——正如我以前指出的那样——哲人,另外还有黑格尔主义者,不应该扮演先知的角色。

并且——在当前,果真存在一种东与西的"二元对立"么?与指南针的指点相比,我更加相信"陆地和海洋"。但是,在这里也是一样,战舰很显然是属于过去。

无论如何,我都非常希望看到您未来的大作。

关于拙著的翻译,非常感谢您的关说。考尔哈默(Kohlhammer)出版社以前好像想过要出版我的书,也曾经写信给我的出版商,但从那

---

① 莫洛托夫(Viacheslav Mikhailovich Molotov,1890—1986),1939—1949 和 1953—1956 年间曾任外交部长,他终其一生都是一个狂热的斯大林主义者。他公开反对赫鲁晓夫,1957 年,因为跟其他人合谋推翻当时作为第一书记的赫鲁晓夫,结果被赶出了苏共中央委员会。但很可惜,我一直都不知道莫洛托夫的牛仔帽究竟指什么。

以后我就再没有听到过任何的消息,连我的翻译者费切尔先生(Mr. Fetscher)都不跟我联系了。①

另外,我今天接到了一封美国的来信——给我写信的是一个现在纽约的、从以色列来的大学讲师(J. 陶伯斯),②他告诉我说,他的题为"à la Kojève"[科耶夫式的]的黑格尔讲座非常受学生欢迎。

谨致忠诚,

(签名)

巴黎,1955年8月1日
尊敬的施米特先生:

非常感谢您7月25日的来信,③也感谢您寄来艾里希·施特劳斯(Erich Strauss)(不过,这个人是谁呀?)的④又有趣又机敏的诗歌。像下面这样的诗句

Hylisch chthonisch und verdreckt(物欲,阴暗而肮脏)⑤

真可以称得上是摩根斯泰因(Morgenstern)的手笔。⑥

对于我来说不言而喻的事情是:革命跟战争一样,都已经是不可

---

① 这本书的德文译本叫作 *Hegel*; *eine Vergegenvartigung seines Denkens. Komentar zur Phänomenologie des Geistes*(科耶夫,1958年)。

② 陶伯斯(Jocob Taubes,1923—1987),犹太学者,一生都非常仰慕施米特。陶伯斯成年之后的绝大多数时间都在跟施米特的反犹太立场辩驳。尽管他跟施米特有通信联系,但只在1978年见过施米特本人。1967年,科耶夫应陶伯斯之请在柏林自由大学做了一场讲演。后来陶伯斯写道:"我问他离开柏林之后要去的那个小村子在哪里(他是从北京直接取道到我们这里来的)。他回答说:'去普利登堡。'尽管我对科耶夫很多出人意表的举动已经有些习惯了,但我还是感到很意外。科耶夫接着说:'来德国,人们必须要去的地方是哪里呢? 施米特是唯一值得一谈的人。'他的话深深地刺痛了我。因为我一直不让自己去拜访施米特,并且对科耶夫能够放下包袱跟施米特来往有些嫉妒。"(陶伯斯,1987年,页24;还可参见莫勒,1995年,页116,页120—122,页253)

③ 这封信已经遗失了。

④ "艾里希·施特劳斯"是施米特写诗用的笔名。

⑤ 幸运的是,施米特在那封遗失的信里面寄来的诗句,在莫勒,1995年,页192里面也出现了。

⑥ 摩根斯泰因(Christian Morgenstern,1871—1914),讽刺诗人,哲学出身。

能的事情了。这两者都是由国家发动的,但是国家恰恰已经不再存在。

在我的观念和您的术语里面,革命跟战争一样,都不属于划分的范畴,而是属于攫取的范畴。而如果我再从黑格尔的立场出发附加一句说:攫取只有在为了名望(prestige)而发生,或者说为了名望性的目的(prestigious ends)而发生的条件下,才是政治性的。否则的话,是不是可以说,甚至连动物都可以发动战争?甚至连19世纪非洲的掠奴活动也是一场战争?另一方面,除了"霸权",也就是说除了声望之外,雅典显然也没有多少可以从斯巴达"攫取"的东西(反之也是如此)。

无论如何,我对您的误解(但对此我要表示歉意)都让我非常高兴。我相信,这是你我之间唯一存在观念分歧的地方。

我最近出了一次车祸,所以没有按照原先的计划去南斯拉夫,而是带着一条断臂留在了巴黎。因此我会非常愿意跟您的女儿会面。我现在也正是在这种情形之下给她写信。

费切尔先生写信告诉我说,您最近跟许多教授和学生提到了我。非常感谢。

谨致忠诚。

(签名)

普利登堡,1955年12月14日
尊敬的科耶夫先生:

几个月以来——自从8月份以来——我一直都在想给您写信,只想表达一下对您的谢意,感谢您在巴黎对小女安妮玛的热情招待(对此她在信中做了热情洋溢的报告)。但在最近这几个月里面我经常都感到心烦意乱,所以直到今天才找到这样的机会。当然,这是一个困扰了我很久的问题,因此我想作为一个敏感的读者,同时也作为一个已经通读过您的《导读》的人,对您提出来。可以理解的是:正是从这样一种情形出发,所以我一直在热切地等待着您关于黑格尔的著作,同时热切地等待着德文本的出版。我同样也很关心,菲切尔博士的翻译进展得顺不顺利,会不会马上就出版。

以下是我的小问题：它关系到黑格尔的敌人概念，尤其关系到荷夫麦斯特本页168、您的《导读》页581（Le Moine，Le Prêtre①｛僧侣，牧师｝；此处的星号＊＊＊是什么意思？？②）讨论"不幸意识"那部分内容的"敌人"一词。它跟如下的说法有关：以最具特性的｛eigensten｝（再下面几行：典型的｛eigentümlichen｝）形式表现出来的敌人（"enemy in his most characteristic form"）。③ 这种敌人指的是什么人？——有没有可能他恰恰是通过一些动物性的机能来表现自己？他在那里寻求的是什么？

在我的小册子 *Ex Captivitate Salus*（《从被虏中获救》）④页89—90的一段关于敌人的论述里面，我曾经引过这样一句诗（出自多布勒[Theodor Däubler]）：⑤

敌人在形式上就是我们自己的问题。

对于这句诗，一个在哈佛待过三年的、天才的德国年轻人最近跟我说：⑥美国没有敌人，因为它没有形式｛Gestalt｝。很重要的一个问题。我可不可以请您抽空留意一下89—90页（在"细胞的智慧"一

---

① "僧侣，牧师"，这些都是科耶夫自己为这些《精神现象学》的段落取的名字，它们分别出现在米勒《精神现象学》（黑格尔，1977年）译本的第225节和第226节。

② 这里引到的这段文字（科耶夫，1958年，页583）不是科耶夫《导读》的正文，只是《导读》的附录，显示了科耶夫对黑格尔《精神现象学》体系的图解。星号是科耶夫序号体系的组成部分。

③ 见黑格尔，1977年，第223和225节；米勒将这两个德文单词都译为"具有特征的"。

④ 施米特，1950年。

⑤ 多布勒（1876—1934），诗人。他最著名的诗作 *Das Nordlicht*（1910年）一共有三万行，生前曾经多次修订重版。施米特对 Nordlicht 的迷恋可以追溯到1912年；1916年的时候他曾经出版过一本对于这首诗的疏解（施米特，1991）。

⑥ 据托米森说，这个年轻人叫阿恩特（Hans-Joachim Arndt），他后来做了海德堡大学的政治学教授。阿恩特在1948年的时候在哈佛见过陶伯斯（见上文1955年7月11日科耶夫信件的注释）。陶伯斯对于这次会面的回忆见于陶伯斯（1987年），页23和67—68。

节)？我不知道您有没有这本小册子。如果您没有的话,我会非常乐意马上寄一本给您。

一般来说,这个问题可以这样来问:在黑格尔那里,究竟有没有"敌人"？——或者说,在黑格尔哲学的体系里面,有没有可能存在"专政"？因为:要么他就是否定的一个必经阶段,要么就是无效的,空洞的。在那些动物性的机能里面,它意味着(页168)他们可能是"一些从自在和自为的角度来看都无效的东西"。

如果在这个问题上能得您片言的赐教,我会发自内心地表示感激,因为我知道您工作非常繁忙。

谨致忠诚,

(签名)

最近,纽伦堡一个(社会民主党的)名叫拜耶(Beyer)的编辑出版了一本关于黑格尔在班堡(Bamberg)做编辑时候的书。是本传记,书名叫 Zwischen Phänomenologie und Logik(作为"懦夫"的黑格尔)。[①] 如果您感兴趣,我可以寄一本给您。

巴黎,1956年1月4日

尊敬的施米特先生:

非常感谢您12月14日的来信,也请原谅我迟到的回复。直到最近我一直都因为关税联盟的谈判而待在突尼斯(结果非常好)。接下来马上要轮到摩洛哥了……

在回答您的问题之前,我想先祝福您新年快乐。或许我们今年会有见面的机会吧？

关于旧著德文版的出版问题,我一无所知:费切尔博士已经有很长时间都没有给我写信了。我甚至都不知道那些难题是不是都解决了……

那本书也要在美国出版,但其中的具体情形我同样一无所知。就

[①] 拜耶,1955年。

这本书本身来说,它永远都只是一项规划。我至少已经写了一千页了,但所有这些都不过是"习作"。不管怎么说,我已经有六个月没做这件事情了。我现在仍然会不时地考虑一下,事情也正在逐渐变得明朗起来。

我不知道您的 *Ex captivitate salus*,像任何从您的笔端流露出来的东西一样,我很想读到这本书。

那本黑格尔在班堡的书我同样也很感兴趣,但我实在不想给您添麻烦。我应该可以在这里的什么地方看到这本书。

接下来,关于敌人的问题:

"以具有特性的形式表现出来的敌人"(enemy in his characteristic form)当然就是魔鬼(the devil),更加精确一点说,是指基督教意义上的、也可以以各种"动物性的机能"(animal functions)表现出来的魔鬼。对黑格尔来说(也就是说,"对我们来说"或者"就其本质而言")这些机能都是"没有价值的",因为人否定了它们,并且,人之为人也只是作为这样一种否定——而不仅仅是作为一个动物——而存在。因为,当"不幸的意识"(也就是说,宗教意义上的人,或者更加精确地说,基督徒)在死亡面前、在为了承认(即,他的人性化的现实和名誉)所进行的斗争当中的生命冒险面前都表现为奴隶的时候,当这种意识回避斗争的时候,那么,"对它本身来说",那种动物性的东西并不是"没有价值的",而是有力的,或者说,是"恶魔般的"。

因此,人们可以做如下的表述:

真正的敌人也就是战斗到死的敌人:也就是说,他可以杀死对手,也可以被对手杀死,因此他就是身体,或者也可以说是"形式"。如果有谁准备要杀死他(也就是说,如果有谁准备要冒生命的危险),那么,这个敌人就是"没有价值的"{nichtig},也是可以(至少是作为敌人)被消灭的。但是,如果人们害怕这个敌人,那么,他就会变成是"恶魔般的",因此也就是"强大的":也就是说,他就是"主人"而另外一个人则是"奴隶"(至少就这另外一个人没有回避他而逃入"另外一个世界"这点来说,他是奴隶)。

您曾经问道:"在黑格尔那里,究竟有没有敌人?"答案总是:"也有也没有。"

有——就存在着为了承认所展开的斗争(即历史)这点来说,并且只要存在着这种斗争(即历史),那么,敌人就是有的。世界历史就是不同民族之间的敌对性(这种敌对性在动物里面根本就不存在:也就是说,动物可以为了某物而"战斗",但不会出于敌对性而战斗)的历史。

没有——只要并且一旦历史(= 为了承认的斗争)已经在绝对知识里面"被扬弃",那么,敌人就没有了。因此,敌对性说到底只是"逻辑"或者说人性化的言说(human speech)的一个"时刻"。智者(绝对知识)的已经被实现的理性,也会说起(在黑格尔的现象学里面)关于(过去的)敌对的事情,但是,智者不会出于敌对而言说,也不会面向敌人而言说。或者换一种说法:敌对性已经在相互的承认当中被扬弃了,也就是说,被破坏了;但是,人们真正承认的只会是[以前的]敌人,由此就导致,敌对性也就在承认里面被保存(被扬弃)了,尽管是以一种升华的(扬弃的)形式加以保存的。

——黑格尔就把我们带到这么远。接下来或许我们可以问一下自己:智者(黑格尔)关于敌对性的言说在大约500年之内会不会仍然被理解。今天已经只有很少数的人能够理解"敌人"、"国家"、"战争"和"历史"的意味到底是什么了。绝大多数的人是"反对"所有这一切的,并且,就这个方面来说,他们仍然在某种程度上理解了所有这一切的意味。但是,如果所有这一切都消失了,那么,或许人们就再也不会理解敌人的意味了。接下来也就不会再有黑格尔意义上的"智慧"了。并且,只要敌对性仍然还存在,那么,那种黑格尔意义上的智慧也就会仍然存在。因为在那时候,人们只会说"支持"或者"反对"某件事,只会说"关于"某件事……问候。

谨致忠诚

(签名)

普利登堡,1956 年 5 月 11 日
尊敬的科耶夫先生:

我非常理解您"黑格尔式的"语言,并且,对于我来说,没有什么比

阅读您在5月5日的来信当中对哈姆雷特的解释更开心的事情了。①因为这个,同样也因为《导读》253页上那段我已经知道很久并且也思考了很久的文字,我要向您表达无穷的谢意。但我仍然不太明了黑格尔思想里面的悲剧因素。我的小文《哈姆雷特还是赫库巴》只是一篇讲演,②内容是关于某个特定主题的(即,哈姆雷特＝詹姆士,也就是说,关于公元1600年的历史呈现闯入到了戏剧当中)。在这个讲演里面,我并没有考虑一般性的悲剧问题。但是,在附录2里面,我的确想讨论一下国家的问题。请注意一下《哈姆雷特还是赫库巴》页65上半部第6—12行的内容!黑格尔之后的国家终结了英雄—悲剧(hero-tragedy);《权利哲学》第93、第218节;第93(英雄—法:拉松版的补充)、③第359节论野蛮;第218节讲到:"在英雄时代,正如我们在古典悲剧里面所看到的那样"等等。④ 因此莎士比亚仍然是一个野蛮人。但是,哈姆雷特是一个"知识分子"么?我发现,这部戏剧很明显是分裂的:第一部分(包括波洛涅斯(Polonius)的死)是一部复仇的戏剧,而第二部分则是一首街头民谣(Moritat)。父亲的幽灵只在第一部分里面出现。这是什么意思呢?在第二部分,他悄无声息地消失了,再也没有被提到过。悲剧性的东西并不在戏剧内部,而是在戏剧之外,在

---

① 这封信已经遗失了。
② 施米特,1956年。
③ 黑格尔,1921年。在第93节的这段文字里面,黑格格认为英雄—法只有在一种自然状态里面才是可能的,也就是说,只有在没有伦理制度存在的情况下才是可能的。施米特尤其关心的是这样一种行动所发生的关键时刻(critical moment):这种行动是先于如上这些制度的,并且还是这些制度的基础,因此它也就能够区分 Verfassung(宪法)和 Verfassungsgesetz(宪法性的法律),从而也就能够区分与这两种法律相应的权力,即 Verfassunggebende Gewalt 和 Verfassungsgesetzgebende Gewalt——前者是指产生宪法的权力,后者则指发布宪法性法律的权力。参见施米特(1965年),页75以下和页98。第218节这句话的全文是:"在英雄时代,正如我们在古典悲剧里面所看到的那样,公民们并没有觉得自己受到了那种王室成员之间彼此施加的过错行为的伤害。"(黑格尔,1967年,页140)第359节的题目是"德意志王国",在黑格尔看来,这个王国可以分成两个部分,一个是世俗的,另外一个则是"超越的世界"。在国家出现之前(第360节),这两个王国从外部来看都是野蛮的(页222—223)。
④ [译按]原文的括弧只有左半,而没有右半;而两半引号中间也隔着一半括弧。

现实当中。您的说法真是好极了:詹姆士一世只是"碰巧"自然地死亡了。的确是。

我今天不想写更多的东西了,只是想感谢一下您的来信,同时也对您的健康表达最美好的祝愿。您告诉我说您感觉不太好,这让我感觉非常忧虑。这几个星期以来,我一直都想在杜塞尔多夫的莱茵—鲁尔俱乐部(Rhein‑Ruhr Club)为您筹划一场讲演。这个俱乐部——请您不要跟杜塞尔多夫的重工业 Industrie 俱乐部混淆了——的主要成员都是一些中型的工业企业和独立的企业家,入会的限制很严格,同时也是一个很好的平台,布吕宁①(Brüning,前帝国总理,现居美国)和施密德(Carlo Schmid,跟我同名,社会民主主义者)②等人都曾经在这里讲演过。这个俱乐部曾经请我向您询问一下,问您愿不愿意做一次讲演(有讨论的),内容要么是关于欠发达地区的问题,③要么是关于其他方面的主题(不要是纯哲学性的)。您愿意考虑一下么?还是觉得这个想法没什么价值?请您坦率而真诚地告诉我。对我来说,能够通过这种方式为您在德国找到一个平台(并且还是一个恰如其分的平台),是一件特别快慰的事情,并且从我个人的角度来说,我还可以有一个机会跟你结识,跟您讨论。

请原谅我这样一种想见到您本人的意图;因为我每时每刻都在想当面对您表示感谢,并且也每时每刻都在想继续我们之间的讨论;另外还有一个目的,那就是想让您的大名被德国人知道,也想将您对黑格尔的诠释介绍给那些被现代大学行业培养起来的学术庸人知道,或者至少是想尝试一下。在杜塞尔多夫做一场讲演,可能会比在一个大学城里面的讲演引起更多人的注意,因为今天的大学城都要接受"文

---

① 布吕宁(Heinrich Brüning,1885—1970),天主教中心党的领导人,1930—1932 年间任总理,后来被帕彭(Franz von Papen,1897—1969)接替。1934 年流亡到美国,1937—1952 年在哈佛大学任职。1951 年曾返回德国,在科隆大学讲授政治学(曼尼斯 [Mannes],1999 年,页 14)。

② 施密德(Carlo Schmid,1885—1979),德国法学和政治学教授,曾将波德莱尔翻译成德文,1949 至 1972 年连续担任德国社会民主党的议员。

③ "欠发达国家"原文是英文。

化交流"的庇护,并且也已经变成了毫无理念可言的整齐划一的温床。

如果我把这个杜塞尔多夫的计划放在今年秋天或者冬天举行,您觉得合适么?请写信告诉我好么?

谨致真诚

(签名)

巴黎,1956年,5月21日

尊敬的教授:

非常感谢您5月11日的来信,同时也非常感谢杜塞尔多夫俱乐部的邀请。从原则上说,我非常乐意到那里做一场讲演。但因为目前我正在病中,所以很遗憾我没有办法确定具体的日期。或许来年的一二月份我会有时间吧。

"欠发达国家"这个题目对我非常地适合。① 或许我还可以借着这个机会从"黑格尔主义"的角度对一条马克思主义的常识做一点诠释,也就是说:19世纪的无产阶级到了20世纪已经变成了"欠发达"的国家,同时所有随之而来的理论和实践问题也都发生了转变。②

——关于黑格尔当中的悲剧问题:

1、我相信黑格尔本人并没有看到"知识分子的悲剧"。不过我也相信,我的这种解释只是一种"正统的"解释。

2、如果我对黑格尔的理解是正确的,那么,就实际来看,公民一直都是资产阶级(真正的"主人"{Herr}只属于"神话般的"史前时期[prehistory]):这种资产阶级要么是作为"贵族"而存在,要么是作为真正的(或贫困或富裕的)"资产阶级"而存在。而如果情形果真是如此,那么,国家(=每一个现实的、由"权威"取代了"为了承认的斗争"的国家)将可以结束这场悲剧:而这仅仅是因为,在这种国家里面,不存在"真正的主人"(或者更加确切地说:因为"真实存在的主人"只能是十恶不赦的罪犯)。我同意这样的看法。但我也相信在这样的国家

---

① "欠发达国家"原文是英文。
② "欠发达"原文是英文。

当中(也正因为存在着这样的国家)也存在着(或者说可以存在着)不是"资产阶级"的人,而理由也很简单:他们不是公民。而这些人恰恰也就是那些生活在某个独立的 République de Lettres① 之中的"知识分子"(和僧侣?)。在这样的共和国里面,还存在着悲剧。

3、您对悲剧的诠释(将悲剧诠释为"历史"),在我看来,跟黑格尔主义的诠释是完全可以共存的(某种程度上也可以跟"马克思主义的"诠释共存)。大体如下:在这种国家里面也存在一种实际的"为了承认所展开的斗争"。这种斗争不是仅仅发生在个人之间,而是发生在"阶级"之间(如果借用马克思的语言的话)。因此,也会存在"悲剧性的历史情境"。只有黑格尔和马克思才会注意到,这些"情境"并非绝对是"悲剧性的",因为总会存在一种革命性的(或者更加确切地说是流血性的)、从他们那里逃离的情形。

谨致忠诚

(签名)

梵维斯,1956 年 11 月 30 日
尊敬的教授:

最近蒙您的好意为我在杜塞尔多夫筹划了一场讲演。如您所知,当时我正在病中,所以我没有办法给您一个确切的日期。现在来看,明年 1 月份的时候我应该可以有几个星期的时间去德国探望友人。

如果借着这次机会能够跟您见上一面,我将会非常高兴。或者我们的会面也可以跟在杜塞尔多夫的讲演一并进行吧? 如果讲演可以安排在 1 月 10 日到 20 日之间,我的时间会特别方便。

请让我提前表达对您的谢意,谨致忠诚。

(签名)

---

① [译按] République de Lettres,法文,可以理解为"文学共和国"。

1956年12月5日

尊敬的科耶夫先生：

收到11月30日的来信我非常高兴；首先是因为您的康复，其次是因为即将到来的跟您的结识。我会把来年1月份整个空出来为你准备；只是在1月21日的晚上会在亚琛技术学院有一场讲演。我可以随时来杜塞尔多夫，或者随便你喜欢的什么地方。普利登堡是一个让人生厌的洞窟，到处都是小钢铁厂，并且冬天的交通也非常不便：这个地方跟马基雅维里在圣卡斯西亚诺（San Casciano）的避难所一样，但不幸没有那么美丽的风景可看。因此，如果我们在一个稍微大些的城市见面，或许会更方便一些。

我已经跟莱茵—鲁尔俱乐部沟通过了。因为整个夏天讨论都中断了，所以我不确定讲演在1月中旬的时候是不是仍然能够顺利举行。时间少许会有些紧张，因为冬季的活动计划都已经安排好了。不过我会尽最大的努力。我会随时写信告诉你相关的情况。如果对您在德国的旅行我还能够提供另外什么样的帮助，那对我将是极大的快乐。

谨致真诚。

（签名）

普利登堡（威斯特伐利亚），1956年12月23日

尊敬的科耶夫先生：

事出仓促，对于您计划在杜塞尔多夫举行的讲演，我能不能请您提供一点相关的信息？莱茵—鲁尔俱乐部的管理部门让我询问一下讲演的主题：不知道您能否将演讲的理念跟某个现实的主题结合起来：比如说，苏伊士运河，法国的殖民政策，或者诸如此类的东西？俱乐部已经答应在1月中旬举办这场讲座，但因为时间紧凑，他们担心如果演讲的主题跟现实没有什么关联的话，听众会来得很少。

如果讲演可以如期举行，对我将是无尽的快乐。当然，在像杜塞尔多夫这样的城市里面，非常需要更多重要的听众来出席；而这也是我们关心的问题。我现在寄给你的是早先讲演邀请函的样本。您可

以尽快将您本人的有关信息(按照我随信寄给你的样本写一份简单的履历材料)寄给我么？这些信息在正式的邀请函里面将会被印制出来。

请原谅我的鲁莽！请允许我向您的新的一年致以最美好的祝愿，我也期待着来年1月份跟您在杜塞尔多夫的见面。

谨致始终不渝的忠诚。

(签名)

1956年12月24日梵维斯

尊敬的教授：

多谢您的来信，我刚刚收到。随信寄上我的一些履历材料：对于其中的内容您可以自由删减。

我们此前拟定的主题是"欠发达国家"①(顺便问一下，在德国人们是如何讨论这个问题的?)。这个问题在我看来已经非常时髦了。不过，演讲的题目可以再做某些"润色"。比如说：

关于欠发达(?)国家的问题，[或者(?)]关于所谓的"殖民主义"的[此外还有"欧—非"关系的理念]问题。

另外，作为一个官员，我必须得非常小心，只能讨论"原则问题"，而不能讨论太具体的问题。

从个人的角度来说，我觉得公开的演讲是没有价值的。但我可以理解莱茵—鲁尔俱乐部对这个问题的兴趣。

无论如何，我都非常感谢您在这当中所付出的巨大努力。

能够跟您结识并且当面交谈，在我是极大的快乐。

致以新年最美好的祝福。

谨致忠诚。

(签名)

---

① "欠发达国家"原文是英文；托米森本把"Underdeveloped"读成了"Unterdeveloped"。

又及：这次旅行的费用是由俱乐部负担么？它们的安排是怎样的？

K

梵维斯,1957 年 1 月 23 日
尊敬的教授：

请让我再次表达最诚挚的谢意,感谢您在杜塞尔多夫极其友好也无微不至的照顾。

我希望您什么时候有机会来巴黎一次。这的确是一座美丽而舒适的城市。

我在火车上读完了您那本讨论权力问题的小册子①———一如既往,我是怀着极大的满足读完这本书的。书中的一切我都完全同意。

借此机会,请向您的女儿转达我最诚挚的问候。

至于说到讲演稿的出版,很遗憾就目前来说我没有办法这样做：因为我的上司有紧急的命令！我希望莱茵—鲁尔俱乐部能够加以体谅。

我会同时写信给科赫先生(Mr. Koch)表达我的感谢和歉意。②

谨致崇敬和友好的问候。

谨致忠诚,

（签名）

---

① 施米特,1954a。还可参见 1955 年 6 月 7 日信注释 6。[译按]由于注释体例的转换,这封信的注释 6 在本书当中有所改变。科耶夫在这里指的应当是施米特的 *Gespräch über die Macht und den Zugang zum Machthaber*; *Gespräch über den Neuen Raum*。

② 科赫(1891—1962)当时是莱茵—鲁尔俱乐部的主席,在纽伦堡军事法庭的"众部长案"("Ministries Case")里面,他曾经担任过库尔纳(Paul Körner)的辩护律师和戈林的永久代理人(*Trials of War Criminals*, 1997,页 10)。

[译按]"众部长案",也称"众部长审讯"("Ministries Trial"),是二战之后纽伦堡军事法庭所审讯的第 11 个案件。这个案件的被告都是在纳粹帝国期间担任过各部部长的人物,故名。

普利登堡,1957 年 1 月 31 日

尊敬的科耶夫先生：

多谢您 1 月 23 日的来信！对于我来说,最要紧的是您没有为这一次的杜塞尔多夫之行感到遗憾。而一旦我不考虑我自己从中所得到的助益,那么我首先就必须要声明,您的名字现在已经对至少二十位德国的青年才俊产生了影响。这对我来说就是一个很好的结果。除此之外,我希望在外部条件改善的情况下您会再次考虑来德国讲演,也希望这次的杜塞尔多夫之行至少不会有什么负面的影响。

我只要打开每天的报纸,几乎马上就可以在里面找到跟您演讲的主题有关的文章。不过,一个人今天在德国公众那里会遇到什么样的难题,或许您也已经有了一个印象。沙赫特博士(Dr. Schacht)给我写来一封长信;①他刚刚去了慕尼黑,在那里庆祝了自己的 80 岁生日。我很遗憾他这次不在那里,因为,尽管他年事已高,但在讨论里面,他经常都会发表饶有趣味的评论。另外还有菲利克(Flick)公司的凯勒切先生(Kaletsch)②,我在演讲后的下一个周五遇到了他,他也为没有

---

① 沙赫特(Hjalmar Schacht),银行家,政治家。1923—1930 年和 1933—1939 年曾担任帝国银行主席,1935—1943 年任希特勒内阁成员。1937 年,因为和戈林(Hermann Göring,1893—1945)在经济政策问题上政见不和而辞去财政部长一职,此后一直担任不管部长,直到 1943 年。沙赫特虽然支持纽伦堡法案(Nuremberg Laws),但他反对入侵波兰,所以从 1940 后就一直和抵抗组织保持联系,并于 1944 年 7 月参与谋划了反希特勒的政变,结果失败。不久,他因为这些活动被捕入狱,但逃脱了处决。沙赫特 1946 年受到了纽伦堡国际军事法庭的审判,最终被无罪释放(费舍尔[Fischer],1995 年;彼得森[Peterson],1945 年)。

[译按]纽伦堡法案,纳粹德国于 1935 年制定的、针对犹太人的种族歧视法案。按照这个法案,一个人,如果祖父母和外祖父母四个人全部是德国人,那么,他的血统就是"德国血统";如果有三个人或者四个人都是犹太人,那他就是犹太人。如果有一个或者两个人是犹太人,则是杂种或者"混血"。纽伦堡法案还剥夺了犹太人的德国国民权利。

② 卡勒奇(Konrad Kaletsch,1898—1978),自 1937 年起任弗利克(Flick)集团公司的高级行政主管。1947 年,他和其他五位弗利克公司的高级主管曾经在纽伦堡军事法庭接受审讯,这次审判是纽伦堡军事法庭针对那些雇佣犹太奴隶的公司所进行的三次审判中的一次。凯勒斯被判无罪,而他的三个同事(包括弗利克公司的主席弗利德里希·弗利克[Friedrich Flick])则被判刑入狱。

能够聆听您的讲演而感到遗憾。他正在忙着处理那件不幸的德门森（de Menthon）事件。① 但正如我已经告诉您的，我觉得那些聆听您讲演的年轻人都是非常重要的。从我的"Gespräch über die Macht den Zugang zum Machthaber"当中，您应该已经理解为什么在我的内心深处充满了对于所有掌权者的悲观。《亚当斯的教育》说的是：②掌权的朋友便是陌路的朋友，③而在"施米特的再教育"里面我还想再加一句：掌权的敌人是双料的敌人。④

讲演稿不能出版虽说可以理解，但毕竟让人感到遗憾。对于我来说，这次跟您的个人会面在我生命的秋天里面仍然是一个重大的时刻。因为这次会面，对于您《导读》和来信的阅读便成了一种生动活泼的讨论。

谨致最美好的祝愿和希望，

谨致永远的真诚与忠诚，

（签名）

附：1957年莫赛尔（Mosel）老人的诗歌

　　人性正在整合

　　莫赛尔河正在疏通

　　圣餐依然被到处传递

　　俗人不需要圣餐杯

　　亲爱的上帝仍然隐藏

　　整个世界变成了熔炉⑤

---

① 这一事件原委如何，不能详考。或许跟德门森（François de Menthon, 1900—1984 年）有关，德门森，1945—1946 年在纽伦堡审判中曾经担任法国方面的首席检察官，1943—1945 年，他曾是抵抗运动的领导人，并曾担任法国临时政府的司法部长。
② 亚当斯，1995 年，页 107。
③ "掌权的朋友便是陌路的朋友"，原文是英文。
④ "施米特的再教育"，原文是英文。
⑤ 熔炉在原文中为英文。

自动化遍及全球
俗人服用弗罗那①(Veronal)
科耶夫举起帕拉庭(Palatinate)酒
庆祝在杜塞尔多夫的讲演

梵维斯,1957年2月12日
尊敬的教授:

非常感谢您风趣的小诗。

虽然如此——不过看起来好的凡人甚至连弗洛纳都不需要。在这个领域,我最近经历了一些绝对是非同寻常的事情——跟那些所谓的"政客"一起。

或许您哪一天会决定来巴黎旅行一趟,那将会令我非常的高兴!

谨致崇敬的问候,

谨致忠诚,

(签名)

巴黎,1960年4月4日
尊敬的教授:

非常感谢您的好意,为我寄来了 *Tyrannei der Werte*,②一如既往,我怀着极大的兴趣和满足读完了这本书。

我希望过不了多久我们就可以有交谈的机会。

谨致崇敬的问候,

谨致忠诚,

(签名)

---

① [译按]弗洛纳,一种镇静类药物,有安眠作用。
② 施米特,1979年。

从欧洲视角看殖民主义

科耶夫（Alexandre Kojève） 著

女士们，先生们：

在开始我的讲演之前，首先我想对莱茵—鲁尔俱乐部的盛情邀请表达最诚挚的谢意。

其次我想对我蹩脚的德语表示歉意。不过，用黑格尔使用过的语言做讲演仍然是一件很开心的事。但是，我的德语实在是太词不达意了，因此我必须要恳请各位多多见谅。

最后，我想重复一下科赫先生已经对各位讲过的一句话。也就是说，我在这里所说的一切都是我个人的观点，我自始至终都不是作为一个法国的官员，而只是作为一个个人[如果可能的话，也是作为海德堡大学的一个老校友]在发表这些观点。①

我还想强调一下，在我的讲演里面，我会非常有意识地同时也是非常小心地避免任何政治性的或者可能会带有一点政治色彩的东西。我想最大限度地去除我所讨论的所有概念当中的政治色彩，首先是要去除所谓的殖民主义这个概念当中的政治色彩。因此，我在检视和处理所有这些问题的时候，是从一种纯粹经济性的视角，一种纯粹政治经济学的(national‐ökonomischen)视角出发的。

---

① 方括号里面的语句在德文本里面是有的，但是在 Commentaire 发表的、科耶夫自己翻译的法文译本里面被删掉了(科耶夫，1980年，1999年)。

一

"资本主义"这个词是在十九世纪的时候形成的,马克思赋予这个概念一种非常精确同时也带有特殊经济意味的含义。

马克思通过"资本主义"这个概念所理解的那种经济制度有以下几个方面的特征。首先,"资本主义的"经济是一种工业化的经济。其次,在这种制度里面,工业生产方式不属于人口当中(在这些生产方式的帮助下)从事体力劳动的大多数,而是属于一个在政治和经济方面处于"领导"或者"指导"地位的少数人,或者说是属于所谓的"资本家"精英。第三,这套制度被建立起来之后,从事劳动的大多数,或者说所谓的"无产阶级",完全没有从工业化的技术进步当中或者也可以说是生产的"合理化"当中,获得任何的利益。

工业技术的进步提高了劳动收益,或者按照现在的叫法,提高了"生产力"。因此它从劳动当中产生了一种剩余价值。但是,这种"剩余价值"并没有用到劳动阶级的身上,而是被少数的资本家据为己有。于是,尽管有着技术的进步,人口当中从事劳动的大多数仍然维持在同一个生活水平,而这种生活水平对于生存来说是最低的,因此绝对不可以再降低了。与此相对,技术进步却可以让少数资本家的收入持续不断地增长。

我这里特别说到"收入的增长",而没有说生活水平的提高。因为,正如生存有一个最低限度一样,生活也有一个最高的限度(Lebensmaximum),或者我们也可以说有一个不可能被超过的、生活的最适宜程度。并且,这种最适宜程度远在工业化之前就已经被"处于领导地位的"少数人达到了。马克思称这种最适宜程度为非常好(very good),并且即便是在自己的科学著作里面也这样说。

因此,实际上,资产阶级的剩余价值只有很小的一部分被消费掉了。几乎所有的东西都"被用于投资",并进而服务于更深层次上的进步,也就是说,服务于国民经济工业化或者合理化的、持续不断的膨胀和"完善"[？]。

但是，正如我已经指出的那样，马克思所看到的那种"资本主义"，其建立的结果是，从事劳动的大多数完全没有从这种进步当中获益。并且，尽管他们没有在绝对的意义上变得更加贫困（这无论如何都是不可能的），但从相对的意义上来说，他们却变得更加贫困了：也就是说，他们的收入跟与之联系在一起的精英的收入相比，差别越来越大了。

从这样一种马克思主义的资本构成理论和剩余价值理论出发，马克思本人以及十九世纪那些所谓的马克思主义者就得出了一个众所周知的社会和政治结论。所谓的"社会革命"（social Revolution）被预言为一种历史的必然。按照他们的说法：建立在剩余价值基础之上的资本构成破坏了社会的平衡；因此整个资本主义的制度迟早都要崩溃。而资本主义的这样一种暴力性的崩溃就被称为"社会革命"。

但是，人们不需要费多大的力气就可以确定：马克思主义的预言家们都错了。因为，恰恰是在那些真正的资本主义国家里面，"社会革命"并没有发生。[并且在今天，严肃地主张说在这些国家里面仍然还有发生这种革命的可能性的人一个都没有了。]

但是，尽管在今天人们已经不再可能严肃地否定这些事实，但是，给这些事实以错误的解释，这样的可能仍然是存在的。人们可能会说，马克思之所以预言错误，是因为这些预言的理论基础错了。[实际上，持这种观点的人非常多。]但在我看来，这一类的解释不但就其本质而言是错误的，并且还是危险的。因为事实上，马克思之所以会犯错，并不是因为他在理论上错了，反倒是因为他在理论上是正确的。

那么，这样一个在今天已经被普遍认识到了的错误，实际上是怎样产生出来的呢？这并不是说西方没有出现过革命，尽管马克思所描述过的那种资本主义仍然还在那里。马克思之所以犯错也不是因为这个，也就是说，是因为（正如在上个世纪的时候人们喜欢说的那样）绝对没有过那种跟马克思所描述的那种资本主义相像的东西存在过。实际上，马克思之所以会犯错，首先是因为，在他那个时代，资本主义的确就是他所描述的那个样子；其次，这样一种资本主义已经克服了马克思所发现并且描述过的、经济方面的缺陷——或者也可以说,克服了这方面的"矛盾"。也就是说,按照马克思本人曾经说明过的那个方向克服了这些缺陷。精确一点说,它克服这些缺陷不是通过一种"革命性的"和"恶魔般的"方式,而是通过一种和平的和民主的方式。

实际上,马克思和马克思主义者的错误只表现在一个方面。他们就像那些自认为已经通过各种厚薄不一的书籍将马克思的理论"驳倒"了的、资产阶级的政治经济学家和知识分子普遍所认为的那样,也认为资本主义完全都是幼稚的和短视的,①完全都是不明智的和盲目的。如果情形当真是如此的话,那么,马克思在这方面当然也就不会犯错。但实际上,情形并非是如此。资本家出版过"反马克思主义的"书籍,有时甚至(像小学生那样)还阅读这些书籍,但他们实际所做的,跟从这些书里面所得出的结论完全相反。也就是说,他们按照一种马克思主义的方式对资本主义进行了重建。

简单来说,资本家看到的东西跟马克思所看到、所指出的完全是一回事[尽管他们是独立于马克思之外而看到的,并且比马克思看到的也要稍微晚一些]。也就是说,如果通过工业技术所生产出来的"剩余价值"不在少数的资本家和大多数的劳动者之间进行分配的话,那么,资本主义是没有办法进步的,甚至连继续下去都不可能。换句话说,后马克思主义的资本家已经看到,现代化大生产的、高度工业化的资本主义,不但允许,同时也要求持续不断地提高劳动群众的收入(和生活水平)。并且他们也采取了相应的行动。

一言以蔽之,资本家为了让"社会革命"不可能发生,或者说,为了让"社会革命"变得不必要,他们所做的事情恰好符合马克思主义理论原本会对他们提出的要求。这样一种对于原始资本主义所做的"马克思主义式的"重构,在相当的程度上是通过匿名的方式完成的。但是,跟在其他的场合一样,这里也是有一个理论家存在的。他的名字叫做福特(Henry Ford)。并且我们因此还可以说,福特是二十世纪唯一的、

---

① 当作 kurzsichtig[译按:德文,"近视"的意思],托米森本作 durzsichtig。

伟大的、真正的马克思主义者。[其他的所谓理论家或多或少都是"浪漫主义者",另外,为了将马克思的理论适用于一些非资本主义的关系,尤其是适用于那些马克思没有看到过的经济制度,他们也对这些理论做了扭曲。]

尽管如此,在福特将在他之前已经有一些资本家多少是有些无意识地在做的事情有意识地推向极致之后,随即还是出现了一些知识分子的理论家,他们用一种普通人不能理解的、学院化的语言,将福特主义的理论在"充分就业"("Full Employment")的名目之下做了进一步的发展;①并且他们在这方面做得还非常成功,以至于人们很难再看出它跟福特主义理念之间的关系,但其实福特主义的理念才是正统的马克思主义,并且,一旦这些理念可以被人们实现,它们就可以推翻各种虚假马克思主义的理论。

不管怎么说,事实都是:马克思曾经描述并且批评过的那种资本主义,也就是说,旧式的资本主义,是通过人为地将劳动阶级的收入限制在维持生存的最低水平而生产出用于投资的资本,这种资本主义,在今天,在任何一个已经实现工业化的国家,都已经不存在了,但苏俄除外。苏俄的资本主义,如果不能称为"共产主义"的话,也可以称为"社会主义"。[但它所表现出来的那些社会政治(一方面跟警察有关,另方面跟革命有关)方面的后果跟 19 世纪欧洲的资本主义是完全相同的。也就是说,跟马克思的理论是完全一致的。因为,按照马克思主义的理论,剩余价值是由私人来投资还是由国家官僚来投资并没有关系。唯一重要的是,人们所考虑的问题只是这样一种可以形成资本的剩余价值,于是就导致,劳动群众被置于生存的最底线。]

二

女士们、先生们,刚刚我讲的这些绝对不是什么新东西。[这些东

---

① "充分就业",原文是英文。

西在今天已经是尽人皆知的事实。]你们一定会觉得奇怪我为什么要说这些。而如果考虑到我讲演的题目不是"资本主义"而是"殖民主义"的话,你们就会更加感到奇怪了。

我刚刚讲的是马克思和马克思主义的资本主义,以及对它的和平而民主的——或者也可以说是"政治性的"——扬弃。但在我看来,这种旧式的资本主义并没有像表面看上去那样已经从总体上并且也是最终地被扬弃了。而这不仅是因为它仍然在苏俄(还有那些所谓的卫星国)、在多少有些道理的"社会主义"的名目之下存在,同时也是因为它——非常不幸——在西方内部、在那些今天被称为是"殖民主义"的地方,仍然存在。

但马克思本人所想到的只是西欧。在他那个时代,这也是完全合理的。但是,如果有很多重复他的观点或者批评他的人直到今天除了把美国包括进这个 orbis terrarum(地球)之外,还抱有跟古代罗马的政治经济学家同样的世界观念,那就不那么合理了。

但实际上,不管怎么说,二次世界大战之后的所谓"西方世界",绝不仅仅只是欧洲或者欧美。可能更要紧的还有非洲和亚洲,至少从长远来看是这样。

而当这样一个世界被按照它在现实当中所是的样子看作是一个整体的时候,人们就不难发现,马克思关于资本主义的定义跟这个世界是非常符合的,当然也跟这个定义"在逻辑上"(即,不仅是"实际地",同时也是"必然地")随之而来的所有后果非常符合。

的确,我们看到,在当前,最重要的生产手段属于一个独享技术进步之利益的欧美少数派(a Euro‑American minority),因为这个进步使得这个少数派的收入在年复一年的膨胀;但与此同时,亚非多数派(the Afro‑Asian majority)固然在绝对的意义上没有变得更加贫困(这从物质的角度来讲是绝对不可能的),但从相对的意义上来说却更加贫困了。与此同时,这一现象所牵涉的绝对不是两个在经济上彼此分离的体系,因为在欧美和亚非之间有非常活跃的经济往来。但是,这个体系的建构方式却是如此之不合理,乃至于那个较小的部分每年都在通过它获取更多的利益,而另外那个较大的部分却绝对没有将自己提升到高于维持生存的绝对最底线的水平。

换句话说,在今天,没有哪个已经实现了工业化的国家——俄国除外——还存在着马克思主义意义上的"无产阶级",也就是说,还存在非常贫困的、只能维持生存而不能享受真正富裕的人口。[在所谓的"资本主义"国家里面,所有人在很大程度上是同等富裕的,而不是同等贫困的;因为在这些国家里面,所有人的生活——当然是从相对的意义上来讲的——都是富裕的。]但是,如果人们把现实的世界作为一个整体来看待,那么,人们马上就会看到一个人数众多的、真正符合马克思主义的定义的无产阶级。并且,因为这个阶级跟某个经济单位有关,也就是说,跟某种经济体系有关,因此人们就可以说,也存在一种马克思主义意义上的"剩余价值",而这种剩余价值就其总体来看只流向那些独占了工业生产手段的国家。

这种"剩余价值"从经济的视角来看是如何获得、如何保持的,这跟本题完全没有关系。这个问题之所以重要,仅仅是因为这种剩余价值被用来服务于工业化国家的资本积累。并且因为这个原因,所以尽管有些于心未安,人们仍然还是可以说,现代西方的经济制度完全是一种马克思主义意义上的"资本主义"。

尽管如此,在一种制度里面,剩余价值的抽取是来自本国的劳动群众,而在另外一种制度里面,剩余价值则是来自其他的国家,这两种制度,无论是在心理—政治的方面还是在经济的方面,都有一种非常重要的差异。而如果资本主义、社会主义和殖民主义的概念能够按照如下的方式加以定义的话,那么,这种差别也可以从术语的角度确定下来。通过资本主义的概念,我们可以理解十九世纪那种典型的、欧洲式的资本主义,也就是说,在这种制度里面,剩余价值是从本国内部抽取出来的,并且剩余价值也是通过私人来投资的。通过社会主义的概念(我这里谈的不是理论上的、从来都没有存在过的社会主义,而是指目前实际地存在于各个已经苏维埃化的国家当中的那种经济制度),通过苏维埃式的社会主义的概念,人们可以理解这样一种制度,在这种制度里面,剩余价值跟在资本主义制度里面一样,是在本国内部获得的,不过在这里,将这种剩余价值用于投资的乃是国家。最后,

"殖民主义"的概念指的是这样一种制度,在这种制度里面,剩余价值的投资不是通过国家,而是通过个人,不过在这里,剩余价值的获得不是在本国内部,而是在本国的外部。

通过这些定义人们马上就可以看出,真正的资本主义无论在什么地方都不会再存在了,而殖民主义则仍然跟这种已经消失了的资本主义有联系。接下来人们就可以理解,为什么当今的马克思主义者对于殖民主义的立场,跟马克思对待典型资本主义的立场是相近的。一方面,他们主张,亚非多数派和欧美少数派之间的{差距}正在持续拉大;另方面,他们又由此得出结论说,这种制度因为缺乏平衡,所以一定会崩溃。除此之外,他们也跟马克思一样,主张自己是唯一能够做出这些观察并从中得出结论的人,而当前的殖民主义者则相反,他们就像马克思时代的资本家一样,是盲目的,愚蠢的。

如果情形果真是如此的话,那么,这些新马克思主义者对于资本主义的预测无疑将是正确的。并且,也正是因为这个原因,所以我在讲演一开始的时候才会说,对于那些马克思在资本主义的问题上做出错误预言的事实做出错误的解释,将是极端危险的。[因为我们看到,尽管马克思所揭示出来的那种"矛盾"仍然存在,但资本主义并没有崩溃。事实上,西方并没有发生社会革命,因为西方的资本主义自己通过一种和平民主的方式解决了这个矛盾,而且还用一种"福特主义的"方式重构了自己的"经济"。而]从这个历史事实出发,人们只能合乎逻辑地得出这样一个结论,那就是:为了防止殖民主义的崩溃,这种殖民主义必须要以一种理性的方式、就像福特前后的那些资本家重构旧式的资本主义那样,加以重构。

三

目前的情形非常独特,并且在某种程度上也有些困扰。在旧式的资本主义里面,那个"马克思主义意义上的"矛盾已经在实践当中被"福特主义的"资本家们实际地、积极地解决了。只是在这个以后,那种新式的、所谓充分就业的科学理论才开始出现,①而与现存经济制度保持着一致的国家,也只是在这个过后才做出调整。但是,在当前的殖民主义里面,整个情形却大不如人意。关于这个问题已经出现了很多很好的理论著作(比如,以联合国为背景的著作);也出现了很多积极的政府声明(governmental statements)②和政府规划(比如,杜鲁门总统著名的"第四点计划")。③ 但是,经济方面的从业者却采取了一种保留的、甚至是怀疑的立场,而他们的行为也好像在说:因为这是一项跟所谓的政治问题有关的事业,所以跟他们是没有干系的。

这当然是一个政治问题,甚至还可能是二十世纪独一无二的政治问题。但正如上文已经指出过的,我想完全忽略跟政治有关的方面。并且,因为这无疑是一个经济问题——甚至可能首先是一个经济问题,所以,就更得关注政治以外的方面了。因为,通俗地说,或者恰当地说:贫穷的顾客都是坏顾客,并且,如果一个公司的顾客大多数都是穷人,或者说,大多数都是坏人,那么,这个公司本身也就是一个坏公司——无论如何,也是一个不完美的公司,并且,如果考虑到公司为了避免倒闭因此必须每年都要扩大规模这一点,情形就更加是如此了。而如果这样一个公司果真有那么一天倒闭了,也没有人会感到意外。[如果用"更加上台面"一点的话来说,这个很简单的主张可以称为"[？]定律"。但它今天仍然是有效的。]

因此,今天的人们必须要考虑这样一个现实的问题:殖民主义应该怎样用一种可以称之为"福特主义"的方式从经济上进行重构？就表面来看,存在三种可能的方式,并且所有这三种方式都已经被提出来了。

首先,人们可以采用著名的"贸易条件"(terms of trade)。④ 用地

---

① "充分就业",原文是英文。
② 在托米森的版本里面,这两个单词难以辨认,但在科耶夫自己的法文译本里面,这两个词是有的(科耶夫,1999年,页560)。
③ "第四点计划",原文是英文。
④ "贸易条件",原文是英文。[译按]贸易条件,又称交换比价或贸易比价,即出口价格与进口价格之间的比率,也就是说一个单位的出口商品可以换回多少进口商品。

道的德语来说就是,人们可以用比迄今为止都要高的价钱来购买货物,并且主要是购买欠发达国家所生产的原材料。这样做的目的是为了稳定原材料的价格,是为了将原材料的价格稳定在这样一个水平:这个水平不仅可以让出口国活下去并且是安心地活下去,还可以让他们像进口国那样生活得越来越好。换句话说,现代殖民主义应该仿效旧式资本主义的作法,也采取相同的措施,也就是说,要明白这样一点:付给劳动者不是尽可能低的报酬,而是尽可能高的报酬,这样做不但在政治上有利,在经济上也是有利的。人们已经讨论很久的"商品协定"(Commodity agreements),①其真实的目标也就在这里。是的,不管怎么说,这些协定已经讨论很久了,并且还是用多种语言进行讨论的:[1947年哈瓦那会议的时候讨论了五个月,1954年日内瓦关贸总协定会议的时候讨论了四个月]。并且所有的国家也已经做好了最后的准备。而如果看到事情还存在着如下的方面,那么整个的情形就更加让人感到振奋了,也就是说:有些欠发达国家的欠发达民族根本没有办法理解,比如说,为什么在中东生产石油花费要比在德克萨斯少一半;还比如说,为什么,如果存在一个所谓的世界性联合,这些原材料就会变得几乎一文不值,而工业制成品的价格却可以几乎不发生改变。等等。因此,正如已经说过的那样,在日内瓦的时候,所有的国家都达成了一致。但是,有一个国家是反对的,并且还是在"原则性的基础问题上"(principled grounds)持反对意见。但这已经够了。而在当时因此也就没有人能够再说什么。② 因为这唯一一个讲究原则的国家,就是美国。

其次,人们更进一步。也就是说,人们可以跟以前那样从原材料和所有其他来自殖民地的东西里面累积剩余价值,但却不再将之投资

---

① "商品协定",原文是英文。[译按]商品协定,全称"国际商品协定",是指某项商品的主要出口国和进口国就该商品的贸易、价格等问题,经过协商达成的政府间多边贸易协定。

② 1970年代,在所谓国际经济新秩序(NIEO)底下,好几个商品协定都相继成功地确立起来,但主要是因为缺乏政治上的支持,所以除了橡胶的商品协定之外,所有其他协定都失败了。

于那些已经实现工业化的并且也已经很富裕的国家,而是将之投资于这种剩余价值归根结底被从中抽取出来的那些欠发达的贫困国家。而这点可以通过与之相适合的世界组织来做到:比如说联合国经济发展特别基金(SUNFED),①或者其他类似的组织。关于这点人们也已经讨论得很多了:也就是说,已经被讨论过很多年了,并且是"以国际的方式"进行讨论的。[尽管讨论的方式跟我刚刚所说的并不完全相同,但至少是以一种"体面的"方式进行的,因为这种讨论意味着那些已经工业化的国家愿意帮助那些欠发达的国家,因为这些欠发达的国家可以通过一种国际性的投资机构而获得财政上的援助。并且,接下来所有人最后(我的意思是在经过了五年的研究和协调之后)都……毫无例外地……可以达成一致,愿意筹集总额 2.5 亿美元的资金,然后将它交给所有的欠发达国家去支配。但这笔钱至今还没有找到——或许是因为数目太少的缘故吧……]并且,在……联合国里面,人们仍然还在讨论这方面的问题。

第三,人们还可以再进一步,但不是在国际的方面,而是在国内的方面。也就是说,某个特定的工业国家,可以像所有的工业国家目前正在做的那样,用这只手(比如说右手)来抽取殖民地的剩余价值,但同时用另一只手(也就是左手)将这些剩余价值甚至是更多的资本投放在一个或者多个欠发达的国家。而如果有一个这样的国家当真将所有的剩余价值甚至是更多的资本用这种方式进行了投资,那么,可以肯定的是,人们就再也没有办法在传统的意义上讨论殖民主义了。因为到那时候,人们事实上肯定已经不再攫取任何东西,甚至倒有可能在给予东西。并且,当上述的国家通过这种方式所花费的比所累积的要多的时候,它甚至应该被人们称作是反殖民主义了。

---

① 联合国经济发展特别基金是由发展中国家于 1952 年倡导成立的,目的是为了对抗由发达国家,尤其是美国控制下的世界银行。1953 年,联合国成立了一个委员会,建议成立联合国经济发展特别基金,准备为第三世界国家筹集 2.5 亿美元的基金。第三世界国家施加了很大的压力,但美国于 1959 年提出的妥协性方案最终获得了胜利:也就是说,由国际开发协会(IDA)用比世界银行更加宽松的条件为第三世界国家提供贷款,但具体事宜由世界银行管理(诺斯特[Nossiter],1987 年,页 34—37;联合国,1953 年)。

就我目前知道的情形来说,第三种方式在目前只有两个国家采用了,即法国和英国。就法国的情形来说,不管人们把它从殖民地所抽取的剩余价值,其中也包括为法国货物所附加的差价(markup)和特惠关税(preferential tariff)等等,估计得怎样高,但从战后开始出现了这样一个现象,那就是,法国投资于殖民地和前殖民地的资本比这些殖民地和前殖民地以剩余价值的形式供给法国的资本要多五倍或者六倍。并且,尽管我对英国方面相应的数据知道得不是很精确,但我的确知道同样的情形在英国也是存在的。

因此,总结西方世界目前的情形,人们可以这样说:

首先:"坚守原则的"殖民主义,其堡垒在华盛顿;

其次:所有的工业国家——除了法国和英国——实际上都是殖民性的。

四

任何人都知道上面所讨论的问题应该要 cum grano salis{有所保留地}加以对待,这点无需我提醒。或者用德语说:这是一个玩笑。但哲人会把这个玩笑称为是"苏格拉底式的讽喻"("Socratic irony")(并且,这种反语或多或少都能获得成功)。换句话说,我的讲演从根本上来说是严肃的,并且,在某种程度上也是"说教性的"。

真正严肃的问题是,在我们这个时代和我们这个世界上,真正的问题不是政治性的殖民主义,而是经济性的殖民主义。因为就总体而言,政治性的殖民主义不会再存在了。今天只有很少几个国家仍然处在一种真正的殖民"政权"的统治之下。并且,即便因为这些国家的存在,一些地方性的难题仍然存在或者说还可能会出现,但整个的西方世界却绝不会被他们破坏。这种类型的殖民主义不再是一个世界性的问题。不过在我看来,经济性的殖民主义却是一个世界性的问题,并且也是一种致命的危险。

同样也很严肃的问题是,人们不但有可能在没有殖民地的情况下实施殖民主义,而且,所有的工业化国家——多少(more or less)[①]是无意地——事实上都是殖民主义者,因为这些国家独得了技术进步所带来的好处(因为它们一年比一年富裕),而那些落后的国家却仍然跟从前一样贫困,并因此从相对的角度来说也变得一年比一年贫困。

最后一个严肃的问题是,只要经济生活的参与者仍然在袖手旁观,那么,这个问题就不可能真正得到解决。现代的殖民主义需要一个新的、集体性的"福特",其紧迫性就跟当初旧的资本主义需要许多个自发涌现出来的福特一样。我的意思是指这样一些人,这些人只有在提高群众的工资,也就是说,只有在出于经济性的理由而提高生产成本的情况下,才能够为一个由自己产生出来的、群众性的市场而生产,他们没有必要期望国家仅仅出于理论性的或者政治性的理由而产生这样一个群众性的市场。

所有这些在我看来乃是当代世界的律法。或者用一个希腊语的词汇来说:是西方世界的大地之 nomos。

我刚刚读过一篇文章,这篇文章是我读过的最机智诙谐也最才华横溢的文章之一,这篇文章说,古希腊的 nomos 是从三个根源发展起来的:攫取,划分和放牧(即使用和消费)。在我看来,这无疑是正确的。但是,古希腊人并不知道,现代的 nomos 也会有第四个、并且还可能是最主要的根源,即,给予。现代社会这样一种社会—政治性的和经济性的规律,其根源是在古希腊人的理解能力之外的:这或许是因为他们是一个狭小的异教民族,而不是一个庞大的基督教力量?谁知道呢。

有一件事情是可以肯定的。也就是说,刚刚那一席话绝对不是为了批评施米特教授。因为施米特教授的"划分"已经潜在地包含了我的"给予":也就是说,如果所有的东西都已经被攫取,那么,人们之所以能够很自然地进行划分,那仅仅是因为有些人愿意给出一些东西而

[①] weniger,托米森本作 eniger。[译按]weniger,德文,"比较少"的意思,相当于英文的"less"。

其他人又得到了这些东西。① 我想指出的只是,从辞源学的视角来看,"给予"这个动词或许听起来要比"攫取"这个动词好听一些——即便从实践的角度来说这两者是一回事!因此我们说,比如,我们自己缴了税,而不说他们从我这里把税攫取了过去。

并且,词语所具有的含义比正常情况下人们所相信的要大得多。人归根结底是通过语言跟动物相区别的。而恰恰是从这样一个语言的视角来看,现在的情形对我们西方世界却完全都是不利的。那种旧式的、攫取性的、给国内的群众以尽量少的东西的资本主义,已经被俄国的"社会主义"重新发扬光大(至少是在它被民族化以后)。但是,这种现代的、给予性的、给国内群众尽可能多的东西的资本主义,至今还没有被正名。至少,它正在给予别人东西这一点就还没有被正名。它正在攫取这一点,即便攫取的对象是来自国外,已经被称为是"资本主义"。现在还有谁不知道这个名号呢?但是,这种最新才出现的、给予落后地区的比从落后地区攫取的要多的、我想称之为给予型资本主义的资本主义,却仍然没有自己的名号。不消说,它仍然还是一个新生儿[因此是幼小而虚弱的,但不也正是出奇美丽的么?]。但是,按照现代基督教的习惯,一个新生儿不但应该受洗,也应该命名[这看起来是一个良好而聪明的习惯]。

但是,现代西方世界的——有名号的或者没有名号的——nomos,对我来说,当然就是我刚刚即兴而蹩脚地称之为"给予型资本主义"的那种东西。并且,因为这种资本主义是"律法",所以,所有的工业化国家迟早都得归附于它:但尤其需要归附于它的,是那些没有所谓的"殖民地"可以给予、从而一直都沉湎于那种纯粹攫取性的资本主义、但是——就正常情况来说——又有一种高贵良心的国家。

---

① 在1959年的一篇论文里面,施米特接受了这个观点:"在一个我为人人的世界里面——但不幸的是,在有些时候,这些人也会跟其他人为敌——人们可以在不攫取的情况下给予"(施米特,1995年,页583)。

五

如果情形当真是如此,那么接下来人们就要问一下自己:在给予型资本主义的框架里面,那种律法上所要求的付出,应该以什么样的数量、什么样的方式、以谁为对象来实施呢?我想以这个问题来结束我的讲演。

首先:人们应该支出多少呢?这是一个很困难的问题,我不想只是泛泛地表明一下立场。我只想提醒一点,据联合国的专家们计算,如果所有的发达国家都能够将其国民收入的3%投资于不发达国家,那么欠发达国家的问题就可以从整体上得到解决。事实是否真的是如此,我不得而知。[但我的确知道,3%的数额在美国是一个非常可观的数目。在西欧也意味着要放弃很多。]但我知道,法国自从战后以来,在上述那些理论上的估算还没有出来之前,实际上每年都将国民收入的大约3%投资于自己的殖民地。并且也没有被这样的投资拖垮……[但我要承认这样做的实际动机是纯粹经济方面的。① 至少并不总是如此,也不是在所有的地方都是如此。]

并且,如果人们可以把法国在这方面的经验加以推广,那么,整个西方世界"给予型的资本主义"可以筹集到的资金差不多可以有100亿。这当然是一个负担,并且是一个沉重的负担。但法国的先例证明,这一个负担绝对不是不能承受的。

第二:人们应该怎样给予呢?现在,我既没有时间也没有兴趣来讨论商品协定的问题。②[我想说的只是,从内心深处来说,我从来都没有办法理解人们到底出于什么理由反感美国。因此,从个人角度来说,我总是会在这当中看出一种可以称之为偏见的东西。但也有可能我是错的。]但我必须要承认,我认为我们的美国朋友在有一个方面是

---

① [译按]从上下文的语气来推测,似乎应该说"并不是纯粹经济方面的"。
② "商品协定",原文是英文。

正确的,那就是,单靠商品协定是没有办法解决全部问题的。① 无论如何都必须要附加直接的分配(direct contributions)。并且,在这里又会出现这样的问题,即,通过这样一种直接的方式可以给出什么样的东西。事实上,对于这个问题,可以做出两种截然不同——甚或可以说是完全矛盾的——的回答。

直到现在为止,美国式的直接分配差不多都是消费品[这些消费品当然并不完全是像人们有时恶意嘲讽的那样,都是可口可乐式的]的分配。与之对照,法国和英国的直接分配全部都是现场的投资(on-the-spot investment)(在这种投资里面,消费品不但不会被给予,甚至通常还会以比在世界市场上更高的价钱出售)。[并且我也想顺便指出,就这方面来说,英法的模式跟俄国目前正用在中国身上的方式是类似的。]

很难说这两种方式哪一种更加可取。因为,一方面,从心理上来看,给出剩余的消费品当然要比投资来得简单,尤其当投资涉及的是竞争性行业的时候,情形就更其是如此。并且,无论如何,给总比什么都不给要好一些。但另一方面,人们绝对不可以忘记,落后国家的工业化在今天已经变成了世界性的神话,并且,到现在为止,这个神话只有在西方世界以外的地区才能以一种轰轰烈烈的方式来实现,在这里我指的是中国。在遥远的欧洲,人们很难看到这点,但是在距离中国更近一点的印度,人们要看得清楚得多![除此之外,我认为,有着众多人口的落后国家的工业化,其必要性就跟提高国内群众的购买力是一样的;{这}是一种经济上的必要性。因此我必须要承认,从我个人的角度来说,我更加倾向于英法的现场投资的方式,而不喜欢美国的给予成品消费品的方式。]

第三点:人们应该给谁? 出于很多方面的考虑,我认为,一方面,国际性的援助方式远不是最好的一种,另一方面,区域性的援助(regional aid)就其本质而言要比国家性的援助(national aid)可取得多。

---

① "商品协定",原文是英文。

即便从纯粹经济的立场来看也是如此。因为,到今天为止,实际上仍然存在着很多自然形成的经济区域。但是,从给予性殖民主义的视角来看,这些区域之间是不平等的。

首先,让我们先考虑一下那些在西方世界之外的经济区域,比如说蒙古帝国,这个帝国最先是由成吉思汗(Ghengis Khan)建立的,最近在政治和经济上又得到了重建。在这个帝国内部,与相对已经实现了工业化的 2 亿俄国人相比,还有着大约 7 亿欠发达的亚洲人。也就是说,在接下来的许多年里面,平均每个俄国人必须要负担 3.5 个"欠发达的"亚洲人。这是一个非常非常沉重的负担。但或许仍然还不是一个不可承受的负担[但前提条件是,俄国人必须要继续推行以警察管制为基础的消费禁欲主义]。

接下来让我们看一下英镑区。这里的情形看上去要更糟。因为在这里,每一个英国人必须要负担 10 个"欠发达的"亚洲人。而这绝对是不可以承受的。尽管英国人的"节俭"有口皆碑,①但是,这种节俭肯定比不过苏维埃的社会主义,并且,这种节俭的基础是纯粹道德—宗教意义上的,而不是警察性的{polizeiliche}。因此,看起来,在这个地区,未来给予型的殖民主义不能只是英国式的,而应该是盎格鲁-萨克逊式的,或者说英美式的。

但是,如果把印度、印度尼西亚和印度支那也跟整个南、北美洲加在一起,那么,即便只是加一部分,人们也可以看到,平均每个美国人的负担从比例上来说也要比俄国人所承担的亚洲人的负担要大。不过,因为从长远来看美国的国民生产总值会变得比俄国高很多,所以,美国最后完全有可能在不必放弃"美国生活方式"的情况下,②得到比俄国好很多的结果[另外美国生活方式并不是一种"节俭的"方式,更加不要说"禁欲主义"了]。

接下来是最后一个但却并非最不重要的区域,③欧洲。跟蒙古帝

---

① "节俭",原文是英文。
② "美国生活方式",原文是英文。
③ "最后一个但却并非最不重要的",原文是英文。

国一样,这个区域也有古老的历史,甚至可以说是非常古老的历史。因为这个区域一度被称为罗马帝国(Imperium Romanum),并且在经济上也曾经令人瞩目地维持过持久而强劲的活力。的确,现代的很多历史学家都主张,伊斯兰教对地中海的征服,将这样一个单一经济世界内部的连接纽带变成了两个世界之间的疆界,从而导致在接下来的许多个世纪里它都不再是商业交通的要道,而是变成了一个仅供军事角逐的舞台,如果这一切都没有发生的话,那么,即便是经历了野蛮的战争,这个经济区域原本也可以维持下去,或者说重新恢复元气。

但与此同时,人们也变得更谨慎更成熟了;并且可以肯定的是,过不了多久所有这些角逐都会最后停息。因此人们完全可以心平气和并且满怀信心地说,建立地中海地区经济统一体的经济条件现在已经又恢复了。并且在这里,人们也必须得说,从给予型殖民主义的视角来看,这个经济区域是一个得到上帝保佑的区域。为了达到跟世界上其他任何地区同样的甚至是更好的结果,地中海以北那些工业国家的居民,每个人只需要照顾这一区域南部和东部那些落后国家的半个居民就可以了。而平均每个人照顾半个人,这对于欧洲来说根本就不是什么负担,反倒还可以说是一种起平衡作用的稳定因素,这种平衡因素人们都知道是非常有用的,尽管这种用处却不会直接地被人们感觉到。

因此,当人们在报纸上读到说地中海地区的给予型殖民主义必须要从很远的地方来获得财政上的资源的时候,人们一定会感到意外。因为,这些资源事实上可以从更远的地方找到。因为这笔钱的数目刚刚我们也说过,比较起来是如此之小,以至于,即便人们都喜欢对比着目前的那些超级大国,正确地将欧洲称为是"小"欧洲甚至是"最小的"欧洲,但这个数目从现实角度来说还是"a l'échelle européenne"(在欧洲能力范围之内的)。

[当"小欧洲"里面有至少两三个国家已经意识到目前他们过快的财富增长速度从经济的角度来看是不利于稳定的时候,这些数目就显得更加自然了。因此,这些国家都愿意在某种程度上放慢财富增长的速度,而他们为此可以使用的手段也非常之多,比如增加进口,降低关

税等等。毫无疑问,所有这些做法都是非常灵活也非常明智的。但是,人们或许也不应该忘记,所有这些办法,在像法国这样一个人们的生活已经"跟上帝一样"的地方(wie Gott in Frankreich),①事实上对人们生活水平的提高是非常有限的。地中海经济区那些真正贫困的成员通过这种方式是没有办法富裕起来的。如果在此之外不采取更加有效的措施,如果给予型的殖民主义仍然得不到推行,那么,地中海南部和东部的那些顾客将跟从前一样,还是贫穷的顾客;而这也就意味着说:这些人都是坏顾客,甚至是"危险的"顾客。]

我必须要打住了!我已经说得够多了,并且时间也已经很长。但我注意到我甚至还没有开始真正的讲演。因为刚刚我已经说过的只能算是一个导言。

因此我必须要对我的讲演做一个非常简单的概括。

讲演的题目是:从欧洲视角看殖民主义。因此,我想我应该已经讲清楚从这个视角所看到殖民主义是怎么一回事了:至少从我的观点来看是这样的。那么,这种殖民主义对我来说是怎样的呢?或者,按照我的观点,它实际上应该是怎样的呢?换句话说,它应该是怎样的呢?

我的回答如下:

它不应该是一种攫取型的殖民主义,而应该是一种给予型的(如果你愿意的话,也可以说是一种划分型的或者共享型的)殖民主义。[如果能为它找到一个合适的名称就好了。]

第二:它不应该只是给出成品的货物,而应该在当地进行有生产潜力的投资。

第三:作为一种现实可行的、欧洲式的给予型殖民主义,它应该涵盖整个的(或许也只应该涵盖这样一个地区)地中海沿岸地区,这个地区在历史上已经被证明是一个富有活力的经济区域;但是,这个地区在目前只被法国给予型的殖民主义——在我看来是充分地——覆盖

---

① 也就是说,生活得非常奢侈。

了一半的面积。

作为讲演主题的纲要,如上的这些已经足够了。但是,关于这个主题的具体实施,我没有更多的时间可以谈了——非常抱歉!

而如果考虑到我目前为止所讲的仅仅是事实的开始,我的歉意就更深了。对于听众来说,这总归是让人感到失望的。因此我必须要表示歉意。

但是我必须承认,真理,正因为它们是真理,所以我个人对它们的掌握也非常贫乏。不过,最初的尝试,如果不是绝对完美的话,迟早都要冒被证明为是谬误的风险。

在莱茵—鲁尔俱乐部的盛情邀请之下我来到杜塞尔多夫,但我绝对想避免传播谬种的风险。

参考文献:

Adams, Henry. *The education of Henry Adams*. London: Penguin, 1995.

Auffret, Bruno. *Die Posaune des jüngsten Gerichts über Hegel den Atheisten und Antichristen. Ein Ultimatum*. Leipzig: Otto Wigand, 1841.

——*The Trumpet of the Last Judgement against Hegel the Atheis and Antichrist: ein Ultimatum*. Translated by Lawrence Stepelevich. Lewiston, NY: E. Mellen Press, 1989.

Bendersky, Joseph W. *Carl Schmitt: Theorist for the Reich*. Princeton, NJ: Princeton University Press, 1983.

Beyer, Wilhelm Raimund. *Zwischen Phänomenologie und Logik; Hegel als Redakteur der Bamberger Zeitung*. Frankfurt am Main: G. Schulte - Bulmke, 1955.

Bordo, Michael D., et al. *France and the Breakdown of the Bretton Woods International Monetary System*. Washington, DC: International Monetary Fund, 1994.

Cointet, Jean-Paul. *Macel Déat: Du socialisme au national - socialisme*. Paris: Librairie Académique Perrin, 1998.

Dubler, Theodor. *Das Nordlicht*. Munich and Leipzig: G. Müller, 1910.

Dufrenne, Mikel. "Actualité de Hegel", *Esprit* 16 (Sept. 1948): 396-408.

Fischer, Albert. *Hjalmar Schacht und Deutschlands "Judenfrage"*. Cologne, Weimar and Vienna: Böhlau, 1995.

Gilbert, Christopher L. "International Commodity Agreements: An Obituary Notice." *World Development* 24, no. 1 (Jan. 1996): 1-19.

Hegel, G. W. F. *Grundlinien der Philosophie des Rechts*. 2d ed. Edited by G. Lasson. Leipzig F. Merner, 1921.

——*Hegel's Philosophy of Right*. Translated by T. M. Knox. Oxford: Clarendon Press, 1967.

——*The Phenomenology of Spirit*. Translated by A. V. Miller. Oxford: Oxford University Press, 1977.

Heine, Heinrich. *Heinrich Heine*. Vol. 23, *Briefe* 1850 - 1856, ed. Fritz H. Eisner. Berlin: Akademie - Verlag, 1972.

——*Heinrich Heine: Säkularausgabe. Werke, Briefwechsel, Liebenszeugnisse.* Vol. 10, *Pariser Berichte* 1840 - 1848. Berlin: Akademie - Verlag, 1979.

——*Heinrich Heine: Geständnisse, Memoiren und Kleinere autobiographische Schriften*, vol. 15, ed. Gerd Heinemann. Hamburg: Hoffmann und Campe, 1982.

Jung, Susanne. *Die Rechtsprobleme der Nürnberger Prozesse dargestellt am Verfahren gegen Friedrich Flick*. Tubingen: J. C. B. Mohr (Paul Siebeck), 1992.

Kojève, Alexandre. *Hegel; eine Vergegenwartigung seines Denkens. Komentar zur Phänomenologie des Geistes*. Translated by Iring Fetscher and Gerhard Lehmbruch. Stuttgart: Kohlhammer, 1958.

——*Introduction à la lecture de Hegel*. 2d ed. Paris: Gallimard, 1968.

——"The idea of Death in the Philosophy of Hegel." Translated by Joseph J. Carpino. *Interpretation* 3, no. 2 - 3 (1973): 114 - 56.

——"Ford est Dieu, Marx est son prophète." *Commentaire* 9 (1980): 135 - 37.

——*Esquisse d'une phénoménologie du Droit*. Paris: Gallimard, 1981.

——"Du colonialisme au capitalisme donnant." *Commentaire* 87 (1999): 557 - 65.

Mannes, Astrid Luise. *Heinrich Brüning: Leben, Wirken, Schicksal*. Munich: Olzog Verlag, 1999.

Marantz, Paul. "Internal Politics and Soviet Foreign Policy: A Case Study." *Western Political Quarterly* 28, no. 1 (March 1975): 130-46.

Marten, Hein - Georg. *Der niedersächsische Ministersturz: Protest und Widerstand der Georg - August - Universität Göttingen gegen den Kultusminister Schlüter im Jahre 1955*. Gottingen: Vandenhoeck & Reprecht, 1987.

Meier, Heinrich. *Carl Schmitt & Leo Strauss: The Hidden Dialogue*. Translated by J. Harvey Lomax. Chicago and London: University of Chicago Press, 1995.

Mohler. Armin. *Carl Schmitt——Briefwechsel mit einem seiner Schüler*. Berlin: Akademie Verlag, 1995.

Mohler. Armin ed. *Freundschftliche Begegnungen: Festschrift für Ernst Jünger zum 60. Geburtstag*. Frankfurt am Main: Vittorio Klostermann, 1955.

Nossiter, Bernard. *The Struggle for More*. New York: Harper & Row, 1987.

Peterson, Edward. *Hjalmar Schacht: For and Against Hitler*. Boston: Christopher Publishing House, 1954.

Riemer, Friedrich Wilhelm, ed. *Briefwechsel zwischen Goethe und Zelter in den Jahren 1796 bis 1832*, vol. 2. Berlin: Duncker und Humblot, 1833.

——*Mittheilungen über Goethe*, vol. 2. Berlin: Duncker und Humblot, 1841.

Schmitt, Carl. *Die Begriff des Politischen*. Hamburg: Hanseatische Verlagsanstalt, 1933.

——*Ex captivitate salus: Erfahrungen der Zeit 1945/47*. Cologne: Greven, 1950, and Berlin: Duncker & Humblot, 1950.

——"Nehmen/Teilen/Weiden——Ein Versuch, die Grundfragen jeder Sozial - und Wirtschaftsordnung vom NOMOS her richtig zu stellen." *Gemeinschaft und Politik* 1, no. 3 (Nov. 1953): 18-27.

——*Gespräch über die Macht und den Zugang zum Machthaber*. Pfullingen: Neske, 1954a.

——*Land und Meer*, 2d ed. Stuttgart: Reclam, 1954b.

——"Die Geschichtliche Struktur des Heutigen Welt - Gegensatzes von Ost und West: Bemerkungen zu Ernst Jüngers Schrift: 'Der Gordische Knoten.'" In *Freundschftliche Begegnungen: Festschrift für Ernst Jüngers zum 60. Geburtstag*, edited by Armin Mohler, pp. 137 – 67. Frankfurt am Main: Vittorio Klostermann, 1955.

——*Hamlet oder Hekuba*; der Einbruch der Zeit in das Spiel. Dusseldorf: E. Diederichs, 1956.

——"Nomos – Nahme – Name." In *Der best? ndige Aufbruch. Festschrift für Erich Przywara*, edited by Siegfried Behn, pp. 92 – 105. Nuremberg: Glock und Lutz Verlag, 1959.

——*Verfassungslehre*, 4th ed. Berlin: Duncker & Humblot, 1965.

——*Der Nomos der Erde im Völkerrecht des Jus Publicum Europeaum.* 2d ed, Berlin: Duncker & Humblot, 1974.

——*Legalität und Legitimität.* Berlin: Duncker & Humblot, 1980.

——*Theodor Däublers "Nordlicht"*: drei Studien über die Elemente, den Geist und die Aktualität des Werks. Berlin: Duncker & Humblot, 1991.

——*Gespräch über die Macht und den Zugang zum Machthaber; Gespräch über den Neuen Raum.* Berlin: Akademie Verlag, 1994.

——"Nomos – Nahme – Name." In *Carl Schmitt: Staat*, 大空间, *Nomos*, edited by Günter Maschke, pp. 573 – 91. Berlin: Duncker & Humblot, 1995.

——*The Concept of the Political.* Translated by George Schwab. Chicago and London: University of Chicago Press, 1996.

Schmitt, Carl, Eberhard Jungel and Sepp Schelz. *Die Tyrannei der Werte*, edited by Sepp Schelz. Hamburg: Lutherisches Verlagshaus, 1979.

Schwab, George. "Carl Schmitt Hysteria in the United States: The Case of Bill Scheuermann." In *Politische Lageanalyse: Festschrift für Hans – Joachim Arndt zum 70. Geburtstag am 15. Januar 1993*, edited by Volker Beismann and Markus Josef Klein. Bruchsal: San Casciano Verlag, 1993.

Sombart, Nicolaus. "Kojève." In *Schmittiana* VI, edited by Piet Tommissen, pp. 64 – 74. Berlin: Duncker & Humblot, 1998.

Strauss, Leo. *On Tyranny*, ed. Victor Gourevitch and Michael S. Roth. Chicago and London: University of Chicago Press, 2000.

Taubes, Jacob. *Ad Carl Schmitt: Gegenstrebige Fügung.* Berlin: Merve Verlag, 1987.

Tommissen, Piet. *Schmittiana* Ⅵ, Berlin: Duncker & Humblot, 1998.

Trials of War Criminals Before the Nuernburg Tribunals under Control Council Law No. 10, vol. 12. Buffalo: William S. Hein & Co., 1997.

United Nations Department of Economic Affairs. *Report on a Special United Nations Fund for Economic Development.* New York: United Nations, 1953.

第 二 编

科耶夫的拉丁帝国①
——从"历史终结"到"帝国时代"

霍斯(Robert Howse) 著

将来,所有的人性都将凝聚成一种政治实体(political reality),但这样一个时代的来临,仍然是非常遥远的事。民族性政治实体的时代已经结束了。现在则是一个帝国林立的时代,也就是说,是一个跨国性的政治统一体的时代,不过这些统一体仍然还是要由加盟的民族国家来构成。

上述这段关于地缘政治学的高论听起来好像是出自最近一期的《外交事务》②或者《外交政策》③,也好像是出自一些关注欧盟前途问题或者关注美洲半球整合(FTAA)④问题的时髦理论家的预言。但让人吃惊的是,这段议论却是出现在一份交给戴高乐的建言书的备忘录里面,而这份建言书的写作时间则是第二次世界大战末期的 1945 年。作者名叫亚历山大·科耶夫,一位著名的马克思主义/黑格尔主义的哲人,他有一个预言更加为人所熟知,那就是,位于"历史终结(End of

---

① 本文根据刘小枫先生提供的英译本翻译,初稿完成又参照美国《政策评论》(*Policy Review*)杂志 2004 年 8、9 月号所刊载的英译本作了校对。

② [译按]《外交事务》(*Foreign Affairs*),是美国一份很有影响的国际问题学术期刊,双月刊。创办于 1922 年,出版者是美国一个名为外交关系委员会(Council on Foreign Relations [CFR])的民间组织。

③ [译按]《外交政策》(*Foreign Policy*),是美国的一份主要关注全球政治、经济和整合等问题的杂志,双月刊。由著名国际政治学家亨廷顿(Samuel Phillips Huntington)和曼舍尔(Warren Demian Manshel)于 1950 年创办,出版者是卡耐基国际和平基金会。

④ [译按]FTAA,"美洲自由贸易区"(Free Trade Area of the Americas)的缩写。

History)"处的"普遍均质国家(universal and homogenous state)"离我们越来越近了。乍一看,历史终结的观点好像与主张地区性帝国的时代正在来临的理念颇有出入。但实际上这两者之间并没有任何矛盾,不过,从这种看似自相矛盾的观点出发,人们倒是可以领略一下,这位至今仍然隐没不彰并且也广遭误解的、20世纪的重要思想家,他的思想到底有多么丰富。

科耶夫出生于一个俄国的资产阶级家庭,1920年离开俄国。他曾经在柏林接受雅斯贝尔斯(Karl Jaspers)的指导学习哲学,后来定居于巴黎——在巴黎,1930年代的时候,他曾经就黑格尔的《精神现象学》做过一系列反响重大的演讲。出席这些讲座的,有许多当时最重要的知识分子(如阿隆[Raymond Aron],①梅洛-庞蒂[Maurice Merleau-Ponty],②拉康[Jacques Lacan]③和格诺[Raymond Queneau]等等)。④在这些讲座里面,科耶夫凭借出众的雄辩才华,从在黑格尔《精神现象学》当中占据核心地位的主人/奴隶辩证法(Master/Slave dialectic)出发,对黑格尔哲学进行了一种无神论的、马克思主义/人道主义的解读。根据科耶夫的看法,主人阶级和奴隶阶级之间的斗争,以法国大

---

① [译按]雷蒙·阿隆(1905—1983),二战之后法国重要的自由主义哲学家,在许多学科领域均有重要建树。已经译成中文的著作主要有,《阿隆回忆录》,三联书店,1988;《论治史》,三联书店,2003年;《阶级斗争:工业社会新讲》,译林出版社,2003年。已经译成中文的主要生平介绍有,巴维雷兹著,《历史的见证:雷蒙·阿隆传》,北京大学出版社1997年;阿兰·布鲁姆,《雷蒙·阿隆:最后一个自由主义者》,收入《巨人与侏儒》,华夏出版社,2003年。

② [译按]莫里斯·梅洛-庞蒂(1908—1961),二战之后法国重要的现象学哲学家。已经译成中文的主要著作有,刘韵涵译,《眼与心:梅洛-庞蒂现象学美学文集》,中国社会科学出版社,1992年;王东亮译,《知觉的首要地位及其哲学结论》,三联书店,2002年;姜志辉译,商务印书馆,2003年。

③ [译按]拉康(1901—1981),著名的心理学家,二战之后法国心理分析运动的重要人物,对法国20世纪60、70年代的哲学思潮,尤其是后结构主义影响巨大。中文的主要研究著作有,马元龙,《雅克·拉康语言维度中的精神分析》,东方出版中心,2006年。

④ [译按]格诺(1903—1976),小说家,诗人,出版家。主要诗作有《假如你以为》和《小宇宙进化论》。影响最大的作品则是《文体练习》,已经被翻译成十多种文字。科耶夫关于《精神现象学》的讲座记录就是由他编辑出版的。

革命为契机,通过一种普遍性公民资格(universal citizenship)的形式,得到了彻底解决——也就是说,贵族阶级开始承认资产阶级和工人阶级也具有充分的人性,而承认的依据则是他们的劳动,或者说,是他们生产性的经济活动。这样一种通过超越了单一政治共同体的公民资格来进行承认的可能性,反映在了拿破仑的功业当中,也反映在他的超越了法国国界的帝国民法典当中。科耶夫教导说,法国大革命和拿破仑代表了历史的终结。从此以后,为了确立理性的、权利与平等承认之政治制度的最高地位,再也没有进行暴力斗争的必要了。但与此同时,科耶夫也看到,即便确立这个理想的斗争已经完成,要想通过适当的经济、社会和法律制度来充分地实现平等承认,仍然还有非常漫长而艰辛的路要走。对于不同的国家或者文明而言,这条道路将会是迥然不同的,并且,在有些情况下,考虑到仍然有一些陈旧但却强大的利益和社会等级需要清除,因此这条道路还会是血腥的。

1930年代的时候,科耶夫曾经说自己是个斯大林主义者(Stalinist)。其实科耶夫并非不知道斯大林统治的野蛮,他也并不指望斯大林会致力于实现那个平等承认的事业。看起来,科耶夫毋宁是相信说,强迫的"现代化"(forced "modernization")是将俄国带到这样一点的、唯一的或者说是最快的方式,而在这一点上,俄国或许有可能以一种和平的方式被改造成一个权利的政权(a regime of rights)。斯大林只不过是后历史(post-history)的一个工具而已。在科耶夫的历史主义的观念看来,用道德说教来反对斯大林,在哲学上是没有任何意义的,因为这种历史主义实际上(有些人或许会说是"残酷地")拒绝将任何一种实质性的、非工具性的道德观念加给政治。(关于这些问题,施特劳斯与科耶夫之间关于僭政问题的通信仍然有启发性。)

科耶夫的黑格尔主义的马克思主义强调将劳动看作是一条通往被承认的人性的根本道路。除此之外,科耶夫又对劳动的概念进行了一种存在主义意义上的扭曲。他将劳动——劳动是指对于自然世界的征服,或者说是有目的的征服,也指产品的制造,而这个产品可以脱离劳动者而独立存在——理解为一种在根本上与人对于自身必死命运(mortality)的反抗联系在一起的东西,也理解为一种与对纯粹自然性的动物性存在的反抗联系在一起的东西。(在这方面,科耶夫赞成存在哲学对自然的看法,①反对黑格尔自己提出的关于自然的原浪漫主义哲学[Proto‐romantic philosphy];他跟马克思和恩格斯的唯物主义形而上学和还原心理学同样也有分歧。)

科耶夫的哲学将黑格尔关于斗争和承认的论说,将马克思的通过劳动实现人性化(humanization through work)的理论,也将海德格尔的"存在先于死亡(Being before Death)"的理论糅合在了一起,这样一种糅合影响了法国相当一部分在战后时期留存下来的思想,进而也影响到"当代的激进主义(contemporary radicalism)"的观点——"当代的激进主义"这个名词是布鲁姆(Allen Bloom)在回忆科耶夫的文章里面提到的,这篇文章后来被收到了《巨人与侏儒》(*Giants and Dwarfs*, Simon and Schuster,1990)一书。②

不过这也许并不是科耶夫最重要的精神遗产。因为第二次世界大战以后,他就在很大程度上避开了激进主义的圈子;他也看不起1960年代的学生造反运动。他选择在法国的对外经济部门供职,并且成为主张自由化贸易的欧洲共同体和关贸总协定的一名设计师。

这些选择可以从一种纯粹个人化的立场来理解——科耶夫喜欢油嘴滑舌和出尔反尔是尽人皆知的——甚至也可以用一种恶意的方式来理解(已经有人在说,科耶夫在这段时间在为苏联从事间谍工作)。但它们与科耶夫思想的主要方面无疑是一致的,而这些方面直到最近为止,无论是科耶夫在知识界的朋友,还是那些批评者,在很大程度上都还是忽视的。

尽管科耶夫从马克思那里接受了关于劳动的人性化价值的观念,但他也从很早就注意到了马克思主义经济学当中的一些错误。一方面,马克思主义理论在考虑资本主义所造成的"贫困化(pauperization)"的时候,没有意识到一个问题,就是说,资本家也可以变得聪明

---

① [译按]"存在",原文是德文:Existenz。
② [译按]该文的中译本在张辉等译的《巨人与侏儒》(华夏出版社,2003年1月)当中有收录。

起来,可以付给工人足够的薪水,从而让他们能够买得起他们自己所生产的那些产品("福特制[Fordism]")。但另一方面,那些主张"中央计划(central planning)"的经济学又太过苛刻也太过僵化了,因此没有办法生产出为了满足所有人的最低福利水平所必需的那些财富。科耶夫有时候也考虑过这样的可能性,就是说,苏维埃制度或许最终也会进行自我改革,从而将市场的机制引入到社会主义制度里面来。但他最终还是认为,平等承认的政权更有可能通过在市场经济之内的再分配劳动(redistributive labor)和社会调控(social regulation),从而最先在资本主义世界出现。

这些对于马克思主义的偏离,其哲学基础在科耶夫写的法学论著《法权现象学纲要》(Outline of a Phenomenology of Right)里面有详尽的论述,这部书写于第二次世界大战期间,但是直到 1980 年代才出版。在这部书里面,科耶夫指出,单纯的历史终结并不能消除平等理念的内在紧张——也就是说,随着历史终结而在理性上取得了胜利的、平等承认的理想,体现了市场正义(market justice)、机会平等(equal opportunity)和"等价"交换("equivalence" in exchange)的要素(这些要素反映了法国大革命"资产阶级"性的一面),但这个理想内部也包含着一种社会主义的,或者说是社会民主性的、公民身份平等的观念,而这种观念又含有社会调控(social regulation)和福利性权利(welfare rights)等等这一类的东西。普遍均质国家——即统一的、全球性的社会和经济秩序——在市场性的"等价性"和社会主义的身份平等之间,设想了某种稳定的综合。不过,即便在科耶夫那里,这样一种永久、稳定和普遍性的(即被全世界所接受的)综合,究竟会在何时、以何种方式产生出来,也是不明确的。

科耶夫思想的这个侧面,对于理解他对战后世界的看法是极其重要的。而它之所以几乎没有引起人们的注意,其中一个原因是因为福山(Francis Fukuyama)对于科耶夫历史终结理念的普及和篡改。冷战结束以后,福山将科耶夫关于全球性的、普遍性的政治和社会秩序的观念,拿来作为理解当前事件发展方向的理论基础。在福山看来,共产主义倒台之后所遗留下来的那些国与国之间的差异,反映的乃是朝着共同的自由资本主义文化前进的过程中所表现出来的速度和程度上的差异。在《历史的终结及末人》(the End of History and the Last Man, Free Press,1992 年)里面,①福山把情形比喻成一长列拉开了距离行进在路上的火车。他写道,"在有许多节车厢存在的情况下,并不能因为车厢在表面上的差异,就认为乘客之间的差异也是永久和必然的,其实这种差异仅仅是因为"他们在通向"人类均质化"的过程中"所处的位置不同而造成的"。如果按照科耶夫的立场来看的话,福山的错误在于他不假思索地将共产主义的倒台理解成了自由资本主义的胜利。尽管福山所指出的这个方面也非常重要,但这样一种时局的变化仅仅能够说明资本主义在一个方面相对于苏维埃制度的优越性;就是说,与苏联的共产主义及其外行官僚不同,资本主义及其在现世的代理人,即商人阶级,是很能够进行妥协的。因此,当苏维埃制度表现得没有办法在保持体制完好的前提下进行市场改革和内在自由化进程的时候,西方社会却可以游刃有余地用一种实质意义上的平等观念来平衡市场正义——在美国,主张这种实质上的平等观点的人或许只是很少的一部分,但他们却有着巨大的社会影响力。

科耶夫思想里面另外一个与此有关并且也非常重要的、对于马克思主义的偏离,在于他拒绝接受这样一种理念,即,资本主义的逻辑从根本上来说会驱使资本主义国家为了争夺第三世界的资源而彼此进行战争。正如他看到资本主义已经在自己进行调整、进行妥协从而避免了"贫困化"一样,他同样看到了,资本主义国家的政治领袖们或许会选择一条在经济上进行合作与整合的道路,以此来代替两败俱伤的毁灭性战争。但是,这样一种替代性的选择,只有在民族性理念随着第三帝国的倒台而最终自我毁灭之后,才能够被人们理解,或者说被人们看清楚。也只有从这一点出发,我们才可以理解科耶夫在这样一个决定性的历史时刻给戴高乐所提出的建言。

在 1945 年,科耶夫已经看到,任何一种想把法国作为一个民族国

---

① [译按]《历史的终结及最后之人》,黄胜强,许铭原译,中国社会科学出版社,2003 年。

家而重建其崇高地位的努力,都将是痴心妄想,因为英美在军事上的霸权地位和苏联在事实上的存在,都已经是不争的现实。德国为了寻求保护,为了避免被苏联吞并,已经无法挽回地被苏联推到了英美帝国一边。科耶夫试图说服戴高乐的是,自己所提出的这个理念并不是在怀疑法国的伟大,因为人口和技术方面的现实已经到了这种地步,以至于在当前的世界上,没有哪个民族国家可以仅仅凭借自己的力量,或者说,在不跟其他国家和民族结盟或者联合的情况下,确保自己可以站稳脚跟。在科耶夫看来,谁反其道而行之,谁就要重蹈希特勒亡国的覆辙。

但是科耶夫也提议,法国可以成立一个拉丁帝国,并且在帝国里面充当领导的角色,以此在由英美称霸的战后世界当中找到自己的政治目标和政治方向。

这个帝国将是一个由欧洲的拉丁天主教国家所组成的政治和经济同盟,它有自己的军队作为后盾——尽管这支军队在大兵压境的情况下,没有办法跟英美的军事力量抗衡(或许也没有能力跟苏联的军力抗衡),但它却可以有足够的威慑力,以此保证在和平时期可以建立一个在政治上独立于英美帝国和苏联帝国的势力范围。

科耶夫承认,没有人会愿意为仅仅作为一种抽象理念的拉丁帝国去战斗:因此它必须要以已经被感觉到的、拉丁民族之间的亲缘关系作为基础。科耶夫强调说,这样一种亲缘关系不是"种族性的"。

> 国与国之间的"亲缘关系",首先是一种与语言、文明和一般意义上的"精神",或者与——像人们有时所说的那样——"风土人情"有关的亲密关系。
>
> 并且,这种精神意义上的亲缘关系,除了其他一些表现之外,也会通过宗教意识形态展示出来。

在这里,科耶夫甚至很明确地把反教权的各个拉丁国家(比如说法国)内部那些世俗化天主教的思想也包括了进来。因为拉丁精神比英美精神更少物质性,更加倾向于美和悠闲,所以科耶夫预言,拉丁帝国的经济哲学将会拒绝英美新教资本主义那种残酷的"放任政策"。但是它也会避免那种严酷的苏维埃式的社会计划。

如果回顾一下过去五十多年来欧洲一体化事业的进程,那么人们会发现,科耶夫所勾勒的那个"拉丁帝国"看起来倒更像是今天欧盟的蓝图。尽管科耶夫的拉丁帝国没有把英国包括进来,但英国加入欧洲一体化事业的时间的确很晚,并且自从加入以后,它一直就陷入一种摇摆不定的情绪之中,不能自拔。还有,尽管科耶夫预料德国会跟英美帝国而非拉丁帝国结盟,但他是把这种结盟跟对付苏联入侵的安全需要联系起来考虑的(这个任务后来是由北大西洋公约组织来完成的,因为它允许德国加入拉丁主导的欧洲共同体事业)。另外,人们也很难否认,在欧洲整合的大部分时间里面,法国的政治家和高级官员,无论是在巴黎还是在布鲁塞尔,一直都扮演了一种领导性的——而在后来则至少可以说是一种特殊的——角色。

在欧洲煤钢共同体(European Coal and Stell Community)和欧洲经济共同体(EEC)的早期,很少有人会想到,这样一个欧洲范围内的事业会大大超出自由贸易和经济政策合作的界限,而走到一个在很多需要规范的管理领域都会采取联合的政策行动,甚至还会渴望形成一种欧洲外交和防务政策的地步。在关于欧洲管理和欧洲"宪法"的讨论在布鲁塞尔开启之前的半个世纪,科耶夫就已经写到,拉丁帝国

> 可以为关于民主的政治思想提出一些新的问题,而这些问题又可以让这种思想最终克服自身传统的、仅仅适合于民族性的架构因而已经变得过时的意识形态。或许,正是通过确定一个帝国内部(说到底是人类自身)不同民族之间的关系,民主才可以对当今世界提出一些新的东西[着重号是作者加的]。

时至今日,欧盟在许多方面还有着众所周知的"民主赤字",还要依靠官僚和各国精英之间的讨价还价来维持,从而在迫在眉睫的宪政实验面前表现得左支右绌。如果那些身为科耶夫同行的欧洲一体化的设计师们,能够在更早的阶段就好好考虑一下科耶夫通过"拉丁帝

国"的理念所提出的、关于民主管理所面临的挑战的建议,那该有多好。欧洲议会(尽管权力非常有限)的成立,在它的早期阶段,至少还表现出一种对于科耶夫的跨民族的民主观点的模糊承认,但在当时,同意这种观点的只是一些富有远见的欧洲一体化事业的奠基者,那些作为一体化主要推动力量的技术官僚们则显然没有理解这种观点。

但是,这些在正在进行中的欧洲一体化事业和"拉丁帝国"之间所发现的各种各样的相似之处,都抽掉了或者说忽略了科耶夫的这样一个理念,那就是,"拉丁帝国"从根本上讲是通过一种有着天主教传统的"拉丁"诸民族之间的文化和精神上的相似性而集合在一起的。但今天的欧盟在经历了第一轮的扩张之后,却没有办法切实地从这样的渊源里面抽取出一种共性。① 需要提醒人们的是,科耶夫原先所预见的欧洲,不仅包含了"拉丁帝国"的部分,也包含了英美帝国和斯拉夫帝国的部分。

欧洲内部新的跨民族的民主管理形式,究竟可以在多大的范围里面从根本上取代对于某种共同文化基础的需求,比如取代像拉丁天主教这样的文化基础? 这是一个由科耶夫的"拉丁帝国"的动议所提出但却没有解决的问题,并且,作为一个最基本的问题,它也可能正在主导着当前关于欧洲作为一种"宪政秩序"的未来前途问题的辩论。

不消说,只要我们想到欧盟一方面包括了英国,另方面又包括了波兰、斯洛文尼亚和巴尔干诸国的时候,欧洲共同外交和防务政策的理念就会马上变得问题丛生。人们只需要回顾一下科耶夫所看到的那个"英美帝国"就可以了,这个帝国的前景可不是仅仅取决于它在军事上的霸权地位。并且,要想在不吞食俄国传统利益的情况下确立一种让"东部国家"也完全加入进来的、单一的欧洲外交政策,基本上也是不可行的。因为,难道人们可以把建立欧洲共同的外交和防务政策的努力从根本上解释为是要把俄国也整合到欧盟里面来么——每当

---

① 有一位非常有影响的研究欧盟问题的学者曾经对此提出过严厉批评,参见,韦勒(Joseph Weiler),*Un'Europa Christiana*(2004),关于我的批判性回应,可以参见"Piety and the Preamble",收入 *Legal Affairs*(2004 年 5—7 月号)。

意大利总理贝卢斯科尼（Silvio Berlusconi）提出这样一个理念的时候，布鲁塞尔总是会被搅得鸡犬不宁。另外，当欧洲的外交和防务政策覆盖了从爱尔兰到俄国东部和南部边境这样一个区域的时候，英美帝国接下来将会怎样和它相处？

"欧洲"的认同和固有边界的问题，跟未来欧洲和伊斯兰世界的关系也纠缠不清。而在这个问题上，1945年的科耶夫似乎也要比许多今天还在考虑这个问题得人看得更加长远。

科耶夫心目当中的拉丁帝国，将来要包括中东的许多区域，当然也要包括法国和意大利以前在地中海非洲地区的殖民地。但是在这些地区，人们首当其冲地就会遇到穆斯林诸国，而这些国家将来应该不会与其他拉丁国家一起拥有共同的天主教的根基，但这样一种根基在科耶夫拉丁民族性的观念里面，应该是最重要的东西。科耶夫对于这样的反对意见好像早有准备，因此他指出了这样一种可能：

> 甚至还有一种可能，那就是，只有在这样一个统一后的拉丁—非洲世界里面，穆斯林问题（可能还有一般意义上的"殖民地"问题）有朝一日才能得到解决。因为自从十字军东征以来，阿拉伯世界的伊斯兰教和拉丁世界的天主教就已经在若干综合性观点的问题上，通过彼此的对立而统一了起来（比如，阿拉伯思想对于经院哲学的影响，还有伊斯兰教艺术对于拉丁诸国的渗透，等等）。人们没有理由确信说，在一个真正的帝国里面，对立双方的这样一种综合不会有从内部的矛盾当中解脱出来的可能，但这些矛盾，如果仅仅从纯粹民族利益的角度来看的确是没有办法缓和的。

这个观点当然有些语焉不详，或者还有些含糊其辞。但是，在伊斯兰和西方的关系问题上，或者说在伊斯兰相对于欧洲的处境问题上，比较那些现在大行其道的思考方法来说，科耶夫毕竟提出了另外一种不同的（并且也是更有教益的）考虑问题的方式，因为目前这些不同版本的解决办法，要么是设定了一种"文明冲突"的存在，要么就是给自己设定了一个任务，希望在一种抽象的"西方式的"政治原则的基础上，用某种方式对伊斯兰世界进行自由化和民主化的改造。而拉丁帝国的理念实际上则是一种地中海世界的理念,在这个世界里面,那些因为宗教教条或者殖民宿怨而造成的差异,可以通过有着共同地中海气质(a common Mediterranean sensibility)的那些民族之间的、跨国界的民主关系,得到缓和。科耶夫绝没有幻想这样一个结果会在一夜之间产生出来,并且对于这个帝国到底会如何产生,他也没有提供什么细节。但要紧的是他设想了另外一条解决"伊斯兰"问题的道路——也就是那个发展一个以地中海为中心的、经济和政治区域的理念。在几千万的穆斯林里面,一方面有着对自由民主的渴求,另方面则是不想被一种美国化的甚至纯粹"西方化"的文化或者生活方式同化,这两种愿望是同样强烈的,单凭这样一点,地中海世界的理念就值得认真考虑。①

---

① 欧盟也曾经想过经营地中海世界,但后来却因为对于以色列的仇恨和塞浦路斯问题(因为它与土耳其问题的联系,也因为它在"欧洲"所具有的地位),这个潜在的设想受到了阻碍,而以色列无论是在哪一种地中海世界一体化的方案里面,都是一个对于将来有着举足轻重影响的角色。

[译按]关于塞浦路斯与土耳其的关系:塞浦路斯岛在历史上曾经属于亚述帝国,居民以腓尼基人和希腊人为主,公元前后,岛上的希腊人开始信奉基督教,在信仰上属于希腊正教。16世纪以后,奥斯曼帝国从威尼斯共和国手中夺取了塞浦路斯岛,并且开始鼓励土耳其人进入该岛。1878年,英国从奥斯曼帝国手中取得了该岛的行政权,并于1925年正式将之划为自己的殖民地。从这段时间开始,占据塞浦路斯岛北部以信仰回教为主的土耳其人和该岛南部以信仰基督教为主的希腊人开始发生对立。前者倾向于容忍英国的殖民统治,而后者则开始寻求回归希腊"祖国"。英国人则引入了所谓"隔离区"的概念,在岛中央设立一条隔离线,将土耳其和希腊人分隔治理,于是该岛的族群对立最终成形。1960年,塞浦路斯共和国正式成立,但土耳其人与希腊人之间的对立却没有得到解决。1974年7月,塞浦路斯中央政府发生了一场由希腊军事独裁者暗中支持的军事政变,想利用这种方式促成塞浦路斯回归希腊。这场政变给了土耳其一个发兵的机会,在经过了两次攻击之后,土耳其占领岛上38%的领土,而原本已经非常深刻的种族矛盾也再次激化。1975年,由土耳其控制的北塞浦路斯单方面宣布成立"北塞浦路斯土耳其联邦",后来更在1983年11月15日更名为"北塞浦路斯土耳其共和国"。北塞浦路斯迄今没有得到国际的认可,只有土耳其一个国家承认其主权,但却实际上拥有此岛北半的实际统治权。而土耳其也不承认塞浦路斯政府对于全岛的主权,只称其为"南塞浦路斯的希腊政权"。相对之下,岛南的塞浦路斯共和国却得到国际社会的普遍认可。2004年,以当时的联合国秘书长安南为主起草了一个所谓的"安南计划",试图依照瑞士的模式,通过塞浦路斯全岛的全民公决来解决这个历史问题,但最终因为希腊族群和塞政府的反对没有成功。

(转下页)

最后，科耶夫的"拉丁帝国"理念，提供了一个视角，可以让人们深入地考虑，在整个欧洲的水平上，福利国家的功能应该如何以及在多大的范围内展开。在左的方面，哈贝马斯和另外一些人已经提出，欧洲政体一个非常关键的要素，就是实现一种跨国界的再分配，而这也正是对于"经济"全球化的一种必要反应。的确，人们经常也会主张，"欧洲"区别于美国的地方，就是对于再分配问题，欧洲有一套更加大度，或者至少是更加"具有社会主义色彩"的解决办法。但是科耶夫注意到，某个社会内部市场正义和结果平等或者身份平等之间的平衡，甚至是一种跨民族的组合，都要仰仗文化和精神方面的共性。在眼前这篇论文里面，科耶夫有如下的说法：

> 没有任何迹象表明，对于英美集团来说迫在眉睫的、巨型卡特尔的那种毫无规制的"自由主义"和数量众多的失业人口，以及苏维埃联盟的那种将所有一切都拉平的、有时甚至是"野蛮的""国家主义（statism）"，已经将理性化的经济与社会组织的所有可能性都穷尽了。

在《法权现象学纲要》和另外一些场合里面，他的表述更加明白——就是说，像这样一些激进的资本主义性质的解决方案或者纯粹"社会主义的"解决方案，最后的下场注定是要自取灭亡，因为它们都是不理性的，因为它们都在每一种理性的社会都必须引以为基础的平等承认的原则里面，强行压制了这种或者那种的基本要素。

"拉丁帝国"将会是一个非常前卫的世界，在这个世界里面，经济上的盈余会愈来愈多地被用来为所有人提供更多的闲暇；（马克思早期所提倡的）劳动的人性化从根本上来说也就是闲暇的人性化。在这

（接上页）关于塞浦路斯在欧盟当中的地位：名义上，整个塞浦路斯在2004年5月1日之后，正式加入欧盟，属于欧盟领土的一部分。但由于北塞浦路斯政府并不受国际社会的认同，因此只有南塞的塞浦路斯共和国才是欧盟会员国。但根据欧盟的法律，北塞浦路斯境内的土耳其裔塞浦路斯人，只要在1974年南北分裂之前是塞浦路斯的国民或者是塞国民的后代，都有资格拥有欧盟护照，是欧盟人民的一分子，因而享有相关的权益。

里,科耶夫头脑里面所想的乃是一种亚里士多德意义上的面向所有人的闲暇,而不是福山所描绘的"最后的人"的堕落。闲暇的人性化意味着目的性与创造性的融合,而这种融合,人们可以自发地、在摆脱了游乐所特有的那种必要性的条件下,通过劳动而达到(马克思巴黎手稿;席勒关于对人类进行美学教化的见解)。在法国有望实现的每周工作四天的制度里面,人们将可以看到拉丁帝国的政治经济学是如何运作的。但是,对于一个泛欧洲的社会福利国家来说,这样的政策能不能作为一种切实可行的基础?为了使欧洲一体化的事业不至于发生动摇,这种政策绝不可以威胁到欧洲内部因为文化和精神气质的不同而造成的、市场正义和"社会"正义之间的各种不同的平衡模式的维持和发展。这就是说,人们在设计欧洲经济联合——也包括其对外的贸易政策——的时候,既不可以破坏拉丁帝国里面占据主流的"社会主义"倾向,又不可以破坏比如像英国内部占据主流的"资本主义"倾向。或者人们也可以添加一些斯拉夫世界(这个世界经常会仅仅因为自己的"任人唯亲(cronyism)"而遭到英美经济学家迫不及待的谴责)所独有的、具有资本主义特点的、共产主义的形式。

在这里,"欧洲"在全球化的发展过程中,可能会扮演一种非常特殊的角色:也就是说,在一些像世界贸易组织这样的、对全球经济进行管理的制度里面,确保一种适当的"辅助性"(subsidiarity),[①]这样这些政权就可以在对货物、服务和资本流动施加自由化影响的过程中,包

---

① [译按]辅助性原则(或译为"基层化原则")的一般主张是,应该把最主要的事情交由规模最小或者层级最低的机构去做,中央政府只起一种辅助性的作用,只处理那些地方政府或者直接当事人没有办法完成的事务。这个概念可以用于政治学、控制论和管理学。从理想和原则上来说,这个原则应该是联邦制的一个特征(比如瑞士和美国)。

欧盟法律规定这个原则最早是在1992年的《马斯特里赫特条约》里面,该条约第5条规定:"共同体(按:指根据《马斯特里赫特条约》即将成立的欧洲共同体)得于条约所授职权之限界内及所分配事项之限界内行为。非共同体专属职能范围之事项,当且仅当上述行为之目标只由该行为之范围与影响等因无法由成员国充分达成而可由共同体较好达成之际,共同体得依辅助性原则为之。共同体一切行为均不得逾越为达成本条约之目标所设之必要限度。"后来的《欧洲宪法》第9条也做了类似规定。　　(转下页)

容而不是摧毁对于混合型经济所使用的不同的调控方式。[1]这也正是今天的欧洲在抗衡美国的时候,为了双方的长远利益而可以产生实际影响力的地方。

(接上页)从形式上来说,因为辅助性原则划分了共同体可以行为和不可以行为的界限,所以它所适用的领域应该是共同体不享有专属职能的领域。但在实际上,这条原则往往在讨论哪些职权应该给共同体、哪些职权要留给成员掌握的时候被用到。另外,关于适用辅助性原则的标准,人们之间也有很多争议。

[1] 参见尼古雷迪斯和霍斯,"This Is My Eutopia",收入 *Journal of Common Market Studies*(1993)。

世界的多样性:新背景、旧同盟 [1]

阿隆(Raymond Aron) 著

"传统友谊"(traditional friendship)这种说法是宴会和外交发言里面常用的语言。当把这个说法适用于美法关系的时候,它大体是合乎实际的。当18世纪英、法两国开战的时候,美国作为一个国家还不存在。在这两个民族的共同回忆里面,美国独立战争期间为了反对英国而缔结的美、法联盟,一直都占有一种独特的位置,[2]而1798年两国在海上的不宣而战则实际上已经被忘记了。[3]

法国之所以会进行干预,会支持北美的殖民地,毫无疑问在很大程度上是取决于一种现实的政治态度,取决于对英国的敌视,同时也

---

[1] [译按]本文译自阿隆与赫克舍(August Heckscher)合著《世界的多样性》(Diversity of Worlds : France and the United States Look at Their Common Problems, New York : Reynal, 1957)前言,作者是阿隆。

[2] [译按]美、法同盟条约签订于1778年。

[3] [译按]美国独立战争结束以后,美国为了缓和跟英国的关系,采取了很多跟英国妥协的做法(比如英美《杰伊条约》的签订)。法国认为美国的这些举措损害了美法同盟,也破坏了此前美国在英法战争中的中立。于是法国战舰和私掠船开始攻击并拿捕美国商船。美国人的反法情绪也随之高涨。1797年,发生了法国三位外交代表向前来法国进行外交谈判的、美国总统亚当斯的使节索要巨额贿赂的所谓"XYZ事件",1798—1800年两国海军不宣而战。美国于1798年设立内阁级的海军部。虽然汉密尔顿和杰斐逊等政要都要求扩大战争,但总统亚当斯却坚决地期望和平。1800年,亚当斯派出第二个使团前往法国,拿破仑控制下的法国也期望结束两国海军冲突。结果,美法恢复了和平,同时也废除了1778年的同盟条约。

取决于对被记入了《巴黎条约》的失败进行报复的渴望。① 美国的独立战争直到今天仍然是这个民族的史诗,是美利坚合众国的英雄式的起源。法国哲人对那些美国开国者的影响,以及发生在美国的那些事件反过来对于法国大革命的影响,都是非常深刻的,以至于两个国家都不可避免并且也是不无理由地把它们的友谊和共同使命看作是一种理所当然的事情。

当美国在 1917 年加入协约国武装(the Allied Powers)并且打破了协约国各国所喜爱的平衡的时候,②就连官方的陈词滥调都表现出某种特定的意义。美国人喜欢这样想:现在应该轮到他们来拯救世界了(拉菲特[Lafayette],③我们来了!)。而法国人因为还在按照十八世纪的眼光来解释美国的介入,所以他们就没有看到这一事件的真实含义。

这些官方的神话丝毫都没有编造的成分,但这些神话无论是对于法美之间的理解,还是对于它们的共同行动来说,都不能构成一个让人满意的基础。二十世纪的美国文明在很大程度上仍然保留着制宪元勋们的意识形态,就如同"自由、平等、博爱"这些词语仍然被书写在法国各个市政厅入口处的上方一样。这样一种意识形态方面的延续性掩盖了这两个社会里面所发生的许多具体变化。美国的技术文明(以及这种文明的无休止的发展,还有它强烈的生产、创新和打破所有数量及效率方面的记录的欲望)与法国文明之间的距离,跟它与英国文明和德语诸国的文明之间的距离相比,要更大一些,因为法国文明一直都试图用各种旧制度框架的旧瓶装现代工业的新酒。

当法国人和美国人在 1917 年至 1919 年这样一个时间相遇的时候,他们在多大程度上意识到了那种已将他们隔离开来的距离?因为

---

① [译按]《巴黎条约》当指 1763 年在巴黎订立的有关结束七年战争并确定其结果的条约。条约的一方为英国,另一方为法国、西班牙。在条约当中,法国和西班牙的一方让出了大量的海外利益,标志着英国海上霸权的确立。

② [译按]当指美国在 1917 年参加第一次世界大战。

③ [译按]拉菲特(1757—1834)法国贵族,政治家。曾经参加过美国独立战争和法国大革命。在美法两国政治当中均有过重要影响。

缺少证据,所以对这个问题,我不想贸然地下一个结论。35 年之前,研究公众舆论的现代技术几乎还没有被运用,并且美国军队在欧洲也只停留了很短的时间。因此,当时的风土人情是非常不同的。在历史学家们看来,潘兴将军(General Pershing)的军队所实施的增援,对于"完成任务"来说是非常必要的。① 但尽管如此,说到底,法国军队才是联合部队最主要的组成部分。无论是法国战士的英雄主义精神,还是指挥官的能力,甚至还有军队装备的质量,都是不容怀疑的。那些临时拼凑起来并且也没有什么战斗经验的美国军队,都非常乐意接受三年多来一直都在从事这场农民和工程师的战争的法国军官的建议。法国的大炮和飞机都是最先进的,并且美国炮兵所使用的也是法国生产的、1940 年被撤到英国去的 75s 大炮。至于双方的误解,即便说有,也没有引起什么影响,并且没有持续多长的时间。

从外交的观点来看,1917 年至 1918 年的法美联合从来没有形成真正的联盟,从而也没有熬过后来对于和平的失望——在大西洋的两岸,失望的内容是截然不同的,但同样都很深刻。在法国,美国遭到了人们的指责,因为美国脱离了本国代表主动发起的国际联盟(the League of Nations);②因为它对战败的德国表示了太多的迁就;因为它阻止虽然胜利但却已经精疲力竭的法国获得正当的赔偿和必要的保障。在美国,人们都感觉到,欧洲人已经沉沦在争权夺利的罪恶里面,他们正在操弄不可告人的、玩世不恭的阴谋,背离了自己曾经主张过的原则,而目的则是为了满足那些已经被写进秘密条约的野心。美国拒绝参与堕落欧洲的尔虞我诈,这种感觉是如此强烈,以至于美国部分公众舆论甚至后悔当初参与战争,他们还将美国参战的责任推给那

---

① [译按]潘兴将军(1860—1948)美国将领,在第一次世界大战期间,他负责指挥在欧洲的美国远征军,并担任陆军总参谋长(1921—1924 年)。

② [译按]国际联盟是一战以后由美国总统威尔逊在著名的十四点和平计划里面倡议成立的一个国际组织。但后来,美国担心国际联盟会被英法两国控制,所以出于对自身利益的考虑,它反倒没有加入国际。1920 年 3 月,由共和党多数控制的美国参议院拒绝批准《凡尔赛和约》,主要理由是国际联盟盟约构成了《凡尔赛和约》的一部分,而美国不能接受超国家的力量的控制。

些借款给法国和英国的银行家和垄断资本家。

尽管有这些纷争,法美两国在两次战争之间的关系仍然是过去关系的延续。这些关系建立的基础,有来自官方和民间人士对于他们之间永久友谊的信赖,有颇为有限的商业关系和人员联系,还有一种未曾明言的确信,即:当世界发生冲突的时候,这两个国家还会再度站到同一个阵营里面。

过去 15 年所发生的那些事情,在法美两国的关系史上,几乎可以算是一个极端的突变。尽管两国人民一直在追求的目标都是相同的,但由于两个基本的原因,总体的情势却已经完全不同。一方面,就法国和美国在世界政治当中所处的地位而论,中间的鸿沟已经加宽。另一方面,法国人和美国人相遇已经不下几十万次,甚至已经不下几亿次,然而不幸的是,彼此的了解并没有必然地产生相互的尊重。在某些方面,因为他们比以前更加了解对方,他们反倒越来越不喜欢对方了。情形正如今天所表现出来的那样,一般的美国人和一般的法国人似乎生来就没有办法融洽地相处。每一方都比较容易看到另一方的缺点,而不是那些积极的品质。

在法国短暂停留过的美国士兵带回国内的、关于法国的印象,几乎都没有什么好话。在那些接受调查的人里面,有 46.9% 的人认为,自从已经熟悉了法国人以后,自己变得更加不喜欢法国人了,与之对照,更喜欢法国人的人只有 23.1%。最常听到的对法国人的抱怨一般都跟以下几点有关,一是肮脏的外表和生活环境(31.4%),二是贪婪和"唯利是图"的态度(28.6%),三是不诚实的个性(27%),四是懒惰并缺乏进取心(19%)。相反,在喜欢法国胜过喜欢英国、德国或者意大利的人里面,有 49.2% 人都会提到法国人的热情好客。①

如果强调一下美国士兵开始认识法国时法国的处境,那么,这些

---

① 这些数据取自坎特利尔(Hadley Cantril)主编的 *Public Opinion* 1935—1946 (Princeton, N. J.: Princeton University Press, 1951),页 953。它们在世界和平基金会(the World Peace Foundation)为阿登堂会议(Arden House Conference)所做的预备性报告当中曾经被引用过。

数据的重要性也许就可以降到最低了：也就是说，在结束了 4 年被占领的生活之后，法国已经被黑市交易折磨得满目疮痍，贫困不堪，整个法国对所有的事情和所有的人都充满了恨意，不仅对曾经破坏自己家园的敌人充满恨意，而且对用炸弹毁坏自己房屋、有时甚至连墓碑都要炸毁的解放者也充满恨意。但尽管如此，另外一些人的研究以及我自己的观察也让我认识到，上面所引证的那些数据不应该被轻轻地放过。

一般的美国人因为对自己的价值体系不抱任何的怀疑，也因为美国社会已经为他们树立了一个民主的典范，所以，从总体来说他们都倾向于对法国社会持一种批评的态度，而对德国社会则持一种迁就的态度。对绝大多数的美国人来说，目前在法国真实存在的那些价值几乎都是看不见的，但法国人的缺陷却很容易就变得很显眼。要说出美国社会给几百万的普通法国人造成了什么样的印象，是很困难的。那些已经到过美国的法国人带回来的是一种非常良好(47%)或者说相当良好(38%)的印象，从而使得总共有 85% 的人对美国的印象或多或少都是良好的，但是，如果不进一步了解这少数旅游者的构成，那么，人们是没有办法得出任何确定的结论的。更多的法国人熟悉的都是驻扎在本国的美国士兵，尽管士兵和平民之间的接触颇为有限。就总体而言，杜兰德外长(M. Durand)关于美国和美国人的理念，[①]更多的是来自他所读到的东西，特别是在报纸上读到的东西，而不是来自于直接的经验。

根据多个民意调查的结果，法国舆论对美国的态度，要比美国舆论对法国的态度宽容一些。法国人加在美国人身上的积极性的品质，明显地要比那些消极的方面更加重要。在法国人眼里，美国人进取，实干，他们的国家强大，富有，年轻，也富有朝气。当然，法国人对美国人的评价要比美国人对自己的评价差一些。法国人对美国人的评价，无论是在聪明的方面，还是在大度的方面，都不如美国人对自己的想

[①] ［译按］杜兰德，未详。

象来得高。最重要的是,有三分之一的法国人——这个比例比任何一个国家都要高——认为美国人"专横跋扈"。这个事实是非常有启发性的。

如果人们考察的是法国舆论的整体,而不只是画室的舆论、知识分子的舆论或者是那种受共产主义宣传影响的环境当中的舆论,那么,法国人对美国的评价是非常良好的——比美国对法国的评价要好得多,而跟其他国家对美国的评价一样好——但是,美国在世界政治当中扮演的角色除外。即便是在那些对共产主义和苏联持敌视态度的法国人中间,对美国外交的某些方面持批评态度的人也相当多。即便是那些反殖民主义的法国人也在用他们反殖民主义的思想批评美国。即便是那些拥护大西洋联盟(the Atlantic Alliance)的法国人也认为美国人的反殖民主义的思想是狭隘的、自说自话的,他们还认为美国人太过痴迷于军事手段,而这些手段的必要性其实是非常值得怀疑的。

美利坚先生(Mr. American)对法国、英国或者德国的态度,并不会直接影响到美国和这些国家的政治关系本身。尽管美国人在民主问题上有自己喜欢的理念,但这些态度甚至连间接性的影响或许也没有太多。但是,法兰西先生(M. Français)在国际事务里面对美国人的态度,更多的是内在于整个情境当中的那些现实困难的结果,而不是造成这些困难的原因。

1918年之前,美国实际上已经变成了一个代表了一种区别于法国的秩序的强国,然而两个国家在当时都没有意识到这个不同。两国在人口、工业潜力以及军事力量等方面的对比,专家们不是不知道的,但政治家和普通人却没有认识到;并且这种对比在当时也没有被融入人们日常的思考方式中去。正如后来的事态所表明的那样,环境将这些物质要素的后果大大恶化了。作为二战的一个后果,在过去的十年里,法国已经衰弱了而美国则已经强大了,而所有这些变化都超出了原先统计数据的预计。

对美国来讲,法国在它的盟友当中最多排在第三位,首先是排在加拿大之后,因为美加联盟对于美国的领土安全是非常必要;其次是排在英国之后,因为英美之间在语言、传统以及国家利益方面有着非常密切的联系。并且对于法国来说,甚至连这个第三名的位置都不能保证;因为西德和日本也是候选人。在华盛顿看来,如果法国能与西德在一个统一的欧洲里面结合在一起,那么她应该还是一个不那么麻烦的盟友。

但尽管如此,在过去的十年里,法国在美国外交里面还是占据了一个非常重要的位置——或者更准确地说,在让美国感到麻烦的地方,法国的地位都是非常重要的。无论在亚洲还是在欧洲,法国的地位都是关键性的。如果没有法国,就不可能组织旧大陆的防卫,因为波恩共和国(the Bonn Republic)的重新武装需要得到国民大会的同意。① 如果没有她,东南亚将会面临对共产主义渗透的危险,因为抵抗越盟(Viet Minh)需要法国远征军的参与。② 换句话说,在过去的十年里,法国所扮演的外交角色明显超出她的实际能力。

法国的反对党一直都在极力抨击政府屈从于美国的政策。在这个问题上可以说的东西很多,并且也已经有一些国外的观察家以另外一种非常不同的方式对过去这一段时间的历史进行了解释。从1946年到1949年,是法国领导人首先对美国人解释说,印度支那战争是反对共产主义的斗争的一个有机组成部分,而在美国方面,无论是舆论还是政府,一开始都是不太愿意接受这个观点的。1950年,是法国领导人为了避免正面回答要不要重新武装德国的问题而首先创建了欧洲军团(the European Army)。华盛顿变得可能比法国还要关心发生在印度支那的战争,是从1950年开始的。华盛顿变得比大多数的法国部长们还热心于欧洲防卫共同体(European Defense Community),是从1951年开始的。无论是企图使印度支那战争胜利结束的皮杜尔外长

---

① 波恩共和国:第二次世界大战以后,西德第一任首相阿登纳将波恩选为德国的临时首都,所以,一直到1990年两德统一并于1991年决定迁都柏林,西德也被人们称为波恩共和国。
② [译按]越盟,全称是"越南独立联盟"("League for the Independence of Vietnam"),是由胡志明于1941创建的越南民族解放组织,最初的目的有两个,一是使越南脱离法国而独立,二是反对日本占领越南。

(M. Bidault),①还是竭力想让欧洲防卫共同体获得批准的舒曼外长(M. Schumann),②都没有要屈从于美国人命令的想法。他们所遵循的政策是那种在他们看来最有利于法国的政策,并且为了推行他们的政策,他们还寻求美国的支持。那些在这过程当中看出了向美国国务院屈从的人们,往往都是那些期望另外一种政策的人。那些所谓的对华盛顿卑躬屈膝的谴责,首先是用来反对当权对手的利器。

只要盟国之间的力量彼此不平等,这一类的谴责就一定会出现。一个人的主张只要跟美国的外交立场同调,那么,他很快就会被怀疑是在屈服于强权的压力。杜兰德外长为了向自己证明国力的衰弱并没有削弱他的独立和尊严,总是要迫不及待地在大庭广众之下跟所有的盟友说不。杜勒斯先生(Mr. John Foster Dulles)的那些恐吓性的、诱惑性的或者保护性的言论,③总是会在法国政治里面产生立竿见影的效果,但这位国务卿对于阿登纳总理(Chancellor Adenauer)的偏爱却没有妨碍后者的选举胜利。④

美法关系当中的这种心理倾向只有一部分跟物质资源方面的不平衡有关;而当美国人和法国人考虑到各自国家命运的时候,这种倾向在更大的程度上是来自于法国人对现状的不满和美国人对现状的满意。关于这种对比,世界和平基金会和巴黎方面为阿登堂会议所做

---

① [译按]皮杜尔(1899—1983)法国政治家,曾经在二站之后数度担任法国总理,也曾经担任过法国的外交部长。

② [译按]舒曼(1886—1963)法国政治家,1947—1948年间曾两度担任法国总理,后又出任法国外交部长。他极力推动欧洲政治、经济和军事方面的合作,被认为是欧盟的重要创始人之一。他在担任外交部长期间,参与创立了北大西洋公约组织,后又将北大西洋公约第5条的防御原则用于《欧洲防卫共同体条约》,但这个条约后来于1954年8月被法国国民议会否决。

③ [译按]杜勒斯(1888—1959)美国政治家,第一次世界大战后,代表美国出席历次重要国际会议,对于恢复德国军事潜力和重新武装德国起了很大的作用。1944年起成为共和党外交政策主要发言人,1950—1952年任美国国务卿顾问,1953年1月至1959年4月任国务卿。他以狂热的反共产主义立场而全球知名。

④ [译按]阿登纳(1876—1967)德国政治家,1949—1963年任德国总理。

的预备性报告里面揭示得最为清楚。① 美国社会是乐观的,而被乐观情绪所控制的基金会秘书处,在各式各样的、由专家所提出的关于美国社会的解释里面,做了一个选择。比如说:

> 在每一个方面,通过沟通、教育、新闻出版以及所有由社会所控制的社会性的、技术性的和政治性的力量,人们都可以理解各种关于……社会议题的合理提案。
>
> 考虑到人们在理解精神错乱方面所取得的进展……人们或许可以假定说,在今天,各种神经官能症已经不像以前那样成问题了……尽管当然还存在一些错综复杂的、非理性的力量,但是在美国,这些疾病的发病原因不像在欧洲那样,很多都可以归结为陈腐而愚蠢的传统。
>
> 在最墨守成规的家庭里面,几乎总是会有一个背叛者,一个对现状提出批评的人。一个新政民主党人(New Deal Democrat)的儿子可能会变成年轻的保守主义者,一个贵族的儿子可能会变成工人领袖,在南部圣经地带(the Bible Belt)的清教徒家庭里面可能会产生一个自由论者,②而大商人的儿子则可能成为艺术家或者精神病专家。过不了一代人,美国人个性里面内容和构成方面的差异,很快就会表现出来。
>
> 尽管很多美国人在很大程度上仍然会热衷于从事技术和物质方面的发展,但也有越来越多的人开始重视智力方面的追求和非物质的成就,因为社会变得更加复杂和更加多元了。美国的音乐和艺术正在迅速赶上那些古老的、长久以来一直把这些方面的

---

① [译按]阿登堂会议:1956年3月由美国世界和平基金会主办、在纽约哈里曼(Harriman)召开的一次国际学术会议,与会的双方分别是美国和法国的各界名流,会议的议题涉及北大西洋公约组织,德国问题,帝国问题,国际防御与核武器,文化和民主等等。本译文所自处的 *Diversity of Worlds* 一书,便是由分别代表法美代表团起草大会报告的阿隆和赫克舍两人结合会议的讨论合作完成的。

② [译按]圣经地带:对美国东南部地区的一种非正式的称谓,在这个地区,保守性的福音派清教信仰在文化当中有颇大的影响。

追求看作是自己的专利的社会。

如果人们在这些行为领域将美国人和法国人做个比较,那就可以得出一个尝试性的、初步的假设,即,在那些跟家庭和个人生活没有直接关联的问题上,美国人比法国人受的教育更好,并且也更加感兴趣;他们比法国人更多地接触那些跟自己不同的观点和立场;他们在生活经验和生活方式上比法国人更少一些地方性;在观点、态度、记忆和外在的行为方面,他们比法国人更少一些老套;他们比法国人更加容易容忍那些对自己和自己的观点提出批评的理念。

的确,在少许后面一点说到上层阶级的时候,报告做了一点限制:

美国的精英可能跟物理学、社会科学和工业社会的那些实践方面有着更多的接触,法国的精英则似乎对美学、哲学和文学方面的信息更加熟悉一些。但是,法国精英跟法国那些不太有特权的集团之间的距离,要比美国大得多。如下的结论似乎是必然的,即,美国的大众在兴趣等方面要比法国的普通人宽广一些,至少从我们所看到的材料来看是这样的。

我并不想指责整个的美国舆论或者所有有教养的美国人,指责他们在上述引文当中所表现出来的这种肤浅的、很自然地建立在"科学"基础之上的自我满足。有很多美国人对于体现在下面这些说法之中的那种无所畏惧的乐观主义其实是心存疑惑的:即,这一代人要胜过前一代人,但却没有下一代人好;教育可以灌输智慧和宽容,并且还可以溶解那些就其本质而言必然僵化也必然贫乏的传统。讨论这种乐观主义在多大程度上反映或者脱离了现实并没有多少意义。美国的这种成功意识,正如法国人的失败意识一样,都是一个事实。

要收集法国人不满的证据是很容易的事情。在这里我们只要引用一段由一些法国代表团的成员所提出的初步报告就可以了:

法美关系的未来在很大程度上取决于过去十五年里一直都在折磨法国人的那种自卑情结(inferiority complex)会不会消失。循着这个方向,人们也做了一些事情,但是,面对着这样一个在它变成支配世界的力量之前从来没有被打败过、它的财富和力量从来都没有停止过增长的国家的、容光焕发的乐观主义,法国人总是会觉得自己已经有些衰落,因此,他们也经常会处于一种跟一个孤独的、被误解的人相近的精神状态。在这个国家里面,言论的自由是巨大的,社会的约束也比所有的地方都要少,所以人们就可以从揭发自己的缺陷、不足和错误当中取乐。但是,出于一种非常人性化的反应,他们又不愿意由别人来指出这一类事情,即便他们通过法国新闻那种夸大其词的、受虐狂到一种偏执地步的舆论,也证明了别人的观察都是正确的。

这样一种对照从很大程度上来说是不可避免的。它反映了两个国家具体情境上的差异。但是,心理学意义上的反应往往会过分地夸大事实,而这些事实其实是可以从另外一个角度加以解释的。让我们假设一个检察官正在宣读一份针对美国政策的诉状:

美国参战的目的是为了防止欧洲被希特勒的暴政统一,但它接下来又把一亿欧洲人转手交给了一个今天连他们自己都认为是跟第三帝国一样糟糕的暴政。难道美国没有能力挽救那些他们许诺以自由前途的人么?实际上它是有能力做到这一点的,因为在1945年的时候,它是全世界唯一掌握核武器的国家,并且还吹嘘说自己的实力远在已经被胜利和大片国土的长期沦丧折磨得筋疲力尽的苏联之上。但是,美国更感兴趣的是把孩子带回家,而不是要确保欧洲实现正义的和平。亚洲的情形更糟。美国人几乎是单枪匹马地打败了日本帝国。1944年底,日本曾经通过莫斯科寻求和平,当时这件事情华盛顿还不知道。当时日本的海军已经被摧毁了;她的商业舰队葬身海底;她几乎已经完全跟自己曾经征服过的地区断绝了联系,因为就像英国一样,如果没有了战时的海运她就没有办法生存下去；她的城市一片废墟。所以日本已经筋疲力尽了，随时准备要投降。原子弹的轰炸任何用处都没有。而战争被拖延到 1945 年夏的结果是让苏联可以在最后一刻干预进来，并且还可以在一个它没有作出丝毫贡献的胜利里面瓜分利益。1944 至 1948 年正是美国人的实力所向披靡的时候，但美国人却让苏联将自己的势力范围扩张到东欧，让共产党控制了中国。"美利坚，傻巨人"（the United States, birdbrained giant）的说法目前正风行于各个民主国家，这难道有什么值得奇怪的地方么？

我并不认为这份诉状的指控全都正确。实际上，它也有不正确的方面，并且也没有考虑到在民主制度的外交行为身上其实也施加了很多的限制。我说这番话最重要的目的是想指出，美国的外交行动通常也会以失败告终，但美国人在意识里面却会竭尽全力地忘记问题的这一方面。

在过去十年里，对自己的成功自豪不已的美国，与因为 1940 年的战败和其他方面的厄运而垂头丧气的法国，不得不比以往任何时期都更加紧密地在一起生活，在一起行动。共同的命运和联合的行动一直都是存在的。双方的军队和人民在登陆法国和大规模的去殖民地化期间一直都是和平共处的；联合行动先是在战争的最后几个月，接着又针对战败的德国和苏联，也都是有的。战后的时期可以很自然地分为几个阶段，其中每个阶段都是既有问题，又有独特的氛围。

第一个阶段差不多可以延续到 1947 年，这个阶段从人员的层面来说，包括了美国军队和死气沉沉的法国人民之间的摩擦，这支军队给法国带来了解放，但这也是一支铺张浪费，讲究饮食，对民居和墓碑不太在乎的军队。从政治的层面来说，这个阶段的特点是法国一直在努力恢复自己在各种大国会议当中的地位。第二个阶段，从 1947 年初战时联盟的破裂一直延续到 1950 年 7 月，这个阶段的主要事件有马歇尔计划(Marshall Plan)和冷战初期的一些事件。① 在这个阶段,法国人一直都没有达成共识。其实只要有某个比较大的少数派倾向共产主义,这样的共识就是不可能存在的,并且,即便在共产主义的圈子之外,仍然有一部分法国人一直都在怀疑马歇尔计划的用心,也一直都在害怕丧失法国的独立地位。但是,在 1947 至 1950 年间,美国盟军在没有要求法国重新武装的情况下为法国提供了安全上的保障,同时还极大地帮助了法国的重建。即便是柏林封锁(the Blockade of Berlin)似乎也没有惊扰法国的舆论或者引发法国人对战争的真正担心。②

朝鲜战争打开了一个新的阶段。战争的恐惧到处蔓延,至少在最初的几个月里面是这样,同时美国也想重新武装联邦德国。由此在法国就导致了 1950 至 1954 年间关于欧洲防卫共同体(EDC)的漫长辩论,美国也卷入了这个辩论,因为它支持亲欧洲的党派,同时也施加压力要求法国批准欧洲防卫共同体。与此同时,越来越不受欢迎的印度支那战争被或明或暗地归罪于美国和大西洋联盟。1954 年 8 月,法美

---

① [译按]马歇尔计划是第二次世界大战后美国援助欧洲的计划,也称"欧洲复兴计划"。1947 年 6 月,当时的美国国务卿马歇尔(George Catlett Marshall,1880—1959)在哈佛大学发表演说,指出当时的欧洲经济濒于崩溃,粮食和燃料等物资极度匮乏,而其需要的进口量远远超过它的支付能力。如果没有大量的额外援助,就会面临性质非常严重的经济、社会和政治危机。因此他呼吁欧洲国家采取主动,共同制订一项经济复兴计划,美国方面则利用其生产过剩的物资援助欧洲国家。1947 年 7 月至 9 月,英、法、意等 16 个欧洲国家的代表在巴黎开会,决定接受马歇尔计划,建立了欧洲经济合作委员会,提出了要求美国在 4 年内提供援助和贷款 224 亿美元的总报告。1948 年 4 月,德国西部占领区和的里雅斯特自由区也宣布接受 1948 年 4 月 3 日美国国会通过《对外援助法案》,马歇尔计划正式执行。计划原定期限 5 年(1948 年至 1952 年),1951 年底,美国宣布提前结束,代之以《共同安全计划》。计划执行期间,美国对欧洲拨款共达 131.5 亿美元,其中赠款占 88%,其余为贷款。马歇尔计划实施期间,西欧国家的国民生产总值增长了 25%。马歇尔计划是战后美国对外经济技术援助最成功的计划。它为北大西洋公约组织和欧洲经济共同体的建立奠定了基础,对西欧的联合和经济的恢复起了促进作用。

② [译按]柏林封锁(1948—1949),是冷战早期的一次重大危机。事件的由头是,苏联方面了为了反对 1948 年 6 月 21 日在美、英、法三国控制下的德国占领区开始实施的秘密军事改革,派军队封锁了三国进驻各自柏林占领区的公路和街道。但后来三国军队通过空运食物和给养,打通了苏联的封锁。最后苏联方面撤销了封锁。

关系的危机在法国拒绝接受欧洲防卫共同体的时候达到了顶点。几个月之后,印度支那战争结束,巴黎协定(Paris Agreements)签署,①于是平静再一次降临,两国的关系再度恢复到通常的那种盟友形式,这种形式,大多数的法国舆论都认为是必要的,而美国舆论也将之作为美国国家利益——这一利益要求防止苏联的势力扩张到大西洋沿岸——的一个自然结果接受下来。

尽管如此,这个联盟一直以来都因为误解而显得很不平稳,有时甚至是风雨飘摇。从现实的角度来说,误解的源头在于双方民众对于对方所抱有的那些理念。无论这些理念是真是假,它们都表达了一种真实的意识。法国人不喜欢美国人对他们的印象,而美国人也不喜欢法国人对他们的印象,并且,这些印象都是很难改变的,因为决定这些理念的,更多的是每个民族的性格和价值观念,而不是这些理念想要表现的那个目标。因此,那种对于是不是太过屈服于美国人的意愿的敏感,那种对于法国独立地位的关切,那种对不可企及的中立的怀念,那种即便知道美国人言之成理但仍然对之表示愤恨的情绪——所有这些态度或者心态,不管有没有根据,都是来源于环境,跟教育的影响没有多大的关联。

阿登堂会议的任务不是为了检查这些"误解"。这两个代表团从一开始就把它们当成是人所共知的,是已经存在着的。他们的目标毋宁是为了把真正的问题,即这种真实存在的观念分歧(对于这些分歧,上述那些感情既想掩盖又想表达出来),明确出来。所有出席阿登堂会议的美国人和法国人都认为,法美联盟,或者毋宁说,美法联盟乃是

---

① [译按]1954年8月,法国议会否定了《欧洲防卫共同体条约》之后,美国便开始积极寻求新的武装西德的途径。同年9月28日至10月3日,美、英、法等北大西洋公约成员国同联邦德国外长在伦敦开会商讨此事。随后又于10月21日至23日在巴黎开会,达成一系列协定,统称《巴黎协定》。其主要内容是,美、英、法结束对联邦德国的占领,但3国军队仍驻扎在西德;接受联邦德国参加西欧联盟和北约,允许它建立50万人的军队,但不得拥有原子、生物和化学武器。1955年5月5日,巴黎协定经各国批准,正式生效。苏联极力反对重新武装西德,联合东欧社会主义国家组成华沙条约组织,以对抗北大西洋公约组织。

其中一个因素的大西洋联盟,是值得期许的,并且他们也把这种情形当作一个事实来看待。但是,他们也试图确定这两个国家的观念或者利益是以一种什么样的方式破坏了双方的共同行动或者说连累到双方的共同行动的。对分歧的寻找主导了所有讨论的组织形式,正如它主导了这个报告一样。

这两个国家对于苏联的威胁有不同的看法么?在德国政策的问题上,他们能够达成一致么?他们如何展望他们的防卫组织?他们在殖民地问题上是有深刻对立的么?这两个国家的经济结构和他们在世界上不得不完成的任务,是把他们拉近了还是把它们分开了?大西洋联盟的意义何在?

世界的多样性[1]

赫克舍（August Heckscher） 著

帝国问题

从第二次世界大战当中走出来的法国，经济崩溃，人口骤减，很多城市废弃；但是在帝国的内部，她仍然保持着东山再起的信心。从法国的角度来看，1945年的帝国比以往任何时期更值得珍重，也更有前途。在二战的时候，法国一半处于外国的统治之下，一半处于自甘失败、卑躬屈膝的傀儡政权统治之下，但在这样一个时候，她仍然提供了大量的兵源，提供了一个地区性的军事基地，并且还表达了一种对于世界性权力的主张。在战后的这些年里，人们都在满怀信心地期望，帝国仍然还是以前的那个帝国，但却被带进了一个更具包容性的、宪政体制的框架里面，而在这个框架里面成长起来的人们，也会是有教养的，是接受过管理方面的训练的，同时也更加深入地融入法国的文化里面。

值得一提的是，北非成为新的力量源泉。战争岁月使得阿尔及尔（Algiers）变成了一个首都。在这里，戴高乐建立了法国临时政府，而那些与他联合在一起、并且许多还注定要在第四共和国里扮演领导角色的人们，已经通过切身的体验意识到了这一地区所存在的问题及其

---

[1] ［译按］以下三篇文章是阿隆与赫克舍合著《世界的多样性》的第4至第6章，作者是赫克舍。

解决的可能性,他们将会把这样一种意识带回欧洲大陆。在这场战争当中所采取的策略表明,地中海并不是一个界限清晰的、欧洲的南部边界,而是一个更广阔的沟通渠道,是连接两大战场之间的桥梁。飞机已经使得海洋在范围上降格成为河流,从而也将北非与法国时尚生活之间的联系拉近得无比密切。

最后,战争以及后来的发展也已经表明,北非地区将会成为一个枢纽,把欧洲文明与最近正在觉醒的、撒哈拉沙漠以南广袤地区的文明联结起来。没有人能够预见这些地区将会变成什么样子。但是至少有一点应该是清楚的,那就是,地中海沿岸的北非地带将会成为一种中间性的力量,传播来自西方的灵感和理念。

然而时间也将会证明,那场使帝国对于法国来说变得绝对必要的战争,也已经侵蚀了许多它引以为基础的、想当然的假设。一个新的"未来冲击波"(wave of future)正在涌动。在联合国,反殖民主义成为一股强大的推动力,这股推动力足以在南美洲和亚、非以及中东诸国之间编织起彼此呼应的纽带。战争结束之后的十年里,有六亿人将会生活在刚刚赢得的独立的环境之下。在这股日益高涨的冲击波的作用之下,连那些基础最为牢固的制度和风习都将受到质疑,继而是受到挑战。

战争的这样一种双重性的影响——即,一方面使得帝国对于法国来说变得更加重要,但同时又削弱了帝国——在一个更加波澜壮阔也更加戏剧化的层次上再现了早些时候在 1914—1918 年间的世界冲突当中早就已经出现过的那些东西。在那个时候,帝国同样也给遍地战火的家园提供过大批的兵源和给养,同时也在那种齐心协力的激情里面暗含了一种给人们更大限度的自由的承诺。1917 年的俄国革命,以及体现在威尔逊总统的演说之中的那种世界范围的、对于美国式理想主义的渴望,都激荡起了一些轻易没有办法约束的力量。法国在印度支那的统治,在一战以后的状况跟二战以后的状况都是一样的,都是这样一些革命浪潮首要攻击的对象;印度支那的民族主义者首先是感受到蒋介石这样一个榜样的力量,后来则以一种更加强烈的方式感受到毛泽东的力量。另外还可以指出的是,在早些时候因为军事需要而引发的、北非人口向法国的流入,也已经无法避免地传播了自由的理念。

更大范围内的战争和革命在下一代法国人里面制造了更深刻的紧张和困境。人们非常容易追本溯源,将民族主义的狂热追溯到美军登陆之后罗斯福总统与摩洛哥国王的会晤,①或者是追溯到战后共产主义在印度支那的渗透。但事实上,在世界上还有另外一些浪潮在蔓延,而这些浪潮却只能在更加基础的层面才能加以解释。二十世纪科技的发展,伴随着距离的缩短和交流的加强,也伴随着工业化的扩张以及由此带来的生活水平的提高,所有这一切都在鼓舞着长期停滞于贫困之中的人们。所有地方的人口都在流动;并且,时局加在法国身上的、调和那些在表面看来没有办法调和的东西——也就是说,调和新自由与旧秩序的关系——的任务,可能要比任何其他单个的国家都要繁重。

阿登堂会议从一开始就面临了法国人一直都在关注的殖民地问题,特别是日益突出的北非问题。就其核心内容来说,北大西洋公约组织(NATO)在调整涉及非西方国家的观点差异的时候,是存在问题的。美国的报告人太过注重一种共同体的意识了,他们总是要把两个国家撮合在一种将双方所有的事务都合二为一、同时也意味着要让两个国家都彼此忠诚的姻缘里面。但另一方面,法国的报告人则会问:如果在那些法国人认为对于他们的福利和生存来说性命攸关的问题上,国与国之间的处理风格是不一致的,那么,它们之间怎么可能会建立一种伙伴关系呢? 如果不追溯到一种深刻的价值和观点分歧,那么,在来自于大西洋两岸的代表之间,无论是经济方面的问题、社会政

---

① [译按]1943 年 1 月,丘吉尔、罗斯福和戴高乐在卡萨布兰卡的郊区安法(Anfa)举行了为期四天的会晤,会晤期间,罗斯福举行过一次晚宴,并邀请摩洛哥苏丹穆罕默德五世参加。这被认为是美国承认摩洛哥独立主权的一个表示。在晚宴上罗斯福主张,摩洛哥不应该让其他国家开发其自然资源,美国可以为摩洛哥培训本国的工程师、教师和科学家,美国的公司也可以为摩洛哥的发展提供帮助。并且,罗斯福还说过一句非常有名的话,他说他会竭尽全力帮助摩洛哥脱离法国而独立。在晚宴结束的时候,穆罕默德五世宣布"我的国家开始了一个新的未来"。

策方面的问题还是国际事务方面的问题，就都没有办法进行讨论。而既然他们有着如此之多的共同之处——比如，整个西方自由的思想体系，以及对于个人之重要性和自由之必要性的共同信仰，那么，为什么在关于殖民主义的态度问题上，它们之间的分歧会如此之深呢？

最方便的解释就是，他们的理念并没有本质性的差异——也就是说，所有的问题都不过是为了争权夺利。美国方面所提出的、想要用美国的势力来取代法国在北非的势力，或者至少是想保证美国在北非已经取得的商业利益的建议，在法国的报告人这里也不是完全没有。但法国方面的建议已经被美国人明白地否决了。另外，也可以从不折不扣的国家需要的角度做出解释。法国人需要他们的帝国；如果他们还想在这个世界上保持强国的地位，就需要帝国的资源、市场以及可以作战的人口。而相反，人们也可以说，美国也可以有足够的能力保持自己的理想主义，也有足够的能力给出一个普遍性的、自由的礼物。为了保证可以继续控制那些遥远的或者国外的人口，他们不需要任何东西，也没有必要绞尽脑汁去构思那些措辞微妙的客套话。

毫无疑问，上面这种思考问题的角度确实也有某些道理；法国一旦完全失去其海外领土，那它就一定不会是原先的那个法国了，就不会再是那个在过去一百多年里一直在世界事务当中扮演骄人角色的法国了。但是事情也还有另外的一面。法国人为了维持他们的帝国，已经投入了太多。如果说他们曾经得到过什么东西的话，那么，他们同样也付出过很多。在印度支那半岛，他们的花费是从马歇尔计划当中所得援助的两倍，同时在军队方面他们还折损了许多年轻的领导精英；在北非，他们一直都受困于年复一年的沉重补助，以便平衡预算方面的赤字。法国有理由认为，她从来都不只是为了自己的利益而背负这些沉重的民族负担。印度支那的战争在西方人看来对于所有有关各方的利益都是举足轻重的。并且，在这样一片经济繁荣的地区，就连美国人也不能说自己在这里没有利益，因为他们也已经在那里建立了几个非常重要的空军基地。

无论争权夺利还是国家的必需，都没有办法解释那种深层的、与道德方面的价值观、智识观念和政治哲学有关的差异。这些差异值得我们花点力气来加以关注。法国人一直都是气势宏大的帝国建筑师。如果说他们现在占据那些海外领地乃是出于需要的话,那么,最初驱使他们占领这些领地的动机就不仅仅是需要的问题了。经济的平衡和人口的稳定,都可以使他们不必承担那些刺激着其他的国家到海外去寻求猎物的压力。法国人在海外的伟大使命,不是源于民众的激情或者贪欲,而几乎从头到尾都是源于一个精英集团的推动;不是源于商人,而更多的是源于贵族。这些贵族一部分属于因为1789年的大革命而被切断了正常的权力之路的贵族;一部分属于精神方面的贵族,而这些精神贵族终身都抱有这样一种信念:即,法国负有一种使命,要将最高意义上的文化和文明,向地球上更加广大的区域推广。这些贵族对于冒险有一种不带利益色彩的热爱,同时又追求个人的荣誉以及对于异域真实状况的理解,所有这些因素联合起来,产生了一类很特别的人,而在这些人当中,利奥泰(Lyautey)或许就是最有名的例子。①

在国内的法国人好像从来都没有很好地理解自己的帝国。或许他们都太过关心国土的本部,太过关心自己的村庄或者是在巴黎的居所了,所以就不太容易关心法国在国外所取得的成就。在法国历史上,当帝国的事务已经吸引了政坛人物注意力的时候,它往往都会是诽谤中伤与争权夺利的代名词。更近的一段时间,阿尔及利亚人在法国城市当中的人口不断增加,再加上因为印度支那战争需要付出的牺牲,这些都使局势变得非常紧张。然而法国作为一个整体而言,在其思想深处仍然隐约保持着这样一种感觉:即,法国的命运不仅仅是成为法国而已,它另外还负有一种使命,那就是将某种超越欧洲理念和西方文化的东西在自己身上体现出来。它一直都认为自己是一种中庸的力量,是"西方的中国"(China of the West),它可以将彼此南辕北

---

① [译按]利奥泰(1854—1934)法国殖民史上的重要人物。1873年从军事学校毕业后,遂即赴阿尔及利亚任骑兵官。1894—1897年在印度支那任职。1897—1902年在马达加斯加任职。1907—1912年任摩洛哥军事总督,1912—1925年间曾经任摩洛哥总督。1925年后退休回到法国。他以超凡的军事技巧和灵活的殖民统治手段而闻名。

辙、水火不容的力量融为一炉,然后再用一种独具法国文明特质并且也仅仅属于法国的协调性将之反映出来。

法国文化的这种普遍性的和代表性的(从而也是与法国人的恋家天性[home-loving nature]不一致的)特质,从一开始就使得法国人的殖民事业,在方向上与英国人的殖民事业相左,或者说,就他们的行事方式更加有局限性这点来说,也与美国人的殖民事业相左。给殖民地以自治,相对于法国人所能够给予的能力来讲,好像只是给出了其中的一个部分,并且还是一个已经日薄西山并且也微不足道的部分。传播文明是一个更加宏阔、更加艰巨,从而在本质上也更加高尚的任务。它涵盖了公民资格这样一种特权,同时它也允许对权力加以集中。因为,在同化这样一个基本原则之下,种族和宗教之间的差别被降到最低,历史背景和传统文化也变得不再那么重要。对于法国人来说,最理想的画卷乃是一幅"一亿法国人"的画卷,而在这一亿人里面,法国宗主国的人口和帝国的人口全都是包括在内的,同时也包括那些发展阶段高低不同、彼此迥异的各个民族的人口。这幅画卷当然是某种想象的东西。因为,同化必然要伴随着显著的不平等以及对于共同权利的否定;而宪政体制所给出的权力也仅仅是字面上的,在实践当中根本没有办法化为现实;并且,对于任何一种想要消除文化与历史方面差异的理论来说,这方面的差异实在是太过根深蒂固了,根本没有办法消除。有一个故事讲到,在西非,黑人的孩子们要使用统一的法国课本,他们在开始上历史课的时候被要求一起背诵"我们的祖先是高卢人(the Gauls)"。但是在这种观念里面,的确也有某些足够坚实并且也足够有吸引力的东西,完全可以把那些接受法国人统治的、分布广泛的族群聚集在一起。法国文明的辐射功能,软化了不可避免的暴政,也使得在另外一种情形之下早就已经是动辄得咎并且也是过分集权的制度变得可以忍受。

从逻辑的角度来看,在这样一种观念里面,是没有"独立"这个概念的位置的,并且从历史的角度来看,这种观念一直也没有出现过。甚至连英国借以维持其对海外领地的控制的、那些花样繁多的形式和感情拉拢也没有。1944年,在布拉柴维尔(Brazzaville)所举行的那场著名的殖民地行政长官大会上,普利文(René Pleven)说出了地道的法国人的观点。① 他的说法代表了法国传统最开化也最宽宏大度的一面。他坦陈:"在这个更加强大的殖民地法国,没有人会被赋予投票的权利。"他解释说,对于有些人,

> 我们愿意一步一步地带领他们发现自己的人格,而他们当中那些最为成熟的人们也将会被授予政治上的选举权。但是,除了**法国人的独立之外**,他们不可以期望任何形式的独立。

这番话可不是在玩什么文字游戏,而是在表述一条一以贯之的基本原则,这条原则从法国最早在新世界(New World)开始殖民事业到最近一段时期在北非的经营,一直都是在实行的。

当然在实际的操作中,一直都有妥协,也一直都有让步和失败。美国人会满腹疑惑甚至会大失所望地问这样一个问题:即,法国人一方面觉得有必要经常向印度支那人许诺让他们独立,但又有如此之多的借口,又有如此之多的居民留在印度支那,这是为什么呢?这个问题,对于任何一个觉察到法国立意深远的殖民主义传统与外界环境所施加的压力之间的尖锐矛盾的人来说,答案都是显而易见的。许多同情法国的朋友一定会知道,如果说摩洛哥和突尼斯在今天已经被允许独立了,那么,这种独立并不是没有一种对于人们所珍视的那些传统采取暴力的意识在里面,也不是没有一种让人惊恐不安的、尚未得到解决的、道德和政治方面问题的残留在里面。

在对法兰西帝国的逻辑进行了这样一种虽然简略但我相信却并非不准确的描述之后,接下来我们有必要来对比一下那些可供比较的美国理念。美国的这些理念可以很简单地归结为一种对于所有形式

---

① [译按]普利文(1901—1993)法国第四共和国时期的著名政治家。曾经在二战结束以后与密特朗一起发起组织"民主与社会主义抵抗联盟"(UDSR)。在1950年代曾数次担任法国总理。1944年,普利文先后担任过三个官职,先是负责殖民地事务的自由法国委员会的委员长,接着担任法国殖民部长,最后是担任法国国家经济部长。

的殖民主义的敌视。这种敌视有着非常深的根源,可以一直追溯到合众国刚刚开国的时期。18世纪的美国革命,本身就可以被树立为一个通过武力方式从殖民力量手中赢得独立的经典范例。正因为有着这样的根源,所以,美国人几乎没有办法不对在他们看来与自己曾经经历的境况相同的民族心怀同情。毫无疑问,他们的确经常在误解实际的状况。他们经常都会在曾经在大西洋沿岸十三个殖民地上居住的人与目前那些不发达国家的居民之间,做不恰当的对比。但前者已经在自治的传统和英美法(Anglo-Saxon Law)的各种传统里面接受过良好的教育,而后者却是目不识丁,在整体上没有接受过行政管理技术和法律技术的训练,同时也缺乏各种可以培养领导能力的制度。正如美国人往往会从他们的十三个殖民当初也是先后在《联邦条例》(the Articles of Confederation)和1787年宪法之下联合起来的这一点出发,① 认为欧洲各国也应该联合在一起一样,他们往往也会认为,任何一个殖民地也都应该像他们当初的做法一样,宣布独立。这一些类比或许有些牵强附会,牛头不对马嘴,但是,这种类比的基本前提却是至关重要的,同时也是美国传统里面最核心的部分。

而人们或许也可以回过头来问一下,美国人自己是否已经达到了那些他们严格适用于其他国家的、反殖民主义的标准。正如阿隆先生在本书前面的某一章里已经指出的那样,法国人总是会想起在美国的印第安人的例子。在我看来,还是让印第安人按照现在这一代的美国人出于窘迫不安的良心所允许的那样,平静地生活下去吧。其实这个国家还有其他很多足以将之引向帝国之路的例子。在美西战争(Spanish-American War)的时候,② 美国占领了波多黎各、关岛和菲律宾。1903年,它在实际上将巴拿马变成了自己的保护国;他干预古巴,并且,还在长短不一的时间里面占领过三个独立国家,即尼加拉瓜、海

---

① [译按]《联邦条例》,全称是《联邦与永久联盟条例》(Articles of Confederation and Perpetual Union),被认为是美国第一部政府管理性文献或者宪法。最后的草案写定于1777年夏,在经过一年的辩论之后,于1777年12月5日由第二次大陆会议通过。

② [译按]美西战争,爆发的时间是1898年4月25日—8月12日。

地、多米尼加共和国的领土。

这个名单可以很容易地继续拉长；但这里面的意思却已经足够清楚了。作为一个国家，美国已经不止一次地背离了自己的反殖民主义的原则；甚至还曾经一再发出过或多或少是支持帝国主义的取向的声音。1846 年，来自密苏里州的众议员本顿（Thomas Hart Benton）曾经宣布说：

> 文明，还是灭绝，这是所有那些已经开始推崇白色人种的民族的命运；并且，一直都被作为白人的选择对象的文明，已经被确立为一个目标，而灭绝则是反抗白人的必然后果。

本顿参议员并不是最后一个用这种口气讲话的人。但是，今天的波多黎各和菲律宾的状况或许可以拿来作为充分的证据来证明如下这样一个事实，那就是，殖民主义的作法已经被出于一种不安的心态而接受了下来，并且，这些作法的后果一直没有被允许（经济意义上的帝国主义可能是一个更具争议性的问题，对此我们会在下文进行讨论）。

将这样一种雄心勃勃的反殖民主义适用于当今世界的时局之下，这是一个需要单独讨论的问题。自己以身作则地遵循一种良善的路线，和武断地将之强加于其他所有人的头上，这之间是有差别的。一战中的威尔逊和二战中的罗斯福都发现，他们在这方面的理想，简单说说还是可以的，但是，当问题是要与欧洲列强合作以便将之加以贯彻的时候，他们总是会激起无穷无尽的麻烦。但尽管如此，他们两人还是留下了一笔可供发扬光大的遗产，而这笔遗产的价值，美国人与法国人的判断当然也是大相径庭的。战后的一段时期，渐渐出现了一种比较不那么教条的作法。出席阿登堂会议的美国人也直言不讳地说，在推进反殖民主义事业的过程中，他们已经在某种程度上意识到了时间与环境的重要性。

跟所有此前人们已经知道的那些情形不同，与欧洲盟友之间的密切工作联系，使这一代的美国人理解了许多他们迄今为止一直都没有意识到的需要和问题。通过第四点计划(Point Ⅳ)的施行以及其他援助计划所产生的、与经济上欠发达国家之间的接触,①已经让人们认识到,在一些民族准备实行自治之前,需要进行更多的准备。最后,美国人急于处理国内层出不穷的种族问题的冲动,也帮助他们认识到,那些仁慈的理想并不总是可以用一种不加区别的、绝对的形式来加以适用的。用强迫的手段让南部诸州前进得过快,其实也就是在损害那种现实的、朝着更好的种族关系迈进的过程,而这些关系是最近许多年好不容易才看到的。应该指出的是,在北方自由主义者的这样一种认识里面,其实也隐含着一种长期积累起来的、对于法国帝国问题的同情态度。

然而,尽管法国在阿登堂会议上也隐约承认了独立的原则,美国人仍然更加强烈地要求以更快的速度给予殖民地以独立地位。他们总是在公开场合批评法国给予殖民地的独立"太少,并且也太慢"。据说解决这个问题对于大西洋国家的团结以及维持摩洛哥基地的稳定是非常有利的。但与此同时,美国是不是也面临一种危险呢,那就是将切断自己与亚非拉殖民地人民的联系。对于这些国家的友谊和支持就其本身而言也是为了一种更高级别的国家利益。美国从自己的同情心和传统政策出发,觉得自己是有资格获得这样一种友谊的,但是它同时也感觉到,它并没有充分地得到这种友谊。

法国和美国在殖民地问题上的和解,从根本上来说,不只是一个彼此适应的问题,也不只是一个时间问题。正如我已经指出来的,这

---

① [译按]第四点计划,又称"开发落后区域计划",1949年1月20日,美国总统杜鲁门在就职演说中,提出美国全球战略的四点行动计划,并着重阐述了第四点(前三点计划是:支持联合国、战后欧洲经济复兴计划即"马歇尔计划"和援助自由世界抵御侵略),即对亚、非、拉美不发达地区实行经济技术援助,利用美国先进的科学和发达的工业来改进和发展不发达地区,以便抵御共产主义对自由地区的侵略,同时也扩大美国对这些地区的影响力。同年6月24日,杜鲁门在致国会的特别咨文中对"第四点计划"的概念作了详尽的阐述。根据"第四点计划",美国国会于1950年6月通过了援助不发达国家的法案。到1951年底"第四点计划"已扩展到33个国家。"第四点计划"所开创的一系列对外援助计划,一直延续到今天,对世界政治和经济格局产生了重大而深远的影响。

里面有一种根本性的、理论上的对立；我们必须从理论上重新审视一下这个问题。我们必须要问一下，什么是自由？对于美国人民来说，自由就是民族自决（national self-determination）。对于法国人来说，自由就是在一种个人权利得到保护的文化里面，实现个性的完美。在所谓的自由国度里面，可能会存在（并且，事实上也的确是存在的）奴隶制度；但是在法国的保护国里面，人们的保存在各种独立的宗教和文化模式里面的权利，都是受到保护的，并且也在逐步地得到落实。除此之外，自决本身可能是一个子虚乌有的目标。它拦腰切断了现代科技社会摆脱单一模式、走向多种更加包罗万象的联合体的道路。在人们仍然相信选举权就等于自由的 20 世纪，自决被提升成了一条基本的原则——但在经历了大规模的独裁统治之后，人们就会发现，舆论会怎样地被扭曲，而合意的过程也可以怎样地被人为操纵。人们已经看到，美国人一直都在迫不及待地推动欧洲的统一。那么接下来，当有人要使用各种冷嘲热讽，想要让在堪称典范的法兰西帝国身上体现出来的那种盘根错节、巧夺天工的结构分崩离析的时候，美国人又怎么能够把这个看作是一种美德呢？

这样的一种争论不仅发生在美国人和法国人之间。它其实也发生在法国思想的两种彼此独立的派系之间。因为主权在民（popular sovereignty）的原则在 18 世纪的法国革命中是处于中心地位的。从卢梭开始，人们已经了解到，自由就是国家意志的表达；而年轻的美国只不过是机灵的、匍匐在法国先生脚下的学生而已。

法国人关于帝国的理论跟如上这些大革命时期的教义是不同的；它在本质上是保守的，它接受彼此有分歧的价值观念，也倚靠各种等级的体制和传统的权利，以此来遏制大多数人的集体权力。如果在法国的"一亿公民"里面有些人不再喜欢帝国的理论，而是开始求助于 1789 年的革命理论的话，那么，法国人也没有办法再抱怨什么。他们只能够承认说，在事物的本性里面的确有某种反讽的东西，是这种东西使得今天那些年轻的、直接受到来自巴黎的灵感启迪的民族主义者，从自己初生牛犊的热情出发，引证那些他们引以为傲的原则来反对自己。

但是美国人毕竟没有生活在 18 世纪。他们所学到的,乃是卢梭之后的东西。他们真的相信主权在民的原则跟自由是一回事吗？答案肯定是:不是一回事,但是它们是相互关联的,并且对于基本的自由来说是不可或缺的。除此之外,人们也一定会回答说:联合体的分裂,距离真正的联合体,或者说,距离将许多自治的国家凝聚在一起的联邦来说,只差关键性的一步。在社会还没有用一系列复杂的、能够引导人们的本能并且也能够让人们彼此尊重对方的权利的制度、忠诚和程序组织起来之前,急于推动自决是很冒险的。即便是在那些社会已经长久建立的地方,在统治精英们还没有接受现代国家所需要的那些技术训练之前,给它们独立也是要冒风险的。但是,考虑到当今世界的环境,这一类的风险还是需要冒一下。

事实上,社会行动的动力机制,总会提出这样一种要求,那就是:某个正处于上升阶段的集团,在它做好了充分准备要承担责任之前,它们必须要先被赋予这些责任。美国的那些地处内战以前的南部(the ante-bellum South)的奴隶主,在他们提出的保持奴隶制度的理由里面,最有说服力的是这么一条,也就是说:奴隶们没有受过教育,或者说他们不具备做公民的资格。如果考虑到这一点,他们可能还是一直做奴隶的好。他们是在国内战争时期获得自由的,但是,即便到了今天,即便在他们被解放已经接近一百年的时候,他们为了在社会秩序当中寻觅一个合适位置而导致的悲剧仍然还没有被充分地加以记录。但是,尽管如此,除了坐等那个不可企及的完美时刻之外,难道人们就不能像已经做过的那样,使境况变得更好些么？与此类似,美国的工人被赋予结社权利的时候,他们仍然继续被老板骑在头上,并且还在某种程度上被黑帮把持。情形几乎不可能是另外一个样子;因为,当工人被剥夺了法律的保护,并且也被剥夺了在正常的国家生活当中的那个公平位置的时候,老板和黑帮自然就成了他们会去求助的领导者。

在美国独立的前夕,如果有谁会说,这些分布在一大片荒芜地带的边缘、在经济上非常落后的殖民地会有能力有效地实行自我管理,那么,这个人的眼光就太不寻常了。在过去的十年里,一个又一个的国家赢得了独立——光是看一下中东地区,就有埃及、叙利亚、伊拉克、黎巴嫩和约旦获得独立。另外再举两个例子：利比亚和印度，它们代表了对立的两极，其中一极有条件过一种正常的国家生活，而另外一极则没有。现在要对这些国家的未来做出预测是很鲁莽的，尤其是俄国现在才刚刚开始进行一种看起来是旷日持久的并且也是无所不用其极的尝试，想要推翻或者引诱那些刚刚建立不久的国家；但是事实证明，直到我们写这篇文章的时候为止，在二战以后获得独立的那些国家里面，除了北越以外，没有一个投向共产主义一边。在共产主义已经采取的步骤里面，要说出有哪些会产生让这些国家愿意被控制或者被否定的愿望，是非常困难的。

　　美国人对于法国人的指责，大体的回应就是这样，按照法国人的看法，如果遵循美国人的理念，那么，就会破坏一种广大的社会联合体，并且还会放手让这些国家对本国的少数派实行暴政。这个回应所建立的基础，一部分是信念，另一部分则是许多深层次的、民族性格和民族行为的习惯。总而言之，不同民族在殖民地问题上所遵循的不同路径，更多的是来自各自的生活倾向和历史倾向，而不是来自某些具体的理论。对于每个民族来说，帝国主义都是一种习惯性态度的延伸。美国的帝国主义，当它不时地要有所表现的时候，总是会采取干预的形式——也就是说，总是会表现为某种暂时性的侵略或者撤兵，而这一点与美国人众所周知的、会不惜一切代价地做某些事情的习性也是一致的。法国帝国主义的特征则一直都是那种它在处置国内事务的时候同样也会表现出来的、集权主义的思想，这种思想同时也伴有一种永恒的、概念上的庄严性，一种典型的、适度和持久的意识。那么英国的帝国主义呢？当我在写这篇文章的时候，我看到了一段永远都是那么有预见力的亚当斯（Henry Adams）写于1862年的文章，[①]他当时是二十四岁。在为美国预言了一个"除非遇到一些非正常的力量，否则便绝对无法限量的前途"之后，关于英国，他又有如下的描述：

---

① ［译按］亚当斯（1838—1918）美国小说家，记者，历史学家。以自传体小说《亨利·亚当斯的教育》(the Education of Henry Adams)最为知名。

如果英国能够将所有的殖民地都团结在自己周围,并且将自己的霸权转化为一个不列颠各民族的联邦的话,那么,她的影响力和安全仍然还是可以保持下去的。

因此,只有先知的眼睛才能够分辨出,在英国天性的里面到底有哪些东西是能够变成现实的;因为,英国的帝国主义一直以来就是一种内在平衡和发乎自然的容忍的延伸,而这种平衡和容忍,自从他作为一个中间阶级的国家横空出世以来,就表现得非常明显。

我想强调一下帝国主义概念与民族性格(national character)之间的一致性;因为很清楚,从两个不同民族的内心深处产生出来的东西,应该是不那么容易协调起来的。在阿登堂会议上,美、法两国在殖民主义问题上的根本差异,的确也找不到什么解决的办法。如果他们能够认识到这些差异,能够理解这些差异产生的根源,并且还能够将它们放在一边,努力在政策上达成某种共识,似乎也就足够了。人们都已经认识到,这样一种共识其实并不容易达到;而且代价也会很高。这次会议开了还没有几分钟,人们就已经很清楚地意识到,如果北非问题的解决与法国的根本利益背道而驰,那么,人们就不能把法国完全加入北大西洋公约组织的事情看作是理所当然的。对法国讲下面这样的道理根本就是徒劳的,也就是说:由于北非的兴起和背叛,法国的力量削弱了,因此,让各种包括了所有西方国家的保护性体制更深入的发挥作用就变得更加重要。在这个问题上,人们根本不能期望逻辑和常识会发挥作用。上述说法会对法国的民心、经济环境和政治舆论产生什么样的后果,这很难估计。但可以确定的是,法国方面的反弹一定会非常强烈,而这种反弹所采取的方向,也不会对国际的协调与合作有利。

对法国来讲,北非是至关重要的,没有哪个问题能够跟它相比。从各种意义上来说,这些地区都是法国本土的延伸,其中,阿尔及利亚的三个行政区已经跟法国宗主国的行政管理结构充分地融为一体,而摩洛哥以及较小程度上的突尼斯,在资源、投资和重要性方面,也表现出一种不可估量的价值。如果说法国可以在列强当中主张一席之地的话,如果说她可以在一味寻衅滋事的德国面前表现得自信而大度的话,如果她可以在北大西洋公约组织中充分发挥作用的话,那么,这都是拜北非的这些地区所赐。这些地区在和平问题上的作用,完全不亚于在战争中的作用,它们可以帮助建立一种平衡,而这种平衡,如果没有这些地区的话,会大大地倾斜,倾向于法国的邻居和她东部的历史宿敌。

首先,在这些地区居住着二百五十万的法国人。一群数目如此之多的欧洲人,身边又生活着人数多它好多倍的穆斯林教徒,这样就产生了一个独特而又严峻的问题。这些法国人的后裔一般说来都目光短浅,只会为自己要求特权,他们反对改革,最后都会让原本有可能有效的改革时机擦身而过。这些人一直都脾气暴躁,并且也非常武断;他们一直都反对巴黎政府为了应对日益高涨的民族主义的挑战而采取的各种努力,并且一直都在严厉地攻击那些比较开明的、走到他们中间来的行政长官。但是他们也付出了很多。他们都是先锋,将自己的命运投注在各种各样的危险里面,投注在一种充满敌意的环境和所有一切都让他们感到陌生的文化里面。他们在曾经是沙漠的土地上面开垦,种植,收获;并且,在今天,他们也要寻求法国的保护。这是法国无论如何都要承担的一种责任。

这样两个群体的存在给北非的殖民地问题以一种独特的维度。在其他地区,比如印度支那和叙利亚,因为看到自己的名望和权力被剥夺而感觉到的那种羞耻,以及不太那么重要的、个人性的悲剧,一直也都是存在的。但是,像今天的北非那样在几百万人中间普遍盛行的那种认为自己共同生活的骨肉危在旦夕的感觉,在其他地区却是没有的。穆斯林在反叛运动当中所采取的那些恐怖主义的手段,就像所有的恐怖主义一样,都是极端残忍的;并且,这些手段对法国人的自尊所造成的伤害,与身体方面的伤害,同样深刻。如果说这些身处北非的法国 colons 对民族主义暴动的力量和性质会有些误解,[1]那么,他们至

---

[1] [译按]colons,法文,意为"殖民者"、"殖民地的白人"。

少也有一些这样做的理由。部分是因为他们自己的行动和成果,部分也是因为他们所编制起来的权力网络,所以,这些人认为自己在当地是举足轻重的力量。(他们尽管有怨言和异议)但真正要求独立的并不是他们。在他们眼里,情形就像早期的——重蹈这些不幸覆辙的——美洲印第安人一样,他们一直都在不断地给十八世纪的英国国会传递信息,要求从帝国那里获得自由,同时也要求获得权利,将英国的定居者驱逐出去。

在摩洛哥和突尼斯的那些无休无止的暴动,以及阿尔及利亚的反抗运动,在1956年春季之前,使得法国向北非输送了三十多万人的军队,这些暴动和反抗,不仅给法国国内造成了危机,同时也给它们的盟友造成了——可能是更加深刻的——危机。在阿登堂,有一个诚实的代表曾经开诚布公地说:美国对于法国方面所提出的理由一点都不同情,它也没有充分地认识到这对于共同利益所形成的、日益严峻的危险,并且,在美国所发表的反殖民主义的声明里面,一直都有一种粗鲁的、煽风点火的倾向,而这对于反对法国人的阿拉伯人来说,更加具有鼓动性。美国人很少掩饰自己对于北非问题的看法,他们觉得,法国对北非的政策一直就缺乏一种明晰性,并且也不时会缺乏一种启迪的教育。在这两个国家的代表身上,残留着他们在印度支那所经受的那些痛苦的阴影。

现在正影响着北非局势的那些因素,有很多在印度支那同样也可以看到。有必要简单看一下这些因素在早期的发展。法国人一直都将1946年爆发的、他们与胡志明之间的冲突看作是自己国内的事,坚决抵制任何一种将这些冲突交付联合国处理的建议。与此同时,他们也对美国方面的袖手旁观越来越觉得不满。很多的美国人都不愿意看到法国继日本在二战期间占领印度支那以后,再在这里确立自己的地位,因此他们都不太想卷入这样一场看起来仍然"具有殖民地性质的战争"。他们的政策是呼吁双方共同努力解决这个问题。他们的目标也正如他们对于这个问题的一贯看法那样,就是希望为印度支那的最后独立做准备。而法国也坚持自己的一贯立场,将他们在印度支那的存在看作是永久性的,他们认为除了在法兰西联盟(French Union)

的框架之内,没有任何其他的独立可言。

共产主义在中国的胜利,以及后来共产主义军队进入朝鲜,使得美国人以更大的兴趣和热情来对待印度支那的战争。他们开始将它视为保护东南亚安全的关键。他们的援助增加了,但对法国施加的压力也增加了,他们希望法国能够更快更充分地满足民族运动的愿望。法国人在极其困难的条件下继续坚持战斗,在捉襟见肘的情况下牺牲了很多的生命和财富,但却从来都没有办法让国内的人民相信这是一桩值得奉献的民族事业。因此除了法国人里面的志愿者之外,没有哪个法国政府敢跟人民要求任何东西。

在朝鲜协议签订之后所发生的危机里面,美国加大了武力支持的力度;但他们也很快就跟法国人挑明说,法国人的事业跟他们提供这种援助的事业未必是一致的。法国人被弄得不太像是美国的盟友,倒像是一种已经不合时宜的、它的出现只会让人感到尴尬的殖民势力。但是,被叫来承担可怕的战争负担的,却仍然还是这个不合时宜的殖民势力。美国的政策就是想让印度支那成为东南亚的基石,成为反对共产主义浪潮的堡垒,并且还将印度支那的安全宣布为一种性命攸关的民族利益。美国人做出了很多很重要的暗示,表明,如果形势越来越糟的话,美国的人员将会予以干涉。尽管如此,被留下来孤军战斗到最后的仍然还是法国——因为他们从一开始就坚持要孤军奋战。悬挂在奠边府的那些破烂但却光荣的旗帜,在瞠目结舌的世人面前降了下来,因为法国人发动这场战争从道德上来讲是孤立的,所以,这次战败让他们品尝到的痛苦,也是双倍的。

北非的情形在很多方面是不同的。但是在那里跟在印度支那一样,美国人的想法都是要将民族主义的兴起看作是最终会导向独立——这种独立是无法遏制的"未来冲击波"的展现——的前奏。而从法国人这方面来说,坚持将叛乱作为国内问题来处理的最终立场是一样的,因为盟友方面后续援助没有到来所表现出来的失望也是一样的。另外,共产主义因素的介入也是一样的,尽管跟早期的冲突比较起来,现在共产主义介入的形式变得不太那么直接了。美国人害怕持续地跟民族主义的情绪对抗下去,不但会鼓动北非的共产主义,而且还会鼓动其他地区的共产主义。法国人是在民族主义运动的内部来考虑共产主义因素的,他们还指出了在新近独立的摩洛哥所设立的俄国大使馆的危险。在所有这些之上,是对于西方团结的压力,这些压力起源于在北非的法国势力所受到的威胁。

在这样一个背景之下,会议特别地关注北非的那三个地区——即,突尼斯、阿尔及利亚、摩洛哥——正如我们已经指出过的,在这所有的三个地区里面,都包含着大量的法国人口,而对他们进行保护对于法国来说是压倒一切的问题。在这所有的三个地区里面,都有法国人的社区以及与之相毗邻的、大得多的伊斯兰社区。对于北非问题的解决来说,这样一种伊斯兰教的文明到底具有什么样的意义呢?

有人特别强调说,与这样一个分布广泛但仍未开化的元素,与这个横亘在西方和俄国之间的第三世界建立和谐的关系,是非常重要的。伊斯兰世界尽管不是盟友,甚至连调节性的或者说平衡性的因素都不是,但因为在那些它的宗教、文化和艺术传统跟我们的传统相近似的方面它可以被拉到我们这边来,所以,对于西方根本性的稳定来说,它仍然可以具有影响力。这是一个远景,或许还可以说一定是一个非常遥远的远景。今天的伊斯兰世界所代表的,是那个人们一直称之为"守旧而僵化的暴政"的世界。它好像缺乏发展与进步的动力;它的法律是固定的;它眼里的社会也是固定不变的。一个美国人曾经这样建议过:如果人们别那么看重作为一种文明的穆斯林,而是更多地从社会学的层面上——也就是说,把他们作为不同社会集团,不同职业,不同阶层和不同宗教制度下的人;把他们看作是穆斯林但又不仅仅是穆斯林——来看待穆斯林国家的人民,这样做是不是更加合理一些呢?人们还问道:提醒那些穆斯林教徒注意到那些构成现代社会的要素,提醒他们注意那些为了构建一个二十世纪的社会实体所必需的技能和才智,这样做真的不可能吗?

提出这些问题其实也就开启了这样一个整体性的、让人感到左右为难的问题,即,一种文明怎样才能最好地适应另一种文明?人们有理由相信说,皮毛的西化就跟皮毛的学习一样,都是一件"危险的事情"——或者,至少可以说是一件徒劳无功的事情。在阿塔图尔克

(Ataturk)之前,①土耳其的穆斯林政权曾经尝试过以装备和军事训练的形式,输入了极少量的西方文明,想以此来对抗自俄国和奥匈帝国的威胁。但是,正如汤因比所指出的那样,这种细枝末节的尝试失败了;并且它注定要失败,

> 因为这种尝试公然违背了一条真理,而对于这条真理,这些早期的土耳其军事改革者一无所知……这条真理就是,任何一种文明,任何一种生活方式,都是一个不可分割的整体,而在这个整体里面,所有部分都密切联系在一起,并且相互依赖。

正如彼得大帝此前已经证明后来阿塔图尔克又认识到的,这个教训就是,只有一种彻底的、将所有的价值和制度统统加以转型的西方化,才能将一个社会从各种老式的和谐状态带入到现代世界的安全港湾。

但是,彻底的西化既带来了好处,也带来了坏处;并且民族主义看起来也应该是其中一个西方公民必定是不太愿意扮演老师角色的坏处之一。从历史上来看,伊斯兰教其实一直都没有受过民族主义的感染,它一直都强调,在同一种宗教之下所有种族都是平等的,它也从来都不考虑语言和地域的问题。在它所到之处,民族主义都会被打垮,但它自己无论是作为部落,还是作为帝国,都没有上升到一个民族水平。就这方面来说,西方世界应该要向它学习;但毫无疑问,这种学习只能是按照自己的方式、出于科学技术的急切冲动之下来学习。西方世界在从普遍主义当中吸取新教训之前,必须要先教给穆斯林文明一个已经过时的教训,这也是历史的一个嘲弄。无论如何,阿拉伯人似乎已经做好了充分的准备,要培养一种民族性的精神,要找到一种他们这里从前一直都没有存在过的民族主义,并且还打算不理会他们本身最古老的传统。

---

① [译按] Ataturk,土耳其语的英译,"国父"的意思,指现代土耳其国家的缔造者穆斯塔法·基马尔(1881—1938)。

这里有一篇扣人心弦的文章,①在这篇文章里面,一个日后成为阿尔及利亚独立运动领导人的穆斯林教徒,曾经描述过他为什么要忠于法国的原因。1937年的时候,弗哈特·阿巴斯(Ferhat Abbas)曾经这样写道:②

> 如果我曾经发现过一个阿尔及利亚民族,那么,我早该成为一个民族主义者了,并且也不会因此而感到脸红……但是我没有找到这样一个国家。我追问过历史,追问过活着的和死了的人,我去拜谒过很多的坟墓;但没有人给过我答案。你没有办法在空气之上建立这样一个民族。

另外一个选择,正如他后来看到的,是——跟法国一起——从饥饿当中,从围绕在他周围的那些赤脚的人们当中,塑造一个现代意义上的社会。法国的确已经开始这项工作了。但与此同时,阿尔及利亚"民族"也被阿巴斯和其他人发现了。阿尔及利亚的代表开始在法国的国民议会发言,但不只是作为法国人发言,而是作为阿尔及利亚事业的发言人而发言;并且,这种反叛的精神很快就会聚集起来。

在北非的这三个地区里面,阿尔及利亚的问题是最麻烦的。法国的报告人很坦诚地承认他们没有能力找出解决的办法。游击队的袭击越来越多,并且越来越像那种协同一致的军事行动,因此必须要首先镇压下去。正如后来许多参加过镇压的法国士兵所看到的那样,这本身是个很不容易的任务。但是,除此之外还有另外的困难,那就是人们很难找到那种法国人可以跟他们进行有效接触的领导人。正如阿巴斯1937年所断言的那样,实际上原先根本就不存在一个法国人

---

① 以下的引文出自鲁泰(Herbert Luethy)《法国反对法国》(*France Against Herself*),New York,Frederick A. Praeger。这本才华横溢的著作对我的启示非常之大。

② [译按]阿巴斯(1899—1985),是阿尔及利亚民族主义者当中的稳健派。1954年参加阿尔及利亚独立战争,1958—1961任临时性的阿尔及利亚民族主义流亡政府(GPRA)总统。1962—1963曾任临时政府总统。

能够有所指望的、民族国家的发展。他们能够找到的是这样一片土地，在整个这片土地上，贯穿整个历史的都是你争我夺的部落，而它们任何组织性的或者联合体性质的遗产都没有留下。法国殖民者修建了城市，建立了大片的农场；国家人口的数量在增加，因为原有的天灾人祸，如饥荒、瘟疫和部落间的战争，都被消灭了。对于法国人来说，同化这个原先没有根的民族是一个非常自然的步骤，并且，如果时局能够比目前的状况更少一些暴力冲突，那么，他们无疑早就应该可以将全体大众带向一种让人满意的生活水平和一种全面的政治参与。

正如时局所表明的那样，法国人已经完全卷进了阿尔及利亚；法国殖民军队的脚印不仅已经踏上了像阿尔及尔或者奥兰（Oran）这些比较大的港口城市，①更让人感到吃惊的是，他们甚至还踏上了像君士坦丁（Constantine）这样的城市，并且在沙漠当中架起了一块巨型的岩石。② 有一百五十万法国人定居在阿尔及利亚，而在奥兰，欧洲人的比例更是高达百分之二十五。撤退是不可能的。但同时，就目前来说，似乎也没有往前推进的道路。从当地人的表现来看，他们谁都没有那种受大众欢迎的或者说是传统的制度，通过这些制度，民族的热情可以将自己温和而负责任地表达出来。他们最有可能采取的表达方式，就是恐怖主义者的疯狂射击；而对于这种射击，唯一可能的回答就是武力。法国人也准备好了使用武力。在政治和经济领域，法国人尝试寻找其他的答案，但是直到 1956 年春，人们仍然看不到多少成功的希望。

如果说阿尔及利亚表现出来的景象像是一个桀骜不驯的无产阶级，那么，摩洛哥就与之形成了鲜明的对比。当法国人一战以后在这里开始工作的时候，这里已经有一个古老的社会——这个社会虽然被仇杀和饥荒破坏了，但它的结构仍然完好无损——在等着他们了。法

---

① ［译按］奥兰是阿尔及利亚西北部的一座城市，位于奥兰湾畔，该湾处于阿尔及尔西南，是地中海的入海口。奥兰从 1831 年起被法国占领，并在二战期间被维希政府统治。1942 年 11 月该城被盟军解放。

② ［译按］君士坦丁是阿尔及利亚东北部的一个城市，位于阿尔及尔以东。1826 年开始，法国人开始占领君士坦丁，并从 1848 年开始将之并入阿尔及利亚殖民地。

国人在这里建立了保护国;苏丹在理论上仍然是这块土地的实际统治者。法国人是幸运的,因为有一个人为这个事业创立了一个模式;利奥泰元帅很欣赏伊斯兰社会的品质,他在引进新事物的同时,又小心谨慎地保护了原有的事物。摩洛哥的那些彼此分开但同时又很自然地跟有着数百年历史的阿拉伯要塞衔接在一起的现代城市,就是这样一种根本理想的呈现。一方面尊重本土的文化,另方面又很热心地推动物质进步——这两个方面,自从利奥泰以来,一直就是一个传统。对于摩洛哥的道路、堤坝、绿化和医疗卫生设备,法国人是完全有资格感到骄傲的,因为这些成就都是庞大的国家投资的结果,同时也是任何其他殖民势力无法超越的。由于全面的进步与和平,摩洛哥当地的人口从 1910 年的三百万增加到了九百万。但是,这种增长也带来了问题,比如,很多无产者仍然在大城市周围的贫民窟(bidonvilles)中过着悲惨生活,同时对于教育设施的需求很多也无法得到满足。

  法国人可能会认为,摩洛哥的情形既然如此令人满意,既然它坐落的地点是非洲大陆的最西端,因此也就跟中东地区的骚动相隔离,那么,它就应该是安全的。突尼斯位于新潮流的主干线上;与摩洛哥相比,它有一个范围更大的、既能够命令别人负责同时自己也能够承担责任的精英集团。在布尔西巴(Bourghiba)以及他的跟随者们那里,[1]法国人找到了一种能够让关于独立的谈判在一个亲法国的框架之内展开的因素(尽管人们也必须要说,法国在寻找这样一种因素的时候,是一点都不积极的)。但是摩洛哥的情形似乎就是另外一回事了。至少到 1955 年的时候,法国人还是没有办法让自己很好地接受这样一种理念,即,甚至连摩洛哥的民族主义骚乱也会发展到不可收拾的地步。对尤塞夫苏丹(Sultan Mohammed Ben Youssef)的强行流放被有些人看作是一种有效的警示,可以起到抵制新理念传播的作用,[2]

---

  [1] [译按]布尔西巴(Habib Bourghiba,生卒年不详)突尼斯独立运动的领袖,1952年起开始领导突尼斯游击战争。曾被捕入狱,后来因为其相对温和的立场而被释放。1956 年,突尼斯在他的领导之下获得独立。

  [2] [译按]尤塞夫苏丹,未详。

而伊斯特库运动(Istqual movement)也被认为是缺乏人口方面的根据,[①]同时还跟共产主义有染。

对于像摩洛哥问题这样充满了争论和感情的论题来说,报告人是很不容易说出个所以然的。在阿登堂,法国代表之间在这个问题的判断和着重点上存在着分歧,其深刻的程度几乎不亚于那些将法国人和美国人区别开来的分歧。一项开局如此之好的事业竟然被一些无法控制的、大范围的变化给弄糟了,对此,一般的法国人都有一种失望和辛酸的情绪。美国人则有一种情感方面的克制,这种克制来自于对深陷困境的盟友的尊敬和同情,但从根本上来说,则是来自一种内在的、无法逃避的悲剧意识。如果是从概括目前时局的角度来说,可能只要引一些利奥泰的老话就足够了。为了反对那种认为摩洛哥人可以从公共事务当中排除出去的意见,他曾经警告说:

> 摩洛哥民族既非野蛮落后,又非冥顽不灵。他们对世界形势充满好奇,并且消息也非常灵通。他们渴望接受教育,并且也从善如流。除非我们认真地关注这些事情,除非我们从现在开始就主动地担当起这一运动的领导角色,否则,可以确信,就在我们周围,并且是在我们不知道的情况下,新的理念会沸腾起来,而关于世界形势和伊斯兰地位的秘密会议和交谈也会出现,而且有朝一日所有这些都会爆发出发,并且还会蔚为大观。

接下来的问题是,尽管法国人在北非保住了和平,尽管他们在这里创建了许多公共工程和社会服务设施,尽管他们了解古代的伊斯兰,但是,他们是不是已经充分觉察到了那些隐藏在暗地里的、利奥泰已经敏锐地感觉到了的情绪呢?为了获得北非人的信任,为了能够将正在出现的知识分子牢牢地争取到自己这边,法国真的做好了充分的准备了么?当这些讨论在阿登堂被展开的时候,人们仍然不知道这个

[①] [译按]伊斯特库运动,未详。

问题的答案到底是什么。

至于说到这些问题的解决,对于法国人来说有两个方面需要首先加以考虑。一个是保障在北非的法国人社区的安全;另外一个则是要确保目前正愈演愈烈的独立运动,可以继续对法国有利,也可以在更加广泛的意义上保持一种对西方有利的态势。对于一个已经在战争当中经受了太多失望和挫折的法国来说,尽管要解决突尼斯或者摩洛哥问题并不容易,但解决的办法也不是完全没有。对于1956年春的阿尔及利亚来说,最要紧的是要先镇压血腥的恐怖活动。正如印度支那问题一样,法国人一直都坚持这个问题绝对不可以提交给联合国(但这次他们所提出的理由更多)。但尽管如此,至少美国还打算要求法国说,不管发生了什么,它们都不应该再次越出联合国的框架。

除了特殊性的政策之外,单纯从全局性的眼光来看,人们也需要法国。现在,这样一种感觉已经深入人心,即,法国的殖民力量是一个"好的"力量,并且它从来都没有得到过分所应当的信任、理解或者支持。即便是美国最激进的反殖民主义者,难道他能够否定说,在进行殖民地管理的时候,管理者是不是尽心尽力,其实是有程度上的差异的。法国要求人们应该承认这些等级,它还要求它自己的记录应该要尽量地从宽予以考虑,至少也应该通盘地加以考虑。

资本主义、文化与民主

从表面来看,法国和美国拥有相同的政治和经济制度。在目前这样一个极权主义蚕食鲸吞的世界上,它们代表着民主,同时也代表着一种自由的经济。而在这些制度的底层,则是一种从希腊—罗马文明和犹太教的道德当中汲取着灵感的文化。从某种深层的意义上来讲,她们都是西方国家,同时也包含了"西方的"这一个形容词里面所包含的全部内容。它们同属于大西洋共同体(Atlantic community)的组成部分,有着这个共同体所有的那些共同的价值观念和历史联系。为了保卫这个共同体,她们都联手加入了一个联盟,以便共同面对来自外界的挑战。

然而,在这些共同点的下面,法国和美国也有着明显的冲突和矛盾。它们到底是同一种文明的不同表述呢,还是说它们已经在实际上分道扬镳?这个问题看起来似乎自相矛盾;但是,如果人们能够透过它们生活的表面来看问题,那么,所有人就都能够感受到那些决定了它们性格的价值观之间的微妙冲突,也都能够感受到两种政治、经济制度内部所蕴含的那些对立。美国重视的是生产的规模跟数量,而法国重视的则是精巧绝伦的工艺,看起来,这种区别,如果说不是出自两个不同的文化流派的话,至少也是出自两个不同的世纪。类似的对比还表现在,它们一个强调实用性,另外一个则强调智力性。在这一点上不需要展开来分析;只要指出这样一点就足够了,即,正因为有了诸如此类的对比,所以在阿登堂会议上也就顺理成章地产生了这两个国家到底有没有一种共同的文化需要保护的问题。他们行动与计划的一致性是建立在一种坚实的基础之上的么?如果是这样,那么,为了让这种基础可以让有关的国家看得更加清楚,人们还需要廓清哪些模糊之处呢?

关于这些问题的讨论在经济领域已经展开。美国人所表达出来的疑惑,在法国最忠实的朋友的心目中一定是最为重要的,因为它们一直在观察法国在当今世界上的相对地位。美国人表达这种疑惑的方式是礼貌的,谨慎的;但是,从根本上来说,这个问题跟怀特(Theodore White)在《灰烬中的火焰》(*Fire in the Ashes*)里面以一种稍嫌生硬的方式所讨论的,[1]其实是同一个问题。怀特写道:

> 法国的神秘很容易就可以说清楚。她所处的是欧洲最富饶也最美丽的土地。许多欧洲最具启示性的思想家生活在这里。这里的人们都充满勇气,都源于一种伟大的传统,他们都是吃苦耐劳同时也巧夺天工的劳动者。然而,从这个传统里面没有产生

---

[1] [译按]怀特(Theodore White,1915—1986)美国著名政治记者,历史学家,小说家。以对1960—1972年间四次总统选举的研究最为知名。

出任何的东西。法国浪费了也滥用了她所拥有的一切天赋。

　　法国在解决基本社会、经济问题上的无能，美国人是结合住房问题来开始讨论的。在战后的十几年里，对于那种通过国家生活的整体而产生了不可估量的反面后果的情境，法国一直都没有做出富有实效的改变。由于不合理的租金控制，房屋所有者根本没有可能对房屋进行修理，或者让住房实现现代化，并且也挫伤了投资者为其投资寻找合理回报的积极性。现有的工资水平也让工人们不可能供得起他们迫切需要的房子。积重难返的既得利益和匪夷所思的陈旧管理方法，对于任何一个带着新鲜的能量、资本或理念进入这个领域的人们来说，都是一种障碍。差不多有 20 万个建筑公司，平均每个公司只有 3 个工人，在为了这桩业务进行竞争；但这也不是那种能够产生效率的竞争。按照评估，法国建设一套四居室的住房所需要的人工，是美国的五倍。而众所周知，在美国的大工业里面，建筑业很难算得上是最有效率的行业。

　　尽管现有的居所匮乏、老套并且还年久失修，但它们对于中低阶层的人来说，还是发挥了一种可以说是牢不可破的控制力。即便是最不如人意的住房条件，看起来也总比流落街头然后再被迫重新寻找住所来得好一些。因此，这样一种固定性是受到鼓励的；并且，在现有模式之下使经济被冷冻、使建筑业更难有所发展的各种因素里面，社会的固定性还不是影响力最小的一个。

　　这样一种关于法国住房问题的勾勒，大体上代表了美国人对于法国工业以及整个法国经济的指责。

　　生产单位规模小，并且在经济上效率低下；价格昂贵；以关税和歧视性的税收手段来保护那些已经过时、已经被淘汰的东西；社会政策又剥夺了劳动者提高生产力的积极性——所有这些都使得人们从根本上怀疑法国到底有无能力在经济竞争当中保持不败。所有这些问题也可以用如下的说法加以概括：

　　　　一战以后法国经济的增长，如果以实际的总产值来衡量，每年的平均增长速度不到1%（累计）——比其他任何一个工业国家都要低。

就目前形势而言，法国人的回答有以下几个方面。首先是跟德国有关。法国在二战期间没有被破坏，因此也就没有必要重建工厂；在战后时期，她不得不继续使用在1940年就大部分已经过时的设备，而这些设备也只能逐渐地加以淘汰。其次还是跟德国有关。法国人口没有经历任何快速的增长。在防卫和海外方面——特别是在印度支那——所必需的投资严重消耗了国内的资源。最后，法国人强调，在许多领域，过去的十年法国已经取得的成就远远比一般人所期望的要多。他们特别强调几家大公司所取得的成绩，特别是雷诺公司（Renault）。这个公司的成功体现了一种社会性进步的政策，它使得劳工可以平等地分享经济增长所带来的成果。

如果全面地分析一下形势，那么人们就可以看到，第一次世界大战后，法国迅速得到了恢复。但是1929年的全球经济萧条给法国经济打上了难以根除的印记。1938年的国民生产总值比1929年减少了16%；并且，就连这个数字也已经让人感到欣慰了，因为工业产值的下滑更大。在经济复苏的失败之外，接着又是1940年的战败以及战争期间的经济停滞。但是在过去十年里面，法国前进得非常迅速。1955年的国民生产总值比战前增长了40%。第一个莫内计划（Monnet plan），①在美国的援助之下，引导投资进入重工业，而这种投资的利

---

① ［译按］莫内计划，是让·莫内（Jean Monnet, 1888—1979）在二战结束以后所提出的一个复苏法国经济的计划。它建议将德国鲁尔区和萨尔区的钢铁和煤炭工业交由法国控制，然后由法国利用这些资源来提高工业生产能力。这样可以永久限制德国的工业生产能力，还可以利用德国的资源实现欧洲的重建。这个计划在1946年初被戴高乐采纳。1947年，萨尔区从德国划出，成了法国控制之下的保护区。这一地区1957年交还德国管理，但是法国直到1981年都保留有这一地区的采矿权。

让·莫内被许多人认为是欧盟的主要创建者。但他从来都没有担任过公职，而是一直都作为一个跟各方面都有着良好关系的、务实的"国际主义者"在法、美两国政治的后台从事工作。

润,在接下来的十年里应该会马上变得清楚起来。如今法国的钢铁企业都有现代化的设备;而法国煤矿的生产能力也已经接近鲁尔。电力工业在过去六年里面增长了两倍,石油工业也已经产生。第二个莫内计划的目标主要在制造业,同时也将重点放在那些可以直接为消费者提供商品和服务的经济部门。

与这些基本的经济发展相伴的,还有其他一些方面的、因为各种各样的障碍而进度缓慢的改革。法国一直都在致力于强化税收体系,降低贸易壁垒,同时也致力于以各种办法实现更加有效的分配,并且也取得了某些进展。同时,一个更大范围的、面向所有部门的改革趋势也已经变得非常明显。这些改革尽管实施范围还不够大,前进的步伐也不够快,但是,如果阿登堂会议下面那些阶段的讨论想要恰如其分,那么,这些改革就需要被纳入考虑的范围。

因为这些讨论马上就会转向那些具有决定意义的、使得法国经济变成现在这个样子的——社会学和历史学方面的——因素。技师们和专家们或许已经尽力了;但是,一个国家的性格是不会改变的,并且,它还会决定经济计划的基本形态。它决定了这些计划能够在多大程度上取得成功。在法国的报告人当中普遍存在着这样一种认识——有时候,人们在表达这种认识的时候有些听之任之,有时甚至还有一种顽固不化的傲慢:即,法国跟美国是不同的,文化不同,历史不同,理想也不同;因此,法国的经济制度就只能按照法国的情况,结合法国的实际来判断。在这种认识看来,法国是一个在历史的炮火中形成的古老国家,她的制度是成熟的,社会根基是深厚的,风俗是被一代又一代符合人道的生活温暖起来的。两次大规模的战争向全世界提出了一种强迫性的要求,要求所有的国家都要追逐科技进步的热潮。大战使得有些国家不得不迎头赶上,并且追赶的步伐是违背自然的,追赶的方式也跟很多人性化的价值背道而驰。所有这些与现代性的冲动或许都是一致的,但是,是不是说,法国因为在这样一阵旋风里面保持了自身的特色,就注定要受到谴责呢?

有人曾经提议说,在现代性的条件和法兰西性格与传统的精华之间,存在一种不协调的情况,存在一种矛盾,这个提议决定了阿登堂会议的调子。

这已经不是什么新鲜的提议了,这种印象产生的原因也不只是1945年以来的情势发展。对于这个问题,齐格弗里德(André Siegfried)在1929年就已经用一种典型的方式一语道破。[①] 在那个时候,他说,世界的转型正在向纵深处发展:

> 因为我们正面临着一种全新的生活理论。质量已经让路给了数量,个人也让位给了团体或机器。总而言之,人性进入了一个崭新的时期。但是,法国会成为什么样子呢?

齐格弗里德接着说,法国是为另外一个时代"设计和准备的"。

> 如果她想让自己适应这些环境,她就必须要改变她的生活见解,她的国民性格,她的生活方式以及她自古以来所形成的对政治生活的观念,但在这些方面,我们当中有些人却一直认为法国处于进步的最前沿。或者也可以这样问,在这个现代化的世界上,还可能有一个角落留给像法国这样一个从个体性和革命当中诞生出来的国家么?这个问题几乎是悲剧性的,因为真正成问题的也正是法国人的个性以及它作为一种文明的最初性格。

过去的二十几年时间也对法国产生了影响。在阿登堂会议上,年轻一代的法国人也在发表意见,而他们跟当今世界的关系比以前更加协调,他们也更加愿意承认一种经济制度必须同时考虑到生产和个体性的表达这两个方面。他们愿意坦诚地检讨蒙在法国资本主义机体之上的那些外壳,也愿意考虑应该以何种方式、在多大程度上将它们清除掉。正如他们所说明的那样,法国的资本主义所凭借以为基础的,是一个仍然在发生作用的社会组织,这个组织的特点是,它有着许

[①] 齐格弗里德(1875—1959),法国学者,政论作家,以对美国、加拿大和英国政治的评论最为知名。

多封建主义的残余,有着像来自教会和军队这类机构的传统势力,也有着被大革命培育起来的个人主义思想的残留。所幸,在经济制度与社会结构之间一直有一个相互适应的过程;在新世界,人们无论在什么地方都看不到这样一种完美的、发乎天性的调整过程。因为美国人的经济组织是在一块遍及整个北美大陆的白板上建立起来的,并且在这片大陆的所有地方,社会模式所密切遵从的,都是那些对于物质生产最大化来说是必不可少的路线。

在法国,一种早期形式的资本主义在整个十九世纪都是可以发展的,而不必服从于那些强制性的、在其他国家改变了资本主义发展方向的力量。法国在拿破仑战争和帝国扩张之后,并没有出现像英国那样的快速发展。这里同样也没有像美国那样的、可供开发和开垦的广阔的西部。法国从很早就达到了一个比较稳定的人口水平;人民生活幸福,同时工业和农业之间也保持着平衡。当大批量生产被施加到传统的、私人所有和自由企业的结构之上的时候,它发现原有的这些组织形式已经被占据并且也已经凝固了;法国企业王国的目标更多的是为了维持现存的形式,而不是以更低廉的价格生产更多的商品。

典型的法国式经营的单位是家族公司(family company)。在这样的企业里面,一个联系紧密社会集团,可以找到那种将自己结成一体的社会联系,可以找到允许他们过自己想要的那种好生活的资源,也可以找到能够在当地社区里面确保自身地位的名望。父亲可以将他的生意,以及生意当中所连带的优越地位和安全保障一同传给儿子。有人曾经谈到过这样的情形:即,直到最近的时期,一些颇具规模的法国商号的合伙人,仍然在将家族性的经营单位作为一种银行来使用,他们从这些常见的、处于一种精心设计的簿记系统的监控之下的基金里面提取日常花费所必需的资金。法国的公司从很多方面来看都是一个扩大了的家族——因为中产阶级的家族都害怕欠债,他们的首要目标是坚持让一切都保持干净利落,方便管理,同时还要安全。这就不太可能是那种优先考虑扩大规模和更新设备的氛围。借贷是一件让人感到很棘手的事,这既是因为借款往往意味着挥霍浪费,同时也因为它授人以柄,让外面人可以有影响本家族企业的机会。除此之外,扩大规模也可能会扰乱那些象征着社区生活的和谐融洽的、社会和经济方面的关系。来自工人方面的提高生产能力的压力也几乎没有,因为工人也没有理由相信,生产能力提高的成果也会提高他们的地位。

正是因为这个原因,所以法国在 20 世纪的时候迎来它的危机——即,工业由关税加以保护,至少有 50% 的人口仍然还在农村,独具特色的小企业要靠写进法律当中的特权来维系。让人感到惊异的是,当代的震荡仍然没有办法改变法国的基本结构。城市化的进展相对而言非常之小,结果导致三分之一的人口仍然在农场工作,另外 20% 的人口生活在人口不超过 2 万人的小城镇里。小规模的家族企业一直占据主导地位。1931 年登记在册的 160 万家企业(当然包括无所不在的小商店)当中,64% 的企业没有领取工资的工人,另外 34% 的企业雇工人数不到 10 人。被大革命推上主导地位的小资产阶级,不仅控制着政府,并且还想确保自己的特权不要被推翻。

曾经有一个美国人非常有启发性地刻画过法国与美国在发展方式上的对比,他主张说,因为在空间和社会方面的流动性(不管是不是美国的选择),美国在 19 世纪已经成为一个"无家可归的农民"的国家。美国早期移民所呈现出来的是一个欧洲社会秩序的横断面,欧洲社会的各种精英和阶级在新世界里面都有复制。但是在接下来的 20 世纪,随着欧洲农民经济的崩溃,产生了一股——来自爱尔兰、波兰、西西里、塞尔维亚以及德国和奥地利的部分地区——农业难民(agrarian refugees)的洪流。这些难民当中有一半流入了迅速膨胀的城市;另外一半流入了许多孤立的、位于动荡不安的边境上的农场。在这两种情况之下,最后的结果都是一种跟改变和运动的精神结合在一起的、无家可归的感觉。从这样一种骚动出发,发展出了一个无阶级的、强调城市化和工业主义(industrialism)的社会。一致性(conformity)也是这个结果的一部分;另外社会分层的缺失也是其中的一个结果,而这种缺失又使得社会进步的浪潮成为可能。

在美国所发生的那些赶超资本主义的变化已经广为人知,因此这里只需要简单概括一下就可以了。在美国,由家族来占有一个工业企业的概念几乎已经烟消云散。所有权从管理当中分离了出来,而且,那个新的、指导着庞大的法人结构的职业阶层,也已经不太倾向于从利益的角度来考虑问题,而更加倾向于从制度福利(institutional well-being)的角度来考虑问题,而制度福利则是一种混合体,在这个混合体里面,股东的利益虽然是一个很重要的因素,但绝对不是最主要的因素。发展的潜力,确立新模式和更新车间设备的能力,以及各种跟劳工之间的、能够保证生产可以源源不断地进行的关系——所有这些都成为有效管理的依据。

与此同时,工资水平的上涨使得大多数的居民都有能力购买由工业机器所生产的产品,由此而导致了市场的迅速扩大。汽车、冰箱、电动洗衣机和洗碗机都接二连三地从奢侈品变成了普通大众可以接受的必需品。消费信贷被那些最保守的金融机构以极具诱惑力的方式加以推广,于是人们就可以在事先没有存款的情况下购买物品,而广告的洪流也通过所有的大众传媒来说服大众:去年的型号已经过时了,今年应该要换一个新的、要么是颜色更加鲜亮要么是有更多小赠品的型号。在所有的层次上,潮流的趋势都是非个性化,同时也是高效化。新式的商业机构,先是连锁店,接下来是巨型的、周围是几英亩大的停车场的"购物中心";新式的包装技术、新式的保鲜方法以及标准化生产的方法,都使得货物在从自动化的工厂转到正在迅速被自动化的消费者手中的时候,摩擦被降到了最低。

与典型的法国式经营单位的小型化相比,美国人发展的方向则一直都是大型化,甚至是巨型化(giantism)。最近所做的一项关于1947年状况的政府调查(只要引用一个数字就够了)评估说,美国46%的地产、工厂和用于加工制造的设备是被113个最大的制造型公司所占有的。古典经济学家们所预想的那个意义上的竞争已经被极大地改写了。在很多领域内,相对于经营模式或者经营风格的竞争性转变来说,价格方面的竞争已经不那么重要了。但也许更值得一提的是,必要的制约以那种一直被人们称作是"抵消性力量"("contervailing power")——这种力量来自其他具有支配地位的集团,或者其他形式的经济组织——的形式出现了。因而,有组织的劳工开始在多个领域反对大型的企业,或者,许多大型的邮政机构和连锁店也开始站出来对抗制造型企业的价格或者许多作法。于是就出现了一种针对权力的制约;但是,从美国人的观点来看,重要的问题是,这种制约性的因素是匿名的和制度性的,而不再是个人性的。

面对着资本主义以高度发达的美国化形式所呈现出来的景象,法国陷入了举棋不定、有时甚至是惊慌失措的境地,这或许并不令人感到吃惊。但这当中有一个因素很明确地表明:法国需要与二十世纪、需要与那些看起来是现代工业主义的必然要求的东西取得协调。第二次世界大战所产生的后果之一,就是促使法国人考虑一种有远见的经济发展战略。当维希政府一直都在推崇各种潜滋暗长的社团主义(corporatism)的发展倾向的时候,戴高乐的抵抗运动则信奉技术的进步,信奉技术进步在社会和经济领域所引起的各种爆炸性后果。按照他的某些想法,Le Grand Charles 似乎准备要变成 le grand technocrat。① 对于新法兰西雄风的根基问题的不懈探索,使得他开始结合一套新国家机器的产生来思考经济生活的恢复问题,这套国家机器要足够强大,要足以打破所有的垄断和特权的帮派。这些理念注定是要夭折的。

从那时以来,这两种努力的方向可以说一直都是存在的:维希精神让法国社会的各个阶层都生活在一种与工业主义之间的、让人坐卧不安的合作之中,它把工业主义当作是一种舶来品,企图避开它的那些稍微有些严酷也稍微有些剧烈的冲击,并且还通过保护性的立法,创建灰色的市场,以便处理与工业主义的关系。而那种或许称为抵抗运动精神的东西,则一直都在寻求让法国实现现代化,并且也一直都在寻求果敢明确地面对经济力量的各种新形式。

这样一种现代化是沿着两条主要的道路向前推进的。第一个莫内计划将重点放在基础性工业——即燃油、能源、钢铁、交通以及农业设备——上面。这些工业完全都是由国家来控制的,或者至少是由政

---

① [译按] Le Grand Charles,法文,意为"伟大的查理"(这个查理应该就是指戴高乐,因为戴高乐的全名叫作 Charles de Gaulle);le grand technocrat,法文,意为"伟大的技术官僚"。

府来资助的,并且,对于它们的扩张而言,政治上的关卡也不是很大。更大的困难表现在孟戴斯-弗朗斯(Mendes-France)从政治层面上对于那些导致经济停滞的力量的处理。① 自由贸易的逐渐恢复,竞争的自由化,造酒商和蔬菜种植商对于国家酒类专卖的倚靠的解除——所有这些都从根基上打击了各种形式的、沿袭已久的力量;这些措施跟小生产者们受到保护的安全地位是背道而驰的。孟戴斯—弗朗斯原本希望利用国家的基金将处在边缘地位的企业家拉入到从经济上来讲比较合理的生产领域中来,同时也给劳工某种他们现在所缺乏的流动性。但至少是这次,他不会有机会公平地尝试自己的理念了。这次跟以前经常发生的情形一样,政治基础的薄弱,对于势在必行的经济改革来说,构成了一个致命的障碍。

　　事实上,正如法国的报告人所说明的那样,法国现今的经济问题是没有办法与政治问题分割开来的。根本性的结构必须要加以改变;如果技术上的进步想自由发展,各种权力集团必须要加以规整,必须要让它们按部就班。除此之外,对于那些受到威胁的集团来说,现在他们的趋势却是要以更大的力量联合更多的人。布热德主义(Poujadism)的盛行归根结底就是要反对在经济领域内进行改革。② 它代表的是小店主——即小资产阶级最精华的部分——的利益,目的是为了维护自身的利益,反对各种来自新力量和新人物的压力。布热德主义没有一个积极的计划,没有一种对将来的战略,它实际上是一种面对 20 世纪的挑战所表现出来的消极性的和防卫性的反应。它或许只是一种最后的立场。但是,也有人担心,布热德主义或许是某种失望情绪的诸种表现形式当中的一种,而这种失望情绪在过去经常会将一

---

　　① ［译按］孟戴斯-弗朗斯(Pierre Mendes-France,1907—1982)法国政治家,1954—1955 年间曾经担任法国总理。

　　② ［译按］布热德(Pierre Poujade,1920—2003)法国民粹主义政治家。在第四共和国晚期非常活跃,主张在社会和经济的变革期,政府应该更加关注小店主和其他小业主的利益,由此而掀起了所谓的"布热德运动"。这个运动的主要主张有:低税收,社团主义,抨击政治家和媒体。后来,这个运动迅速发展成为一个民族主义的、反犹太主义的、排外主义的和批评议会制度改革的运动。

个国家拖向反动的极端主义。无论如何,它可以让人们更加清楚地理解如下这样一个问题:即,在新的工厂必须要嫁接在一个虽然陈旧但却生机勃勃的、有着自身生长模式的树干之上的地方,要实现技术上的进步几乎是不可能的。

法国的代表们表明他们是准备继续前进的;但是,随着讨论的展开,一系列更深层次的问题也变得明了起来。也就是说,前进的方向是什么呢?美国所代表的,是所有工业社会合乎逻辑的、不可避免的形式么?那些想要跟上当今世界发展步伐的国家,是不是除了将自己托付给新世界的伟大民主模式之外,就别无选择?或者,或许还存在一个中间性的立场,而这个立场与保护那些在旧式的欧洲社会看来是文明存在之基础的价值,两者也是可以协调一致的?这些问题不仅牵涉到欧洲;对于很多在自己的伟大成功实践面前表现得欣喜若狂又进退维谷的美国人来说,同样也会遇到。他们的国家占全世界面积的六分之一,占全世界人口的7%,据估计,目前全世界有一半的工业制成品是由他们生产的。这样一个水平的生产,如果没有精神和智力方面的付出是没有办法实现的;但可以想象的是,这样的一种生产也会给这些领域带来意想不到的回报。在阿登堂会议上,人们发现,如果不对产生出工业主义的文明形态做一些考察的话,那么,要想使关于经济事务的讨论彻底进行,或者进入国内政治的比较领域,都是不可能的。

现在人们已经非常清楚,在法国人抵制改革的内心深处,其实是有一些价值观念存在的。没有能力、故步自封、既定的特权——这些因素当然都在起作用。但是在这些因素的下面,除了顽固之外,可能还有某种非常仁慈的东西。这种感觉最为常见的自我表达形式就是主张,如果用太快的速度将小企业涤荡干净的话,那可能就要意味着一种极端主义的蔓延。在由小商店所代表的那种个人主义的残留里面,在这些经济上虽然陈旧但仍然充满力量的制度里面,其实还存在着许多能够给普通居民的生活赋予意义和快乐的东西。

美国人的回答则是,他们国家迈向大型化的成长过程并没有鼓励共产主义。相反,它还为居民在某种共同体里面提供了一个新的支柱,而这种共同体在确立一种认同和个人尊严的感觉方面,跟那些旧的形式一样是有效的。那些高收入的人都有车,有坐落在某个规划良好的社区里面的房子和花园,有年假和养老金,他们应该不太会被马克思主义的教条和作法吸引过去。然而对于法国人来说,这一类的理由却不能让他们完全信服。他们保留着那些天生的猜疑。

美国人应该不会觉得这些猜疑太过离奇以至没有办法理解。他们自己国家的小商人为了保护自己的利益也都是诉诸感情和意识形态。自从杰斐逊执政以来,小农场主就一直被视为美国民主的中坚力量,并且,因为考虑到小农场主代表了某种对于整个共同体来说都非常重要的东西,国家每年都会从国库当中拨出几百万美元。在法国,莫内计划可以保证拖拉机被生产出来;但它却不能保证这些拖拉机会找到充足的市场,得到充分的利用。对于机器耕作来说非常必要的那种农业联合(agricultural consolidations),不仅跟那些保守的习惯背道而驰,而且跟根深蒂固的信念也背道而驰。自耕农或者小店主到底有没有将流行理论曾经赋予他们的全部美德体现出来,这是一个有争议的问题。对于那些危险的或者轻浮的理念来说,他们或许都不太容易受这些理念的影响(尽管在这一方面,布热德主义或许会迟疑一下);但是,在诸如高瞻远瞩和宽宏大度这样一些积极品质的方面,他们无疑也是有缺陷的。无论怎样,这种小企业作为一种令人羡慕的民族生活模式一直都是保持不变的——但这种不变在美国文化里面是伤感的,在法国的文化里面则是强大而有影响力的。

除了在大型企业(large-scale enterprise)经济冲动的作用下逐渐被清除出去,他们还有没有另外一种选择呢?美国人对此持怀疑的态度。他们已经目睹了经济发展塑造社会的进程,并且他们也相信,在以后几十年,这些进程还将继续塑造社会。另一方面,法国人也体验过历史性的和社会性的力量的那种主导地位。他们看不出为什么他们现在要被动服从于那些所谓的经济规则。现代化和改革是一码事;但投降是另一码事。

托克维尔曾经说过一段很著名的话:"我承认,在美国我看到的不只是美国,我也在那里寻求民主本身的形象。"在阿登堂会议上,美国人以一种现代化的形式将这个挑战扔了回来:按照一个发言人的说法,现在威胁并且挑战法国的,已经不是美国了;"而是工业主义"。但是在这一点上,法国人发出了不同的声音。他们承认,机器到了这里就要停止转动;为了让它的可能性能够实现,它还需要有某些制度或者程序。但是,它仍然把关于价值和目标的选择留给了人们。

大型企业或许只是适合于某种特定的文明,或者是适合于该种文明的某个特定的发展阶段。但是,如果要将这条标准普遍适用,或者适用到所有的条件之下,那么,就会导致谬误。法国人曾经建议说(这条建议将会在下章更充分地展开讨论)这种谬误妨碍了美国与不发达地区的合作。然而,在这里值得一提的是,许多美国人绞尽脑汁致力于经济落后国家问题的解决,这使得他们对工业化的整个本质有了一个新的观察。也让他们对于像法国这样的国家有了新的理解。美国人现在已经开始认识到,"进步"并不是一个绝对的概念,而国家状况的好坏也未必就取决于工业化所达到的程度。它更多地取决于在经济和文化的"基础构造"之间能否建立一种和谐的关系。

至少,理想的原则就是如此。接下来人们还必须要问一下,除了尽心竭力地实现工业化之外,现代世界的各种条件是否还允许任何一种在这之下的东西?法国可不可以既保持其作为一个大国的地位,又可以不必牺牲很多那些在她看来对于一种文明化的生活来说是非常基本的东西?为了实现工业化,美国在跟俄国勾心斗角争夺世界霸权的时候,它有足够的力量来支撑很多那些它所珍爱的、本国存在所需要的生活福利设施么?将世界一分为二的这场竞争,现在正在迫使西方国家进入一种紧张而又费力的状态,而这种状态就总体而言,不能认为是一件好事。人们一直都在听它说,无论如何,我们现在为了跟苏联竞争而被迫做的许多事情,其实是我们在即便苏联不存在的情况下也早就应该做的事情。事情也许是这样,但人们还是可以怀疑,这种说法是不是在所有的领域里面都是对的。

为了改善不发达地区的生活状况,人们已经进行了大度而又文明的努力,这对冷战来说,无疑应该是一个意外之喜。但是,即便在这个领域,最近已经发展起来的竞争,以及与之联系在一起的、那些迄今为止都非常落后的国家的被唤醒了的野心,无疑会将这些国家推上歧途,使它们没有办法进行健康而有机的发展。俄国所开展的那种声势浩大的职业精英——包括了科学、技术甚至体育等所有领域的精英——的教育和训练运动,对于美国的教育制度来说,无疑是一个挑战。如果美国的制度重新审视一下自己的话,它是会从中获益的。但是,如果苏联的教育只知道用一种快马加鞭的步调,用一种由苏联的计划制定者所颁布的那种狭隘的规矩来驱赶儿童,那么,它们的教育当真能够从中受益吗?任何人都可以得出结论说:俄国的制度是一定要崩溃的;孩子们要么会造反,要么就会生病。很不幸,这种制度好像只有在限定好的范围内才会有效地运转。它完全有可能产生比美国更多的技术人员——甚至还会产生比美国更好的运动员。这些技师会形成一种有价值的出口项目,而运动员们也会在奥运会上获胜。但是,就因为这个原因,西方的文明难道就应该宣布说,自己的那种作为人类成熟之标志的、平衡和中庸的理想已经过时了么?

但是,人们也可以从另一条路线来考虑问题——也就是说考虑一下,当工业主义充分发展起来之后,它是不是不会产生属于自己的、具有补偿作用的东西。速度、数量、统一、标准化——这些东西本身可能并不值得期许;但是,它们也可以成为一种手段,产生出可以用于哲学的、休闲和安逸的时间,也可以产生出能够用于更多选择机会的财富。那些可以让肥皂和化妆品以一种前所未有的规模扩散出去的手段,同样也可以让书籍大批量地出售;并且,这些书籍未必就是二流的。相反,今天美国购买一流书籍的人数,可能比历史上任何其他的时期都要多。音乐也不会遭殃,因为它被广泛地播放。那些最好的东西看起来似乎特别适合广大电视观众的口味(当然,最差的东西通常也是如此)。在阿登堂会议上,人们在这些问题上达成的一致出乎意料地多。"重商主义"("commercialism")的怪物几乎都抬不起头来。

从各种更加辛苦的工作方式当中解放出来,这是人类许多个世代以来一直都在追求的目标。今天,当一尘不染、技艺娴熟的筑路工驾驶着巨型推土机的时候,当工厂在电子眼和电脑的指挥下源源不断地生产着货物的时候,如果还有人评论说人们一无所获——也就是说,恰恰相反,说所有的东西都失去了,那就有点近乎不讲道理了。休闲一直以来就是人们追求的第二个主要目标。今天,当每周工作四天的制度即将要成为标准的时候,美国人在计算年龄的时候总是觉得自己差不多都是20岁。不消说,这样一种休闲说不定到头来也不过是一种空虚。但是,同样是这种使得物质充裕的生活成为必要的工业文明,也可以给艺术家和有某种癖好的人们生产出让旅游成为乐事的汽车,生产出照相机、书籍和园艺设备。美国的"自己动手"("do‐it‐yourself")运动已经发展到这样一个地步,也就是说,他应该已经不再仅仅是一种狂热。的确,随着技术的大规模进展,某种第二经济(second economy),也就是说,某种讲求技巧和个人化劳动的经济,也不是完全没有成长起来的可能。

正如一个报告人所强调的那样,最后的任务就是区分哪些东西属于人精神上的自由,而哪些东西则不是。日用商品、家用设备和机器部件上的某种相似性,无疑是有好处的。相反,目前所出现的那一系列让人眼花缭乱的、给美国的汽车提供另外的外观、色彩和内部装潢搭配的倾向,则是一种退步。那种俗套的、表面看来是按照顾客需求——定做的生产,根本不能带来任何的东西;人的自由用那种办法是不能实现的。的确,自由既可以是一种跟简化、跟忽略细小的差别有关的东西,也可以是一种跟广泛的选择有关的东西。毫无意义的花样翻新,只能是一种束缚人的力量,而不是一种解放性的力量;这点在美国尤其如此,因为在美国,任何一个设计风格上的细小改变,都可以成为一种理由,引发一阵新的排山倒海的、充满微妙压力和诱惑的广告。凡是在机器已经实现其自身纯净美感的地方,比如像现如今美国正在生产的那种物美价廉的玻璃器皿那样,标准化实际上就是一种更新。

但是,在生活当中一定要保留一些这样的空间,在这些空间里面,敏感的特性是最重要的。正如某些物质性的东西没有办法用机器技术加以改造一样,在艺术和个性的领域,自由的人必须要做出自己的选择;并且,这种选择也必须得是他自身内部那种最深刻、最具个性的东西的表达。必须要承认,这里存在着某种危险,因为,发达工业国家的那种独特氛围跟这样一种个性是背道而驰的。这种社会之下的、人类的理想形态往往都表现在那些非个性化的管理者身上。对于这样一种社会的效率要求来说,最基本的品质往往是一致、顺从,以及随时准备接受群众性宣传的各种技巧。但是,只要还有那些凭借自己的判断来生活的男人和女人存在,那么,这种危险就不是不能克服的。最好是希望这些人在数量上足够多,可以抗衡那种无处不在的氛围。认为那些牢记自己现在是什么以及曾经是什么的西方民族,不能一边享受廉价、充裕和设计良好的商品,一边又保持着自己的五官感觉和不朽的灵魂:这点至少在逻辑上是讲不通的。

现在我们可以对围绕文化所展开的那些讨论做些总结了:美国方面积极地接受了大规模生产所带来的后果,同时也积极地在工业社会内部寻求对旧的价值观念做出新的表述;在法国方面则存在一种更加深刻的怀疑论,一种使经济手段与各种已经建立起来的制度和已经被验证过的目的协调一致的愿望;但是,两方面都意识到,现代社会造就了许多无情的需求。从这里开始,我们的讨论自然而然地就过渡到了政治领域。因为,政治制度既是国家生活的反映,同时也是导致变化产生的推动力量。在评价政治制度的时候,必须既要考虑到某个特定社会的现状,又要考虑到这个社会试图要达到的那种状况。考察一下法国的基本社会组织状况,考察一下它对于 20 世纪技术发展的态度(这种考察必定是非常简略的),可以让我们对一个迄今为止一直都在被回避的问题有所认识。

法国的政治制度一直都被回避,至少有一部分被回避,因为对于美国人来说,这个制度始终都让人大惑不解,也很容易成为他们批评的话题。行政的虚弱,立法的混乱,以及在处理国内和国际问题的时候那种总体的无能,不仅引发了许多理解方面的困惑,而且在盟友之间也引发了许多现实的困难。有人也可能会说,美国的制度也有许多畸形的方面。旷日持久的选举活动妨碍了许多政策方面的决策。国会内部的无章可循也产生了名目繁多的、像法国的多党制那样让人几乎束手无策的少数派、小帮派和压力集团(pressure groups)。公共舆论里面各种被大众传媒蛊惑起来的反复无常的现象,产生了像麦卡锡这样的、每个政策都得屈服于他、都得因为某种让人不快的原因而发生扭曲的人物;而接下来,公共舆论又会像当初莫名其妙地造就他那样,莫名其妙地摧毁他。但是在美国的政治制度里面,始终都有一个明白的权力焦点。总统始终都控制着舞台的中心。尽管坐在总统宝座上的那个人,有时候或许会因为经验不足,因为软弱,或者因为对自身职务的误解,而对自己的领导地位加以抑制,但是最终,所有的事情还是要回到他那里,由他来做出决定。他带给美国政治的那种连贯性,在法国的制度里面没有谁能够做得到。

法国的政治体制无论有哪些方面的缺陷,但有一项职能应该说它在过去一直都执行得非常有效率。它对于个性做了一个符合法国人口味的表述。这套制度在所有的部分都被设计得可以反映出一种对于明白界限的喜爱,一种对于权力的不信任,以及一种保存现有社会制度的意志。法国的经济制度即便在它不能保证效率最大化的时候,都可以为个人在社会当中找到一个位置;即便在它不能生产出最多产品的时候,都能够保障一种平衡的社会生活所需要的那些条件;法国的政治制度也是一样,也就是说,即便这种制度没有效率,但它可以说能够经得起重大的、社会学意义上的考验。在平常的历史时期,他甚至还是一个非常合适的制度,而在像一战之前那样宽舒幸福的年代,它还能产生被人们愉快地称为是"同志共和国"(the Republic of comrades)那样的东西。

法国政府的不稳定已经是尽人皆知的事情了;但即便是这个缺陷,也并不像一直以来美国报纸的读者所认为的那么严重。"内阁危机"(cabinet crisis)的说法助长了一种没有多少事实依据的、令人亢奋的感觉。自从1945年第四共和国成立以来,法国已经产生了16届内阁(在第三帝国存在的65年里,共有93届内阁)。但是据统计,大约50%的部长仍然是留任的,而另外有25%的人虽然换了工作,但仍然也是留在内阁里面。尤其是,在战争结束的那些年,法国的外交部长一直维持着一种稳定和连续局面。克雷孟梭(Clemenceau)曾经因为多次发难推翻内阁而倍遭谴责;①但他总是言之有据地回答说,实际

---

① [译按]克雷孟梭(1841—1929)法国政治家。1906—1909,1917—1920曾经两度担任法国总理。以"倒阁能手"和"老虎总理"著称于世。

上他所拥有的一直都是同一个政府。与此同时,法国的制度还有一个庞大的、不为人知的部分,也就是那个永久性的行政服务体系,这个体系自始至终都没有被改变过,这对于政府政策的连续性来说,是一种补救性的稳定因素,也是一种坚强的保障。

在所有这些问题里面,让人感到困扰的不是那些表面的更替,而是这样一个事实,即,这些更替似乎通常都是在最不应该来的时候来,并且在这些更替被解决之前,还会花费特别多的时间。自从1945年以来,没有哪个有效能的政府的存在时间可以达到六个月。在这些空档当中或许也是有延续性的,但是却没有任何有意义的决策;并且,一个联合政府也可以因为它如下的主张而被人们原谅,即,有些事务如果不向后迁延的话,就会危害到共同事业。于是,新内阁只不过是旧内阁的重新改组这样一个事实,就成了所有问题里面最让人担心的地方。在像1952年至1953年间社会主义党从联合政府当中撤出这样的时候,或者是像1954年人民共和党(MPR)成为反对派的时候,在发生作用的各种力量里面,是会有一种明显的权力转移的。但是在战后十年的大部分时间里,历届法国政府所表现出来的,只不过是围绕一个含混不清的主题做各种细微的变化而已;并且,他们中的大多数,只有当他们提不出亟须解决的问题时候,才会持续当权。

这个持续存在的问题,在左翼——即共产主义——的极端主义和右翼的戴高乐主义者(或者后来的布热德主义者)之间,形成了一种中道的联合。如果这个联合是很广泛的,那么,政府的规划就一定会被冲淡。而如果组成联合政府的政党数目得以缩减,那么,它们在议会当中所获得的支持就一定会非常有限。无论在哪种情况下,决断或者明晰都没有办法培养起来。

1956年1月的大选产生了一些条件,阿登堂会议正是在这些条件之下召开的。这些条件没有办法让人们乐观起来。而法国代表团的那些报告人,除了说自己作为爱国者,也作为有着良好意愿的人,会抓住每一个采取正确行动的机会之外,其他几乎什么都做不了。在那场大选里面,共产党仍然获得了差不多25%的选票,在议会中占据了145个席位。布热德主义者第一次作为一个主要的力量得到了超过

10%的选票,在议会中获得了52个席位。因此,共和政权的敌人明显得到了壮大——而在布热德主义者那里,这种状况的危险性已经达到了一个让人吃惊的程度。即便人们可以说,这些怨声载道的小店主,在那些1951年支持过戴高乐重组的人们当中曾经是一个核心,但他们现在的态度却比以前更加粗鲁,充满了更多的恨意,也更加没有办法让他们超出自己的恐惧之外,去理解一些更大的东西。在这样一个北非的反抗运动正如火如荼的时候,企图在四百名游移不定的、介于共产主义者和布热德主义者之间的代表的支持下统治法国,这是一个几乎所有的法国政治家连想都没有办法想的任务,或者也可以说是任何一个大西洋联盟的成员国都没有办法镇定地加以对待的景象。

在这种环境下,经济方面的改革一直都没有启动,也就不是一件令人吃惊的事情了。但是需要指出的是,这样一种改革的缺失,就其本身而言已经成了那种持续存在的政治软弱和政治混乱的主要动因。布热德主义的运动只不过是最近才出现的一个证据,它说明,为了保护自己的既得利益,各种社会集团到底可以用一种什么样的方式组织起来,并且发挥力量。目前整个的法国政治,都可以解读为对于各种固有社会因素的一个纪录,而这些因素有很多都是国家价值的体现,它们从已经被分散的权力当中、从政治权威的缺失当中获取利益,以便维系自身的存在。法国的政治制度,既是法国社会制度的动因,也是法国社会制度的结果。它是某种旧意识形态的产物;也是这种意识形态的仆人和护卫。这也正是为什么有许多观察者不愿意看到决定性的经济改革,或者是不愿意看到社会深层结构的改革从法国的民主过程当中产生出来的真正原因。

但这些改革最后是一定要来的;并且人们还可以猜想,推动这些改革的力量,将会来自议会制度的日常运作之外。执行莫内计划那些跟已经被国家化或者说已经处于国家控制下的工业打交道的技术人员,已经启动了某些潮流,而这些潮流最终一定会渗透到哪怕是最黑暗的特权缝隙里面。国际竞争的寒风正在吹过已经被降低的关税壁垒,吹遍正在发展中的西欧共同体,它或许会胜过一百场的议会斗争,将社会秩序当中的那些障碍和僵化的事物一扫而空。法国生活当中的某些危机——人们必定会想到阿尔及利亚——最后可能会产生出采取行动的条件。

法国在帝国内部和国际领域需要做出的那些决定,从性质上来说,不是那种通过在都有着良好意愿的人们之间达成妥协就可以解决的问题,它们更多的是那种需要通过两个自私自利的集团之间的讨价还价来解决的问题。"同志的共和国"现有的那些便利条件,跟关于战前情境的争吵一样,都不够用了。目前需要人们做出的决定都是非常困难的。它们要求人们拿出最高的勇气;而它们取得成功的机会也微乎其微。面对这样一种需要,人们不仅应该采取行动解决某些特殊的危机,还应该对国内或经济领域内的诸多问题发动一场崭新的、有着更多人支持的进攻。

西方与非西方

前两章的简单讨论,为与会者讨论接下来的主要问题做好了准备。在殖民主义这个主题之下,他们似乎都特别关注宗主国和海外领地之间的关系模式。在比较经济制度这个主题之下,他们关注的是培育经济增长的国内环境。接下来,很自然的,他们应该要更进一步地考虑一下西方世界相对于非西方世界的地位问题。每一种坦诚的、涉及内容广泛的讨论都应该确立自身内在的逻辑,确立共通的价值和前提——同样也要确立基本的分歧。正如人们还没有开始勘探一片土地就已经知道了这片土地的轮廓一样,两个代表团的代表们也是事先就考虑到了这个主要的议题。

在考虑由中立国和不发达国家所提出的问题之前,应该先关注一下背景。在阿登堂遭遇的人们已经实地认清了那些由过去四十年的巨变所产生的权力构造。世界地图已经被逐字做了修改,并且伴随着这种修改,国家与民族之间的关系也发生了彻底的改变。过去在决策的天平上几乎不起什么作用的地区,现在却扮演了至关重要的角色。而曾经握有决定和控制时局之能力的地区,现在则感觉自己被外来的力量控制了。

古老欧洲的力量陡然衰落。第一次世界大战在全球范围内的许多地区激起了热情和冲突;但事后的解决从根本上来说却仅仅是一种欧洲式的解决。美国和苏俄两个超级大国已经被唤醒;然而它们所能发挥的影响也仍然只是间歇的和间断的。英国和法国的作用只能是维持和平,而这个维持和平的意思特别是指不要让德国脱离自己的控制。在这项任务上,英法两国都失败了。德国已经着手开始它新的侵略计划。并且,当整个场景在二战德国失败的次日被呈现出来的时候,所有人都清楚地意识到,这个世界已经发生了某些极端而又不可思议的事情。

西欧国家需要新世界给予它们连续不断的帮助;东欧国家则处在苏俄军队的控制之下。穿过这些已经被削弱、被奴役的地带,美国和苏联彼此怒目而视。与此同时,那些迄今为止仍未独立的地区,则正在尝试一种属于自己的生活,它们表达着自己的主张,也界定着自己新近发现的那些利益。在过去十年里,这两个新权力中心的关系一直都在发生变化。而一直以来影响它们的,有舆论的波动、武器的进步、经济的增长,以及像斯大林去世这样的自然事件。因为归附冷战当中的一方或另外一方而产生出来的力量,就像中立主义的力量一样,一直以来都是一个变动不居的、在任何一个特定时刻都没有办法准确衡量的因素,但它却能够在世界事务里面,给接下来的那些时期赋予一种特别的音调和色彩。

在1956年春季之前,这些关系的模式作为一种普遍共识性的东西,法美两国的报告人都已经完全清楚了。双方都同意,那种根本性的斗争,不能单纯地从美苏对抗的角度来考虑。核武器的僵局将竞争带入了军事之外的其他领域,也带入了欧洲之外的其他地区。人们都同意说,那种从短视的军事观点出发、一切都从是否会强化西方国家的力量这一点来判断所有事物的立场,不可避免地会削弱人们的努力,使人们没有办法在西方国家与那些面积广大的、置身于直接对立之外的地区之间建立一种创造性的关系。人们还进一步同意说,除了那些军事同盟范围内的任务和责任之外,美国和欧洲还有另外一些共同的任务和责任。这些任务不仅仅关系到欧美双方,还关系到亚洲、非洲以及中东地区的许多国家,而在这些地区,苏联正在提出一种联合开发性的、并且也绝对不能说不成功的经济诉求。

简单来说,当前世界的模式并不只由两个世界构成,而是由多个彼此之间的利益有时交叉有时冲突的世界构成,并且,这些世界之间的相对位置在持续不断地发生着改变,而各个世界内部的体制也在持续不断地发生着进化。在这样一个变动不居的局面里面,无论是研究方法还是研究对象,都需要不断地推陈出新。

就某种表象来看,这些关系表现得好像是一场新冷战的组成部分。苏联在努力争取那些中立国家的时候,已经开始采用军事之外的手段;而这些手段主要是经济性的。这些手段的目标主要想改变这样一些国家的立场,这些国家从自然倾向上来说是不同情共产主义的,但它们又可以从苏俄那里获取可观的经济利益。美国的一位报告人一语中地指出了这种新的、竞争性共存之下的斗争轮廓。他指出,苏联已经在生产领域取得了巨大进步;它正在加紧培养各种专家,希望能够借助他们将技术援助推广到一个前所未有的范围;它有能力吸收数量庞大的、在自由世界里没有市场的原材料。苏联构建起了一种国家性的贸易垄断;并且,非常不幸的是,正如人们挖苦的那样,"看起来我们不太可能在国际范围内采用一种谢尔曼反垄断法(Sherman Antitrust Act)"。①

通过这样一种方式被提出来的问题,一直都没有被充分地展开

---

① [译按]谢尔曼反垄断法:全称为《保护贸易和商业不受非法限制与垄断之害法》。美国的一项联邦法令。1890年由美国国会众参两院正式通过。因该案是由俄亥俄州共和党参议员谢尔曼(John Sherman,1823—1900)提出,故名。这部法案是美国反托拉斯的基本法,内容规定比较简洁,共7条。其中第1条规定,任何以托拉斯、共谋等方式作出的合同、组合,如被用以限制州际或国际的贸易或商业,均属非法。第2条规定,任何独占垄断者,或企图独占垄断者,或与任何他人联合或共谋,借以独占垄断州际或国际贸易与商业者,将被视为刑事犯罪。美国最高法院曾在一个判决中指出,谢尔曼法依据的前提是,自由竞争将产生最经济的资源配置,最低的价格,最高的质量和最大的物质进步,同时也会创造出一个有助于维护民主的政治和社会环境。

过。跟美国代表团相比,法国代表团也许不太关心问题的这个方面。讨论更多转向了如何在西方和非西方之间建立新的谅解和共同利益的问题——也就是说,与跟苏俄竞争这样一个理念相比,人们讨论得更多的是怎样才能做一些从本质上来说既合乎人们的期盼同时又必要的事情。

在寻求与不发达国家建立一种新型关系的过程中,美国人和法国人的理解存在很严重的隔阂。法国人对美国人的经济帝国主义一直都心存疑惑,美国人则对法国人的殖民主义一直心存疑惑。法国人被指责说,他们想避开那种伴随着经济发展必定会到来的民族主义。而美国人则被指责说,他们要么是想阻碍工业主义以便可以继续掠夺原材料,要么就是想从一种物质主义的哲学出发,不惜一切代价推动工业主义。美国人还被指责说,他们在做事情的时候总是从单方面的考虑出发,而他们的援助也总是会附加政治性的条件。毫无疑问,在这些名目繁多的怀疑和指责里是有某些真实成分存在的;但是,两国的经济发展方式,并不像人们从表面所看到的那样,分歧如此之大。下面所进行的讨论,目的就是为了考察观念之间的这些分歧,同时也试图达到某种程度上的共识。

我们首先看一下两国在对外经济援助方面的传统和历史演变。法国人的做法一直都是通过殖民主义。人们取得殖民地的目的,通常不是为了提高殖民地的经济总量,而是为了扩大宗主国的市场,增加宗主国的收益。在法国人这里,尽管有着前面章节已经提到过的那些更大也更加无私的动机,但上面这些目标的确也是起过作用的。然而时势的压力也已经到了这样一个地步,以至于法国人在付出经济援助的时候,实际上也已经有了某种程度上的关心和慷慨,并且这种关心和慷慨的程度,更近一段时间以来的第四点计划几乎是没有办法比拟的。不管法国一开始是不是有意识这样做,但她现在已经被牵涉进了许多可以推动社会和政治进步的工作里面,而这些工作又可以让她从理性的角度来问一下,在像摩洛哥这样的保护国里面,这里的生活条件,这里的健康和教育水准,是不是一直都比许多独立的国家好很多?这里的农业生产方式有没有实现现代化?工业有没有建立起来?为了保持经济的可持续发展,宗主国已经开始每年都要承担预算方面的赤字,已经开始用比从其他地方购买货物更高的价钱来从殖民地购买商品,也已经开始将它赋予宗主国国民的某些社会性利益,扩大到那些已经融入本国人口的人身上。

经济上的贡献已经很大了;但是,法国人民所做出的牺牲却没有被注意到,因为他们的根本动机并不是那种在当今世界受到欢迎的动机。法国的报告人可能会抗议说,他们给予有关殖民地的东西,要远远超出他们从那里所获取的。但他们的抗议却没有引起注意,因为恰恰是殖民化这个理念本身与一般的潮流相违背。但是,法国在殖民时期所获得的实践经验是非常丰富的,也是无法估量的。法国拥有自己的语言学家、地理学家以及所有殖民管理领域的专家,并且,对于那些不同于本国的文化,他们有一种深刻的亲近感。她让人崇敬地摆脱了种族歧视的污点。法国人身处在一个可以有效地打消人们对于殖民主义的怀疑的框架里边,她在跨越东西方的鸿沟方面,可以成为盟友们的老师和榜样。

现在让法国人感到苦恼的是,他们已经付出了那么多,但收效甚微。他们觉得,自己所管理的那些民族需求和欲望越来越多,他们感觉自己是被驱赶着,逼迫着;他们在有些方面的慷慨大度,已经超出了国家福利和防卫所要求的那种明智选择。但是,正是这些推动他们向前的力量,也使得他们的努力付诸东流。在路的尽头,已经不可避免地出现了要求独立的深渊;并且,越是接近这个深渊,他们在经济和社会领域所取得的真正的成功也就越不能给他们带来信任。很明显,从这种困境当中解脱出去的方法就是将经济援助国际化。皮努外长(M. Pineau)在1956年5月北大西洋公约组织会议召开之前按照这条路线所提出的那些建议说明,①法国已经意识到了解决自身问题的办法。而她现在正在做的事情,也完全就是将她在殖民化时代所获得的那些技能和才智,用来服务于一个新的时代。

---

① [译按]皮努(Christian Pineau,1904—1995),法国政治家,1955年2月17—19日曾经担任法国总理,1956年2—1958年5月曾任法国外交部长。

至于说到美国,它向国外提供援助的根本利益有两重。一方面,这种援助是人道主义性质的。第四点计划是马歇尔援助计划的一个延伸,而马歇尔计划(起码在公众意识里面)又是联合国善后救济总署(UNRRA)援助计划的一个延伸。有效地并且大范围地帮助不幸者,一直以来都是美国人所关心的问题。第二,对外援助也来自一种实际的、让尽可能多的国家脱离苏俄控制的需要。

正如实际情况经常所表明的那样,美国人在对外援助的问题上,一直都在高度的理想主义和斤斤计较的现实考虑之间徘徊。他们要么是想超脱于战争之上,以一种人道主义的慷慨态度分配各种物质利益,要么就是想卷入战争,想全力以赴、不惜一切代价地赢得战争。除了国际事务当中的和平期与好战期、孤立主义与全面干预(total involvement)这两种摇摆之外,这是人们在美国民主当中所看到的另外一种形式的剧烈摇摆。这种摇摆也是如下这样一种现象的组成部分,这种现象让美国人将最高尚的原则和那种完全是实践性的、将一件工作完成的能力混为一谈。当然,在实际上,绝大多数的国家都是在这两极之间的区域——在这个区域里面,各种原则都要求某个行为或者某些行为稍微看几眼自己的理想然后再确定自己的风格——制定实际政策的。

在对外援助当中,美国人已经被迫慢慢地走到中间立场上来。他们已经被迫认识到,人道主义的动机本身并不能为它与不发达国家之间建立各种新型的关系提供一个充足的基础。不宁唯是,他们也被迫认识到,他们与苏俄之间的对立,如果单独来考虑的话,也不能提供一个充足的基础。在完全置身事外与彻底投身其中这两种态度之间的某个地方,人们可以意识到这样一点,即,那些迄今为止都还不发达的国家将自己提升到一个与自身潜力更加相称的水平,这是必要的,有益的,同时也与西方国家最根本的利益相符。对于一种符合本国利益的理想主义来说,人们必须要再添加一种超然的态度;而一种健康的对于结果的强调,也必须要与耐心相结合。

要达到这样一种视角对一个国家来说绝非易事,尤其是当这种观点必须要通过一些会对选民提出许多持久而又繁重的要求的政策和规划来实施的时候,就更其如此。一个人在受到感谢的时候慷慨大度,比在这样一种情况下的慷慨大度,对美德的要求要少得多:在这种情况下,接受帮助的人太忙碌了,太关注自我了,要么就是对来自外界的影响太过敌视了,以至于除了一种勉强的谢意之外,什么样的后果都产生不出来。美国人用来让自己满意的,不是来自于受帮助者的谢意,而是一种就大体而言没有办法加以证明的确信。这种确信的主张是:除非那些总体上的、将不同的国家分为三六九等的不平等能够加以减轻,否则就长远来看,世界是没有办法保持稳定的,并且美国人自己的福利也没有办法得到保障。在自己社会的内部,美国人也已经认识到,巨富和赤贫也是不容易坐到一起的;但是,这个道理如果想要在世界范围内得到推广,不经过努力是办不到的。

在阿登堂会议上,美国人和法国人因为是从不同的观点出发来对待经济发展问题的,所以,他们阐述的是问题的不同方面。回过头来看,人们可以说,每一方的报告人都有自己特殊的见地和特殊的局限,而这是由于他们不同的经验造成的。法国人特别倾向于挑战美国人的"帝国主义"。他们反复建议说,在美国人身上体现得特别明显的那种对于大型化和机械技术之至高地位的强调,使得他们不适合带领其他民族踏上经济发展的艰难路程。另一方面,美国人则倾向于认为,法国人在与这些民族交往的过程中,对于那种在国内就一直阻碍其经济发展的、牢不可破的风俗和特权,流露出某种相同的屈从。

认为美国对于不发达国家的兴趣是其帝国主义的一种表现,这种理念已经被证明是非常牢固的了。正如我们在上文早已指出的那样,美国是承认自己有对外国事务进行干涉的时候的;但是看起来,它几乎最不可能被人指责的事情,就是说它有一套连贯的、进行经济渗透和经济控制的政策。经常被美国人拿来作为其经济帝国主义的工具的对外投资,在全局里面是一个非常细小的因素,而贸易支付的差额(正如一个美国报告人所指出的那样)其实一直以来对美国也都是不利的。

的确,在某些情况下,私人企业的活动一直都是非常活跃也非常引人注目的。美国一个大石油公司的代表在阿登堂会议上提出了这样一种活动方式:按照这种方式所开展的事业,不仅可以通过基本原材料的源源不断的供给使西方世界获益,还可以使那个每年都需要征收巨额金钱来满足公共财政需要的国家获益。这样一笔涉及住房、学校、医院、现代公路以及下水道系统的账目——这些东西美国人所到之处就会建造起来——并没有从法国代表的意识当中把这样一种理念完全清除干净:即,这至少是一个危险的先例。这样一种经由一些对于他们工作于其中的文化非常敏感、同时又感受到了欠发达民族的需要和渴望的商人加以实施的"私人性的第四点计划",并不是一个具有十足说服力的概念。

也许还有更多东西在决定着法国人的这样一种挥之不去的感觉:即,恰恰是美国人在技术和大规模企业方面的天赋本身,阻碍了美国去完成经济发展的任务。美国人总是想让事情快点做完;在法国人看来,他们的方法是工程师的方法,而不是园丁的方法。然而,经济发展从本质上来说是一种必须与文化背景的变迁保持协调的成长过程。少量的技术、与公民的技能和价值观保持协调的规模和速度引入的机器,所有这一切要比从外部将那些已经成熟的发明强加进来,更有效率。

有些故事曾经讲到,一些水坝已经被建造起来了,但当地的人民却缺乏必要的能力,或者缺乏配套的、能够利用它们的资源;也有一些故事讲到,燃油抽水机非但没有为村民们提供健康的水源,反倒让他们不知所措。最重要的是,正在到来的、和平的原子能也会提供一个证明。因为在这里面蕴藏着当今技术文明的精华,蕴藏着具有无限发展潜力的能源。但是,如果突然将它建造在一个对它没有准备、没有能力控制它、管理它,或者没有能力使自己适应如此庞大的产量所带来的那种后果的民族中间,那么,原子能也可能会产生一些事先无法预料的、令人不安的结果。

在很大程度上造就了西方经济的飞速发展的那些发明,都是来自于西方文明的内部。它们都是那种它们后来所服务的文化的产物。那种发明了蒸汽机的思维,同样也有能力发掘蒸汽机的各种可能性;而那种以原子能作为最高形式的表达的社会,应该也最有可能解决原子能管理和使用方面的谜题。但当诸如此类的技术发展被当作现成的东西从外面输入进来的时候,问题肯定就会出现。因为它们从根本上来说不具有那些将它们产生出来的文化动力或者说智力习惯,所以,它们始终都只是外来的力量,它们的出现没有受到传统规则的认可,也没有从本土的经验和愿望那里汲取灵感。

人们很自然地会问,美国人是不是也会像法国这样的、一直都在根深蒂固的文化与机械文明的张力之间体会到冲突的民族一样,对于上述这类困难特别敏感。从本性上来说,美国人也许更加愿意向前推进,因为他们更加关注经济的上层建筑,而较少关注文化的基础。① 但就是在这些问题上,美国也已经有了很多思考,并且,新一代的美国人也已经习惯于将经济发展的过程看作是与多少都带有些强制意味的推动(也就是将自己的技术理念强加在那些因为"落后"而被别人鄙视的民族身上)非常不同的东西。无私和谦逊已经在潜移默化之间改变了美国人那种本能的、急切的并且是按照自己特殊的方式来行事的冲动。

在接下来的那些关于农业和工业的发展哪一个应该优先考虑的讨论里面,人们也许有理由认为美国人会更加强调快速的工业化。如果再考虑到那种已经被普遍认可的、工业化和民族主义之间的联系,情形就更有可能是如此了。那些对外国统治的历史已经有所了解的不发达国家,往往会带着某种近乎狂热的感情投入对工业化经济的追求。相反,如果某种高水平的民族意识还没有将大众激发起来,那么,人们就很难设想一个国家会拥有那些对于工业发展来说是必要条件的发展冲动和企业经营的才能。美国人反殖民主义的传统强化了他们的这样一种自然倾向,也就是说,他们希望别人也采取一条与自己类似的经济发展道路;但是,法国人就很少能够体会到同样的热情,因为这个过程煽动起来的那些运动,正在让他们牺牲掉整个的帝国。

尽管如此,经济发展的图式和方向,应该还是能够摆脱感情的或者主观的标准来加以讨论。工业化必须要成为始终坚持的目标;但这未必意味着,原材料方面的发展就是一个国家受奴役的标志。农业现代化未必需要看作是工业发展的阻碍;相反,它必须被看成是一个少

---

① [译按]作者在这里似乎是在故意做文字游戏,将马克思的"经济基础"和包括文化在内的"上层建筑"反过来说。

了它则工业层面的收获都会不战自败的步骤。凡在农业技术落后、农业生产一直都是在一个陈旧的土地所有体系当中展开的地方,这里的整个社会秩序都会表现得没有活力,而在工业的部分,则会表现出一种失业和通货膨胀的倾向。

讨论中出现的另外一个主要议题,可以用来甄别法国人和美国人的不同经济发展方式。法国人凡是在自己的帝国没有卷入的地方,就政治层面而言,他们都喜欢推行一种"请勿动手"的政策。美国人更喜欢在自己的援助里面附加条件。法国人在那些即将赢得独立的国家,对于中立的精神寄予了更多的同情;而美国人则在冷战中寻找盟友。这些不同的侧重点,如果结合两国的自然倾向以及当前的政策来看,都是可以理解的。法国人在本国的民众当中已经感受到了中立主义的吸引力,并且,对于他们的利益没有直接卷入的、世界的大部分地区来说,他们的确也能够做到公正无私。对于美国人来讲,对外援助几乎是不可避免地染上了用强有力的地形包围共产主义世界这样一种全局性政策的色彩。

美国人对正式盟友关系的信赖,因为某种程度上的、对于经济发展在政治上所引起的那些后果的失望,也许已经被强化了。几年前,人们还想当然地以为,随着某些国家在经济上变得越来越富裕,它们也会变得越来越民主。政治的启蒙被认为跟经济发展是同步的。然而,对于发展进程所做的更加仔细的研究表明,这两种让人期许的目标之间并没有必然的关联。美国代表团的一位报告人特别指出,经济上的发展也会伴随政治上的危机和不稳定。凡是在资本必须被快速积累的地方,强势的统治和权威主义的控制几乎是不可避免的;而随之而来的,往往便是对整个自由领域的限制。在开放性的国际经济条件下,资本的输入可以给自由主义提供保障;但不幸的是,这一点在今天的世界上是不太可能发生的。苏联经济就通过自己已经取得的、强迫性的但也是令人瞩目的发展,证明了一个国家究竟可以在何种程度上被迫通过自力更生而取得成功。印度是一个范例,它虽然已经步入了工业化时代,但它仍然处心积虑地、有时甚至是用一种英雄主义的方式来坚持各种民主的制度。印度的努力或许是成功的;但这个成功绝不能理解为一种标志,认为政治和经济的进步这两种目标之间有着必然的或者自动的联系。

苏联已经进入了一个原先在实际上是由西方国家垄断的领域,也就是那个对外进行经济援助和技术支持的领域,这就更加强化了这样一种倾向,也就是希望某些国家做出承诺,表示自己愿意从美国那里获得帮助。很明显,苏联致力于发展经济是出于现实政治的考虑。① 人们能够合理地期望美国会出于另外的原因而这样做吗?

尽管如此,到1956年春天之前,不附带政治限制或者政治条件而只关心经济援助政策的迹象,还是存在的。法国的态度就渐渐表现得越来越有说服力。当氢弹的危险开始在全世界面前显现出来的时候,法国在两大阵营之间所采取的中立立场,是完全可以理解的。而且,这种中立被人们认为超出了道德意义上的、对于对错之别的愚昧无知,也不同于简单的我行我素和忘恩负义。人们已经看到,参加万隆会议的每个国家都有自己的立场;②并且,有一种可能性也开始表现出来,即,从这些国家的态度来看,他们都是站在未来一边的。

在对待非西方国家的问题上,无论法国人和美国人之间有什么样的区别,也无论这些区别是怎样将他们区分为两种不同的解决方式,但是,相对于他们之间在那个有待完成的任务的维度和意义方面所达成的基本共识来说,这些差别都是非常细小的。从根本上来说,这项任务包含了国际秩序的重建,但是,这次重建所涵盖的范围,比较一战之前那几十年里面所存在的国际秩序来说,要大得多。在当时,世界上确实已经有了某种接近于稳定的国际经济的东西,同时也实现了贸易自由以及劳动力和资本的流动,而这些从那时起一直都是政治家们感到向往和羡慕的。但这种经济的范围是有限制的。在这个范围之

---

① [译按]"现实政治",原文是德文:Realpolitik。

② [译按]万隆会议,也称为"亚非会议"或者"非亚会议",是1955年4月18日至24日在印度尼西亚万隆召开的一次以新独立的亚非国家为主的会议。会议确立的目的是推进亚非的经济与文化合作,反对美苏和其他"帝国主义"国家的殖民主义和新殖民主义。一共有29个国家派代表出席了会议。

外,全部都是列强的殖民地,以及那些我们今天看到正在不屈不挠地主张着自己的权利的土地和人民。而将所有这些都带进一个共同经济生活的圈子,这项事业对于我们这一代人来讲,是一个与工业革命一样伟大的挑战。

这项任务在今天变得更加困难了,因为西方国家所做的、将它们提升到目前这样一个财富地位和福利地位的一切,已经切断了自己同那些他们在现在必须与之合作的人的联系。这不仅是说,那些高度工业化国家所取得的物质成就,尤其是美国所取得的物质成就,已经产生了一道似乎无法逾越的文化鸿沟。新世界真的会愿意跟那些已经在痛苦和穷困里面辗转了几个世纪、只是现在才开始为自己主张权利的人说相同的语言吗?不宁唯是:西方国家赖以达到它们工业进步状态的那些制度性的手段,在实质上已经被民族化了。在日益扩大的范围内共享福利,这点在各国疆界的内部,通过日益活跃的国家努力,已经完全实现了。即使是在那个可以贴上"西方"标签的、相对狭小的范围内,国际主义的精神和相互交流也比本世纪初少了。正是这一帮就单个而言都非常富有但却没有能力在相互之间建立一个真正的共同体的国家,现在才必须要构建一种新的世界秩序。

说他们"必须要"构建一种新的世界秩序,这并不是在说教。这是一种对于它们必须要服从的那种命令的严肃说明。另外一个选择就是世界的分隔,但这种分隔不是按照意识形态的路线来划分——从根本上来讲,意识形态的路线是可以放弃或者说可以超越的——而是按照无法消除的肤色路线来划分。这是一种文明之间的差异,而这种差异,因为有着对于西方长期统治的回忆,因为有着亚、非各民族漫长的屈辱历史,而显得更加悲苦。

西方国家所面对的这个任务——由欧洲和美国共同面对——对于本国的人民和政府来说,自然会产生一种改造性的影响。这个事业可以与十六世纪新大陆的发现和殖民化相比拟,或者也可以与上个世纪美国人开发新大陆相比拟。正如那些受新的进步冲动鼓舞的国家的生活一样,旧的共同体生活注定是要被放弃、被改变的。经济发展从根本上讲是一种跟社会发展有关的东西:也就是说,它会带来流动、平等、机会,同时也会摧毁旧的等级和特权的壁垒。它同时也是一种跟有目的的国家行动、民族意识和大范围的改革运动有关的东西。西方会一直输出革命。但是,在国内,它将来也会体会到,这场在现代开始之初由它所发动的革命正在延伸和完成。这类在目前似乎是使西方国家之间产生隔阂的、在侧重点和方法上的差异,在未来将会逐渐变得不重要。

的确,这个事业最后必须得是一种在国际支持之下的、联合性的事业。直到现在,在像联合国这样的一个机构里面,要想让美国压倒性的力量和财富能够被适用于一项共同的事业,似乎都是非常困难的。当一个国家占有90%的基金份额的时候,跟它讨论合作一定会显得有些矫情。但是,人们一定可以找到一些制度性的手段,既可以给那个占据主导地位的伙伴以一种必要的、跟那些资源的使用问题有关的权威感,同时又可以提高其他国家的参与意识。

国际援助的好处是如此巨大,以至于无论面临什么样的障碍,人们都应该按照这个方向继续向前推进。具有殖民传统的法国,当她在这个领域单独行动的时候,她实质上也就与有意义的工作切断了联系;而一意孤行的美国,则为自己招致了所有人的怀疑,而这种怀疑又一定会抵消人们对它的好感。与此同时,那些接受援助的国家,也会被根深蒂固的嫉妒和恐惧束缚住手脚,从而也就没有办法充分利用那些提供给他们的经济方面的好处和技术方面的援助。在一段时间以内,某种情有可原的犹豫,可能会阻碍这些民主国家的立法机关将它们的援助放到一个共同的事业里面。但是,如果没有其他更有效的解决办法,这一步迟早都是会来的。

还存在许多技术性的问题需要解决,而其中一些在讨论当中也已经涉及了。但是,基本的共识却是清楚的。那就是,需要和非西方国家的人民建立一种新型的关系,与此同时,人们也认识到,在从事这样一个庞大事业的过程中,许多其他的、在目前似乎是最重要的问题,例如关于帝国或者内部改革的那些问题,都需要从一个新的角度来加以考虑。那种在所有一切都已经讲完之后仍然在阿登堂的大厅和会议室里面回荡的、满怀希望的精神,在很大程度上就是来自这里。

施米特的欧洲

——欧洲整合的文化、帝国和空间动议(1923—1955)[1]

麦考米克(John P. McCormick) 著

一般来说,人们都把纳粹主义理解为一种在本质上属于民族主义的现象。事实也的确是如此,并且有许多著作在这一点上也是持肯定态度的。[2] 施米特因为有着所有的那些让他成为一个反传统的——也就是说,在本质上是非常有趣的——法西斯主义者的特征,所以,他当然应该算是一个德意志的民族主义者。[3] 但是,关于区域的视野问题(vision of regions),无论是对于一般意义上的法西斯主义,还是对于施米特个人,都是一个相对而言讨论得非常少的问题。[4] 在施米特的情

---

[1] 本文的一系列草稿曾经作为"关于法西斯时期与国家社会主义时期欧洲法律秩序的理解"这样一个研究规划的组成部分,于1999年7月17日和2000年9月29日在佛罗伦萨欧洲大学学院发表过。本文前面两部分是对我的《施米特对自由主义的批判》(*Carl Schmitt's Critique of Liberalism*, Cambridge: Cambridge University Press, 1997)一书第二章的展开;本文结构方面的平衡是专门为这个研究规划设计的。

[译按]本文根据刘小枫先生提供的电子文本翻译。另外,*Carl Schmitt's Critique of Liberalism* 一书已经有中译本,徐志跃译:《施米特对自由主义的批判》,华夏出版社,2005年。

[2] 作为这种研究路数最近的一个例证,可以参见苏尔洛(Richard Thurlow)的 *Fascism* (Cambridge: Cambridge University Press, 1997)。

[3] 考利奇(Helmut Quaritsch)在 *Positionen und Bergriff Carl Schmitts* (Berlin: Duncker & Humblot, 1989)一书里面对于施米特的民族主义的讨论,可能是最为详尽的。

[4] 在这个方面,值得提出的跟施米特有关的例外有:施姆克(Mathias Schmoeckel) *Die Grossraumtheorie: Ein Bertrag zur Geschicte der Völkerrechtswissenschaft im Dritten Reich, insbesondere der Kriegszeit* (Berlin: Duncker & Humblot, 1994)和布林多(Felix Blindow)*Carl Schmitts Reichsordnung: Strategie fuer einen europaeischen Grossraum* (Berlin: Akademie Verlag, 1999)。

形之下,我可以说是把这个问题当作是一个演化性的、关于欧洲整合的视野问题来处理的。最初,写这组论文是为了把他们组织起来探讨一下下面的这个问题:二战以后欧共体和欧盟的发展,是不是跟这笔更加隐秘的、区域整合的遗产有某种共同的东西,甚至还可以说,有没有从这笔遗产里面继承什么东西? 在这篇论文里面,我想通过勾勒施米特从二十年代初到五十年代中期的欧洲视野(vision of Europe),来解决这个问题。

一方面,人们对于施米特的兴趣应该是非常有限的:他对于俄国的不折不扣的憎恶,他臆造的、并且经常是偏执的天主教信仰,以及他高度抽象的概念分类,都使得他与本世纪绝大多数处在一个比以前时代更具统一性的欧洲之内的理论家相比,大相径庭。另一方面,正如乔尔吉斯(Christian Joerges)在最近他提交给本论丛的论文当中所强调的那样,[1]施米特在战后政策领域所发挥的精神影响,其范围之广表明他的思想是没有办法回避的。当然,接下来要提到的是,他的思想,无论是不是怪异,无论在政治上合不合人们的口味,都有一种让人流连忘返、必欲驳之而后快的品格。

在二十年代早期,在《罗马天主教与政治形式》里面,施米特坚持的是一种新基督教世界(neo-Christendom)的欧洲观念。随着他的思想变得日益世俗化,在1929年的论文《中立化和非政治化的时代》里面,这种观念让位于一种将欧洲看作是特定的中部欧洲[Mitteleuropa]的定见。在国家社会主义时期,施米特构造出一种在德意志 Reich 主导之下的、中部欧洲的大空间的理论。最后,在二战之后,在《大地法》这样的作品里面,施米特将欧洲看作是某种理性的、司法性的国际秩序——这种秩序因为美国和苏联这类跨大陆的帝国(intercontinental empire)的出现,而被打破了——的源泉。

---

[1] 乔尔吉斯 Conceptualising Governance for the European 'Grossraum'。

作为基督教世界的欧洲:1923 年

《政治形式》所表达的是施米特在年轻时候的一种教士性—保守性的欧洲视野。① 当时,施米特仍然是一个虔诚的天主教徒,他把教会奉为一种庇护,在这个庇护之下,欧洲人或许可以团结起来,反对共同的敌人苏俄。在一个显而易见是后天主教的、甚至是后基督教的时代,是什么东西有可能给天主教会这样一种权威呢?施米特主张,自由主义、新教和浪漫主义已经将欧洲的私人领域(privacy)神圣化了,这些运动已经将那种真正重要的东西的公共展示(public display)压制了下去。欧洲的公共领域(public sphere)在过去曾经是展示像权威,共同体,正义,甚至民主,但尤其是"人性"这样一些基本原则的舞台。为了回应这样一种消极性的、由诸如自由主义这一类思想的发展所导致的、公共领域从社会性世界(social world)的退出,施米特提出了一种天主教,这种天主教的、公共的和客观的、而非私人的和主观的倾向,是在政治当中而不是在一种家庭性的或者经济性的领域里面将自己展示出来的。按照施米特的看法,天主教忠诚于欧洲文明的精华,也就是说,忠诚于那些本质价值的公开坚持和表述。

在施米特看来,这种天主教将欧洲与那些居住在欧洲东部边界以外的、非正统的杂种(amalgam)分隔开来:其中包括,拜占庭式的基督教,共产主义和无政府主义。施米特认为,天主教的那种能够表述那些价值的能力激起了俄国极端分子的全面反抗,这些极端分子要么是东正教和无政府主义者,要么就是共产主义的政治派别。他们反抗的

---

① 施米特, *Römischer Katholizismus und politische Form* (Stuttgart: Klett–Cotta, 1984);乌尔曼(G. L. Ulmen)英译, *Roman Catholicism and Political Form* (Westport: Greenwood Press, 1996)。

[译按]本书已经有刘锋的中译《罗马天主教与政治形式》,收入施米特著:《政治的概念》,上海人民出版社,2004 年。

乃是"理念"这样一个观念本身。对于天主教来说,"人性"乃是一种认为人不仅可以作为生物而存在的观念;他们可以追求善,但他们需要从理智上加以引导。在施米特看来,俄国人的人性只是一种需要运用技术手段加以支配的物质性。天主教是罗马法学的合法继承人,同时也是一种制度性的提醒,它提醒人们人还拥有一种神性的成分。

施米特主张,欧洲的自由主义者和西方的社会主义者在鼓噪那种在俄国达到极端的经济理性(economic rationality)方面是沆瀣一气的,并且对天主教为欧洲所主张的那种本质理性(substantive rationality)是感到不安的。但尽管如此,他们说到底还是天主教的朋友,苏维埃的敌人。欧洲的自由主义者和社会主义者是愿意为那些跟人性有关的、本质性的和普遍性的观念战斗的,但是,他们需要天主教提醒他们怎样才能正确地开展战斗。天主教会作为一个"对立物的综合体"("complex of opposites"),体现了所有的政治形式,它知道什么时候跟某些人联合,也知道在什么时候对抗另外的人。施米特指出,当前的天主教还不太确定谁构成了最直接的敌人:法国的天主教徒,像托克维尔(Tocqueville)、蒙塔朗贝尔(Montalembert)和拉科代尔(Lacordaire)"在一个当他们的许多同时代人仍然在自由主义里面看到了基督的敌人的时候",采取了自由主义的立场。这本书的其中一个要点就是要澄清,对于天主教的知识精英和他们从前的自由主义的对手来说,到底谁才是共同的敌人。在1923年的时候,谁以真正的基督敌人的身份站到了对立面?在这里,施米特不是在自由主义或者西方的社会主义里面,而毋宁是在俄国,找到了天主教的假想敌。

无论有多大的不同,陀思妥耶夫斯基、列宁和巴枯宁——也就是说,东正教徒、共产主义者和无政府主义者——都表现出一种带有特殊俄国气质的、对于理念、形式和权威的憎恶:施米特主张,大法官的寓言证明,①陀思妥耶夫斯基是怎样将所有握有权位的人或者在知识

---

① [译按]典出陀思妥耶夫斯基的长篇小说《卡拉马佐夫兄弟》。相关汉语文献,除了可以参阅诸种《卡拉马佐夫兄弟》的中译本之外,还可以参阅[俄]罗赞诺夫著,张百春译,《论宗教大法官的传说》,华夏出版社,2007年。

上起着领导作用的人都看作是恶人的。施米特预言,这种反对秩序和形式本身的革命,正如苏俄的情形已经表明的那样,只能导致对于秩序的最大程度的滥用。在施米特看来,布尔什维克的俄国是两种东西的支撑,一种是共产主义当中的技术理性,一种是无政府主义的、非理性的、对于任何一种秩序的反动,而这种反动又是东正教合乎逻辑的结果。俄国无政府主义者巴枯宁,那个"幼稚的战士"(naive berserker),也是对着形而上学、宗教、政治、法学和"理念"这些东西本身发动战争。施米特主张,从这个方面来说,苏联的精神跟它的意识形态的教父即马克思和恩格斯的精神,很明显是背道而驰的。马克思和恩格斯说到底是信仰道德权威的欧洲人和知识分子。他们厌恶巴枯宁之流,并且反过来也被他蔑视。

施米特主张,一面是马克思和恩格斯,另一面是巴枯宁,他们之间的这种敌对状态,"搭起了一个舞台,而在这个舞台上……天主教代表了一种政治性的力量"。因为这种憎恶,天主教和欧洲人就可以做出他们的政治选择。在施米特看来,尽管天主教在过去和现在都面临自由主义或者西方社会主义的难题,但这两个方面必须联合起来对抗苏联。他将这本1923年的著作与天主教站在"理念和西欧文明一边"并且反对"俄国无政府主义者的、无神论的社会主义"这样一条训诫结合在一起。天主教作为一个提醒,主张欧洲乃是理念、价值和那些将理念和价值体现出来的制度形式的故乡。从罗马帝国开始,中经基督教,最后到自由主义和西方的社会主义,欧洲始终都捍卫着那些本质性的、人性化的内容。对于这种内容以及这种内容的实体承载者即欧洲来说,苏俄乃是最大的历史威胁。

作为反俄前哨的中部欧洲:1929年

四年之后,施米特已经完全确立了自己的"政治"命题;他不再从政治性天主教的角度来发言;并且他的欧洲视野再也不包括法国。因此,在他的《中立化时代》的论文里面,[1]他对欧洲的描述,神学的意味减少了,泛欧陆(pan‐continental)的意味也减少了——也就是说,德意志的意味加强了。理念和价值不再是欧洲和苏俄之间的主要差异。相反,无论是在欧洲还是在俄国,差异似乎都取决于一般意义上的精英相对于大众的关系,以及特殊意义上的精英和大众相对于技术的关系。于是,施米特的欧洲,除了只是一个相对于苏俄的、存在意义上的他者之外,似乎不再有什么本质性的内容。

在这篇《中立化》的论文里面,"政治性"的意图在劈头第一句话里面就有开宗明义的表述:"我们身处的中欧生活在俄国人的眼皮底下。"这篇文章的目的是想提醒它的欧洲读者:苏联是敌人,并且也必须作为敌人来对待。这样一种相对于俄国人的"政治"地位,其基础在于技术,尤其是武器。为什么苏联及其技术取向会对中欧构成威胁?因为,虽然紧接着第一次世界大战之后欧洲被迫接受了现状,但是,俄国却认识到了决定历史环境的那些变化,并且试图利用好这个时机。施米特明白地说,正如苏俄在1917年用革命让欧洲瞠目结舌一样,他们正准备在十年过后再次扯下他们在国际联盟里面的那种中立的掩饰。

按照施米特的看法,推动现代欧洲历史运动的,是对于某种中立领域(neutral sphere)——这是一个完全独立于暴力对抗和知识论争的领域——的追求。为了克服宗教性的内部冲突,欧洲自从十六世纪以来,在接下来的每个世纪里面,都一直在寻求一种不同的、根本性的组织原则——也就是说,寻求一种作为和平和共识之资源的中心领域(a central sphere)。施米特主张,中立性是没有办法维系的,因为那种被压抑的、好斗的人性倾向一定会回归。在20世纪,技术是一个广受欢

---

[1] 施米特,Das Zeitalter der Neutralisierungen und Entpolitisierungen,重印于施米特 *Der Begriff des Politischen: Text von 1932 mit einem Vorwort und drei Corollarien*(Berlin: Duncker & Humblot, 1963);M. Konzett 和 J. P. McCormick 英译 *The Age of Neutralizations and Depoliticizations* 收入 *Telos* 96(1993年夏季号)。

[译按]本文有刘宗坤的中译本,收入施米特《政治的概念》,上海人民出版社,2003年9月,页228—243。

迎的中立领域,但施米特主张,技术实际上也变成了一个新的并且也是最后的冲突源泉:"任何强大的政治势力都会利用技术。"

苏俄已经被技术性(technicity)的精神、被为了统治而统治的冲动,迷住了心窍。施米特将这种技术性[Technizität]与被单纯的技术[Technik]唬得不知所措的欧洲精英们的中立性和消极性作了对比。整整一代的德国知识分子觉得自己已经被根本不知道文化和政治为何物,最重要的,尤其不知道神话为何物的工程师和技师们取而代之了。施米特通过对早先《政治形式》一书的回顾,主张,苏俄(在这两本书里面,他从来都不曾称呼这个国家为"苏联")乃是如下几种在表面看来相互矛盾的特征的化身:(1)社会主义的经济理性;(2)无政府主义,或者说对于一切秩序和形式的、非理性的反抗;(3)斯拉夫主义,或者说一种神魂颠倒的民族主义。不管欧洲的精英们怎么想,俄国都不只是一个形式性的、机械的、毫无生命力的技术国家。施米特特别强调苏维埃那种显而易见的求生的(life-like)、超自然的、偏执的甚至是恶魔般的品质。苏维埃的精英是在掌握着技术而不是反过来被技术所掌握,他并且能够用一种前无古人的方式发动群众。

因此,欧洲是"生活在道德方面更加极端的、会强迫人们一意孤行到底的兄弟的眼皮底下"。俄国人是新式的"苦行僧",他们会为了控制未来而放弃目前的"舒适"。他们会为了支配外界的本性和其他人的本性而支配他们自己的本性。如果欧洲的知识分子还继续让自己消极性的美学迷狂沉湎于现状,那么,他们就放弃了自己领袖群伦的责任和特权,他们也就是邀请那些他们更加极端的兄弟来支配他们。十年之后,为了服务于一场将中欧积极而残忍地动员起来反对苏维埃的运动,施米特提出了一个控制欧洲和俄国之间的空间的计划。

德意志大空间:1939年

在1939年4月的一场讲演里面,施米特发表了自己声名狼藉的大空间理论。① 自从1933年来,他已经是纳粹党的一名党员,尽管他的显赫地位自从1936年就受到了尖锐的挑战。这个讲演在倾向上延续了某些我们在施米特早期著作里面也可以找到踪迹的欧洲观念。一方面,施米特继续向东推进:《政治形式》里面构想了一个包括法国甚至可能还包括了英国的欧洲;《中立化》的论文关注的则是中部欧洲,但这个欧洲定义只是相对于苏俄的;在大空间的讲演里面,苏俄仍然受到密切的关注,但是,一种由英美支配的西方秩序也受到了关注。

施米特坚持,西欧已经被门罗主义和威尔逊主义(Monroe cum Wilson doctrine)纳入了美国的大空间。② 他一针见血地指出了国际联盟和门罗主义的伪善。但是,这并不妨碍他提出一种具有特别的德意志意味的"门罗主义"。在这个意义上,本质性的内容又回到了施米特所提倡的欧洲秩序;也就是说,现在应该由德意志的族类性(ethnicity)来充当那个在十年前的《中立化》论文里面所缺失的、本质性的内容了。但是,即便对这种族类性,施米特也描述得非常模糊;它从来都没

---

① 施米特, *Völkerrechtliche Grossraumordnung mit Interventionsverbot für raumfremde Mächte: Ein Beitrag zum Reichsbergriff im Völkerrecht*, 出版于1941年, 收入 Günter Maschke 主编 *Carl Schmitt, Staat, Grossraum, Nomos: Arbeiten aus den Jahren 1916—1969*(Berlin: Duncker & Humblot, 1995)。

② [译按]1823年12月2日,美国总统门罗(James Monroe,1758—1831)向国会提出国情咨文,咨文中有关外交方面的主要内容被称为"门罗宣言",即后来被称之为"门罗主义"。其内容大致可归纳为三个基本原则:即"反对欧洲国家再在美洲夺取殖民地"原则、"不干涉"原则和"美洲体系"原则。并提出"美洲是美洲人的美洲"的口号。门罗的这个外交政策,主要是制止欧洲列强对拉丁美洲的侵略,客观上也起到了强化美国在西半球主导地位的作用。

一般认为,威尔逊主义就是美国总统威尔逊(Thomas Woodrow Wilson,1856—1924)关于国际关系和对外政策的理念和信仰,严格讲来,它不是一个逻辑严密的理论体系,而是一些愿望、信念和标准,以及由此重建国际秩序的计划,它具体体现在1918年1月8日对国会发表的"十四点计划"的演说中,主要强调下列目标的实现:公开外交、公海航行自由、贸易自由、全面裁军、公正处理殖民地争议、民族自决、恢复比利时、撤出俄罗斯领土以及建立国际联盟。此后,威尔逊又对"十四点计划"进行了补充,提出了美国外交四项原则(美国无意攫取别国领土;美国外交主要手段是和平谈判而不是武力征服;美国不承认任何通过暴力获得政权的外国政府;美国在国际关系中将恪守信用,遵守道义)等。威尔逊的这套外交设想,被许多人看作是美国理想主义外交的代表。

有被前后一贯地从文化、语言或者种族的意义上加以描述过。施米特始终没有解决族类的区别应该如何划分的问题,更加不要说如何强化这些区别的问题了。

大空间的实际管理问题只是一笔带过:也就是说,德意志的门罗主义应该和美国的门罗主义一样,禁止外面的人进入自己的空间。跟在美国的情形一样,处在这个地理范围之内的外国实体,不会被直接地包括在,或者说归并到支配性的国家或者是那种被施米特描述为一种介于国家和更大的大空间之间的 Reich 之下。但是,德意志大空间内部的定义原则跟美国在中南美洲的政策是不同的:也就是说,自决和公民自由不会像美国范式里面至少在理论上所承认的那样,被推行到处于这个势力范围之内的实体身上。毋宁说人们倒是可以看到一种所谓族类民族性(ethnic nationality)的方面。不消说,这当然是一个被特别限定的"方面",因为首先,犹太人是被排除在这个方面之外的,其次,德意志的民族性也被置于其他民族性之上。

因此,施米特的德意志大空间毫不掩饰地不是那种美国式原则所主张的普遍主义,即便连伪善的普遍主义都不是。按照施米特的看法,在大空间内部,Reich 可以毫不掩饰地进行干预,保护德意志的族类性,反对其他可能会威胁到德意志族类性的那些族类性。但德意志族类性到底意味着什么,施米特同样也没有加以说明。我在这里就不讨论那个非常具有争议性的、施米特的 Grossraum 理论与希特勒的生存空间(Lebensraum)政策之间的关系问题了。研究一下下面的问题或许会更加有趣,那就是,施米特在战后的欧洲观念是不是还保留着一些来自国家社会主义性质的大空间理论的东西?或者,是不是相反,它又退回到了施米特在早先魏玛时期的欧洲视野?

欧洲作为国际法和空间秩序的起源:1950 年

在《大地法》这本写于战后岁月(在这段岁月里,施米特过着一种很大程度上是自我强加的、内在的放逐生活）的书里面，①他仍然强调欧洲与世界的其他部分相比所具有的那种优越地位，但是，这种强调的基础不再是人性的观念，不再是作为俄国之对手的欧洲，也不再是作为德意志文化之支撑的欧洲。现在的欧洲毋宁是这样的一个场所、地区和空间——在它里面，已经发展出了最有利于世界和平的地缘政治安排。只有欧洲才会发展出独立的、主权的和很明显是基督教意义上的民族国家概念和实践，而这些国家又通过国际法来制衡彼此之间致命性的军事力量。这种国际法是从罗马法里面衍生出来的，经历了中世纪教会的滋养，最后又由现代早期的那些自然法思想家加以阐述。这种法律是"以欧洲为中心的"，因为它是在欧洲发展起来的，但它也有普遍的合理性，因为它也可以被适用到世界的其他地方。

在这个发展过程中，英国扮演了一个非常矛盾的角色：正是通过接受英国的观点——也就是说，英国既是欧洲的一个组成部分，同时又跟欧洲相互分离——欧洲才可以在全球的意义上考虑自己的位置。欧洲可以很轻松地用一种其他文化、地区和政权迄今为止都没有办法做到的方式，从自身当中抽象出来，以便从全球的角度看待自己的位置。正是通过这种方式，欧洲发展出了一种具有世界历史意义的，而不只是局部性的、地方性的和区域性的意义的原则和实践。但是，英国这样一种脱离欧洲大陆的存在——一种跟它的海洋性的本性联系在一起的特性——也是欧洲公法和公共秩序解体的源头。

英国对海洋的控制，她将世界作为一个区域掌握在手中的能力，引起了对海外殖民地的争夺。这种争夺阻碍了一个由主权国家所组成的世界的发展，加速了占据整个半球的帝国的出现，并且还鼓励了地球外的旅行和征服方式。尤其是后者——海洋旅行，飞机旅行，另外施米特还暗示太空旅行——排除了一种由受国际法管辖的独立国家所组成的秩序。当旅行和军力的威胁不再限于地面的时候，主权的完整性就不再受到地理空间的保护了。毋宁说，它在就字面来看是超

---

① 施米特，*Der Nomos der Erde im Völkerrecht des Jus Publicum Europaeum* (Berlin：Duncker & Humblot, 1974)。

出尘世的、相互作用的无约束状态（limitlessness）之中，取消了监控和征服。因此，欧洲的重要性和力量，在跨大陆、跨半球、甚至是跨星系的美苏帝国的影响力和控制力的排挤之下，就开始萎缩。当然，施米特本人跟这样一种国家主权的衰落也是暗通声气的：他为德国所主张的那个由纳粹所领导的中欧半球帝国（Central European hemispheric empire），就导致那些处在这个势力范围之内的独立国家都发育不良。

尽管全书的语调是消沉的，但这本书以及相关的论文仍然提出了这样一个问题，①即，一个欧洲的大空间有没有可能遏制那个由美苏帝国所控制的世界的过分膨胀？欧洲能够再次为一种和平的全球秩序提供那种既具有特殊欧洲意味但也具有普遍世界历史价值的依据么？在苏维埃帝国倒台之后，如果我们不想对另外一种施米特所提出过的选择——即美国的全球霸权——低头的话，那么，这就是一个值得面对的问题。我想从这些思路出发做几点结论。

初步结论

在今天欧盟的自我理解里面，有没有某种施米特欧洲视野的残留呢？在这些视野里面，有没有哪种会帮助我们想起一种当前的或者未来的欧洲式的大空间呢？不消说，那种将欧洲看作是重新建构起来的基督教世界的观点，在阿登纳和莫内所看到的那种赋予战后共同体以生命的东西里面，是有共鸣的。② 另一方面，对于欧盟的技术官僚式的理解，很明显是重复了《中立化》一文当中的许多主题：尤其是这样一种观点，即，在面对美国、苏联和亚洲的时候，欧洲必须要使用自己的

---

① 特别是，施米特，*Der Neue Nomos der Erde*，*Gemeischaft und Politik*：*Zeitschrift für soziale und politische Gestalt* 3，no. 1(1955)。

② 关于欧共体建立者们的文化倾向问题，可以参见密尔沃德（Alan S. Milward）、布里南（George Brennan）和罗摩洛（Federico Romero）所写的 *The European Rescue of the Nation State*(London：Routledge，2000)一书。

技术——虽然是经济方面的技术而不是军事方面的技术——来明确并且强化自己。[1] 让人感到幸运的是,德国战后在文化和政治方面的自我理解决定了它在一种欧洲性的,而非中欧性的大空间当中的成员资格。[2] 让人感到欣慰的是,在这个方面,欧盟在几个很明显的意义上都不是一种施米特意义上的大空间:也就是说,它是一个没有中心的大空间,是一个对西方很友好、对东方也没有野心的大空间,也是一个在欧洲各民族之间鼓励和平相处的大空间。

但施米特仍然促使我们提出这样一个问题:在今天,是什么特定地决定了欧洲内在的共性和它相对于外部世界的特征?他迫使我们考虑这样一个跨国的联合体应该通过什么样的手段来加以管理。在轰轰烈烈的反施米特的运动里面,比如像哈贝马斯就曾经建议说,人们成功——尽管是费了好大的力气——克服民族主义的经历,就可以成为一条统一性的原则,也可以成为一个反对未来欧洲内部扩张的警示。[3] 他提议建立一套管理的体系,通过这套体系,构建了一个欧洲市民社会(这个社会可以维持一种遍布欧洲大陆的政党和议会制度)的、商谈的大众,可以制定理性的、能够对公共意志做出响应的法律。但是哈贝马斯没有回答什么东西可以确定那条将欧洲大空间与世界其他部分区分开来的界限;而他所提出的合法的—民主的管理(legal‐democratic governance),在目前的欧盟里面几乎没有办法施行。在这些问题被最终解决之前,施米特的著作和事业就会一直像一个幽灵那样困扰着关于欧洲整合问题的研究。

---

[1] 关于欧盟发展过程中经济议题的中心地位问题,参见莫拉渥斯克(Andrew Moravcsik),*The Choice for Europe: Social Purpose and State Power from Messina to Maastricht* (Ithaca: Cornell University Press, 1998)。

[2] 参见最近的两本论文集:凯森斯坦因(Peter J. Katzenstein)主编:*Tamed Power: Germany in Europe* (Ithaca: Cornell University Press, 1998),和马克维茨(Andrei S. Markovits)与赖什(Simon Reich)主编:*The German Predicament: Memory and Power in the New Europe* (Ithaca: Cornell University Press, 1997)。

[3] 可以参见几篇相关的论文,收入哈贝马斯著,克劳宁(Ciaran Cronin)和格力孚(Pablo de Grieff)主编:*The Inclusion of the Other: Studies in Political Theory* (Cambridge, MA: M. I. T. Press, 1998)。

施米特的大空间秩序概念[1]

莫尔顿（Jon David Moulton） 著

施米特第一次发表他大空间秩序（Grossraum order）的概念是在1939年的4月份，换句话说，是在德国合并（Anschlus）奥地利（1938年

---

[1] ［译按］本文译自莫尔顿的博士论文《施米特的国际法与国际关系理论》（*Carl Schmitt's Theory of International Law and International relations*, University Microfilms International: A Bell & Howell Information Company, 1987）第六章。原文在标题之下有作者附加的这样一条注释：

Grossraum（复数是 Grossraeume）一词没有让人满意的英文对译。施米特一方面也曾经说，任何一种将 Grossraum 译成罗曼斯语［译按：注见《法国国是纲要》第Ⅲ部分第1节］的翻译都不得不采取意译的形式。说见施米特 *Zur Phonetik des Wortes Raum*, 收入 *Tymbos fuer Wilhelm Ahlmann*（Berlin: W. de Gruyter & Co., 1950），页244，另一方面，施米特本人则将 Grossraum 译成法文的"grands espaces coherents"。见施米特 *La mer contra la terre*, 收入 *Cahiers Franco – Allemands*, Vol. 8, Nos. 11/12（November/December, 1941），页349。努斯鲍姆（Arthur Nussbaum）曾经将 Grossraumordnung 英译为"大空间秩序"（"Great – Space – Order"）（Nussbaum, *A Concise History of the Law of Nations*, Rev. ed.; New York: The Macmillan Co., 1962），页284，但是这个译法并不完全让人满意。主要的难点在"Raum"这个词，这个词通常被译为"空间"，但实际上除了来自拉丁文"spatium"的"空间"的含义之外，它还有另外的含义。根据科鲁格（Kluge）的词源学辞典，Raum 跟英文的"room"有密切关系。施米特经常跟 Grossraum 这个概念连起来使用的 Lebensraum 这个单词（*Voelkerrechtliche Grossraumordnung mit Interventionsverbot fuer raumfremde Maechte: Ein Beitrag zum Reichsbegriff im Voelkerrecht*, 1st ed., 1939; 4th ed.: Berlin, Vienna, Leipzig: Deutscher Rechtsverlag, 1941, 页25; *Positionen und Begriffe im Kampf mit Weimar – Genf – Versailles*, 1923—1939, Hamburg: Hanseatische Verlagsanstalt, 1940, Intro., n. 1, p. 298），对于英语世界来说是非常熟悉的，但这个词充满了情感上的暗示，也没有办法将 Grossraum 充分翻译出来。

［译按］：Grossraum，汉语的施米特研究界已经有人译为"大空间"。尽管作者有如上的说明，但这个词至少在本文里面出现的频率太高了，中译本纯粹为了读者阅读的方便，还是决定采用作者有所保留的"大空间"的译法。由于中译本是节译，注释体例跟原作相比有若干细微的技术性差异。

3月)、占领苏台德地区(the Sudetenland)(1939年10月)并将波希米亚—摩拉维亚(Bohemia-Moravia)变成自己的保护国之后(1939年3月),但却是在1939年9月德国入侵波兰之前。一直以来,人们都禁不住这样一个巨大的诱惑(并且现在也还是如此),那就是认为这个理论不过是对1939年时局的迎合,是对希特勒扩张企图的辩护,也是为纳粹在欧洲构建"新秩序"所提出的蓝图。

但另外也有几条证据可以否定这种解释。首先,在希特勒掌权之前的1920年代,在施米特那个时候的作品里面,后来发展成为大空间秩序的那种东西,各种迹象已经很明显。其次,同样也是在1920年代,施米特一直都在哀叹欧洲没有一种国际秩序。大空间的概念是他对自己在魏玛共和国时期所提出的那个问题的回答。最后,大空间的概念也出现在了施米特最后的著作里面。尽管人们没有理由否定说这个概念的目的是为了助成希特勒的扩张计划,①但这个概念本身的价值也同样值得考究。

以大空间概念为主题的研究已经有很多。大多数的这类研究都出现在第三帝国时期,今天已经没有什么价值。② 但是,格鲁希曼

---

① 参见霍夫曼(Hofmann)在 *Legitimitaet gegen Legalitaet: Der Weg der politischen Philosophie Carl Schmitt*, Neuwied und Berlin: Hermann Luchterhand Verlag, 1964, Intro., n. 6, p. 220, n. 68 主张:施米特大空间理论的目的是为了给东欧扩张做辩护;格鲁希曼(Lothar Gruchmann), *Nationalsozialistische Grossraumordnung. Die Konstruktion enier "deutschen Monroe-Doktrin"* (Stuttgart: Deutsche Verlags-Angtalt, 1962),见全书各处:尽管在种族理念对希特勒的扩张计划有利的时候,施米特也曾经从国家基本权利的理论变换到国际法的种族基础的观念,但是在1930年代的时候,他又一次发生了转变,不过这次他远离了已经不适于解释对于非德国地区之征服的种族理念,而是转向了显然更加能够完成这项任务的、大空间秩序的概念。

② 比如,霍恩(Reinhard Hoehn) Grossraumordnung und voelkisches Denken,收入 *Reich, Volksordnung, Lebensraum*, Vol. 1(1941),页256—288;霍恩,Reich-Grossraum-Grossmacht,前揭书,Vol. 2(1941),页97以下。雅尔赖斯(Hermann Jahrreiss) Wandel der Weltordnung,收入 *Zeitschrift fuer oeffentliches Recht*, Vol. 21, No. 5(March, 1942),页513以下;施班纳(Hans Spanner) Grossraum und Reich,前揭书,Vol. 22, No. 1(1942),页28一下。在这些作品里面,最典型的是施班纳论文(页45)当中的如下表述:"帝国主义在本质上是没有限制的,而大空间在本质上则是有限制的……"强调是原文就有的。

1962 年出版了一本很好的分析这个概念的著作,①而霍夫曼在格鲁希曼的基础上所做的杰出批判工作,②也广泛地触及了这个理论。我们的分析也会用到这两位学者的研究。在这一章里面,我会观察这个概念一直到 1945 年为止的几个发展阶段,而将其后来的演变留给题为"The Grossraum Nomos"的那章。

在施米特的作品里面,大空间概念的第一次明显迹象是他在 1926 年讨论主权问题的时候出现的。这段关键的文字非常重要,值得引在下面:

> 的确,今天许多国家在政治上的独立只是表面性的,它们因为在经济和财政上要依附于别的国家,所以其独立性已经成问题到无以复加的程度。或许,在地球的表面再也不会有多少主权国家存在了;现在的发展似乎表明,这种国家的数目正在减少,并且——在门罗主义的帮助下——或许只有几个大陆(continent)或者其他某些巨大的综合体(complex)还能够继续作为真正主权的担当者而存在。③

这一席话包含了后来的大空间概念的几个关键特征,包括:对于主权的社会学意义上的分析,以及居于中心地位的现代国家的概念,使得最后只有少数几个实体才有资格作为主权国家而存在;在法律意义上的主权和"真正主权"之间,也就是说和"政治意义上的主权"之间所做的隐含的区分;对于国际关系"发展"的分析,或者换句话说,对于由科技进步所导致的那种变化的分析;对于门罗主义和所有大陆的

---

① 格鲁西曼,*Nationalsozialistische Grossraumordnung*:*Die Konstruktion einer "deutschen Monroe–Doktrin"*,Stuttgart:Deutsche Verlags – Anstalt,1962,n. 2。

② 霍夫曼,前揭 Legitimitaet。

③ *Die Kernfrage des Voelkerbundes*,收入 Schmollers Jahrbuch fuer Gesetzgebung,Verwaltung und Volkswirtschaft im Deutschen Reiche,Vol. 48,No. 4(December,1924),页 1—26。

提及。①

1934年,施米特再一次顺带提及到后来的大空间概念。在一本带有评注的、跟国际政治有关的论文集的前言里面,他讲到,"现代技术的发展"使地球变得更小了,使国家或者国家体系(state-system)变得更大了,接下来他说:

> 对于我们来说,在今天,整个地球的和平,看起来只有在几个世界性力量(world power)达成谅解的条件下,才是可能的。接下来它们之间会把地球加以瓜分。但是,对于那些目前正在为世界性力量的地位而彼此争斗的国家和国家体系来说,它们之间至今尚没有"自然"疆域形成的迹象②。

这里所提到的对地球的瓜分,对于不熟悉施米特思想路数的读者来说,着实是有些触目惊心,尤其是因为在这种瓜分里面人们看不到任何对于道德性的考虑。实际上,在这里人们能够找到的可以成为理由的东西,便是说这样一种瓜分里面隐含着世界的和平。施米特认为,世界秩序,以及随着这个秩序而来的世界和平,只有在地球被几个庞大的力量加以瓜分的情况下,才有可能存在。

施米特大空间概念的变动不居的品格在上引文字里面有清楚的表现,而这点在这同一部论文集接下来的内容里面表现得更加清楚。在这里,他对于"世界性力量"("world powers")的意义提出了一种理念。

> 只有强大的、根植于自身民族(Volk)之中的政府……才能在世界上确保和平,同时又能够尊重其他民族的根本利益(Leb-

---

① 正如我们在第一部分所说明的那样,在施米特1920年代的著作里面,还有很多地方显示出他对于地缘政治因素的关心。

② *Das politische Problem der Friedenssicherung*. (Teubners Quellensammlung fuer den Geschichtsunterricht, No. Ⅳ/13). Leipzig: Teuber, 1934,页1。

ensinteressen）。①

最重要的是,这两段引文首先都提到了对其他民族的尊重,这个说法在施米特研究大空间概念的主要著作里面也出现了,其次是他承认,世界将以何种形式被瓜分成大空间目前尚不知晓。这一个施米特丝毫都不隐讳的问题,在后来的作品里面一直也都是回避的,并且从来都没有被真正解决过。

1934—1938年间,施米特提到过几次我们上文称之为地缘政治（geopolitics）、后来又被施米特称作是国际关系中的空间（Raum）问题的东西。施米特每次在提到这些东西的时候都主张,因为技术正在把地球变得越来越小（这是无可置辩的）,所以政治性的单位就必须要变得越来越大（这是一个很成问题的推论）。②

1938年,施米特再次强调了这样一个主张,即,"新的国际秩序和国际社会是必要的也是势所必至的",③尤其是对于欧洲来说。而在1939年,他又多次提到,人们改变自己对于政治秩序和政治制度的空间观念,是极端重要性的。④

1939年,施米特出版了 *Völkerrechtliche Grossraum ordnung mit Interventionsverbot für raumfremde Mächte* 的第一版。⑤ 在这里面他宣布,国家不再是国际法的中心概念,必须用 Reich 或者大空间的概念来代替它。⑥ 必须要看到,国家作为一个抽象的、"带有数学般中立色彩的、空

---

① 前揭书,页62。
② 这同样的原因,尽管面临了武器技术方面很多突飞猛进的发展,但仍然没有被取消,所以施米特在这方面的见解显得更加成问题:也就是说,必要性未必就能化为现实。
③ 施米特, *Die Wendung zum diskriminierenden Kriegsbegriff*（Munich: Duncker & Humblot）,页52。
④ 前揭 *Voelkerrechtliche Grossraumordnung*,页47,59；Die Raumrevolution: Durch den totalen Krieg zu einem totalem Frieden,收入,*Das Reich*,No. 19（September 29, 1940）,页3。
⑤ 努斯鲍姆将之译为 *Great-Space-Order, with Intervention on the part of Foreign Powers Prohibited*,见前揭努斯鲍姆书。
⑥ 前揭 *Voelkerrechtliche Grossraumordnung*,页5。

洞的空间概念",从历史的角度来看已经过时了,死去了。① 必须要用一个本质性的、"在品格上变动不居的实体"、一种"人类计划、组织和活动的领域……一种有内在凝聚力的成就—空间(achievement - space)(Leistungsraum)",来替代它。② 因为它是属于过去的,所以,人们在提及它的时候不应该再把它作为"国家"来提及,而应该仅仅称之为"表面—国家(surface - state)(Flaechenstaat)"。③

施米特所提倡的这个大空间的概念,其结构一直都非常模糊。④ 我们所能知道的就是它包含了三个要素:民族、国家和一个单一的Reich。⑤ 在这三个要素里面,对于Reich概念的分析最为细致。Reich不只是一个"扩大了的国家",也不是联邦(federation)或者联盟(confederation)。⑥ 它有点接近于我们今天所说的超级大国(super - power)。它们

> 都是领导性的、决定性的力量,它们的政治理念可以辐射到某个特定的大空间里面,并且从原则上来说,它们可以排斥任何一种来自于大空间之外的力量的干预。⑦

---

① 同上注,页7,21;施米特,*Raum und Grossraum im Voelkerrecht*,收入 *Zeitschrift fuer Voelkerrecht*, Vol. 24(1940),页149,153以下;霍夫曼,前揭 *Legitimitaet*,页218。

② 上引 *Voelkerrechtliche Grossraumordnung*。施米特的目的是一种自给自足的、不仅拥有法律意义上的主权而且也拥有经济性的、军事性的和政治性的主权的政治单位。

③ *Der Nomos der Erde im Voelkerrecht des Jus Publicum Europaeum*. Cologne: Greven Verlag, 1950,页96—99。表面国家之一种二维的秩序;而大空间秩序则是三维的。

④ 参见霍夫曼,前揭 *Legitimitaet*,页224。大空间秩序的模糊性跟这个概念的辩论性色彩有关。施米特之所以要让这个概念模棱两可,目的就是为了提高它的用处,以便扬弃国家的概念。

⑤ 前揭 *Voelkerrechtliche Grossraumordnung*,页48以下;还可参见前揭 *Der Nomos der Erde* 页184。Reich不可以翻译为"帝国"("empire"),因为施米特对这两者是加以区分的。尽管帝国也会尽力想变成一种普遍性的秩序,但Reich的概念却要以多个政治实体的多元状态为前提。前揭 *Voelkerrechtliche Grossraumordnung*,页37。

⑥ 前揭 *Positionen und Begriffe*,页294;前揭 *Voelkerrechtliche Grossraumordnung*,页53。

⑦ 前揭 *Voelkerrechtliche Grossraumordnung*,页36。

它们所建立的基础是"正在成长中的那些民族"。① 这个定义将那几个我们已经熟悉的特征结合了起来,其中包括如下的理论和观念:只有很少国家能够在世界上存在下去("领导性和决定性的力量","正在成长中的那些民族");某些公共道德的原则和某些正当性的原则对于每个政治单位都是必要的("政治理念")。

尽管在纳粹刚刚掌权的那几年里面,施米特为了给德国的自卫权和平等权等辩护,曾经在民族自决这样一种民主性的意义上使用过 Volk 的概念,②但是在 *Völkerrechtliche Grossraum ordnung* 里面,施米特却拒绝再使用 Volk 的概念,而是代之以(同样是变动不居的)"正在成长和生活的民族"的概念。③ 以民族为基础的国际秩序被作为一种不可能的情形而被特地加以拒斥。④ 现在,只有那些能够缔造并且维持自己作为独立政治单位之地位的民族才被加以考虑。那些不具备这种政治能力的民族被不折不扣地打入了二流的地位,只能成为居于领导地位的 Reich 的统治对象(同上注,页 45)。

在 1920 年代,施米特强调,一种国际秩序必须要有一种正当性的原则(a principle of legitimacy),否则它就没有办法维持下去。1934 年,他重申了同样的要件:

> 某种具体的、关于什么是"正常的"、具有内在合理性的分配原则的观念,尽管只是国家和民族力量的一种外在的平衡,但对于每种秩序都是必要的;如果没有一种本质性的(fachinhaltliche)正当性原则,比如说民族自决的原则或者其他的某种正义观念,一种国际性的、法律性的共同体是没有办法存在下去的。⑤

---

① 同上注,页 22;还可参见霍夫曼,前揭 *Legitimitaet*,页 220。
② [译按] Volk,德文,"民族"的意思。
③ 前揭 *Voelkerrechtliche Grossraumordnung*; *Positionen und Begriffe*,页 302。
④ 前揭 *Voelkerrechtliche Grossraumordnung*,页 44。这样一种体系会导致比国家体系更多更小的政治单位,这跟施米特的目标是相反的。
⑤ *Nationalsozialismus und Voelkerrecht*. Berin: Junker und Duennhaupt, 1934,页 19。

施米特也主张,他的这种新国际秩序也要有一种正当性的原则。必须要找到一种"特殊意义上的、具体的、合法的大空间概念",①一种划分(division)或者分配(distribution)的原则。但是,当人们真正要找寻施米特的新原则的时候,他一定会失望的。施米特在拒绝了许多种旧式的原则(自然疆界、地区性协定、力量平衡、"民族对于空间和土地的权利")之后(同上注,页9—12),他提出了如下的原则:中部和东部欧洲的大空间秩序,必须要以"所有民族(Volkstum)相互尊重"的理念为基础,因为这个地区的民族性"从种族的角度来说没有哪个是外来的(artfremd)"(同上注,页34、35)。只有一个民族被指名道姓地指出来在种族上是外来的,那就是犹太人(同上注,页35)。在同一篇论文里面,施米特在下文主张,大空间的概念使得这样一些政治实体的形成成为可能,这些政治实体可以避免"民族和国家被消灭"(同上注,页49)。但是,一种"政治理念",如果它的主张只是为了避免民族被消灭,但同时又将那些种族上是外来的民族视为异类,那么,这种理念的匮乏就是非常明显的,没有必要再作进一步的讨论。

既然一种大空间秩序是由Reich、国家和民族构成的,那么,这三个要素之间的关系是怎样的呢?Reich和大空间之间有区别么?对于最后一个问题,格鲁希曼已经给出了一个回答。② Reich和大空间是不同的。大空间是一个外在于Reich的区域,对于这个区域,Reich将自己的"政治理念"辐射于其中,同时又对之加以保护。③ 至于大空间内部处于领导地位的Reich跟其中的国家和民族是什么关系,施米特几乎从来都没有讨论。但有一点是清楚的,那就是这个Reich在所有方面都处于主导的地位。正如在1920年代的联邦概念里面中央政府有权力干预成员国的内政和外交事务一样,在大空间里面,Reich在法律

---

① 前揭 *Voelkerrechtliche Grossraumordnung*,页11。
② 格鲁西曼,前揭书,页124。
③ 参见 *Voelkerrechtliche Grossraumordnung*,页53:"Reich……跟大空间不同,但每个Reich都有一个大空间……"。还可参见霍夫曼前揭 *Legitimitaet*,页221,霍夫曼指出,Reich与大空间的切割提高了大空间概念的"历史性的—动态的"品质。

上一定也应该有权力干预大空间的事务。另外也很清楚的是，决定 Reich 的这些权利可不可以实施的，只能是 Reich 自己。①

因此，Reich 构成了大空间秩序的核心。作为新的国—际（Reich-际?）法主体的，是 Reich，而非大空间本身，而这同样也展示了 Reich 在大空间概念当中所享有的首要地位。② 既然有了 Reich 的这样一种优势地位，那么，大空间究竟凭什么跟一个扩大的国家或者一个高度集权的联邦区别开来呢? 而如果考虑到大空间的概念"必须要理解为一种开放而直接的统治系统"，③上述问题就更加有必要问了。霍夫曼对这个问题的回答是，大空间秩序和国家之间的区别施米特并没有明确出来。④ 同样的问题对于新的国际关系的主体即 Reich 之间的关系同样也是存在的。施米特的确说过，每一个 Reich Volk "眼睛里都有一个特定的敌人"。⑤ 他很明显是认为，每一个大空间至少要以另外一个大空间作为自己的敌人。这种假设是完全可以接受的。但是，Reich 的概念据说也是一个"确定秩序的概念"（ordering concept；同上注，页49）。尽管施米特确信某种程度的秩序要通过某种类型的战争来保护，但是，他所预想的系统应该不会是一种自始至终都在从事战争的系统。

可惜的是，关于这类问题的讨论几乎是没有的。我们确凿可以知道的只是地球将会被"有目的地"加以瓜分，只是"一种对于地球的安全而正当的瓜分"一定会出现，但是，关于这种"正当瓜分"的具体形式也一直没有被讨论（同上注，页 36、60）。施米特在 1934 年提出来的关

---

① 关于 Reich 与国家之间关系的展开讨论，可以参见前揭，格鲁西曼书，页 121 以下。关于 Reich 的统治性地位，参见前揭书 125—130。

② 前揭 *Voelkerrechtliche Grossraumordnung*，页 51。施米特在某个场合曾经指出，他的 Reich 的概念堪称"某种特定道德（!）和客观理性的政治形式"。前揭 *Positionen und Begriffe*，页 294。

③ 胡柏（Ernst‑Rudolf Huber）Positionen und Begriffe. Eine Auseinandersetzung mit Carl Schmitt，收入 *Zeitschrift fuer die gesamte Staatswissenschaft*，Vol. 101（1941），页 43；转引自霍夫曼前揭 *Legitimitaet*，页 225 注 87。

④ 霍夫曼，前揭 *Legitimitaet*，页 10，页 225 注释 87。

⑤ 前揭 *Voelkerrechtliche Grossraumordnung*，页 20。

于几个大空间之间的"自然疆界"问题,1939年的时候没有解决,在他最后的作品里面也还是没有解决。

施米特将门罗主义作为自己大空间理论的原型。"原初的门罗主义"跟后来"假造的"门罗主义是不一样的(同上注,页17),在"原初的门罗主义"里面,人们可以看到一种原则,这种原则"所考虑的是整个地球"(同上注,页19),也就是说,它考虑问题的角度是全部的大陆和两个半球,而不是个体的国家。门罗总统1823年呈给国会的咨文里面,非常有意识地称西半球是一个大空间,是"美洲大空间"(同上注,页20)。原初的门罗主义有这样几个关键性的要素,即:产生这个主义的是一个"在政治上已经觉醒的"民族,它禁止外来的力量干预到本大空间之内,它拥有一种从历史角度来看强有力的、政治性的理念(同上注)。

门罗主义的政治理念是一种"西方式的、关于自由的民主理念"(同上注,页21)。我们在上文已经提到,施米特把各种正当性的原则仅仅看作是意识形态;这些意识形态只要还拥有和保持着某种具体的历史对立面,就一定还保持各自的力量。一旦这种对立面被消灭,这种意识形态就会丧失其意义和可信性。在十九世纪,自由民主的对手是关于正当性的君主制原则。在那个世纪,民主相对于王朝性的原则来说大获全胜;随着这个胜利的到来,民主的命运也就被确定了。现在(1939年)自由民主所处的位置跟上个世纪君主制所处的位置是相同的。按照施米特的看法,在今天,又轮到它们来保护一种已经不合时宜的现状,来阻挡那些新生的、充满活力的民族和那些新生的、具有历史性力量的理念了(同上注,页20以下)。

这种理论是对施米特在1920年代首度提出的那种历史哲学的修正。正如马克思将历史看作是一连串的阶级斗争,而工人阶级通过这些斗争有朝一日一定会从资产阶级手中夺取权力一样,施米特也构造出了一种人们在这里面也是为了权力和地位而斗争的历史哲学。跟马克思一样,施米特的目的是为了制造一个神话①——但这个神话不是关于工人阶级的,而是关于即将为欧洲带来新秩序的德意志民族及其使命的。②

我们已经看到,在 1924—1933 年间,施米特一直主张某种欧洲秩序的必要性。他拒绝国际联盟,并且,为了批评国际联盟,为了说明一种现实的欧洲秩序到底应该是什么样的,他发展出了联邦的概念。联邦概念的主要要素是均质性(homogeneiry)的原则和正当性的原则。按照格鲁希曼的观点,③施米特的欧洲大空间,正如他在自己的作品里面所说明的那样,应该不会有国际秩序所要求的那种均质性。但是,格鲁希曼忽略了这样一个事实,那就是,施米特的均质性概念是非常有弹性的。均质性可以从范围广大的对象当中获得自己的实质内容。其中一个对象就是正当性的原则,而施米特也为这种大空间秩序提出了一种正当性原则。因此人们就可以说,施米特的欧洲大空间的"政治理念"便是其均质性的基础。④ 不管这是不是充分,正当性原则已经被施米特自己的标准——即历史——证明了。

但从另外一个方面来说,大空间的概念跟联邦的概念又有非常大的歧异。联邦的"基础是成员的自由合意"。⑤ 但对于大空间却不能这么说。关于大空间秩序到底应该如何形成,施米特从未提及,但有

---

① 参见霍夫曼,前揭 *Legitimitaet*,页 224,225。

② 霍夫曼已经精辟地指出,在施米特 1937 年以后的政治理论里面,地缘政治的因素和历史的因素是没有办法分隔开来的。施米特的所有地缘政治概念——大空间,空间,空间秩序,秩序,土地攫取等等——都可以造就一种历史哲学,并且也要在这种历史哲学的氛围中成长。这种在施米特所有 1922 年以来的作品里面都有所表现的"哲学",应该被置于施米特理论的中心地位。它是施米特正当性概念的基础。参见霍夫曼,前揭 *Legitimitaet*,页 228,236 以下,245。我们论文的第三部分将会讨论施米特的历史哲学。

③ 格鲁西曼,前揭书,页 128 以下。

④ 这点对于施米特称之为国际关系中的"秩序原则"的不干涉原则,同样也是适用的。参见前揭 *Voelkerrechtliche Grossraumordnung*,页 20,36。

⑤ *Verfassungslehre*,第一版,1928 年;第四版,Berlin: Duncker & Humblot, 1965,页 366。

一点是可以推定的,那就是,施米特所设想的中欧和东欧"秩序"只能通过征服产生出来。并且其他所有的大空间秩序也应该是同样的。

这里最后要讨论的问题是这样一个理论,即,国家将不再是一种能够存在下去的政治单位。"……今天国家所面临的问题,其程度之深是几个世纪以来所没有的",①这个见解是施米特 1927 年 Der Begriff des Politischen 的起点。并且,尽管他偶尔也说过相反的话,②但直到今天如上的见解仍然是他的定见。

在施米特看来——并且传统的国际法也是这样看的——国家"要以最低限度的组织、可以预测功能运作(calculable functioning)和纪律为前提"。③ 1939 年的时候,绝大多数的国家达不到这个标准。尽管每个国家都享有法律意义上的独立,但是现在,它们之间"客观性的、本质性的差别"却比以往任何时候都要大(同上注,页 41、45 以下)。乍一看,施米特对于国家衰落的分析是自相矛盾。因为,一方面,读者所看到的那些用现在时态所写的段落,对于国家都是极端礼赞的。但另一方面,施米特又主张国家已经过时了,死去了。但这种矛盾只是表面性的,因为 1930 年代施米特是这样认为的:现代国家在过去一直都是黑格尔意义上的、绝对理性的 Reich,但它现在却是一个关于过去的政治性结构(同上注,页 42—48)。

这样一个蜕变的过程是由几个因素促成的。其中一个因素已经讲过了,那就是,现代技术的发展导致享有真正主权的国家的数目在减少。第二个也是决定性的因素则是内在忠诚与外在忠诚之间的区别。这个理论在最重要的国家哲人霍布斯的著作里面可以找到,它主张,国家所能要求于公民的,只能是一种表现在外面的、对于国家的忠诚;内在的感觉、忠诚和观点,国家的控制力都是无法企及的。与外在

---

① 施特劳斯,*Comments on Carl Schmitt's Der Begriff des Politischen*,收入施特劳斯著,辛卡莱尔英译(E. M. Sinclair) *Spinoza's Critique of Religion*(New York: Schocken Books, 1965),页 331。

② 尤其可以参见 *Verfassungsrechtliche Aufsätze aus den Jahren 1924—1954: Materialien zu einer Verfassungslehre*(Berlin: Duncker & Humblot, 1958),页 385。

③ 前揭 *Voelkerrechtliche Grossraumordnung*,页 45。

宣示相对立的私人信仰,只是跟个体有关,只能留给个体自由选择。国家没有办法干预个体的"私人理性",因此从这个意义上来说,"私人理性"是中立的。①

这种内在—外在的区别跟公—私和社会—国家的二元对立其实是同义的。它们构成了现代自由国家的本质,并且长久以来就是施米特所质疑的对象。他在1931年指出,国家内部在政治事务当中的中立原则也就等于是对"任何一种宣传",甚至是"服务于外国的宣传"持容忍的态度。② 对于施米特而言,这是一种自投罗网的自杀。内在和外在的区别迅即导致了现代意义上的"中立的、不可知论的国家",这种国家没有能力区分敌友(同上注,页97),从而也没有能力作为一种政治性的实体而存在。它使得国家向社会低头,向在秘密而安全地发挥着作用的、经济性的力量低头。一言以蔽之,这种国家播下了自取灭亡的种子。③

导致国家衰落的第三个要素是民族主义。施米特从来都没有对民族主义侵蚀国家的作用进行过充分的讨论。在1933之后的作品里面才开始有零星的提及,④但是一般而言,与学术性的分析比较起来,施米特更加关心如何将德意志的民族主义用于造就某种强大的"历史舞台上的行动者"。但是,在 Völkerrechtliche Grossraum ordnung 里面,却有一段关于民族主义和国家的简单讨论。施米特在这里区分了两套国际法当中的秩序,即属人的和属地的。在属人的秩序之下,他又进一步区分了两种类型,即国家的公民和"Volk 的成员"。在属地的秩序之下,他只提到了国家。在观察到"属地秩序的那些不可或缺的要素

---

① *Der Leviathan in der Staatslehre des Thomas Hobbes: Sinn und Fehlschlag eines politischen Symbols*, Hamburg: Hanseatische Verlagsanstalt, 1938, 页 85—88。

② *Der Begriff des Politischen*(Munich and Leipzig: Duncker & Humblot, 1932。1963年重印),页 97。

③ 前揭 *Der Leviathan in der Staatslehre des Thomas Hobbes: Sinn und Fehlschlag eines politischen Symbols*,页 61,63 以下,86,114。

④ 施米特, *Die Wendung zum diskriminierenden Kriegsbegriff* (Munich: Duncker & Humblot,1938), 页 7:Volk 的概念具有突破国家疆域的作用。

在国家的概念里面占有极大的成分"之后,他提出了如下的主张:"在十八和十九世纪一直被人们坚持的那种国家概念,已经被 Volk 的概念与属人的方面分开。"①这句话里面显然没有什么遗憾的情绪;它只是说出了一个事实。国家已经被掏空了,必须要用一种新的、大空间的概念来取代它。

技术、内在忠诚与外在忠诚的区别以及民族主义,这三者的联合作用使得国家成为一种属于过去时代的政治单位。施米特在 1939 年之后的每一篇作品,要么是认为国家已经死亡,要么就是试图证明它正在死去。因此,人们可以看到他反复提及"传统的国家概念",②"旧式的国家概念"(同上注,页 515、517),"十九世纪的国家概念",③"时空条件决定了国家概念",④还有"局促的"国家(Kleinraeumigkeit;同上注,页 149)。施米特在 1940 年代早期的论文和 Der Nomos der Erde 里面对于国家的产生所投入的巨大关注,其首要的目标不是为了满足某种学术性的兴趣,而是试图要说明,国家的产生是为了应对某种特殊的历史危机,而这种危机很久以来已经被解决了,因此,现在的国家已经没有能力应对二十世纪的新危机。他的目标,用他自己的话说,就是要"扬弃国家的神话"。⑤

---

① 前揭 Voelkerrechtliche Grossraumordnung,页 5。

② 施米特,Fuehrung und Hegemonie,收入 Schmollers Jahrbuch fuer Gesetzgebung, Verwaltung und Volkswirtschaft im Deutschen Reiche, Vol. 63(1939),页 513。

③ 施米特,Über das Verhaeltins von Voelkerrecht und staatlichem Recht,收入 Zeitschrift der Akademie fuer Deutsches Recht,Vol. 7,No.1(January, 1940),页 5。

④ Raum und Grossraum im Voelkerrecht,收入 Zeitschrift der fuer Voelkerrecht,Vol 24 (1940),页 154。

⑤ 前揭 Positionen und Begriffe,页 294。博格(Hans Berger)认为,施米特政治理论的起点是国家。参见博格,Zur Staatslehre Carl Schmitt,收入 Hochland,Vol. 58, No. 1 (October, 1965),页 338。这个观点只有在 1939 年之前是正确的,因为此后大空间的概念就占据了施米特理论的主导地位。

大空间的律法 [1]

一个世界还是大空间秩序？

就我们从施米特最近的作品当中搜集到的材料而言，施米特仍然相信，世界被瓜分为几个大空间，对于目前盛行于国际事务当中的无序状况来说，乃是最有出路的解决办法。在 Der Nomos der Erde 里面，他主张，目前人类的选择要么是一种大空间秩序，要么是一种全球范围内的内部战争（world-wide civil war）。[2] 另一方面，在一篇写于 1955 年的论文里面，他提出了未来世界的空间秩序可能采取的三种形式：[3]

1、划分为多个大空间；

2、由某个单一力量来统治；

3、维持旧的力量平衡，同时由美国代替英国控制公海，并且建立对于外层空间的控制。

但是，在讨论新的大地之 Nomos 的时候，施米特又完全忽略了第三种选择，把注意力完全集中在另外两种可能性上。因此，真正的议题便集中在一个多元的大空间和一个单一的世界之间。而这也正是他在《政治的概念》当中所提出的同一种选择，唯一明显的不同便是，在 Der Nomos der Erde 里面，"确定秩序的概念"已经不再是国家而是大空间。甚至连使用的术语都是一样的：

---

[1] ［译按］本文译自莫尔顿的博士学位论文《施米特的国际法与国际关系理论》第十章。

[2] Der Nomos der Erde im Völkerrecht des Jus Publicum Europaeum（Cologne：Greven Verlag, 1950），页 271。正如我们在上一章的结尾所说明的那样，施米特认为今天的世界即将进入一种全球性的内部战争状态。参见施米特，Donoso Cortés in gesamteuropaeischer Interpretation, Vier Aufsaetze（Cologne：Greven Verlag, 1950），页 21。

[3] 前揭 Der Nomos der Erde，页 9 以下。

全球性的发展很久以来已经导致了一种非常清楚的两难选择：统一（universum）还是多元（pluriversum）？垄断（monopol）还是瓜分（polypol）？也就是说导致了这样一个问题：地球由某种单一的力量来实行全球性垄断的条件已经成熟么？还是说，一种由多个共存的和内部之间相互协调的大空间、干预范围（sphere of intervention）和文化地区（cultural regions）所形成的多元局面（pluralism），更可以决定新的全球性的国际法？①

对于这段文字里面所提出的问题，施米特的回答是非常清楚的：整个地球形成一种政治统一体的条件尚未"成熟"。② 这里的所有问题都包含在"成熟"这个词里面。施米特主张，"技术发展还远未达到形成一种全球性的和全人类性的政治统一体的条件"（同上注）。这个主张可以从两个角度进行诠释。它可以指：世界性的国家（a world state）在今天从技术的角度来说还是不可能的。如果施米特的意思是这样的话，那么，他或许是错了。好几位德高望重的国际关系专家都对这个问题发表过意见，他们也都赞成：现代技术的发展已经使得由一个大国甚至一个人来统治整个地球在技术上变得完全可能。③ 但是，如果施米特的意思是说，地球之所以不成熟是因为两个主要的意识形态阵营没有办法形成一个世界政府（a world government），那么他无疑是正确的。这样一个政府至少要以美国和苏联的合作为前提，而这种合作在今天即便有某个威胁性的第三世界的力量在刺激，也不大

---

① 前揭 *Der Nomos der Erde*，页216。参照前揭 *Der Begriff des Politischen*，页54。1953年的时候，施米特曾经主张，"包含了所有其他问题的问题"跟"目前世界统一的条件（Stand）"有关。参见前揭 *Verfassungsrechtliche Aufsätze*，页501。

② *El orden del mundo despues de la segunda guerra mundial*，收入 *Revised de Estudios Politicos*（Madrid），No. 122（1962），页21。

③ 摩根索（Hans J. Morgenthau），*Modern Science and Political Power*，收入 *Columbia Law Review*，Vol. 64，No. 8（December, 1964），页1390以下；还可参见下一条注释。

会有到来的可能。①

在施米特的作品里面,有好几处地方都表明,第二种解释可能反映了他的真实意图。我们在上文已经提到,在 *Der Nomos der Erde* 里面,施米特认为真正的选择是发生在某个大空间系统和国际性的内战之间,而不是发生在 1955 年论文所提到的那三种选择之间。这就表明,真正的问题乃是政治性的,而不是技术性的。单一世界意义上的世界秩序在政治基础上是不可能的,并且,只要目前的恐怖平衡还没有被单方面的技术突破打破,只要东西方的对抗还继续存在,这种不可能性便会继续存在下去。

> 在目前看来仍然还是一个乌托邦的、全球性的统一世界和已经过去的时代——指国家以前的那些空间维度——之间,在一个可以预见的时间范围之内,将一直都是一种大空间性的结构。②

在施米特看来,这些大空间的出现是"势不可挡的"(同上注)。

施米特在二战以后对于大空间概念的研究,可以让我们对这些大空间和这种大空间体系的性质和结构,有一个更加清楚的观念。在大空间内部,领导性帝国的主导地位(这点在第 6 章已经讨论过了)现在已经被强调到了这样一个程度,以至于大空间已经被等同于"真正的 Reich",而反过来说,Reich 也就是"独立的大空间"的代名词。③ Reich 在大空间内部的地位得到了某种程度上的澄清,也就是说,每一个真

---

① 1967 年 4 月,汤因比(Arnold Toynbee)提出了一条著名的建议:为了预防未来可能发生的战争,美国和苏联应该将双方的力量联合起来,建立一个世界性的专政(用施米特的话来说,就是划分世界)。参见汤因比,*Peace, Empire, and World Government*,收入 *Saturday Review*,1967 年 4 月 29 日,页 21。不幸的是,跟汤因比的规划比较起来,阿隆认为两个超级大国之间的敌对状态是"不可避免"的理论可能对世界的现实状况反映得更加准确。参见阿隆著,理查德(Richard H.)、安内特(Annette B.)英译,*Peace and War: A Theory of International Ralations*, Garden City: Doubleday and Co, 1966,页 xi。

② 前揭 *El orden del mundo*,页 22。

③ 前揭 *Der Nomos der Erde*,页 25,256。

正的 Reich 都有一个为了保护某些"特殊利益"而确定的"空间界域"（"spatial Realm"），而这些利益又是超越了 Reich 的疆域的；这种利益领域乃是 Reich 的"空间主权（Raumhoheit）"的一种特征。① Reich 拥有一种跟磁铁周围的磁场相类似的势力范围。② Reich 影响力的大小要看距离 Reich 的远近和对于 Reich 的反抗而定。施米特还谈到了许多 Reich 可以渗透其中的空间和场域（volume）（前揭书，页22）。Reich 在建立起与电磁场相类似——这是施米特非常喜欢用的一个比喻——的空间的同时，它的好几个空间都被称为"人类功能的作用场"（前揭书，页24以下）。按照这种比喻，每一个大空间都构成了一种"由多个可渗透空间组成的多极性团块"；而这些空间又被认为是许多个相互交叠又相互渗透的空间（前揭书，页22、25）。施米特引用了1962年的美国大空间为例，这个大空间包含了很多这样的空间，其中有美国本土，西半球，北大西洋公约组织的"防御性空间"和"联合国的全球性空间"。③ 而如果考虑到大空间可以与"干预空间"一视同仁这样一点，④那么，Reich 应该也就有权利干预整个大空间的事务。因此，从干预的角度来看，大空间的概念跟早期联邦的概念是相同的。

大空间内部领导性 Reich 跟其他国家和民族的关系问题，仍然跟从前一样语焉不详。1939年，施米特曾经认为在大空间内部，各个"民族"之间应该存在某种关系，而到1950年的时候，施米特将这种理念也扩展到领导性 Reich 跟其他国家之间的关系（同上，页184）。他还进一步谈到在大空间内部存在"另外的国际法"（同上），但关于这种国际法的性质他未置一词。但是，人们几乎不需要任何想象就可以看出，最重要的法律应该存在于领导性的帝国和构成大空间的其他国家和民族之间。

---

① 前揭书，页225，256。
② 前揭 *El orden del mundo*，页24页以下。
③ 前揭书，页24。施米特希望可以证明：国家已经在局部意义上被像美国这样的大空间取代了。前揭书，页22。作者在物理学和国际关系之间所做的类比是有问题的，因为两者的研究对象根本不同，但这个类比主要是为这个目的服务的。
④ 前揭 *Der Nomos der Erde*，页216。

另外一个大空间内部的问题跟大空间的目标从而也跟它的正当性有关。我们在第三章已经说明,如果某个民族想让敌友之别产生实际的效果,也就是说,如果它想保护自己,那么,就需要有更大的政治单位。但施米特在1939年的时候就已经说明,他心目当中的目标不仅仅是防御。它还要形成一种在经济上能够自给自足的政治单位。①1962年,他曾经考虑过这样一个题目:新的大空间的组织方式必须要使其中的民族"得到一种在理性上是安全的生存保证"。②

因此人们可以说,一种大空间体系,或者说大空间之间的关系,具有如下的特征:它至少要由三个或者最好是由更多"独立的大空间"构成;这些大空间可以形成一种全球性的力量平衡,而这种平衡接下来又会产生一种表现为彼此平衡的力量体系的世界秩序。③ 另外,这些大空间彼此是相互承认的,而这又意味着它们会承认彼此的领土完整、经济和社会制度以及发动战争的权利。④ 大空间之间的力量平衡可以"使得多个政治实体(Groesse)的共存成为可能",而这些实体"彼此之间不会将对方看作是罪犯,而将看作是各种独立秩序的担当者"。⑤ 接下来,这些大空间将会"在一个新的水平上,通过各种新的维度"来产生一种新的、与十八和十九世纪的欧洲国际法没有任何共同之处的国际法(同上)。每个大空间将可以自主决定自己的经济制度,换句话说,每个Reich都可以决定大空间的社会和经济秩序。⑥ 大空间之间的战争从理想的角度来看将可以得到抑制;但施米特似乎也想说,即便是受到控制,核战争仍然还是有可能爆发的。

---

① 在前揭 *Voelkerrechtliche Grossraumordnung*,页7,56,施米特曾提到大空间是一种"成就空间(Leistungsraum)"。
② 前揭 *El orden del mundo*,页29。
③ 施米特,*Die Einheit der Welt*,收入 Merkur,Vol. 6, No. 1(January, 1952),页5;前揭 *Der Nomos der Erde*,页10;*Theorie des Partisanen:Zwischenbemerkung zum Begriff des Politischen*,Berlin:Duncker & Humblot, 1963,页62。
④ 前揭 *Der Nomos der Erde*,页271。
⑤ 前揭 *Die Einheit der Welt*。
⑥ 前揭 *Der Nomos der Erde*,页99,注释1。

接下来会导致一种由这些力量所控制的、类似于混战的战争。只要这种混战是由这些世界性的力量来操纵的，那么，它就应该是一种无害的、由受到严格控制的不规则性和"理想的混乱"所组成的游戏。①

大空间之间不会彼此承认而是会彼此声讨，它们还会用一种与大洋洲和欧亚大陆的对峙类似的方式发动永久性的战争——这种可能性施米特没有加以考虑。正如前面提到的那样，大空间概念的这个方面要有如下的前提，那就是，在任何一个由多元政治单位所构成的世界当中，或者说在任何一种缺乏"单一世界"的局面当中，对立，归根到底还有战争，都是不可避免的。如果情形果真如此，那么，战争就应该像十八和十九世纪的欧洲战争那样加以规范。但是，难道动议中的大空间的产生就不会导致骇人听闻的战争么？在这个问题上，施米特再次保持了沉默。

大空间的概念还存在另外的问题。首先施米特没有回答新大空间的形式和内容的问题。二战以后，施米特曾经数度触及形式的问题。有一次他曾经提到大空间力量平衡的合理性，前提是其"内部能够合理划分界限并且实现均质化"。② 1963 年，他用类似的语言提到，大空间"在自身内部和彼此之间都能够保持理性的平衡"。③ 另外，施米特把大空间体系的成功建立在一种内部秩序的基础之上，这种秩序可以让每个大空间都能够提供"理性上是安全的生存保证"这一说法当中所包含的那些经济方面的利益；比如就业充分，通货稳定，消费自由和各种福利国家的保护等等。"……只有到那时新大空间的力量平衡才能够起作用"。④ 但是，关于这种"按照理性的方式"被建构起来的大空间体系到底会采取哪种具体形式的问题，1934 年和 1939 年的

---

① 前揭 *Theorie des Partisanen*，页 81 以下。
② 前揭 *Der Nomos der Erde*，页 10。
③ 前揭 *Theorie des Partisanen*，页 62。
④ 前揭 *El orden del mundo*，页 29。

施米特都没有给出任何的提示。①

在 Der Nomos der Erde 里面,施米特将一战之后的苏俄和西半球都称为"大空间"。② 这种称呼的妥当性是有问题的。美国以前在南北美洲所推行并且以后还将继续推行的那种统治,跟共产党 1920 年代在自己的国家内部所推行的那种统治,是完全不同的两个统治类型,并且,这种差别在今天还同样深刻。另一方面,1945 年斯大林在东欧和中欧所建立起来的体系,跟施米特头脑当中对大空间概念的设想差不多完全相同。③ 但人们很难说美国控制美洲大陆的方式跟苏联控制卫星国的方式是相似的。卡斯特罗不是铁托。美国在莫斯科没有一个乌布利希(Ulbricht),④在加拿大更加没有。

除了上面这些缺陷之外,人们还必须指出,在施米特的大空间理论里面,道德的因素始终都是阙如的。施米特首先是一个现实的政治家(Realpolitiker),是俾斯麦的崇拜者,是一个操纵各种社会力量想使之符合某些形式的人,这些形式他认为从历史的角度来看是必要的,并且他也希望这些形式可以在一个很明显是混乱的世界上产生某种秩序。关于大空间里面的政府品质,他从来没有做过任何的讨论,就好像希特勒政权和丘吉尔政权没有任何区别一样——他们之间的对立只是表面的。施米特忽略了这样一个事实,即:对于很多人来说,自由的好处,甚至是刚刚获得独立的那些落后小国所得到的很可怜的好处,以及其他非物质性的利益,都要比福利国家、物质丰裕甚至还有很多国家在今天都认为是想当然的安全保护之类的东西,来得更加重要。他一直都强调秩序的要素,忽视自由的要素,但统治的问题乃是

---

① 如果施米特的大空间秩序可以实现,那么,它一定会包含某些理性的、在一个普遍被认为是向往和平的年代当中没有办法忽视的因素,

② 前揭 Der Nomos der Erde,页 226,281。

③ 前揭 Der Nomos der Erde,页 221 注释 1 曾经提到第二次世界大战以后的"东部大空间"。

④ [译按]乌布利希(Walter Ulbricht,1893—1973)德国政治家,曾任东德社会统一党总书记(1953—1971 年)和国务院主席(1960—1973 年)。曾下令修建柏林墙(1961 年)。

一个跟"秩序化的自由"有关的问题。[1] 正如施米特已经明白看到的那样,将政治事务当中道德的要素排除出去是有非常正当的理由的:道德上的对立可以不费吹灰之力就退化成穷凶极恶的战争,在这样的战争里面,每一方都认为自己所发动的战争是正义的,另外一方的战争则是非正义的。但是,这种理论太机械,太愤世嫉俗了。它忽视了人身上的道德维度。

---

[1] Juergen Fijalkowski, *Die Wendung zum Fuehrerstaat, Ideologische Komponenten in der politischen Philosophie Carl Schmitt* (Cologne and Opladen: Westdeutscher Verlag, 1958),页221,注释1。

欧洲与世界新秩序
——科耶夫与施米特"大地法"遭遇的教益①

霍斯(Robert Howse) 著

1. 引言

现时代的人们都已经承认了这样一点：在"欧洲"和"美洲"之间，一条鸿沟已经豁然敞开——或者至少可以说，已经最后地表现出来了。这个命题在大西洋两岸的知识分子中间，在意见分歧的各个哲学和政治流派里面，都已经没有什么异议了；这个意见，像凯根(Robert Kagan)这样的新保守主义的重镇人物也同样持有，在他那篇声名狼藉的、发表在《政策评论》上的论文里面，凯根曾说，在处理国际秩序问题时，欧美之间的差异就像是不同星球之间的差异，②而欧洲旧大陆的哲人，如哈贝马斯和德里达，也将彼此之间的许多理论差异搁置一边，共同起草了一份公开宣言，呼吁建立一个在内政和外交政策上能够与美国霸权相抗衡的新欧洲。③ 在哈贝马斯和德里达看来：

> 当今世界，在战争与和平这样两个同样愚蠢也同样代价高昂

---

① ［译按］本文最初发表于 *Leiden Journal of International Law*, 19(2006)，页1—11。中译译自霍斯个人网页(http://faculty.law.umich.edu/rhowse/)提供的文本。"Nomos der Erde"是施米特一部著作的名称，时贤或译为"大地法"。
② 凯根，*Power and Weakness*，收入 *Policy Review*，2002年6月。
③ "February 15, or What Binds Europeans Together: A Plea for a Common Foreign Policy, Beginning in the Core of Europe"，收入10(3)，*Constellations*，页291。

的选项之间选择其一,并以此为基础把各种关系僵化起来,这样的作法是绝对不可以承受的。欧洲必须在国际的水准上、在联合国的内部提高自己的影响力,同时也必须要抗衡美国霸权性的单边主义。在全球经济的最高级会议上,在世界贸易组织、世界银行和国际货币基金组织这样的机构里面,对于那种将会被世界各国所采用并将影响各国国内政策的结构形式,欧洲必须要施加自己的影响力。(同上书,页291)

在这样一种众口一词的欧美分立声浪的震撼之下,人们可能会很容易就忘记了这样一个事实,即,在当前,恰恰是这个"欧洲"概念本身存在着很深的争议;这个争议在如下两个方面反映得最为明显,一是欧洲宪法的实践困难重重,一是关于"欧洲"和"欧洲人"界限问题的辩论日益突出,这个辩论既牵涉到"欧洲"跟俄罗斯的关系,也牵涉到"欧洲"跟伊斯兰世界(土耳其)的关系。这个辩论还关系到福利国家的问题,关系到一整套的社会权利(social rights)应该在多大程度上成为"欧洲"公民资格这样一种核心身份的一部分。定义一种与"美国人"相对立的欧洲性(European-ness)可以提供一条诱人的辩论捷径,可以让人们充分地思考"欧洲性"这样一个概念到底为何物,从而也能够服务于任何一种党派性的议程表,无论是左派的还是右派的。

正如考斯肯涅米(Martti Koskenniemi)所观察到的那样,[1]欧洲坚持某种特定的国际法视野,这种坚持已经表现为一种将欧、美分隔开来的欧洲特性(European trait)。"欧洲式"的国际法以永久和平(perpetual peace)为前提,而永久和平的基础又是这样一些规则,这些规则保卫国家主权,并且也维持一个被划分为领土国家(territorial states)的世界,这种国际法,与美国的、动辄以某种像"人权"或者"民主"这类

---

[1] "International Law as Political Theology: How To Read Nomos der Erde",即将出版,收入 Constellations。尽管我不同意考斯肯涅米的认为施米特的立场有一个外来神学基础的见解,但是他对整个立场本身的阐述对我影响极大,并且我也非常感谢跟他的交谈和通过电子邮件所进行的交流。

所谓普遍性理想的名义发动一场"总体性战争"(total war)的扩军备战,迥异其趣。

这样一种与美国的(或者说英美的)普遍主义相对立的、"欧洲式"的、以领土国家为基础的国际法概念,在施米特发表于1950年的 Nomos der Erde 和一些相关的论文里面,阐述得最为淋漓尽致。[1] 但是,极具反讽意味的是,施米特的这些著作原来只是一篇祭文,是用来凭吊已成明日黄花的那种以领土国家为基础的、国家主义的、欧洲式国际法的,在施米特看来,这种国际法已经没有办法再维持下去了,特别是在第二次世界大战之后,因为美国已经建立了全球性的、只有苏联才可以抗衡的军事霸权。因此,在施米特面向未来、围绕 Nomos der Erde 的理念所发表的那些著作里面,他开始寻找一种新的、替代性的平衡、均势或者世界划分(balance, equilibrium, or division in the world)的概念,以此来遏制美国自由主义的普遍主义;在当时,只有苏维埃主义才能维持一种平衡,但苏维埃主义在施米特看来在精神方面是空洞无物的。[2] 因此,在阐述这种替代性概念的时候,施米特有些含糊其辞;说实话,他提不出什么答案来。

他表达了一种希望,希望"毁灭"可以带来一种新生,带来一种新的"Nomos der Erde",他也反对"绝望",但是,对于他思想里面那种始终如一的、现实主义的、反理想主义的抱负来说,他的确没有能力将这种 nomos 阐述出来,因为战后时期技术和军事方面的发展乃是势不可挡的事实,并且这些事实也已经在很大程度上威胁到任何一种以领土国家为基础的、欧洲中心论的全球秩序概念。最近以来让像哈贝马斯和德里达这一类的知识分子感到一筹莫展的,难道不也是这同样的困难么?这种困难使得他们没有办法提出这样一种具有说服力的世界秩序概念,即,在这种世界秩序里面,欧洲可以实际地制衡美国的力量,也可以约束美国的普遍主义。如果问题是因为美国的实力,是因

---

[1] 英译本是由乌尔曼翻译的,题为 *The Nomos of the Earth in the International Law of the Jus Publicum Europaeum* (2003)。以下所有译文都出自这个译本。

[2] 这点在刊行于1955年的"Nomos – Nahme – Name"里面表露得最为直白。

为美国动辄就出于单边的立场使用这种力量,那么,求助于一种"欧洲式的"、以领土性的国家主权为基础的国际法概念,对于辩论和口惠而实不至的道德说教来说,或许是有益的,但这确乎不能说是一种现实的、可以抗衡美国的力量①。

科耶夫,这位在1930年代凭借一系列著名演讲(参加者有像拉康和梅洛-庞蒂这样的名人)而造就了法国左翼黑格尔主义的俄裔法国哲人,对于如何在二次世界大战之后的世界上平衡或者抗衡美利坚主义(Americanism)的问题,同样也抱有兴趣。② 科耶夫秉持历史终结的理念,同时也秉持用一个建立在法律基础之上的普遍均质国家从根本上取代政治的理念,因此看起来好像应该是施米特的死敌,但实际上,他跟施米特有一个重要的、共通的基础:那就是,科耶夫在解读黑格尔的时候,把暴力斗争——即殊死的斗争,即在与敌人的搏斗中敢于冒生命危险——放到了首要的位置,并把它作为人性的起点和源头。

不过接下来科耶夫会说,在法国大革命和拿破仑之后,暴力斗争从理性上来说再也没有必要了,因为,承认的原则——即承认彼此都是拥有平等权利的公民——已经建立起来了,并且这种原则不会遇到任何哲学意义上的攻击。随着权利政体(the regime of rights)在观念上所取得的胜利,对于每个个体人性的承认,在原则上都可以通过一个正义的 Rechtstaat 之中的劳动和公民资格,③而得到充分的实现。当然这并不是说,暴力,包括"政治性的"暴力,过不了多久就再也不存在了,但是,这种暴力乃是后历史性的(post-historical)——也就是说,

---

① 除此之外,还得考虑这样的事实,即,一方面,在伊拉克问题上,欧洲舆论支持以领土性国家主权为基础的法律约束的体系,以此来对抗美国的"普遍主义",但在另外一些问题上,比如在科索沃问题上,欧洲舆论,或者说大部分的欧洲舆论,又倾向于将普遍性的价值(人权)置于这些约束之上。

② 特别可以参考科耶夫给戴高乐建言书的备忘录《法国国是纲要》,弗里斯(E. de Vries)英译,收入《政策评论》2004年8、9月号。另外还可以参见我的收入同一期《政策评论》当中的、对于科耶夫"拉丁帝国"理念的诠释性论文,在本文当中,我随时都会引到这篇论文。[译按:霍斯提到的科耶夫的建言书和他自己的论文,在本书中均有收录,请参阅。]

③ [译按] Rechtstaat,德文,意为"法治国"。

这个时候的暴力只是为了将不合时宜的阶级和势力排除出去,只是这样一种需要的不幸后果,因为它们阻碍了实在化的普遍承认(universal recognition)的国家的实现。

在《法权现象学纲要》里面,科耶夫虽然在表面上接受了施米特意义上的敌—友概念,但他接着又将这个概念"颠倒过来",以此将普遍承认的概念阐述为一种朝着超越了(民族—)国家界限的法律秩序发展的趋势。① 只要世界还被划分为许多个彼此之间有着潜在的或者实在的敌对关系的国家,那么,正义就是"政治性的"——也就是说,一切都要取决于与其他国家有着联系的特定国家及其统治精英的利益;这种正义,在科耶夫看来,如果按照法(droit)这个概念本身的含义来衡量的话,就不是真正意义上的不偏不倚和公正无私(impartial and disinterested)。如果——这是科耶夫跟施米特分道扬镳的地方——法律的普遍主义的抱负(universalist aspiration)没有能力通过本身的实现来扬弃"政治"的话,那么,"政治"就会是一种僵化的约束,一种法律普遍主义一定会感到不舒服的约束。按照科耶夫的看法,通过不同国家之间——即,不同国家的立法者和法官之间——法律和判决日益增进的整合、相互承认和彼此协调,政治在根本上可以被作为解决不同"国家"之间差异之基础的法律所取代。一旦这个过程到达了一个特定的点,那么,这些国家如果再为了解决相互之间的差异而回过头来使用战争的手段,就会变得不可想象。不管这些差异是什么,它们都可以被包含在一个普遍性的正义概念(并且,也正是这个概念才使得整合成为事实)里面;因此,这些差异就可以不需要施米特意义上的政治,而是由公务员和律师通过行政性的手段来加以解决。科耶夫说:

> 作为一种政治性的实体,国家倾向于通过征服来扩张自己;它会只想把别的国家纳入自己的版图。但是作为一种法律性的实体,国家则仅限于在国外施行自己国内的法。换句话说,它会

---

① 科耶夫,*Outline of a Phenomenology of Right*,B. P. Frost 编,B. P. Frost 和 R. Howse 译(2000 年)。

倾向于通过将自己变成联合起来的国家之中的一员,而产生一种国家的联邦(a Federation of States)或者一个联邦制的国家(a federal State),而这个联邦会以某种独特法律的存在作为自己的基础或者结果,这种法律普遍适用于所有联合在一起的国家,并且——在其"公法"的方面——还包含了一种规范联合起来的国家之间的相互关系的、尤其是规范联邦制的司法组织的、"联邦法"的要素。如果这个联邦不是普遍性的,如果它外面还有敌对国家(enemies - States)存在,那么,它必定会将自己组织进一个严格意义上的(联邦制的)国家。它的构成要素——即联合起来的那些国家——也会有自己的敌人;因此,它们是**国家**。但它们总是会有共同的敌人,并且,它们只能作为一个整体才能与敌人和平共处:因此,它们不会是主权国家,而只能是被纳入了联邦的国家。但是,这个联邦也会倾向于尽可能地扩张自己。在极限的状况下,它会把全人类都包含进来。接下来,它就不再是一个严格意义上的国家了,也不再有外部的敌人。而那些被纳入联邦的国家也将不再是真正的国家。于是,联邦会变成一个单纯的、世界范围的法律统一体(juridical Union)(至少就其法律性的方面来说是这样的,而这个法律性的方面并不是仅有的一个方面)。①

但是,这种从根本上来说是全球范围内的法律共同体所引以为基础的正义概念,是一个非常复杂的概念。它既包含一种在市场上的机会平等的理念,一种因为自己所付出的劳动而按照交换价值获得补偿的能力,同时也包含一种实质意义上的平等的观念,或者说身份平等的观念——包括社会权利、福利国家等等。② 在正义概念的这些方面达到了一种平衡或者说一种综合的那些具体的法律和经济制度,不会在一个全球性的或者说普遍性的水平上自发出现,而只能出现在特定的社会和文化语境里面。

---

① 科耶夫,同注释9,页327。
② 《纲要》,同注释9,另外还可参见霍斯和弗洛斯特为同书所写的诠释性论文。

科耶夫指出,市场性的等价和社会主义性的 *égalité* 的最后综合,① 对于人性化的闲暇或者智力性的游戏(艺术、爱、文学)来说,是非常有利的。承认在最后国家(end-state)的实现,可以让人们最大限度地从事那些能够让自己开心的活动(也就是说,一旦达到这样一个程度以后,人们就再也不会有为了得到充分的承认而不得不进行战斗的感觉了)。

在第二次世界大战临近结束的时候,科耶夫已经预见到,苏维埃制度是没有能力进行自身改革的,从而也不会允许那种必需的"市场性"要素存在;相反,资本主义制度倒是有可能向"社会主义的"身份平等开放,也就是说,有可能与再分配型的福利国家(redistributive welfare state)达成妥协。但是,在科耶夫看来,混合型社会经济制度的英美变种,与这种制度在欧洲大陆的变种是非常不同的;这种差异来源于两种不同的精神气质(spiritual sensibilities)。对比起来,欧洲大陆不仅更加容易接受再分配,并且,欧洲的那种科耶夫所说的"拉丁特性"(Latinity)更少物质性,更加愿意把精力放在如何运用财富来减少劳动、增加闲暇的问题上。并且在科耶夫看来,"拉丁"欧洲与第三世界更具亲和力,更容易理解它们,他还指出了一种很早以来就存在着的、共通的地中海气质(Mediterranean sensibility),这种气质既包括欧洲的地中海区域,也包括伊斯兰世界的很大一部分。

基于这些原因,所以科耶夫更加愿意把(拉丁意义上的或者大陆意义上的)欧洲,而不是把美国,看成是普遍均质国家的先驱,在这个国家里面,承认会在与人的幸福和生活品质保持最大限度的协调的条件下而达到,同时在这个国家里面,人不仅作为"人",也就是说,不仅因为被普遍承认而自我满足,同时也作为一种寻求快乐的、自然性的存在而自我满足,但这种快乐具备了人性化的、展现了人的聪明才智的形式。

与此同时,科耶夫也接受这样一个事实,即,英美帝国的全球性军

---

① [译按] *égalité*,法文,意为"平等"。

事霸权是无法改变的,并且,一旦苏维埃制度崩溃,这种霸权将是另外的国家集团所没有办法挑战的。但是,由军事力量决定人类命运的时代早就已经成为过去了;人们在现在这个阶段使用武力,或许可以在某些非常落后的地区推进历史前进的步伐,扫清历史发展的"障碍",同时抑制"反动派"(比如种族性的、民族主义的游击队,以及诸如此类的力量),但是,对于人类将来的局面来说,最根本的乃是法律制度和经济制度会用一种什么样的方式将平等的市场方面和社会主义方面综合在一起,同时会以一种什么样的方式使之在全球范围内保持协调,以便实现普遍均质国家。而推动后面这个过程的,不仅有军事方面的斗争(至少从根本上来说不仅是由军事斗争推动的),同时还有一种和平条件下的、对于混合型经济有着不同处理方式的国家和国家集团之间的、既竞争又合作的关系,另外还有这些国家或国家组合与发展中世界的关系。英美的军事霸权,甚至还有它们的技术霸权,并不意味着英美型的混合经济一定也会处于主导的地位。

2. 科耶夫与施米特的交锋

科耶夫对全球秩序以及欧洲在这个秩序中的地位①的看法,与施米特所预言的 Nomos der Erde 是对立的,这个对立在两人 1955 年和 1957 年的通信里面就出现了,②后来则在科耶夫受施米特邀请赴杜塞

---

① 缪勒(Jan – Werner Müller)在他的关于施米特在欧洲的精神遗产的大作当中,对于施米特和科耶夫之间的这种交锋也曾有所讨论,并且我也要感谢他的提示;我自己关于这种交锋的解读,在所有重要的方面,与缪勒的解读没有大的冲突或矛盾,但是因为我的目的不同,所以我所关注的重点跟缪勒也稍有不同。参见缪勒, *A Dangerous Mind: Carl Schmitt in Post – war European Thought*(2003);我也非常感谢跟他的交谈和通过电子邮件所进行的交流。

② 在这一部分里面,我所引用的都是弗里斯对科耶夫杜塞尔多夫演讲的绝妙翻译,参见"Alexandre Kojève – Carl Schmitt Correspondence and Alexandre Kojève, 'Colonialism from a European Perspective'",收入 *Interpretation*,2001 年,卷 29,页 91。

尔多夫所做的一场讲演当中达到顶峰,在这场讲演里面,科耶夫公开表达了自己跟施米特之间的差异,并且还将自己的世界国家(a world state)的概念的基础阐述为一种考虑了再分配条件的、对于资本主义所做的"和平的和民主的"修正,并且,这种再分配也包括发达国家和不发达国家之间的再分配。

双方通信的起点是科耶夫对施米特论文《占有/分配/生产:一个从 Nomos 出发决定每种社会经济秩序诸基本问题的尝试》("Appropriation/Distribution/Production: An Attempt to Determine from Nomos the Basic Questions of Every Social and Economic Order")的反驳。在这篇论文里面,施米特主张,"在每一种经济秩序里面,在迄今为止的法律史的每一个阶段,所有的物品从来都是被占有、被分配和被生产的"(同上书,页327)。施米特坚持,占有——他认为这是一种跟战争、占领、殖民以及移民和发现等政治活动是一样的政治活动——相对于分配和生产来说具有"根本性的优越地位"。按照施米特的看法,一件物品,只有在首先被"攫取"之后,才能够被分配;只有在被分配之后,才能够被使用。相反,自由主义者和社会主义者(分别)则相信,生产和分配一旦被完成,占有就是可有可无的了,或者说是无关紧要的了。他们都太过健忘了,忘记了生产和分配要依赖于占有这样一个事实。首先,为了反驳自由资本主义和道德的或者理想的社会主义,施米特重复了马克思的一个论断,即,(资本主义)生产的每一次增长都会在实际上让分配变得更加困难(贫困化);也就是说,施米特攻击了这样一种信仰,即,让饼变得更大一些就可以让分配成功进行,而没有必要再进行"占有"或者"二次占有",也没有必要通过暴力性的政治斗争来取得或者取回生产的手段。接下来,施米特试图要在"帝国主义"的实践当中寻找"占有"的持续存在。他似乎想提示人们说,认为资本主义或者社会主义可以提供一种解决经济秩序或者法律秩序问题的手段,认为这种秩序可以取消"占有"的需要(从而在暗地里取消施米特意义上的政治,取消"敌人"之间的暴力斗争或者潜在的暴力斗争),这在根本上就是幼稚的。施米特这篇文章最后用了一连串的问题做结:

在今天,人类有没有作为一个联合体在实际上"占有"地球,从而使得再也没有更多的东西可供占有?占有当真停止过么?现在是不是只剩下了界限的划分(division)和分配?或者还是只剩下了生产?

从这篇文章的总体来看,这些问题都带有某种修辞的色彩——也就是说,如果它们的用意不是想让读者做出一个"事情不可能是如此"的回答,如果细心的读者对于每个问题都斩钉截铁地给出一个肯定的回答,施米特或许就达不到目的了。接下来还有最后一个问题:"在我们的星球上,谁是那个伟大的占有者,划分者和分配者,谁是那个统一起来的世界生产的管理者和计划者?"

科耶夫对于施米特 Nomos der Erde 概念的反驳,最初见于他对这些问题所做的黑格尔式的回答(同上注,1955 年 5 月 2 日信)。"从本质上来说",科耶夫答道,自从拿破仑以来,"攫取"就再也没有存在过。这只不过是如下这样一个观点的简单重复,即,战争和征服不再是就其本身而言还具有内在历史意义的行动了(即便它们在表面上可能还跟过去一样,但它们已经不能证明任何对于人性来说具有必要价值的东西)。科耶夫第二个回答的含义不是那么明显:"对于我们来说"(即对于"绝对知识"[absolute knowledge]来说),现在所有的只是"生产"。如果想理解这个答案,必须要跟第三个回答紧密联系起来看:"但是——'对于意识自身来说'(比如对于美国/苏联来说),'区分'还是存在的。"在我看来,科耶夫的意思大体是这样的:在施米特所描述的那三个过程里面,只有"生产"才会从其自身导向理性的承认,从而具有一种得到圣贤们承认的内在价值。但是,对于(实在的或者说当前的)意识来说,问题乃是如何重新分配资源和机会,以便让所有人,无论他在什么地方,属于哪个阶级,都可以有一种通过生产来得到承认的可能性。尽管在再分配的手段和原则问题上,人们也会有意识地加以考虑,并且也会发生分歧,但是,"分配"并不具有一种内在的人性价值,它仅仅具有一种工具性的价值。而工具性的问题总是要受制于偶然性和经验上的不确定性的;严格的、"绝对的"知识是不会屈服于对于分配问题所做的那些具体回答的。不消说,再分配当然是包含在普遍均质国家当中的理性承认里面的,但是,这个概念就其本身而言并不能决定它应该怎样被实行。

由此出发,科耶夫表达了这封信里面对于施米特的最后一点意见。科耶夫主张,无论是苏维埃的制度还是资本主义的制度,都有一个共同的、"均质分配"(homogenous distribution)的基本理想或者说基本目标——也就是说,所有人,包括发展中世界的人民,都能够实现繁荣。在科耶夫看来,表现在社会主义世界的调控经济当中的那种苏维埃制度发展的主动性,可以比美国的援助更快地达到分配的目的;但另一方面,在"尘世"(the "worldly world")(即资本主义的世俗世界)当中,却有着"更多可以用于分配的东西"。对于从分配的角度来说哪种制度更好或者说更加完美的问题,绝对知识并没有给出一个答案。因此在解决这个问题的时候,必须要摆脱意识形态的控制,必须要以明白可见的经济事实和另外一些事实所呈现出来的面目为基础。

施米特在自己的论文里面,试图用社会主义者的批评来反驳自由资本主义对生产的强调,接下来又试图用这样一种马克思主义的论证来反驳社会主义的乌托邦:即,一方面是不断增加的生产,另方面则是更大范围内的财富分配,这之间有一种内在的紧张关系存在。看起来,施米特所做这一切都是为了重新开启关于攫取问题的讨论,因为对于这个问题,马克思主义者、自由主义者和社会主义的乌托邦主义者都是想逃避的。

科耶夫以几记出其不意的反击化解了施米特的修辞策略。社会主义者和资本主义者之间的区别并不牵扯真正的、根本意义上的选择问题,而只是一个应该如何用最好的办法达到一个共同的目的的问题。如果说在实现这个共同目标的问题上,无论是资本主义还是社会主义都没有一种先天就高于对方的主张的话,如果在实现这个目标的方式问题上每一方都既有长处又有弱点的话,那么,答案就没有必要非得是将双方都拒之门外,或者说是怀疑这个目标的正确性,而是要考虑一种综合的可能,或者说在参照另外一方的前提下,对每一方都做出改革。

正如科耶夫在下一封给施米特的信里所强调的那样,以上说法也就意味着,社会主义与资本主义的区别以及它们相互之间的紧张关系,都不会引发施米特意义上的"政治"斗争。选择并且调整那一整套的、最终会导致所有人的繁荣的法律和经济制度,这样一种挑战并不是政治家/战士的工作,而是官僚和技术工人的工作。在法国(在这里科耶夫直接引证了自己作为一个公务员的经验),当然也存在着在议会当中有着自己代表的政党和集团,但是,这些政党和集团之间往往都是彼此平衡的,因此也就在某种程度上把许多细节的制度选择工作留给了专业性的官僚来处理。

施米特的回应在他1955年6月7日致科耶夫的信里面可以找到。施米特承认,"跟'国家'有关的一切都已经结束了",也就是说,在国家这个水平上,人们只会看到行政管理或者说官僚体制,不会看到真正的政治。但是,这种状况只是新一场大规模的、由"更加伟大的人们"在全球水平上,或者在某种超越"国家"的水平上所发动的战争的前奏。这场战争将不再是"国家"之间的了,而是大空间之间的。大空间是一种"跟现在和将来的技术维度"相应的社会和经济组织,是关于这些组织的、更大空间的观念。大空间的理念尽管与国家的理念不同,但仍然与"世界一统"(unity of the world)的观念南辕北辙;多元的状况仍然存在,而这也足够建立起"有意义的敌对状态",而追究起来,这种敌对性也就是那种构建了政治、并且使之永恒不衰的敌对性。施米特所预见到的,是"一种声势浩大、你来我往的'权力角逐'"。

需要指出的是,关于这种未来的冲突将会以什么样的名义,尤其是将会以哪种差别的名义来展开的问题,施米特没有给出任何的提示。这就使得科耶夫又回到了施米特在《占有/分配/生产》一文当中所提到的"攫取"或者说"占有"的概念这样一个难题;施米特的用意是为了反对自由主义或者社会主义将法律和社会秩序的问题归结为简单的生产或者分配问题,而他的办法则是说明,后者总是要以某种方式将"攫取"或者"占有"作为前提,或者说要依赖于"攫取"或者"占有"。

但是,一旦"攫取"或者"占有"被理解为"分配"和"生产"的前提条件或者说是工具,(与"分配"和"生产"相对立的)"攫取"的政治性格也就消失了。因此,科耶夫在他1955年8月1日致施米特的信中指出:

> 攫取只有在为了名望(prestige)而发生,或者说为了名望性的目的(prestigious ends)而发生的条件下,才是政治性的。否则的话,是不是可以说,甚至连动物都可以发动战争,甚至连19世纪非洲的掠夺活动也是一场战争?另一方面,除了"霸权",也就是说声望之外,雅典显然也没有多少可以从斯巴达"攫取"的东西。①

这就把我们引到了科耶夫接受施米特之邀在杜塞尔多夫所做的那场讲演《从欧洲视角看殖民主义》(*Colonialism from a European Perspective*),引到了科耶夫在这场讲演里面对于施米特所做的公开反驳上来。这场讲演外在的主题是关于发展中国家的政策问题的,特别是关于GATT(关税和贸易总协定)时期的贸易政策的演化问题的。

科耶夫在开篇首先谈到了马克思在贫困化理论当中所犯的一个错误:简单来说,马克思没有考虑到这样一点,那就是,资本家也会变得聪明起来,也会意识到:如果他们不跟工人一起分享剩余价值的话,那么,他们出售自己产品的市场就会萎缩。福特制对于马克思从他预见到的资本主义的崩溃这样一个基础上所了解的资本主义来说,就是一场决定性的变革。因为工人从此就可以有足够的薪水去购买他们所生产的产品了。

在科耶夫看来,在目前这个时代,资本主义所面临的挑战乃是要将这场变革的范围扩大到发达国家与发展中国家之间的关系里面来。如果发达国家不跟发展中国家一起分享他们的财富的话,那么,从长远来看,它们就会没有办法为自己的产品扩大市场,由此则会导致一

---

① 斜体的强调是原文就有的。[译按]原文斜体强调中文用楷体表示。

场发达资本主义的危机。在科耶夫看来,这是一种新的 Nomos der Erde——即,从发达国家向发展中国家的"给予"(giving),而这种给予可以通过一种混合经济的制度,让繁荣的局面扩展到整个地球。

科耶夫阐述了多种不同的发展援助的策略,包括稳定日用品和直接的财政援助,他尤其强调指出了美国对于绝大多数这类策略所持的、异常的反对态度。他认为区域联合(regionalism)对于发达国家和发展中国家的再分配来说是最有效的途径,既可以适用于多边的合作(因为在美国、欧洲和其他国家之间达成一致非常困难,所以这种合作一直受到很大的阻挠),也可以适用于单纯的双边合作,因为在科耶夫看来,"仍然存在着很多自然形成的经济区域"。

因此,科耶夫以这种新的 Nomos der Erde——这种 Nomos der Erde 的基础是许多个地区,对于这些地区,发达国家有责任确保这个地区之内的贫困国家可以得到确保本国经济发展的手段——为前提,提出了一种新的关于世界的"划分"或者说多元性的主张。亚洲由英美负责,中亚的各个共和国由俄国负责,美洲由美国负责,地中海世界由欧洲负责。

按照科耶夫的看法,地中海世界之所以不再是一个有活力的、成功的经济区域,完全是因为"伊斯兰征服"(Islamic conquest)的结果,这场征服把地中海"变成了两个世界之间的疆界,从而导致在接下来的许多个世纪里面它都不再是商业交通的要道,而是变成了一个仅供军事角逐的舞台"。科耶夫似乎是在建议说,欧洲在致力于帮助地中海地区的贫困国家发展经济的时候,应该抱有这样一个目标,那就是,把自从伊斯兰征服以来地中海世界开始形成的划分颠倒过来。因此,对于科耶夫来说,地中海地区所形成的伊斯兰教和天主教之间的划分,并不是一种根本性的划分;这个地区的自然性的经济联合体之所以会走向没落,完全是因为它在过去时代的里面被政治化之后的结果。

科耶夫改造了施米特新的 Nomos der Erde 问题,也改造了大空间的建议,对此人们只能哑口无言。施米特和科耶夫之间通过通信所展开的交锋证明,面对着一个和自己处于同等水准(或者说比自己要高明)的、能够赋予这些概念以含义的思想家的挑战,施米特最后走进了死胡同,或者说只能原地打转。施米特的问题是,他太过坚持,或者说太寄希望于一种新的世界划分,而这种世界划分又能够容忍那种他用来构建"政治"的敌对性。

那些想在今天阐述一种能够与美国的"强悍"武力之下的单边主义相抗衡的欧洲前景的人们,也面临着同样的困难。如果这种抗衡的意思是说,欧洲可以做一个道德意义上的"反对者"或者说批评者,那还好,但是,这似乎还到不了那种"大范围的、水火不容的'权力竞赛'"的程度。事实是,"美国"和"欧洲"之间的差异,即便是在最紧张的时候,也不会让大西洋两岸的任何一方去想象说,这些差异必须要通过施米特意义上的"政治途径"来解决,或者说,必须要通过战争或者在战争的阴云之下才能解决。这不仅是因为像人们在表面上所看到的那样,欧洲方面是"现实主义的",不想打一场注定要失败的战争;同样也是因为,对于美国方面来说,通过武力来惩罚一个不赞成自己单边主义(比如在伊拉克等问题上)的欧洲,根本就是天方夜谭。欧洲人和美国人都没有办法想象彼此之间会因为意见不合而致对方于死地。

科耶夫远在自己的时代之前就认识到,在一个后历史的世界上,武力,即便是最强大的武力,都不是决定性的;在像伊拉克这样的地区,在朝着平等承认的政权发展的过程中,动用武力或许可以影响它前进的速度——要么是加快,要么是减慢——,但是从根本上来说,这要依赖于经济和法律的转型。正如科耶夫的"拉丁帝国"或者大空间的概念所建议的那样,在加速中东地区的这类转型方面,欧洲的地位可能要比美国好得多,无论是在精神方面还是在经济方面。某些欧洲力量在徒劳地反对美国单边主义的时候的那种空洞的道德说教,在实际上已经造成了一种情境,就是说,现在的欧洲已经不能够再像以前那样,有一种处理中东问题的得天独厚的能力(这是有充分证据的),也就是说,可以通过一种重新整合的地中海世界的概念来塑造中东地区的经济和法律转型。

但是,当科耶夫说拉丁帝国的构建跟大空间一样都是"后历史性

的"的时候,他当真是对的么?在《法国国是纲要》里面,科耶夫建议说,拉丁帝国

> 也可以为关于民主的政治思想提出一些新的问题,而这些问题又可以让这种思想最终克服自身传统的、仅仅适合于民族性的架构因而已经变得过时的意识形态。或许,正是通过确定一个帝国内部(说到底是人类自身)不同民族之间的关系,民主才可以对当今世界提出一些新的东西。[1]

在这段文字里面,科耶夫似乎是想摆脱对于施米特意义上的、通过反对政治上的敌人而构建起来的"政治"概念的依赖;但是,在十年之后与施米特的通信里面,他又重申了自己与施米特在"政治"和"国家"的意义问题上的一致性,他们之间的区别仅仅在于这种意义上的政治有没有自己的未来。

但是,以施米特和科耶夫之间的这些通信为基础,人们可以对他们两人提出一个非常明显的问题:也就是说,就像他们两个都同意的那样,如果"国家"已经被完成了,但同时在不同的社会之间,在不同的地区或者社会集团之间又保持着差异,而这些差异又会在事物的新秩序方面,即在新的 Nomos der Erde 方面起着决定性的作用,那么,接下来在"政治"的意义这个问题上,有没有可能发生一种转换?科耶夫在通信里面通过援引对于某种单一目标——即普遍性的繁荣——的分享,而避开了这个问题。但是,事情当真可以像他通信当中所建议的那样,为了达到这个目标所采取的方式上的差异——比如,拉丁世界和英美世界在经济和社会制度以及政策上的差异——可以仅仅归结为技术性的问题,或者说,至多只是司法管理方面的问题么?正如科耶夫在《法国国是纲要》里面所强调指出的那样,这不仅只是为不同的社会或者社会集团决定不同的选择这样一种技术观念上的差异,也是

---

[1] 科耶夫,同前注8,页16(斜体强调是原来就有的)。

一种精神和文化气质方面的差异——换句话说,是一种价值方面的差异。但是,有一点可以将这些价值方面的差异与"目标"之间的冲突区分开来,也就是说,从理性的角度来说为了解决这些差异,人们没有必要再诉诸暴力性的斗争了——也就是说,如果再诉诸武力,在实际上就是非理性的了——,因此科耶夫是正确的,因为他没有把这些差异理解为一种新的施米特意义上的政治。但是,另一方面,如果真的要把这些差异完全地推给技术、法律或者官僚来解决,似乎也不符合这些现象的本来面目。

因此,我斗胆以为,如下这点应该就是在科耶夫最后的思想当中所隐含但却从来没有被明白阐述过的、新的、后施米特意义上的政治概念:即,当政策上的选择所包含的价值分歧没有办法归结为不同的、关于手段问题的"科学性"判断的时候,要通过民主性的决定,同时也包括跨国性的民主管理,做出有关的选择。但尽管如此,这些分歧还是会跟共同的目标有冲突,并且,人们也还会处于这样一种想法的阴影之下:即,人们从根本上来说要诉诸暴力来解决分歧,这种矛盾从理性的角度来说,现在是没有办法调和的,将来也永远没有办法调和。①

---

① 这样一个后施米特意义上的政治概念,笔者正在通过与尼古雷迪斯教授的合作而加以完善。笔者感谢尼古雷迪斯教授在这个问题上与笔者所进行的许多富有价值和启发性的谈话。

三种全球秩序观念

——施米特、阿隆与世界精神的公务员①

缪勒(Jan – Werner Müller) 著

> Verborgen bleit der liebe gott
> Die ganze welt wird melting pot
> 施米特,1957 年

施米特在 1940 年代早期就已经开始提出由多个大空间(great spaces)来构建世界秩序的观念,但他在这方面的代表性作品《大地法》(*The Nomos of the Earth*)却直到 1950 年才出版。这个理论的某些内容一直以来都跟那种纳粹主导的、与其他有着全球性影响的帝国并立的大空间观念是密切结合在一起的,不消说,这些内容必须要做一些修正,以便可以符合战后读者的口味。但《大地法》仍然是他全部战后反思的试金石——而这在相当程度上是因为,这本书可以让他将讨论问题的层次从德国的过去,从国内政治,转向更加宏大的、世界历史性的甚至是神话性的沉思。1970 年代早期,施米特的很多追随者准备出版一部他的政治性论著的文集,这时候他坚持要他们从《大地法》开始收

---

① [译按]本文译自缪勒 *A Dangerous Mind*: *Carl Schmitt in Post – War European Thought*(New Haven and London: Yale University Press, 2003)页 87—103。

英文本的注释,很多都是连续多个序号在引用同样的文献,这样原作者在第一个注释标注了文献的全部情况之后,接下来从第二个注释开始,都可以用"前揭书"或者"同上注"之类的话简略带过。但中译本在几处地方都附加了[译按],并且又有几处[译按]是穿插在上述英文本注释之间的。因此,如果读者在参考注释的时候看到"前揭书"或者"同上注"之类的字眼,这都是针对英文原文说的,并不包括中译者所附加的[译按]。

录,并且只收录他战后的作品——就好像他早期那种更加直白的、反自由主义的立场不是他一直以来构建战后全球秩序观念的基础似的。

当施米特反思领土性(territoriality)的衰落和欧洲国家体系的终结的时候,他跟汤因比(Arnold Toynbee)这类战后的文化悲观论者无疑是同调的。在这样一个很明显是"后欧洲的时代"("post-European age")里面,很多知识分子都希望让施米特加入一种在本质上是从欧洲立场出发的、关于新的全球政治的讨论,因为这种全球政治是施米特经常称之为"欧洲退场"("Europe's dethronement")的那种现象的原因。[1] 虽然对于大多数欧洲知识分子来说,这种讨论是对现实当中欧洲政治影响力丧失的一种补偿形式,但是施米特参加这种讨论的特定目的,乃是希望将他纳粹时代的反思成果融化在关于世界历史的反思当中。

定位、法与秩序

在这本也许应该算是自己最具特色的著作里面,施米特讨论了很多不同层次的问题。他时不时地会将传统历史学和法学的分析与他本人的地球神话、似是而非的词源考证和几乎是不加掩饰的、对于二战胜利者的厌恶混杂起来。不过所有这一切都以这样一种主张贯穿起来,那就是反对英美两国以商业和制海权为基础主导全球的统一,也反对这种统一所带来的诸多危险。

施米特以神话,也就是说以这样一种横空出世的主张,开始自己的论述:地球是法律之母,所有伟大的、创制法律的原初行为(Ur-act)都要以某一片特殊的土地为基础,也就是说:要以"占领土地,创

---

[1] 黎希特海姆(George Lichtheim) *Europe in the Twentieth Century* (London: Weidenfeld and Nicolson, 1972)。

建城市,创建殖民地"为基础。① 占据土地是所有这些行为当中最具奠基性的行为。正如施米特就字面意思所说的那样,"土地的占有"或者说"土地的攫取"确立了一种界限清晰的内外划分。而这条界线接下来也就可以变成如下这些区分的基础,比如:公法和私法的区分,政治统治和私人财产的区分(同上,页17)。因此,对土地的占有就构成了某种具体秩序的起点,但它同样也是"扎根于历史意义的王国之中"的唯一途径(同上,页19)。定位(Localisation)(或者 Ortung)、秩序(或者 Ordnung)和意义之间的联系是不可分割的——而定位和秩序之间的分离不但会必然导致(字面意义上的)失位(dislocation),还必然会导致政治和道德的迷失(同上,页36)。乌托邦——指处所(topos)或 Ortung 的缺失,因此也指尺度、秩序和法律的某种具体统一性的缺失——也必然将是虚无主义的一种形式。处所、法律和秩序的恰当搭配,施米特称之为 nomos。②

施米特对这个古希腊文的单词选择了一种非正统的解释,以回避德文的就表面来看也包含了那种人类(对于法律的)安置观念的单词 Gesetz,③因为在他看来,Gesetz 这个词还包含一些实证主义的涵义。但是,尽管有着所有这些神话性的、词源学意义上的附带含义,但就其本身而言,nomos 的观念未必就是对于土地的神化——不管怎么说,nomos 都是一种人性化的创制,都是一种由那些能够做出明确内外区分的人所制定的尺度。

接下来,施米特围绕 Nomos 的观念,简要地回顾了一下世界历史——也就是说,回顾了从古代的 polis、④到中世纪的共和国(republic)、最后再到十六世纪国家和 ius publicum Europaeum 的创制这样一

---

① 施米特,*Der Nomos der Erde im Völkerrecht des Jus Publicum Europaeum*(1950; Berlin: Duncker & Humblot, 1997),页15。
② 正如格劳斯(Raphael Gross)已经指出的那样,右翼的、新教的政治神学家曾经提出一种用于战争间歇阶段的 Volk - nomos 的观念。参见,*Carl Schmitt und die Juden*,页83—112。
③ [译按]Gesetz,德文,"法律"的意思。
④ [译按]polis,希腊文,"城邦"的意思。

系列具体的秩序。① 施米特主张,最后这种创制是以新大陆的发现为基础的。按照施米特的看法,主要的大国之所以只能在欧洲大陆这样的范围内才能够对战争加以限制,是因为地球的其他部分仍然可以用来从事不受约束的战争。施米特一再赞美一种战争的形式(这种战争形式是模仿决斗的,而决斗一般来说既不歧视敌人,也不从道德上污蔑敌人),认为它是一种独特的、人性化的成就。在这样一种设计里面,神学家们的沉默导致了对战争的人性化,因为 justa causa 已经被 justus hostis 取代了。② 按照施米特的看法,这样一种特别的、欧洲中心论的 Nomos 在多个大国内部维持了和平,同时也将国际关系的残酷性降到最低。但是,这样一种——在施米特看来是超乎寻常的——西方理性主义的创制,它所建立的基础必须得是在欧洲之外存在着充分的、可以自由开发也可以在法律之外为之进行战斗的空间。文化上均质的、由多个欧洲主权国家构成的体系,必须要以一个外在的、"未开化的"、可以被自由征服和殖民的空间为前提。在此体系的"常态"之外的那些情形——比如私掠船——必须要被定位在一个外在的领域,定位在一个"蛮荒"而非法的区域。只有在这样的情况下,多个欧洲主权国家才可以在一个从根本上来看是不对称的世界秩序里面,轮流统治全球。

按照施米特的看法,瓦特尔(Vattel)称之为 la guerre en forme 的那种文明成就,③随着作为一种海上力量的英国的兴起,已经被打破了。同时也是最早的工业社会的英国,使得海洋成为新的全球秩序的基础。在其他欧洲国家比以往任何时候都更加注重占据土地的地方,英国则在占据海洋。④ 英国新兴霸权地位得以确立的基础,是通过商业和信用对于权力的间接行使。但它还有一个基础,那就是通过海战对

---

① [译按]ius publicum Europaeum,拉丁文,"欧洲公法"的意思。
② [译按]justa causa,法文(不是法文,似乎是拉丁文),"合法理由"的意思;justus hostis,拉丁文,"敌人合法"的意思。
③ [译按]la guerre en forme,法文,"正规战争"的意思。
④ 施米特,*Gespräche über die Macht und den Zugang zum Machthaber/Gespräch über den neuen Raum*(1954; Berlin: Akademie, 1994),页53。

于权力的直接行使,而这种海战,按照施米特的看法,就其本质而言是没有办法加以限制的。一个以海洋为基础的体系说到底是不自然的,因为施米特主张,"海洋是外在于人的,跟人是对立的。它不是人类的生存空间[Lebensraum]"(同上,页38)。

最终,英美帝国——以一套新的普遍主义的法律言词为幌子——打破了旧式的 *ius publicum Europaeum*,重新引入了一种歧视性的、以正义战争(just war)的观念为中心的敌人概念。英国、美国以及它们的盟友正在建立一套新的、不是"以大地为基础"因而也缺乏明确的界限跟相互区分的世界秩序。施米特主张,"以民族国家为中心的那种秩序的解散,如果没有一种界限清晰的、由多个大空间所组成的组织",那就只能产生许多个"污秽的空间"和"虚假的阵线",而一种世界性的组织也会导致同样的后果。① 这样一种污秽以及随之而来的暧昧性,最清楚地表现在这样一个事实里面,即:英美两国都同时既内在于欧洲又远离欧洲。施米特感到义愤的是,"美国"现在竟然声称,自己作为"法律与自由的堡垒",是代表了"真正的欧洲"。正如他指出的那样:

> 旧欧洲就如同旧亚洲和旧非洲一样,已经被当成是过时的东西抛在了一边。新与旧……在这里不只是用来进行谴责的标准,同时也是用来进行分配的标准,也是秩序和定位的标准。②

另外,正如施米特在1947年的日记当中已经指出的那样,传统国家的含义是指能够决定中止国内战争的主权。但全球性的统治则意味着几乎相反的方面。它最后会导致一种"依据国际法所产生的战争与国内战争的合并"。③ 这种新的世界秩序显然没有办法将例外者排除出去——它只能将一种潜在而永久的例外状态加以内化。它也打

---

① 施米特,*Glossarium*,页9。
② 施米特,*Nomos*,页266。
③ 施米特,*Glossarium*,页3。

断了秩序与定位之间的联系,而这种联系却是世界政治当中唯一的意义保障。*Nomos* 被虚无主义取代了。

施米特倡导一种由多个大空间所组成的、恰如其分的"多元状态",而这种状态同时又是"仇恨"(agonism)的源泉,也就是说,这种状态仍然是一种敌对性的概念,而这种概念又不包含将敌人彻底消灭的意思。与英美"伦理—道德意义上的敌对概念"相比,仇恨及其对于敌人的非歧视性的对待,情形要好得多——在施米特看来,即便是从道德的观点来看也是如此(同上,页8)。

施米特主张,即便英美在建立某种世界秩序方面已经取得了某种意义上的成功,但一种没有多个力量存在的秩序也意味着政治的终结。在这里,这样一种状况到底是根本无法想象的呢,还是说从内心深处无法接受?对此施米特的态度是摇摆的。接下来我们马上就会遇到一个既非来自美国也非来自英国的人物,这个人针对那个让施米特感到极其恐惧的问题,提出了一种极其高明的哲学解释。

科耶夫的喜剧

1967年,科耶夫临去世的前一年,他在从北京回来的途中,给正在西柏林造反的学生开了一场讲座。这位正在法国政府部门工作的、出身哲人的éminence grise[①]给学生们的主要建议就是劝他们去学习希腊文。在这样一个场合,他曾经用一贯玩世不恭的口气跟陶伯斯说,他正打算去拜访施米特。看到陶伯斯一脸的愕然,科耶夫解释说,施米特是德国"唯一值得一谈的人"。[②] 从某种意义上来说,科耶夫跟施米特的通信和结识只是早晚的事情,没什么好奇怪的。科耶夫——跟施米特一样都是有非常高文化教养的人——不仅知道如何俘虏跟他来往的那些知识分子的观念,还知道如何俘虏他们的精神,而这些人

[①] [译按] éminence grise,法文,"幕后智囊"的意思。
[②] 陶伯斯,*Gegenstreibige Fügung*,页24。

接下来也就会成为他终生的学生。跟施米特一样,他喜欢神化自己的过去和自己的人格,以此来眩惑别人。① 与施米特一样,科耶夫身上总是残留着一些年轻时候的放荡不羁的性格特征,那时候他还没有选择学术生活,也没有最后决定在法国的国家机关里面干一辈子。跟施米特一样,科耶夫身上也有某种东西总是在吸引一些人将他与大法官甚至是与摩菲斯特(Mophistopheles)相互比较②——但也有些另外一些人在他身上看到了一种陀思妥耶夫斯基笔下的伊万·卡拉马佐夫和《群魔》当中的斯塔夫罗金的混合。③

科耶夫在结识施米特之前的二十年,就已经通过自己在巴黎高等实验学院开设的、关于黑格尔《精神现象学》的讲座,几乎是只手改变了法国的哲学生活。他让整整一代的法国知识分子相信:

> 世界的未来,从而还有现在的意义和方向,以及过去的意义,所有这些归根结底可能都要取决于今天的我们用一种什么样的方式来诠释黑格尔的文本。④

那一代法国知识分子后来被人们称为"3H的一代"——而由于科耶夫的鼓吹,三个H当中碰巧有一个就是黑格尔(另外两个H指海德格尔和胡塞尔)。⑤

很难说科耶夫生来就是干这一行的。他原名叫作亚历山大·科

---

① 许多这一类的神话在奥弗赖特的《科耶夫:哲学、国家、历史的终结》(*Alexandre Kojève: La Philosophie, l'état, la fin de l'Histoire*, Paris: Grasset, 1990)一书中都有记载——并且没有那么神乎其神。
② [译按]歌德诗作《浮士德》当中的人物,是一个魔鬼。
③ 前揭书,页19。[译按]伊万·卡拉马佐夫,陀思妥耶夫斯基小说《卡拉马佐夫兄弟》当中的主人公之一,是卡拉马佐夫三兄弟中的老二。
④ 转引自洛斯(Michael Roth)*Knowing and History: Appropriations of Hegel in Twentieth-Century France*(Ithaca: Cornell UP, 1988),页118。
⑤ 参见迪斯柯贝斯(Vincent Descombes)著,斯科特-福克斯(L. Scott-Fox)、哈丁(J. M. Harding)译:*Modern French Philosophy*(Cambridge: Cambridge UP, 1980)页9—54。

耶尼科夫，1902年生于莫斯科一个四海为家的资产阶级家庭——艺术家康定斯基（Vassily Kandinsky）是他的大伯。尽管他1918年的时候曾经因为投机倒把被契卡（Cheka）逮捕过，但他仍然是俄国革命的狂热支持者——他之所以离开俄国到西方去，仅仅是因为莫斯科大学在1919年因为他的资产阶级背景而拒绝让他入学。他后来到了海德堡大学，在那里，他过着一种绅士般的学者生活，活像一个老于世故而又游手好闲的业余爱好者，但碰巧又在从梵文到俄国哲学的各类题目里面知道得比专家还要多。最后，这位花花公子在携着年轻美貌的俄罗斯妻子去巴黎享受花天酒地、挥金如土的生活之前，在雅斯贝尔斯的指导下完成了一篇博士论文。但所有这一切到1930年的时候都没有了，因为他不小心买了奶酪生产商 La vache qui rit 的股票，结果绝大多数钱财都因为股市崩溃赔了个干净。接下来，他不得不找了一份图书管理员的工作，而住所也换到了不那么体面的巴黎市郊。从此以后，他只能在咖啡馆里面接待他的学生和来客，结果在自己的崇拜者面前弄得像个"没有身份的人"。①

从1933年到1939年，每周五下午的五点半，科耶夫都会举行关于黑格尔的讲座——这个讲座距离名流荟萃的法国大学生活甚远，但在参加者之中却也有像阿隆、巴塔伊、布勒东、拉康、莫里斯·梅洛-庞蒂等这一类的人物。不过，科耶夫从来都没有做过正规的法国教授。倒是在二战结束以后，进入了法国政府，踏上了仕途。保举他的人是曾经参加过他讲座的马若兰。马若兰曾经做过戴高乐在伦敦的经济顾问，二战以后又成了法国经济部主管对外贸易的高官。他推举科耶夫加入了一个为欧洲经济统一服务的高级技术官僚的团队。后来做了法国总理的巴尔（Raymond Barre）当时还是一个年轻的官员，②他曾经说，科耶夫"是法国方面杰出的谈判代表"，甚至是"其他贸易代表团

---

① 据托米森（Piet Tommissen）编，*Schmittiana*，卷6（Berlin：Duncker & Humblot, 1998），页48引莫勒（Armin Mohler）。

② ［译按］巴尔（1924—2007）法国中右翼的政治家，经济学家，1976—1981年间曾经担任法国总理。

的灾难"。但在内心深处,科耶夫好像跟自己务实的外交手腕颇有距离。据巴尔回忆说,科耶夫经常说的一句口头禅就是:"人生是场喜剧,但得好好演。"①

科耶夫自己的哲学有时候看起来也像一出喜剧——尽管这种哲学的界定从头到尾都极其严谨。② 他步黑格尔的后尘,也主张当所有为了名望和承认而展开的流血革命和战斗都宣布结束的时候,历史也会终结。与此同时,主人和奴隶的辩证法(在这种辩证法里面,主人在不实际地杀死奴隶的情况下夺走了他的独立地位)也会一再地重复。科耶夫跟黑格尔不同,他认为历史只是"劳动奴隶的历史"。主人因为没有人可以给他恰当的承认,所以被冻结在自己的胜利当中了,但奴隶跟主人不同,他渴望"改变,超越,转型,'教化'"。因此,奴隶就可以推动技术进步,同时也会对世界获得越来越准确的理解——但主人因为已经在为了承认的斗争中冒了生命危险,所以他已经获得了人性,尽管他在所有其他方面都维持在动物性的生存水平。但是,在这个很大程度上是非人格性的发展过程的最后,主奴之间的对立将被扬弃。也正是在这个时间点上,一种能够满足一切人类需求的"普遍均质的国家"(universal homogeneous state)将会出现。再也不会有任何的对立了,也不会再有任何外在于这个国家的东西。正如科耶夫的朋友小说家格诺(Raymond Queneau)在一篇小说的题目里面所说的那样,在这样一个国家里面,到处都是"生命的周日"(Sunday of life)。在这样一种普遍和平的景观里面,政治跟一切更加深刻的人类激情一样,都会消失——政治早已经被"幸福人士们"随心所欲的游戏代替了。但是,这种幸福的人士不只是尼采意义上的"末人"(last men)——毋宁可以说,他们已经不再是严格意义上的人了。科耶夫写道:

---

① 奥弗赖特 Alexandre Kojève,页 418,417 引巴尔。
② 还可参看迪汉诺夫(Galin Tihanov)的一篇很有见地的论文,*Regimes of Modernity at the Dawn of Globalization: Carl Schmitt and Alexander Kojève*,收入卡迪尔(Djelal Kadir)、吕伯曼(Dorothea Löbbermann)主编,*Other Modernisms in an Age of Globalization*(Heidelberg: C. F. Winter, 2002)页 75—93。

实际上,人类时间的终结,或者说历史的终结——也就是说,严格意义上的人的最终灭绝,或者说,自由的、历史性的个人的最终灭绝——它的意思无非是说,真正意义上的人类行为终止了。而从实践的角度来说,这意味着战争和流血革命的消亡。同样也意味着哲学的消亡;因为,既然人本身不再能够发生本质性的改变,那么,人类也就不会再有任何理由来改变那些(真正地)可以决定他对世界、对自己的理解的原则。但是,所有其他东西都可以无限制地保存下来;比如,艺术,爱,游戏等等;一言以蔽之,所有能够让人幸福的东西都可以无限制地保存下来。①

全球化的政治与全球化的游戏

施米特最早注意到科耶夫是在 1950 年代的早期,并且在 1955 年及时地跟他取得了联系,但他接着又把科耶夫的影响扩大到那些参加他的欧洲反公共领域(Europe counter - public sphere)的追随者那里。他后来劝说科耶夫到杜塞尔多夫的莱茵—鲁尔俱乐部做了一场讲演,这个俱乐部曾经邀请过各式各样的讲演者,其中有银行家阿布斯(Hermann Josef Abs),②有《明镜》杂志(*Der Spiegel*)的主编奥格斯坦因(Rudolf Augstein),③还有阿伦特(Hannah Arendt)。1957 年 1 月 16 日,科耶夫在一群大工业家面前以"欧洲视角下的殖民主义"做了一场讲演——据施米特跟恽格尔说,在他的"年轻朋友"里面,至少有"二十

---

① 格诺编,科耶夫《黑格尔导读:精神现象学讲课稿(1933—1939 年在巴黎高师)》 *Introduction à la lecture de Hegel: Leçons sur la Phénoménologie de l'Esprit professées de 1933 à 1939 à l'école des Hautes - études 1902—1968.* (Paris: Gallimard, 1947),页 435。

② [译按]阿布斯(1901—1994),著名银行家,二战结束之后任德意志银行主席(1957—1967),对于德国经济的重建出力甚巨。

③ [译按]奥格斯坦因(1923 —2002)德国最具影响力的媒体人之一,1946—1947 年间创办了直到目前为止都是德国最有影响的新闻杂志《明镜》。

个第一流的人"参加了这场讲演。①

施米特跟科耶夫在哲学上是彬彬有礼的对手,他们经常都会用那种常见的、有时甚至是言过其实的客套话来恭维对方。不过,客套并不能掩盖这样一个事实,那就是,他们的世界观念在几乎所有的方面都是截然对立的。最初跟科耶夫联系的时候,施米特刚刚写完讨论"攫取—分配—生产"的论文,在这篇论文里面他主张,这个三部曲在 nomos 的标志之下,决定了世界历史的特征。② 科耶夫立即反驳道:自从拿破仑以来,"攫取"就再也没有存在过。他承认,黑格尔事实上比他最初想象的甚至还要正确。③ 他跟施米特承认说,在他二战之前的那些讲座里面,当他在读拿破仑的时候,他一直在考虑的其实是斯大林,④他还承认说,他一直都希望斯大林可以变成一个"工业化的拿破仑",而对于这个拿破仑,他本人则可以扮演黑格尔的角色。只有到了现在他才认识到,从世界历史的角度来说,斯大林(还有希特勒)并没有说出任何新的东西。第二次世界大战也"没有带来任何从本质上来说是新颖的东西。而第一次世界大战则只是一段幕间休息"(同上,页104)。

在科耶夫看来,拿破仑的目的是要为了社会的利益而扬弃(aufheben)国家,而他达到这个目的的手段则是通过一场"总体战争"。但是,英美早就已经可以不通过战争而达到同样的目的,并且,整个世界历史现在也正在朝着一种类似的、非国家性的和平迈进。科耶夫同意施米特的见解,就是说,现在已经没有真正的国家存在——行政管理

---

① 施米特致恽格尔,1957 年 1 月 26 日,收入 *Ernst Jünger – Carl Schmitt*,页 320。
② 施米特,"Nehmen/Teilen/Weiden: Ein Versuch, die Grundfragen jeder Sozial – und Wirtschaftsordnung vom Nomos her richtig zu stellen [1953]"收入 *Verfassungsrechtliche Aufsätze aus den Jahren 1924—1954: Materialien zu einer Verfassungslehre*(Berlin: Duncker & Humblot, 1958),页 489—501。
③ 科耶夫致施米特,1955 年 5 月 16 日。重印于托米森编 *Schmittiana*,卷 6,页 103—107;这句话出自页 103。
④ [译按]作者此处对科耶夫的理解有误。详见本书所收"科耶夫—施米特通信"所收 1955 年 5 月 16 日科耶夫致施米特信。

已经取代了本来意义上的统治,而警察性的工作也已经取代了政治的位置。美国人在全球的霸权地位只会加速这个进程,因为他们从来都不知道"战争、政治和国家"为何物(同上注)。但是,就这个发展过程来说,苏联甚至还要领先一步。在俄国,统治已经彻底而正式地被行政管理取代了——并且,科耶夫还主张,如果政府和议会被废除的话,那么,西方同样也不会有什么东西发生本质性的改变。如果西方仍然保留资本主义和民族主义的话,那么,它就可能会被苏联征服——而如果它不再如此,那么,它就可以处于更加有利的地位,从而也就可以从自己的利益出发解决表面上存在的那种全球性的二元对立。

换句话说,世界有朝一日将会按照一种整齐划一的方式被管理,因为这个世界在生活的目标上已经统一起来了——那就是和平而富足地生活(或许人们可以按照科耶夫在黑格尔讲座里面对未来全新世界的描述再加一句:游戏人生)。事实上在科耶夫看来,莫洛托夫的牛仔帽才是"未来的象征"。[1] 他主张,"再过一二十年,就连一个'非黑格尔主义者'都会看出,东方和西方不但需要的是同样的东西(很明显是从拿破仑以来),做的也是同样的事情"。[2] 因此,普遍均质国家根本不再是施米特所说的那种严格意义上的国家,而只是一种为了普遍地满足人类需要而建立的一种全球性机制——更确切一点说,那将是一种全球范围的"生命的周日"。按照科耶夫的说明,这种国家要通过一种渐进的、跨国的宪政化(constitutionalization)过程,也就是说,要通过一种公法与私法的均质化,而从根本上来说则是要通过一种建立在共通正义概念基础之上的"法律联合"(judicial union)才会出现。法律之治只有在普遍均质国家当中才会充分实现,因为在这种国家里面,国家之间潜在的、殊死对抗意义上的政治,在有例外出现的时刻(moments of exception)将不再能够取代法律。因此,Rechtsstaat 的充分实

---

[1] 科耶夫致施米特,1955 年 7 月 11 日,前揭书,页 110—111;这句话出自页 110。
[2] 科耶夫致施米特,1955 年 5 月 16 日,前揭书,页 105。

现需要以民族国家的消亡为前提。①

同样也感觉到自己已经拥有了所有"世界精神的豁免状"("exempt papers of the world spirit")的施米特也同意说：正如人们从现代早期就已经在欧洲所看到的那样，国家和必死的上帝确实都已经死去了。接下来，施米特使用了弗尔斯特霍夫(Ernst Forsthoff)在1930年代所提出的一个说法，②说国家仅仅变成了一个 Daseinsvorsorge 的供给者。③ 但他并不同意科耶夫的认为冷战的二元分化乃是真正世界统一的前奏的说法。它实际上是一个介于欧洲式的主权国家时代与新的多个大空间并立的时代的过渡阶段。施米特主张，地球还不是一个可以从经济和技术的角度加以计划的单位——并且他"甚至觉得，它有没有这样的可能性都是一个问题"。换句话说，施米特提出怀疑的，恰恰是科耶夫这位自称是"右派的马克思主义者"(Marxist of the Right)所描画出来的全球化的现代化(globalized modernity)这样一个观念本身。④ 大空间将会——并且也应该——构建出一种新的、由多个 magni homines 所构成的多元状态：⑤也就是说，大空间是跟在彼此之间能够感受到有意义的——也是非道德化的——敌对性的"伟人们"类似的政治实体。只有这种敌对性才能够在那样一个时候产生施米特所说的"为历史负责的能力"("capacity for history")，或者说 Geschichtsfähigkeit。⑥

---

① 科耶夫著，弗洛斯特、霍斯英译，弗洛斯特编:《法权现象学纲要》(Lanham: Rowman & Littlefield, 2000)。关于科耶夫思想的法律内涵，弗洛斯特、霍斯所撰写的导论当中有充分而明晰的说明。

② [译按]弗尔斯特霍夫(1902—1974)，德国法学家，以行政法的研究见称于世。施米特有名的《游击队理论——"政治的概念附识"》(中译本收入施米特著，刘宗坤等译，《政治的概念》，上海人民出版社，2003年9月)就是献给弗尔斯特霍夫六十岁诞辰的纪念文。

③ 施米特致科耶夫，1955年6月7日，前揭书，页108—110；这段话见于页108。[译按]Daseinsvorsorge，学者或译为"生存照顾"。

④ 奥弗赖特 *Alexandre Kojève*，页305。

⑤ [译按]magni homines，拉丁文，"伟人们"的意思。

⑥ 施米特致科耶夫，页109。

但科耶夫还是不同意施米特的意见。他主张,政治本身一定会消亡。他衡量政治的标准不是敌对性本身有没有可能存在,而是为名望所进行的战斗有没有可能发生。在所有希望被承认的要求都被满足之后,敌对性本身将会被扬弃,并且同时也会被保留在承认的行为之中。在黑格尔的辩证法里面,敌对性只是片刻——而不是构成施米特所看到的那种政治认同(有时则似乎是人格认同)的永久性要素。就最近来说,对抗或许会一直存在——但是在某个时间点,有意义的对抗一定会走到尽头,因为除了世界国家,人们再也提不出任何一种有理性的政治选择方案。

对于施米特来说,这样一种最后的解决方案或者说最后的综合是没有办法达到的。对于在哲学上持保守立场的施米特来说,一个其中所有有意义的对立——从而所有道德性的实质——都已经被消解了的系统,换句话说,一个再也不需要一种"微妙的道德决断"的系统,都是一种诅咒。无怪乎他要忙不迭地问科耶夫:在黑格尔那里,究竟有没有"敌人"存在?"因为:要么他就是否定的一个必经阶段,要么就是无效的,空洞的"。① 科耶夫的回答温和而富有预见性:

> 答案总是:也有也没有。有——就存在着为了承认所展开的斗争(即历史)这点来说,敌人就是有的。世界历史就是人与人之间的敌对性②……没有——只要并且一旦历史……在绝对知识里面"被扬弃",那么,敌人就没有了。③

科耶夫不承认任何一种对于战斗或者敌对性的、基本的人类需求。人只有一种需求,那就是被承认——而这种需求只有在普遍均质国家里面才能用理性的方式加以满足。

---

① 施米特致科耶夫,页113。
② [译按]缪勒对于这句话的理解跟弗里斯的翻译不同,弗里斯的译法是,"世界历史就是不同民族之间的敌对性"。参见本书"科耶夫—施米特通信"1956年1月4日。
③ 科耶夫致施米特,页115。还可参见迪汉诺夫 Regimes of Modernity,页85。

对于施米特来说,科耶夫的观念完全就是一个地狱。它不但意味着政治的终结,还意味着所有道德严肃性和所有超越性观念的终结。科耶夫的世界是彻底普遍性的世界——是一个彻头彻尾的人工制品,而在这个人工制品里面,"天衣无缝的技术运作",跟无神论的、浪漫的、仅仅是出于好玩的游戏是搭配在一起的。

对于所有这些评论科耶夫未必都持反对的态度——他只是在镇定自若地看待历史的终结。① 科耶夫现在认为,日本人为大众发明了一种势利主义(snobbism),科耶夫称之为"民主性的势利主义"。这种势利主义是一种表面性的民主化和美国化的混合,它的来由一是日本不太愿意对西方开放,二是日本本土的传统有一种本质上的连续性。尤其是,日本那种彻底非政治化的武士传统可以将那些富有意义的传统或者游戏,用一种美学的方式再一次为精英们展现出来,同时又不必打乱现代技术和官僚政治的那种天衣无缝的运作。施米特在1962年的一篇讨论卢梭的文章里面,最终承认:

> 在福利国家里面,在消费社会里面,随着这种国家和社会实现了自动化和物质丰裕,于是一种游戏的哲学,或者毋宁可以说,一种闲暇的哲学,似乎会流行起来。但游戏者不是一种世界历史

---

① 科耶夫是一个玩心很重的人,并且也很喜欢故意挑衅,因此在通信当中,他有可能是在故意夸大自己跟施米特之间的差别。尤其需要注意的是,科耶夫在1945年的时候,为了准备将来的外交工作,曾经设计过一种由多个帝国分庭抗礼的格局,其中每个帝国都有一种在本质上与另外的帝国不同的原则作为自己的精神源泉——这个格局在很多方面跟施米特的多个Grossraum彼此抗衡的概念并非一点相似之处都没有,因为这几个帝国也必然要以特定的概念为基础。在这份"草案"里面,科耶夫认为法国应该领导这样一个帝国,这个帝国在精神和理智的方面都建立在"拉丁特性"的基础之上,而在地理方面则以地中海为中心。拉丁帝国的各个成员国在精神上的诸多亲和之处,都围绕一种对于美和生活艺术的激赏而展开。"闲暇的人性化"对于整体的人性来说是一个特别重要的工程。参见科耶夫的《拉丁帝国:一种法国政治理论的纲要》(*L' Empire Latin : Esquisse d' une doctrine de la politique française*, 27 août 1945),收入《游戏规则》(*La regle du jeu*),第1卷,第1号(1990),页89—123。[译按]这里提到的科耶夫的这篇文章,便是收入本书的《法国国是纲要》。

的形象。①

对于施米特来说,在后战争的世界(post-war world)上,只有游击队员——或者说非正规的战士——才是真正的世界历史形象,对于这种见解,我会在后面的章节进行讨论。

在1950年代晚期,科耶夫并不是唯一提出世界国家(world state)观点的知识分子——甚至也不是唯一提出这种观念的花花公子。施米特另外一个"阅墙的兄弟"恽格尔(Ernst Jünger)也写了一本名为 Der Weltstaat 的小书,在这本书里面,恽格尔主张,世界国家来自于技术创新的精神——尤其是来自于一种一般意义上的渐速音(accelerando),一种"日益加速的现代化"。② 在跟施米特遭遇之后,他走得甚至更远了——无论在地理方面还是在哲学方面都是如此。1959年,在对日本进行了一次"哲学之旅"的访问之后,他认定日本代表了另外一种类型的、甚至比美国(或者苏联)的生活方式还要高级的世界历史选择。③ 跟施米特和科耶夫一样,他也同意:

> ……旧日的景色凋零了,旧有的意义也已经被淘空了原有的历史状态和要求。正是因为这个原因战争才变得可疑,战争的界限也变得有疑问。目前产生的东西炸毁了战争的法则。(同上,页31)

但是,当恽格尔说下面这些话的时候,他很明显是想到了自己的老朋友:

---

① 施米特,*Dem wahren Johann Jokob Rousseau: Zum 28. Juni 1962*,收入 *Zürcher Woche*,1962年6月29日。施米特接下来说:"卢梭同样也不是一个游戏者。他的理想乃是一种极其简约的民主。这些归根到底是放弃消费的理想,在今天也已经过时了。即便连阿尔巴尼亚人也不再愿意承受这一类的东西。"

② 恽格尔,*Der Weltstaat: Organismus und Organisation*(Stuttgart: Kelt, 1960),页9。

③ 尼特哈默(Lutz Niethammer)、拉克(Dirk van Laak)合著,*Posthistoire: Has History come to an End?*(London: Verso, 1993)。

无论是从范型的角度来说还是从装备的角度来说,地球的秩序都已然被完成了。所有正在失去的乃是它的承认,它的主张。这种局面通过一个自发的动作就可以想到……或者通过令人信服的事实也可以强制地达到。诗和诗人总是得第一个离开。大空间会进一步扩展成为一种全球性的秩序,多个世界性的国家会加入一个世界性的国家,或者毋宁说会加入一个世界帝国(world empire),而所有这些都是跟这样一种考虑联系在一起的:这样一种完美状态现在要求人们付出意志自由的代价。正是因为这个原因,所以很多人仍然在鼓吹说世界应该被划分成三个或者更多的部分。(同上,页73)

换句话说,在这样一场发生在"战后欧洲"的关于全球秩序的争论里面,所有的人都同意说,意义来自于紧张的局势,来自于斗争——只有科耶夫才甘心相信说,将来的这两种现象将不会再达到致人于死地的水平。另一方面,施米特则认为,斗争还会被保持下去,并且也应当被保持下去。恽格尔甚至都期望一种宇宙范围内的对立(cosmic antithesis),因为虽然施米特一直都死心塌地地坚持地球范围内的多个大空间并存的观念,但恽格尔则认为,世界国家会把国界转移到外层空间去。

间接参加这场辩论的还有另外一个人,这个人的见解澄清了施米特和科耶夫理论之间那些成问题的方面。1948年,施特劳斯在一封致"世界精神的公务员"的信里面宣布说,"在我们这个时代,没有谁能够像您这样把现代思想梳理得如此鞭辟入里"。[1] 但是,他仍然很客气地对科耶夫普遍均质国家的意象提出了异议。施特劳斯主张,

伟大的德行在最后的国家(End‑State)里面是不可能的,但

---

[1] 施特劳斯致科耶夫,1948年8月22日,收入施特劳斯著,古热维奇、罗斯编,*On Tyranny*(Chicago: University of Chicago Press, 2000),页236。

恰恰就是这一点却可以让那些最优秀的人们觉得最后的国家是虚无的,是需要否定的。(同上,页238)

他怀疑,这样的国家也会被证明是一种僭政。另外他还反驳说,普遍性和均质性绝对没有办法让人类获得满足。接下来施特劳斯提出了自己的——多少有些自相矛盾的——观点:只有智慧才可以让人满足,所以,只有智慧才是必须要"普及"的(同上)。除此之外,施特劳斯还得出结论说,科耶夫所提出的是一种虚无主义的景观,而不是一种自由主义的和现代性的景观——并且,自由主义者和反自由主义者也都会有理由反对他这种很独特的黑格尔主义。让施米特感到恐惧的,也正是这种虚无主义——尤其是说 magni homines 之间的那种伟大政治将再也不可能存在了。

1950 年代末期,世界国家的前景,或者更加精确一点说,世界性社会(world society)的前景不仅会让施米特感到不安,同样也会让像恽格尔和施特劳斯这样见解歧异的思想家感到不安。西方政治思想里面影响如此之深的、对于普遍性帝国的怀疑情绪,不仅影响到那些将历史和政治之终结与意义和本质的丧失联系起来的思想家,即便是那些在哲学上持自由主义见解的人也会主张说:科耶夫在哲学喜剧里面所开的这个玩笑需要以人性为代价。毕竟,世界国家要意味着真正意义上的道德对立的终结——因此也要意味着真正的道德自主性的终结。①

不过,选择并不仅仅发生在政治和游戏之间。毕竟,科耶夫可以仅仅主张说,普遍均质国家之所以可以导致政治的终结,是因为说到底他是接受了施米特对政治的定义的。政治作为一种非致死性的意见分歧当然是可以继续存在下去的——但是,再也不会有任何能够满足人对于承认之需要的选择模式了。按照科耶夫的说明,任何能够招致殊死对立的行为都将变成一种警察性的事务,而不是一种政治性的事务。

---

① 还可参见塔克(Richard Tuck)*The Rights of War and Peace: Political Thought and the International Order from Grotius to Kant*(Oxford: Oxford UP, 1999),页226—34。

阿隆 vs. 施米特:对政治独立性的再利用

阿隆作为一个自由主义思想家,在国际关系的问题上站在施米特与科耶夫之间。他不仅如他在 1945 年致施米特的信中所说的那样,读过施米特的 Nomos 并且"从中受益",①实际上他还参加过 1930 年代科耶夫的系列讲座,后来又在 1939 年这个讲座的最后一个学期里面,受科耶夫之请做了一个最后的总结和评述。② 二战结束以后,科耶夫还一直将自己给法国政府所提出的那些备忘录的副本寄给阿隆(事实上,最热衷于权力的施米特是所有科耶夫的对话者里面唯一没有收到备忘录副本的人。他曾经将自己讨论"如何接近权力"的书寄给科耶夫,还写了如下的题词:"所有没有权力的人都需要糖果。")。③

阿隆无疑曾被科耶夫的观点迷住过,但他后来的思想却发生了演化,结果导致他认为科耶夫和他的这位德国对手都做出了错误的政治判断。阿隆自称是一个全神贯注的观众,处理的都是跟政治选择和政治良心有关的问题,对他这样一个人来说,他只能把科耶夫和施米特

---

① 阿隆致施米特,1954 年 1 月 14 日(HstAD RW 265—517)。关于阿隆与施米特交往的概述,可以参见托米森 Raymond Aron à Carl Schmitt,收入托米森编 Schmittiana,卷 7,页 111—129。阿隆曾经就"政治的本质"问题(其实这是一个阿隆本人一直都想写的题目)指导过弗罗恩德(Julien Freund)的论文,后者曾经参加过抵抗运动,后来还做过施米特的学生。弗罗恩德最初的指导老师是伊波利特,但伊波利特后来发现他的研究题目是围绕敌友区分问题展开的,所以就建议他不如投到阿隆的门下。在论文答辩的时候,伊波利特进行了干预,他说:"如果你是对的,那么我除了自杀之外没有别的事情好做。"答辩会报告的起草人利柯(Paul Ricoeur)差不多也持同样的批评态度,但所有的论文审查人都赞赏弗罗恩德的"勇气"。参见巴福雷斯(Nicolas Baverez),《阿隆:观念时代的伦理大师》(Raymond Aron: Un Moraliste au Temps des Idéologies, Paris: Flammarion, 1993),页 325—326。还可参见乌尔曼 Reflections of a Partisan: Julien Freund (1921—1993),收入 Telos, No. 102(1995),页 3—10。

② 参见托米森收入 Schmittiana 卷 6 页 92 的文章。还可参见阿隆,《回忆录》Mémoires (1983; Paris: Julliard, 1993),页 94—101。

③ 帕雷洛戈(Théodor Paléologue),《施米特与科耶夫:一段轶事、一次讲座及其他》(Carl Schmitt et Alexandre Kojève: Une anecdote, une conférence et autres miettes),收入 Commentaire, No. 87(1999 年秋季号),页 567—573;本段内容出自页 568。

看成是不专注的观众。他们两人的观点尽管方式不同,但没有为个人留下政治责任(individual political responsibility)的空间。① 科耶夫只能对世界历史投下若有若无的、冷淡的一瞥——即便后来的事实证明他在战后欧洲的国际政治里面是一个极有手腕的演员。另一方面,施米特则希望从大空间的角度入手——或许也可以从伟大的政治家的角度入手——重新恢复那种真正的、历史性的力量,因为他们可以造就或者说再造那种为了实现科耶夫的历史终结而丧失了的意义。

就外表来看,阿隆的许多重要观察和判断都跟施米特关于国际法和国际政治的看法类似,因为这两个人都可以统一到那种被施米特称之为"追求真理"(la recherche de la réalité)的东西里面来。实际上,尽管阿隆一直都很注意跟施米特保持距离,并且从表面来看他只见过施米特一面,但他从韦伯的传统出发,其实非常尊重这位德国的天才人物。他也曾经让人出版过施米特著作的法文版。按照阿隆的看法,作为一个"有着高度文化修养的人物",施米特不可能是一个"希特勒主义者",他也不会加入纳粹党(在这一点上,通常都消息灵通的阿隆显然是错了)。② 尽管直到在1960年代的晚期他仍然拒绝为施米特的纪念文集投稿,但他后来却让另外一部 liber amicorum 的编辑在前言里面表达自己对施米特90诞辰的"最美好的祝愿"。③ 另外,从阿隆与经常在自己与施米特之间充当中介的学生弗罗恩德的交谈当中人们可以清楚地看到,阿隆其实非常想知道施米特对于自己的著作到底是怎么看的。④

---

① 阿隆,《介入的观望者:与米西嘉、沃顿的对话》(*Le spectateur engagé*:*Entretiens avec Jean-Louis Missika et Dominique Wolton*,Paris:Julliard,1981)。
② 阿隆,*Mémoires*(1983;Paris:Julliard,1993),页650。
③ 托米森,*Raymond Aron à Carl Schmitt*,页125。
④ 弗罗恩德致阿隆,阿隆私人档案 Archives Privées Raymond Aron,carton no. 38 与 carton no. 206。1967年4月17日,阿隆致信弗罗恩德:"坦率地说,我不想为卡尔·施米特纪念文集撰稿。您了解我在这类问题上的态度。我不评判任何人,也任由其他人去宣布某些不容置疑的定罪。但我本人也经历过30年代,我不能忘记施米特所扮演的角色,不管他当时是自愿或非自愿,是有意识或无意识。我对此人有很高的赞赏,在战后和他保持着断断续续的联系。可是,为一部类似文集撰稿,就是在向他的人格致敬,而我无论如何无法对他做出这样的致敬。"

在阿隆看来,国际关系往往是被那些他称为是"力量、荣誉和理念"的东西驱动的。① 这些东西应该始终都具有不可简化的政治性,同时在道德上也都是非常复杂的。这并不是因为政治和道德是对立的两极,从而导致任何一种将这两者混合起来的作法都会导致施米特所预见到的那种灾难。毋宁倒是因为,道德跟政治生活——同时还有其他数不清的脉络——其实是深深交织在一起的。阿隆认为,国内政治和国际政治目前正日益深刻地纠缠在一起,并且也变得越来越意识形态化,在这点上他跟施米特的观点是一致的。但是,他也非常注意将两者各个方面的重要区别提取出来。

1963年,阿隆给施米特写了一封长信,在这封信里面,他批评说施米特的立场从根本上来说是模棱两可的——甚至可以说是虚伪的。他用自己惯常的那种"冷冰冰的明晰性"指出,②人们不得不问一下自己,施米特的思想到底有没有"被同时拉往两个方向。一方面,人与人之间的冲突是存在性的……并且在本质上还是暴力性的,是不服从于公断的……"。但另一方面:

> 您对于公共性的、国家在其中仅仅出于决定谁是外敌的目的而建立了内部平衡的欧洲法律又有一种怀旧的情绪……但是,即便从您自己的哲学来考虑,欧洲公法在过去也不外乎是一种虽然值得向往但却也不堪一击的艺术品,并且它一直都是如此。用我自己的话来说,欧洲体系必须得是均质的……这些社会条件需要结合在一起,但这种结合太罕见也太短暂了。③

换言之,施米特所期望的那种东西,既与他对政治所提出的那些

---

① 阿隆,《国家之间的和平与战争》(*Paix et guerre entre les nations*, Paris: Calmann-Lévy, 1962)。

② "冷冰冰的明晰性"这个说法是莫里亚克(François Mauriac)说的。转引自朱德特(Tony Judt), *The Burden of Responsibility: Blum, Camus, Aron and the French Twentieth Century*(Chicago: University of Chicago Press, 1998),页164。

③ 阿隆致施米特,1963年10月1日(HstAD RW 页265—521)。

存在主义的和宗教性的要求相矛盾,就实际的角度来说也没有任何办法可以加以启动。① 国际关系仍然是一个历史偶然性的领域,在这个领域里面,负责任的政治行为必须要跟手头可以利用的整体布局配合

---

① 阿隆对于施米特的陆地和海洋理论似乎也颇为怀疑。施米特曾寄给阿隆一首"歌德写于1812年的诗——这首诗精妙地预见到了与麦金德(Mackinder)的海洋论相反的岩层论"。这首诗的名字叫作 Ihro der Kaiserin von Frankreich Majestät,是关于拿破仑的,最后的几行是:"Nur Meer und Erde haben hier Gewicht; /Ist jenem erst das Ufer abgewonnen, /Dass sich daran die stolze Woge bricht, /So tritt durch weisen Schluss, durch Macht – gefecht /Das feste Land in alle seine Rechte."

阿隆在回信中说:"歌德的诗让人印象深刻。然而,自从陆地帝国与纯粹专制相互混同以来,我感到自己转而信仰了海洋[理论]。"施米特在空白处评论道:"不存在'改信';这涉及一个根本事实,面对这个事实,任何'可改信性'都会消失或自行消失。"[évanait et s'évanait 疑为动词 évanouir 的误拼。]施米特致阿隆,1954年3月18日,阿隆私人档案 Archives Privées Raymond Aron, carton no. 208,阿隆致施米特,1954年3月26日(HstAD RW 页265—518)。不消说,施米特的言下之意是:作为犹太人的阿隆"从自然的层面上来说"无论如何都会跟"海洋国家"站在一起。

[译按]麦金德(Halford John Mackinder, 1861—1947),英国地理学家,地缘政治学的理论奠基者。他的主要著作是《不列颠与不列颠的海洋》(Britain and the British Seas),发表于1902年,被公认为从全球着眼进行区域研究的典范。但他变得举世闻名却是因为1904年在英国皇家地理学会所作的讲演:《历史的地理基础》(The Geographical pivot of History)。他著名的"大陆腹地学说"就是在这篇讲演中提出的;这篇讲演从全球战略出发,提出陆权国家向海权国家挑战的警告,指出目前英国的处境正如"一块被火包围的炭"。这篇讲演被认为是对英国海上霸权地位逐渐没落的一个警告。他后来又在1919年的《民主的理想及现实》(Dimocratic Ideals and Reality)一书里对这一理论进行了展开。

所谓"大陆腹地学说",实际上是把世界历史的发展放在全球地理的舞台上的一个模型。他把亚、欧、非三大洲合称为"世界岛",把世界岛最僻远的地带称之为腹地,计有南、北两块:一是亚洲北部和东欧,一是撒哈拉沙漠以南的非洲。而最主要的腹地则是亚欧大陆北部这一块,这一地区的河流或属北冰洋水系,或属内流水系,一般与海洋相距很远,交通不便。两块腹地的连接地带为阿拉伯半岛和北部非洲,为沙漠所占据,人口稀少。亚洲南部和欧洲西部为两个边缘区,与海洋关系密切,属海权国家。他认为人类发源于亚欧腹地,然后东南向亚洲季风边缘区和澳洲方向迁移;东北越过白令海峡,经阿拉斯加向美洲方向迁移;西南向欧洲边缘区和非洲迁移。这一移民路线虽然发生的时间非常早,但却是以后腹地向边缘区进行侵略的路线。他断言:边缘地带易受来自大陆腹地的攻击,而大陆腹地则由于海权国家无法进入内陆而得以保持安全,这是被历史证实的事实。他认为德国和俄国联合,或它们中一个征服了另一个,就奠定了征服世界的基础,因此他主张在德、俄两国间,建立一个由多个小国组成的缓冲地带,以阻止两国的联合或征服,保持世界的稳定。他的名言是:"谁统治东欧,谁就统治大陆腹地;谁统治大陆腹地,谁就统治世界岛;谁统治世界岛,谁就统治世界。"

工作。同时也需要与那些已经参与到公共性的国际对话之中的道德要求配合工作。施米特(和恽格尔)对于国际政治一直都奉为圭臬的那种决斗理念和骑士精神的复归,只能是堂吉诃德式的——从政治上来看也是危险的。

更加重要的是,阿隆出于自己"对于这位伟大法学家的一片仰慕之情",一直都确信这样一点,那就是,他觉得施米特在解释 *ius publicum Europeaum* 和国际政治在二十世纪的蜕变的时候,态度是极其不真诚的。① 在"(犹太人对于希特勒主义者的)生物意义上的绝对的敌对性","(迦太基人对于加图的)政治意义上的绝对的敌对性之间"② 和"(列宁主义的)意识形态意义上的绝对的敌对性"之间,必须要做严格的区分。③ 在他讨论克劳塞维茨的书里面,他把话说得更加直白:只有"卢登多夫(Ludendorff)—希特勒"才能④

> 说清楚施米特称之为"绝对仇恨"("absolute hostility")的那种东西到底为何物——无论是《凡尔赛条约》的签订者,还是马克

---

① 阿隆致施米特,1954 年 1 月 14 日(HstAD RW 页 265—517)。

② [译按]当指 Marcus Porcius Cato(亦称老加图,以便与他的曾孙相区别)(公元前 234—公元前 149)古罗马政治家。他晚年极力主张消灭迦太基,据说他每次演讲,无论谈论的主题是什么,最后都要用一句"无论如何,迦太基都应该被消灭"来做结。他的这个意志最后得到贯彻,公元前 149 年,罗马人开始围攻迦太基。并于公元前 146 年最后攻下迦太基中央要塞比尔萨。罗马元老院委员会抵达这座被占领的城市后,决定把迦太基城夷为平地。罗马血洗了迦太基,挨房搜索,将所有居民找出杀死。迦太基港口被毁灭,国家成为历史。据说最后为了让迦太基成为焦土,它周围的田野都被撒了盐。

③ 阿隆致施米特,1963 年 10 月 1 日。

④ [译按]当指 Erich Friedrich Wilhelm Ludendorff(1865—1937),德国重要将领,曾经参加过第一次世界大战。结合本题他有两点值得一提:一是他的总体战理论(1935 年写成《总体战》一书)。他反对克劳塞维茨的战争是政治另一种手段的延续这一论点,认为政治从属于战争,一个国家要动员全部物质和精神力量来进行战争,和平只不过是两次战争之间的间歇。二是他的反犹太立场。他是一战后期德国反犹主义最为显著的军方代表人物。他抱怨德国文化的犹太化,认为"犹太人和其他外族人不能成为德国市民,也不能成为德国官员或对德国人行使权力"。为了"保存精神和灵魂","净化种族"是非常必要的。但是他并没有宣传集体屠杀和种族灭绝。

思—列宁主义者,还是西方世界那些第二次世界大战的胜利者,都没有做到这一点。卢登多夫和希特勒将种族性的共同体作为历史的主体,将这种共同体的敌人作为德意志民族超历史的敌人,甚至是所有民族超历史的敌人。这样一种仇恨,并且也只有这样一种仇恨才当得起"绝对"一词,因为这种仇恨从逻辑上来讲可以导致集体屠杀和种族灭绝。①

就概念层面来说,阿隆同样也拒绝施米特将克劳塞维茨意义上的绝对战争与"战争的犯罪化"("criminalization of war")联系起来(同上,页215)。而就意识形态的层面来说,阿隆也将以种族主义为基础的、势必要绝对化的仇恨与共产主义的阶级战争做了区分。后者就极端性或者残酷性来说比生物之间的杀戮绝不逊色,但是

> 对于那些想"拯救概念"的人来说,一种其逻辑本身就是恐怖的哲学与可以让别人做出一种恐怖解释的哲学之间,仍然是有差异的。(同上,页218)

阿隆显然已经看透了施米特国际法著作里面所隐藏的偏见。并且,遵循着施米特一定要分析某个特定概念所指向的具体敌人到底是谁这样一个教导,这位法国人也将施米特当成了现实的靶子——因而也就成了他的盲点——也就是说,把他当成了"卢登多夫—希特勒"。施米特从来都没有回应过阿隆的批评。他只是一再宣称自己是一个"现实主义者"和"语不惊人死不休的人"(polemiologist)的角色[sic!]。②

阿隆对于自由主义政体之涣散和脆弱的关心丝毫不下于施米特——毕竟,1930—1933年间他留学德国的时候目睹过魏玛共和国的

---

① 阿隆,《思考战争》(*Penser la guerre*),*Clausewitz*,第2卷:"全球时代"*L' âge planétaire*(Paris: Gallimard, 1976),页217。

② [译按]sic,拉丁文,"原来如此"的意思。

最后岁月。① 但是,在两种同样真实的担忧之间,他也明白应当在哪里划清界限:一种担忧是,为了让自由主义存在下去所必需的那种秩序,它的内在意义是什么,另外一种担忧则是针对一种对于过去的固守,这种固守可以在瞬息之间转化为对于政治困境所施加的存在主义意义上的或者说天启性的最终解决。对于施米特著作当中那种反革命、反启蒙的气质,阿隆比很多人看得都要清楚。为了打消在两个大师(即阿隆和施米特)之间进退维谷的弗罗恩德的顾虑,阿隆曾经告诉他说,"政治的(终极)目的是友谊"(la finalité de la politique est l'amitié)。② 阿隆说这番话是为了回应弗罗恩德的一封信,在信里他的学生意识到:如果人们将敌对性而不是将友谊放在首位,那么,要想解决"政治的(终极)目的"的问题就将是"不太可能"的。③ 阿隆跟科耶夫——还有其他的自由主义者,如哈耶克(Hayek)——不同,他指出,"只要战争还存在,那么,归属于某种政治秩序也就等于是要在朋友和敌人之间作出划分"。④ 但是,这个在表面看起来带有十足施米特味道的观点,表达的乃是一个事实,而不是一种价值。在他写给施米特的信里面,阿隆否认政治具有存在意义上的重要性。他还强调说,世界历史的时钟不可能向后倒转。一旦道德性的主张变成了世界政治的一部分,那么,人们就不能只是倒回到非道德化的大空间体系当中去了事。

自由主义国际观的逻辑和局限

因为所有那些被不时归到阿隆身上的"悲剧性的现实主义",以及

---

① 朱德特,*The Burden*,页149。
② 阿隆致弗罗恩德,1964年2月5日,Archives Privées Raymond Aron, *carton* no. 206。
③ 弗罗恩德致阿隆,同上注。
④ 阿隆著,马霍尼(Daniel J. Mahoney)编,*In Defense of Political Reason: Essays by Raymond Aron*(Lanham: Rowman & Littlefield, 1994),页84。

那些跟科耶夫联系在一起的独裁主义的倾向,所以,科耶夫和阿隆都属于哲学意义上的自由主义者(philosophical liberals)。他们都坚信普遍主义和人性的平等。① 阿隆比科耶夫甚至是施米特更多地将"二律背反"("antinomy")的理念作为自己政治思想的基础。不过,他设计那种一直被称为"中道马基雅维里主义"("moderate Machiavellianism")的东西的目的,却是想要在经常会在哲学性的自由主义和实践政治意义上的自由主义之间制造明显矛盾的、现代性的条件之下,为自由政治行为保留余地。另一方面科耶夫则确信,历史的终结可以容许君王的身边要保留一个负责任的但也是花花公子式的顾问角色。

不过,如下这样一个让人困扰的事实仍然是存在的,那就是:施米特对于 *ius publicum Europeaum* 的分析或许揭示出了某种位于自由主义的政治现代性内心深处的逻辑。这个分析——就像施米特对议会政治的原则和议会政治的演化的说明一样——一直都是程式化的,选择性的,或者根本就是不充分的。尤其是,强调对国家行为进行道德约束的一般说来都是神学家,而他们的对手或者说人文主义者,则鼓吹国家应该享有更大程度上的自主权,允许人们在恐惧来临时先发制人地进行反抗。② 施米特想来应该是非常珍视的、欧洲政治家们所公认的那种道德构造已经被 silete Theologi 撕扯得粉碎。③ 接下来,自作主张和自我授权决定了国际法领域的性格,因为在这个领域里面,现代意义上的个人跟 *magni homines* 之间的类似性已经终结。国际舞台变成了一个"检验各种自由主义政治理念的实验室"(同上页229)。

不过,如果说 *ius publicum Europeaum* 至少有一部分也是自由主义的创造的话,那么,它要仰仗于多个自由的、可以用于征服和殖民化的空间这样一个事实就更加让人感到不安了。韦伯在对"高度资本主

---

① 从这个角度对阿隆进行分析的论著,可以参见朗内(Stephen Launay),《阿隆的政治思想》(*La pensée politique de Raymond Aron*), Paris: Press Universitaires de France, 1995。
② 塔克,*The Right*,页227—228。
③ [译按]silete Theologi,拉丁文,字面意思是"神圣的神学"。

义"条件下的自由前景感到失望的时候曾经指出:现代性自由所出现的其中一个前提条件就是"海外扩张"。他接下来还说,

> 在克伦威尔的军队里面,在法国的制宪会议里面,甚至是在我们今天的整个经济生活里面,这样一种漂洋过海吹过来的气息都可以感觉得到……但是,现在这种可以供我们支配的大陆已经没有了。①

施米特是一个哲学上的保守主义者,他让哲学意义上的自由主义与国际领域当中那种自称是一种竞争性的个人主义的、实践政治意义上的自由主义相互对抗。施米特用的是道德的名义,但实际上却是想重新恢复那种旧式的、自由主义的 *ius publicum Europeaum*——同时在实践政治的层面限制哲学意义上的自由主义。提出这种道德限制理由有两个:一个是,旧式的决斗的确提供了某种存在意义上的意义和满足;另外一个是,一种彻底的自由主义的国际秩序非但是不稳定的,而且还会带来比由多个大空间组成的体系更多的暴力。即便由多个大空间组成的秩序不会出现,施米特仍然觉得,一个在表面看来是整齐划一的世界,为了可以保持稳定,也需要一个随时可以倚靠、随时可以提出异议的外在(outside)存在。因此,如下的情形也就是合情合理的了,就是说:他会不时想象一种 *Weltraumnahme*,一种对于外层空间的占有,而不是设想一种美国在其中执掌全球霸权的 Landnahme 的情形。②

一个没有政治外在(political outside)或者内在疆界(internal frontier)的世界,从政治的角度来看可不可信,这个问题仍然是存在的。

---

① 转引自格尔斯(H. H. Gerth)和米尔斯(C. Wright Mills)合著,*From Max Weber*:*Essays in Sociology*(London:Routledge,1995),页71—72。还可参见拉撒姆(Robert Latham),*The Liberal Moment*:*Modernity, Security, and the Making of the Postwar International al Order*(New York:Columbia UP,1997)。

② 还可参见施米特 *Die legale Weltrevolution*:*Politischer Mehrwert als Prämie auf juristischer Legalität und Superlegalität*,收入 *Die Staat*,卷17(1978),页321—339。

哲学意义上的自由主义的理想看起来至少在国内的层面上已经被部分实现了,但与此适成对照的是,在实践的国际政治的层面却仍然是一个明显的、自由主义者的世界:这样一种情形有没有办法通过历史的终结来疗救? 或者,这种情形不只是一个跟实践性的断裂或者说假象有关的问题,而更甚是表征了一种深层次的共谋关系(complicity)? 对这个问题,只有科耶夫一个人给出了答案:只有跨国的甚至是跨政治的、法律之治的实现,才可以与哲学意义上的自由主义相吻合——从而也与人类的本性相吻合。但这个问题接下来还会一直困扰施米特的学生和对手,并且直到今天也在困扰着关于全球化问题的辩论。

第三编

普遍均质国家的合理性[1]

霍斯(Robert Howse)、弗洛斯特(Bryan‑Paul Frost)　著

在这个译本所面向的英语思想界,科耶夫为人所知在很大程度上是因为他的巨大声誉。这一声誉的来源主要有两个,一个是他与施特劳斯之间关于僭政与哲学问题的对话,另外一个则是最近一段时间福山(Francis Fukuyama)对于他的"历史终结"(end of history)理念所做的修正与普及。[2] 在与施特劳斯的对话里面,科耶夫将所有让人眼花缭乱的、人道主义的多愁善感扫除一空,斩钉截铁地表明了自己所秉持的、马克思主义历史主义(Marxist historicism)的观念——即,暴力性的集体斗争、甚至还有长期的严酷专制,对于冷酷无情的、向着被科耶夫称为"普遍均质国家"(universal and homogenous state)的、社会主义的乌托邦行进的历史发展进程来说,是绝对必要的。任何一种跨历史的、历史过程得以借此自我展开的、对于手段或者个性所做的道德评判,从哲学上来看都是支离破碎的。几十年以后,正当历史看起来好像是最大限度地偏离了科耶夫的理论——即,苏联共产主义的崩溃,和市场经济在1980年代末期所赢得的表面上的胜利——的时候,福山,一个不怎么知名的政策分析家,却在这样一个时候,通过(在表面

---

[1]　[译按]本文是科耶夫《法权现象学纲要》英译本(霍斯、弗洛斯特译,*Outline of a Phenomenology of Right*, Lanham · Boulder · New York · Oxford: Rowman & Littlefield Publishers, INC. ,2000)的英译者导言。

[2]　见施特劳斯著,古热维奇和罗斯编集:*On Tyranny*,增订版(New York:Free Press,1991年),其中包括了施特劳斯与科耶夫之间的通信;福山,*The End of History and the Last Man*(New York:Free Press,1992)。

上)①将科耶夫的理论头脚倒置,为自己赢得了全球性的声誉——他的理论是,随着共产主义的崩溃,不同社会景观之间的、暴力性的政治斗争也随之终结,因为,其中一种景观,即自由民主的景观,现在已经取得胜利,而暴力斗争的必要性也随之不再存在。当然,福山在1990年代南斯拉夫内战之前就已经很明智地看到,在很多地区,在很长时间内,暴力仍然还会持续,但是,这些冲突反映出来的,不过只是某些个别的国家在走向自由民主化的过程中所表现出来的、不同程度的倒退而已。

施特劳斯在跟科耶夫辩论僭政问题的时候,曾经针对科耶夫普遍均质国家的思想,提出两点主要的批评。首先,这种国家一定会是一种僭政,因为对于整个世界的集权化统治,只有通过严酷的手段才能达到。其次,这种国家不会满足基本的、人性化的期望,因为按照科耶夫自己的定义,在这样一个国家里面,人们再也找不到任何理由而去为了任何一种比人本身的动物性存在更高、更伟大的东西而进行战斗,或者说,再也找不到任何理由为此冒生命危险。福山通过将普遍均质国家重新诠释为共产主义灭亡之后的美利坚帝国,而将科耶夫从第一个批评当中解救了出来,②但是他接受了后面一个批评。在普遍均质国家里面,每个公民都会被承认为是自由平等的,再也没有必要继续从事暴力性的政治斗争;但是,如果"与快乐相对立的人们的满足不是来自目标本身,而是来自这个过程之中的战斗和劳动",那么,情形将会是怎样呢?③ 这种批评意见因为如下一个颇有名气的观点,而变得更加可信,这就是科耶夫在他关于黑格尔《精神现象学》的讲座的修订版当中所指出的:在历史的终结处,如下的两种现象将会轮流发生,即,人们要么是像动物那样生活并且玩乐,要么是从事空洞的自我

---

① 之所以说福山是"在表面上"理解科耶夫的理论的,是因为,正如我们即将在这篇序言 in extenso[译按:in extenso,拉丁文,意为"通篇地"。]的讨论当中所看到的那样,科耶夫的立场实际上是:从根本上来说,"社会主义"将可以通过对资本主义的调整和修正而达到,而不会在西方世界彻底一蹶不振。

② 虽然这个帝国的组成部分还保留着独立的"国家(statehood)"的地位。

③ 福山,*End of History*,312。

扬弃(self - overcoming)活动——如,追求权势,追求形式的完美,等等——而这些,科耶夫声称已经在日本看到了。①

福山历史终结理念的基础,是经过了改造的、或者说是经过了大力完善的科耶夫的思想,而这个思想,又是按照《黑格尔导读》当中所呈现出来的那个样子来理解的,或者,尤其可能是按照科耶夫在与施特劳斯辩论僭政问题的时候所呈现的那个样子来理解的。福山在改造或者完善科耶夫思想的过程中,尽管《纲要》对于普遍均质国家问题的处理更加全面也更加严密,但他却连想都没有想过要掌握其中的思想。② 由此而导致,围绕福山所挑起的历史终结问题的争论整个都是

---

① 见科耶夫著,格诺编集:《黑格尔导读》(Introduction à la lecture de Hegel),第二版(Paris:Gallimard,1968),页436—437。

② 在福山的辩护当中,人们或许会指出这样一个事实:科耶夫与施特劳斯的对话,以及《黑格尔导读》修订版的著名脚注,都是在《纲要》出版之后才发表的论著,因此也更加能够代表科耶夫的基本立场。但是,按照施特劳斯自己的描述,在与自己的对话当中,对话双方所做的某些结论都是"通俗化的"。而在施特劳斯看来,通俗化所指示的乃是一种对于真理所做的、公共的或者大众化的表述,而真理的微言大义则是藏匿于字里行间的:参见霍斯,"Reading Between the Lines: Exotericism, Esotericism, and the Philosophical Rhetoric of Leo Strauss",收入 Philosophy and Rhetoric 32(1999),60—77。在麦卡锡主义的阴影之下,施特劳斯与科耶夫之间的对话教导施特劳斯在美国的学生说:马克思主义的立场是一种值得以最高的热情,以真正哲学化的行动投入其中的立场,并且,对于共产主义思想的合适回应应该是思想,而不是对于思想的压制,尽管科耶夫自己的思想已经超越了他在公共场合所表述的立场。关于施特劳斯对于麦卡锡主义的思考,可以参见霍斯,"From Legitimacy to Dictatorship and Back Again: Leo Strauss's Critique of the Anti - Liberalism of Carl Schmitt",收入戴森豪斯(David Dyzenhaus)编,Law as Politics: Carl Schmitt's Critique of Liberalism(Durham: Duke University Press, 1998),页73—74。关于科耶夫在《导读》修订版中关于历史之后的人的生活问题所做的脚注,德里达(Jacques Derrida)认为科耶夫这样说未必完全是当真的,这个意见值得重视。另外德里达还在这些议论当中指出了一个福山没有评论的句子,这句话表明,在历史之后的条件下,责任或者义务仍然适用。参见德里达著,卡姆夫(Peggy Kamuf)译,Specters of Marx: The State of the Debt, the Work of Mourning, and the New International(New York: Routledge, 1994),页66—75。科耶夫战后作为一个马克思主义的存在主义知识分子的公共形象,与《纲要》的观点之间存在分歧,但在考虑这个难题的时候,上述意见仅仅只是提示而已。当然,科耶夫在战后还有另外一个公共形象,那就是国际贸易和经济一体化协议的谈判代表,其中包括欧洲共同体和关贸总协定;《纲要》当中的观点与那个公共形象是非常吻合的。但是,对我们来说,之所以要考虑郑重其事地将《纲要》作为科耶夫思想的可能的核心,最主要的原因非常简单,那就是,科耶夫以自己的名义为普遍均质国家的合理性问题提供了一个一以贯之的、全面性的哲学论证的著作,《纲要》是仅有的一部。

贫乏的;因为,正如左派社会主义批评家安德森(Perry Anderson)所指出的那样,《纲要》揭示出了一个极其不同的、科耶夫式的历史日程,这个日程是科耶夫与列奥·施特劳斯辩论的时候没有表现出来的(而在给福山留下深刻印象的、关于后历史的人[posthistorical man]的议论当中,这个日程也是模糊不清的)。① 《纲要》将普遍均质国家表现为某种有待于达到的东西,而达到的手段既不是通过僭政,也不是通过帝国,而是通过不同国家之间的法律整合,这种整合会实现一种由某个单一而确定的正义概念来塑造并统一的、超国家的宪政秩序。生活在这个最终秩序之中的居民,远非禽兽和虚无主义者,也不是游手好闲的势利小人,而是公民、劳动者和家庭的成员,他们有着与这些人性化的角色相适应的、对等的权利和义务,他们特殊的人性化的需要也通过劳动当中的承认和家庭当中的爱,而得到满足。这个最终的秩序作为一种成就,或许可以称为是由法治(rule of law)完全取代了人治(rule of men)的、超自由主义(hyper-liberal)的目标。的确,施米特意义上的政治和国家都将不复存在——也就是说,所有经济性的和社会性的关系,甚至还有那些在传统上被看作是发生在主权国家之间的关系,都会被从法律的角度加以规范。除此之外,这个普遍性的法律秩序将会将之作为自我实现的基础的、那种正义的概念,也将会是一种把资产阶级市场正义的要素与社会主义平等主义的要素结合在一起的综合。

如果要充分地理解历史终结的理念,以及这个理念对于人类命运的含义,那么,科耶夫的这本《法权现象学纲要》——正如安德森正确指出的那样,它被讨论得最少,但思想却最丰富——就是必不可少的。在民族国家之上,能不能存在一种真正的、人性化的社会秩序？或者说,全球化是不是一定会使全副武装的(进步性的)国家服从全球性的市场秩序(或者无序)？世界性的法律是不是一定要把政治沦为技术性的管理(technocratic)？面对民族—国家显而易见的弱化,人们是不

---

① 安德森(Perry Anderson),"The Ends of History",收入 *A Zone of Engagement*(New York:Verso,1992),页320—321,特别是注释102。

是能够或者说是应当与民族主义—共产主义者一道对此加以反抗呢？或者，人们是不是应该像哈贝马斯最近指出的那样，更应该在市场自身所要求的同一个地域层面上，努力实现跨国的社会正义？[1] 对于今天的法律和社会理论来说，这些无疑都是非常重要的问题，与行动与策略的基本选择息息相关。科耶夫的作为一个已经臻于完善的法律秩序的、普遍均质国家的理念，尤其是赋予这个国家以活力的、综合了平等性（法律之下的平等身份）和等价性（相互之间社会与经济利益和负担的等价性）的正义概念，更是有潜力大大深化、并且有可能完全重构在当前情况下围绕政治的命运、全球化和法律所展开的各种重要争论。

权利的定义

科耶夫主张，权利本身的终极目的是普遍均质国家，这个观点的出发点是他在《纲要》第一章提出并且加以提炼的、对于权利所下的"现象学的"（phenomenological）或者"行为主义的"（behaviorist）定义。当某个不偏不倚、公正无私的（impartial and disinterested）第三方 C 干预到两个权利主体 A、B 之间的相互作用，以便撤销其中一个压制另外一个，或者说企图压制另外一个的行为的行为的时候，权利就会存在。我们知道，A 之所以有权利为上述行为，B 之所以有义务在不压制这个行为的条件下让 A 为那个行为，仅仅是因为撤销了 B 之行为的那种干预有一种特殊的性格——也就是说，这种干预是由一个"不偏不倚、公正无私的"人做出的（页 39）。[2] 第三方的干预之所以是不偏不倚的，是因为，即便 A 和 B 交换位置，第三方仍然会以同样的方式进行干预；

---

[1] 哈贝马斯："Does Europe Need a Constitution? Response to Dieter Grimm"，收入 *The Inclusion of the Other: Studies in Political Theory*（Cambridge: MIT University Press, 1998），页 155—161。

[2] 本书提及的页码指的都是英译本的页码。

第三方的干预之所以是公正无私的,是因为,某个第三方会跟所有其他的第三方一样以相同的方式干预到这个相互作用中来,而这也就意味着,第三方可以是"任何一个"("anyone at all"),并且它的干预因此只是出于对权利的考虑(页79以下)。这个定义之所以被称作是现象学的定义或者行为主义的定义,是因为,它的起点并不是为了将 A 和 B 的权利与义务作为本质来分析,①也不是为了关注 A 或者 B 的存在,更多的是为了从第三方的显而易见的、发生在世俗世界之内的、对于 A 和 B 的行为本身做出反应的行为当中,将这些权利和义务推导出来。但是,乍一看,这种现象学的定义当然也包含着一种本体论的要求,也就是说,它也关注那些仅仅出于权利的考虑而行为的人的存在。从现象学的角度出发,我们可以明白,人们之所以会承认第三方的权威是法律性的权威,是因为第三方对于他们来说表现为:他是仅仅出于权利的考虑而行为的。但是,正如科耶夫自己所指出的那样,权利的理论总是要着眼于另外的目的,无论这些目的是经济福利还是国家利益,而这些才是第三方进行干预的真正动机。② 科耶夫跟康德一样,认为我们没有办法知道人的内心到底是什么。因此,为了将权利确立为一种真正的、特殊的并且是独立的现象,科耶夫被迫附加了一个进一步的条款或者条件,以便权利能够出现——那就是,第三方在行为的时候必须要与某种特定的正义概念保持一致(页85)。而在一个存在着多个国家的世界上,这样一种正义的概念,就会是一种来自有关国家的"排他性法律集团"的正义概念。这样,与这个概念保持一致

---

① 在这个意义上,科耶夫在这里所描述的这种方法,与胡塞尔在"现象学"的名目之下所发展出来的方法是不同的,胡塞尔的方法包含着对于本质的直觉或者洞见,并且科耶夫也是把他与柏拉图而不是与黑格尔看作一类。参见,施特劳斯,*On Tyranny*,页256。还可参见 *Introduction*,页470,在那里,科耶夫强调了黑格尔现象学与胡塞尔现象学之间的某些共性,甚至还把胡塞尔拿来作为标准,将自己的方法与黑格尔的方法相对照。

② 并且,这一类理由也正是马克思主义法学理论的典型特征。作为一般性的讨论,可以参见塞普诺维奇(Christine Sypnowich),*The Concept of Socialist Law*(Oxford:Clarendon Press,1990)。

的、第三方的行为就可以被认为是"公正无私的"——也就是说,第三方干预的动机,不是存在于干预(或者在某些情况下的不干预)结果之中的、她本人的某种利益(页88—91)。

在这一点上,科耶夫关于权利所做的、据说是现象学意义上的解释,看起来就要瓦解为一种更加传统的马克思主义的解释。权利只有在一种微弱的意义上才是公正无私的行为的产物,也就是说,它并不是表现在自己行为之中的、个体性的立法者或者司法者的利益,而是统治阶级的利益;因为,"排他性法律集团"的正义这样一个概念,除了是统治阶级的利益之外,难道还能是其他的东西么?科耶夫还指出,尽管在一个政治和社会都稳定的国家里面,"排他性的法律集团"一般都会与"排他性的政治集团"相一致,但是,这两个集团未必就是同一的,于是问题就变得更加复杂了(页156)。的确,如果"排他性的法律集团"想要把某种与"排他性的政治集团"相龃龉的正义概念付诸实施,那么,它就必须诉诸血腥的暴力;而这最终是要失败的,或者精确一点说,最终会在这个国家内部引发一场革命性的或者改革性的变化(页156以下)。当然,这直接会导致这样一个问题,即,科耶夫通过"排他性的法律集团"这个概念所指的,会是些什么人呢?科耶夫暗示说,在最好的或者理想的情况下,这个集团可能就是这样一些人,他们可以在不必使用暴力的情况下,赋予法律以权威,以便要求其他被从这个集团"排除出去的"人服从这种权威。① 尽管关于这个问题还可以做非常深入的讨论,但是,科耶夫看来的确只是重申了作为合法性权威的法律与作为政治力量或者政治暴力的适用或者工具的法律之间的区别(页160—161)。②

---

① 类似地,排他性的政治集团就是能够强迫那些被从这个集团"排除出去的"人服从、以便用一种权威性的方式统治这个国家的集团。科耶夫将这个排他性的集团称为"统治者"集团,与之对立的则是那个被排除出去的、"被统治者"集团(页134—136)。

② 作为对比,在右的方面,可以参考施米特著,施瓦布英译:*The Concept of the Political*(New Brunswick, N. J.:Rutgers University Press,1976),在左的方面,可以参考本杰明(Walter Benjamin),"Critique of Violence",收入 *Selected Writings*, Volume I,1913—1926(Harvard:Harvard University Press,1996),页236—252。

在强调法律权威与政治暴力之区别的同时,科耶夫也强调,权利也需要国家,或者说国家乃是权利的题中应有之义。因为,权利要想成为一种现实的、真正的现象,要想经由世界的现实行为展示出来——或者说,要想成为一种比康德意义上的自在之物(thing‑in‑itself)更多或者与之不同的东西——那么,第三方的干预就必须是不可抗拒的,至少在原则是不可抗拒的:也就是说,第三方必须要能够现实地撤销 B 对于 A 之权利行为的否定,而不能只是停留在期望之中。因此,现实的权利要以政治力量的存在和有效性为前提:也就是说,只有国家实现了对暴力的垄断,才能够确保对于 B 的与 A 自己的反抗努力相对立、也与 A 的私人性的朋友和同盟的反抗努力相对立的行为的撤销可以成为现实(页 127)。但是,在一个多国林立的世界上,(按照施米特的理解)每个国家都是另外一个国家的潜在敌人,因此,A 就可以通过离开祖国而逃往另外一个国家的方式,来逃避第三方 C 的干预。因此,只有在 A 保持为某个特定国家的公民,而第三方在这个国家里面又是"排他性的法律集团"之一员的情况下,权利才是现实的。但是,尽管在这种情况下的权利是现实的,它也不是完全实在的,因为作为一个权利问题,一旦 A 身处于这个国家之外,第三方就没有办法进行强制干预了。她可以通过,比如说,对另外一个国家的领土采取军事行动的方式(绑架阿道夫·艾希曼[Adolf Eichmann] 就是一个实例),①而让自己的干预成为不可抗拒的,但这当中是没有权利可言的;她也可以通过对另外一个国家提出呼吁或者请求而让自己的干预成

---

① [译按]艾希曼(1906—1962),纳粹德国高官。1942 年受命负责制订屠杀犹太人的最终方案。将犹太人移送集中营的运输与屠杀作业,大部分都是由艾希曼负责的。第二次世界大战之后,艾希曼被美国俘虏,但之后逃脱,在经历了漫长的逃亡旅行后,流亡到阿根廷。1961 年,以色列情报部门摩萨德查出了艾希曼的下落,于 1960 年 5 月 11 日将其逮捕,并将其秘密运至以色列接受审判。由于逮捕艾希曼的方式类似于绑架,于是引发了阿根廷与以色列的外交纠纷。1961 年 2 月 11 日艾希曼于耶路撒冷受审,被以人道罪等十五条罪名起诉,并于同年 12 月被判处死刑。艾希曼于 1962 年 6 月 1 日被处以绞刑。对于艾希曼的审判引起了广泛的国际注意,哲学家阿伦特也曾在其著作《耶路撒冷的艾希曼》当中对审判做过讨论(此书有孙传钊编集的中译本,吉林人民出版社,2003 年)。

为不可抗拒的,甚至还可以通过,比如说,签订引渡条约或者签订彼此承认对方法律判决的协定的方式,来寻求这样的结果。但是,从根本上来说,这都要取决另外一个国家的政治决断——也就是说,这一点不能从第三方干预的法律性格本身里面必然地产生出来。正是在这个意义上,我们才可以看到,为什么只有在包含了整个地球的、普遍性的(也是均质的)国家里面,权利才能完全将自身实在化:也就是说,只有在这样一个国家里面,第三方之干预的、实在的不可抗拒性才会必然地从作为权利的干预的性格当中产生出来(页126)。

但这还不是全部。只要 C 所适用的还只是专属于某个特定国家的排他性法律集团的正义概念,那么,第三方的干预就只能像上面所讨论的那样,只能在一种微弱的意义上是公正无私的——最重要的是,无论是对于她自己国家内部的那些被从排他性的法律集团当中排除出来的人来说,还是对于其他国家的排他性的法律集团来说,这种干预都绝不会表现为公正无私的。普遍均质国家的成就所要求的,事实上是一种单一的正义概念的胜利,这几乎可以说是一种本质性的要求(页94)。科耶夫承认,这种状况还从未出现过;但是他也同意黑格尔的意见,认为,从某种特殊的意义上来说,历史已经终结,而这尤其是说,对于确立任何一种确定的也是最终的社会秩序的决定性原则来说,集体性的暴力斗争不再是必需的了。接下来的问题是,我们应该怎样从历史在原则上来说已经完成这样一个出发点(在这一点上,再也没有什么新理念或者新概念需要人们为之战斗),前进到充分实现了历史之终结的普遍均质国家(在这样一个国家里面,绝对的法会实在地统治全世界)?

从历史的终结到最终的国家

为了理解科耶夫所提出的解决方案——也就是说,为了理解后历史的普遍均质国家是怎样动态地从历史在原则上来说已经完成(哪怕这个完成是在许多个世纪以后)这样一个出发点产生出来的——我们必须要首先按照科耶夫的逻辑,考察一下恰恰是在普遍均质国家的理念当中表现出来的一个悖论。我们已经看到,权利是需要国家的,以便可以通过第三方干预的不可抗拒性而自我实现;但是,这种不可抗拒性,只有在国家延伸至整个地球的时候,才会完全地实在化。但与此同时,科耶夫又接受了施米特所提出的国家和政治的定义:也就是说,国家以及政治的存在本身,必须要以相互为敌的(之所以这样说,是因为他们之间的关系总是可以变成殊死战斗的敌对关系)、其他领土国家的存在为前提,也要以国内的、统治者和被统治者之间的政治划分为前提(页134以下)。

科耶夫是怎样从这样一种施米特式的政治概念出发来建构普遍均质国家的呢?在这里,我们首先得说明一下施米特和科耶夫之间的一个重要分歧:那就是,在施米特那里,唯一具有现实意义的国内政治划分是建立在对于外部敌人的承认的基础之上的。其他所有的划分都是伪政治的、资产阶级"多元主义"的产物。但在科耶夫那里,社会主义的阶级差异或者区别至少具有一种半独立的政治含义;在国家内部,能够决定谁属于"排他性的政治或者法律集团"而谁不属于这个集团的,并不只是国家的外部敌人而已(页134—135)。① 在科耶夫看来,单纯的普遍性国家仍然可以通过将敌—友斗争加以内化,而将政治上敌—友划分的基本性格保留下来。但是,在这种情况下,在达到后历史的条件之前,暴力性的阶级斗争(虽然是在一个普遍性国家内部)看起来仍然是必要的。的确,这样一个国家仍然可能丧失其普遍性的性格:也就是说,被排除在外的阶级,如果获得了足够的军事和经济力量,那么,就没有什么能够阻止他们将地球的某一部分宣布为是"自己的"领土。换句话说,这个阶级可能会变成这片领土的"排他性的"统治阶级,从而建立一个新的国家,将迄今为止那个"普遍性"国家的"普遍性"掠为己有。

由此产生的问题是,后历史的条件怎样才能在不必通过进一步

---

① 但是,科耶夫确实也说过,国外敌人的存在首先会使一个国家内部发生分化,并且还会产生统治者与被统治者的划分(页158)。

的、暴力性的集团斗争的方式而达到？并且，如果达到了，这种条件怎样才能被描述为一个国家？按照科耶夫的看法，关于历史终结处的正义问题已经得出的结论是，任何一种对于这个国家以及国家内部的次政治社会（subpolitical societies）（首先是经济性社会和家族性社会）来说是充分的正义概念，必须得是一种平等性（权利方面的形式性的平等）和等价性（权利和义务的对等、对社会的贡献和自身所取得的利益的对等）的综合（页268）。这些范畴——即，（贵族性的）平等性和（资产阶级性的）等价性——都是从主人—奴隶的辩证法（Master - Slave dialectic）当中产生出来的，并且，事实上也需要从这些范畴出发来理解这些范畴的产物的意义（页234以下）。在法国大革命和拿破仑之后，事态已经变得非常清楚，那就是，没有哪种为了满足人类需要而建立的社会秩序能够只是建立在静态的、主人之间的平等性的基础之上，而可以不考虑权利和义务、利益和负担之间的等价性。并且，正如拿破仑在革命性的（资产阶级性的）等价正义的基础之上所构建的那个国家所表明的那样，如果离开了某些贵族性的平等性的要素——即，所有公民在法律面前的身份一律平等（对于科耶夫来说，这种平等的理念就其根本上来说是贵族性的，它的源头是主人之间身份的同一性，而主人彼此之间都承认对方为平等的主人）——现代国家也同样不济事（页266）。但是，到目前为止，这两种要素的、稳定的综合还没有在任何国家实现过。一旦这种综合被实现，那么它所表现的就是正义概念的最终形式——也就是说，以这样一种正义概念为基础的第三方的干预，无论在世界的哪个地方，都不可能遇到立足于权利的反抗。于是，第三方就可以现实地成为任何一个，也就是说，他的行为绝对都是不偏不倚、公正无私的，因为人们已经看到它与普遍被接受的正义概念是一致的。法律因为在所有地方都是不可抗拒的，所以就会具有国家法律的一切性格，但是施米特意义上的政治却不存在了——换句话说，施米特意义上的国家不存在了。与黑格尔的理论相反，Rechtsstaat①的实现也就意味着(民族)国家的终结(页126)。

尤其需要指出的是,只要第三方可以成为任何一个,那么,第三方就可以以一种不偏不倚、公正无私的方式干预到那些迄今为止被人们称为是国家的实体中来。"国家"之间的关系不再是一种被战争阴云笼罩的政治关系,而是一种被从法律的角度加以规范的关系。正如科耶夫所指出的那样,只要传统的国际法还停留在某个第三国以一种外交妥协的形式干预另外两个国家之间的冲突的水平,那么,这样一种法律就没有办法将自己作为权利加以实在化:也就是说,因为每个国家至少从潜在的意义上来说都是其他每个国家的敌人,所以,从权利所要求的意义上来说,这样一种干预永远都不可能是公正无私的(316页以下)。但是科耶夫也指出,国际法不再只是国家的一种产物;它在某种程度上也是法律专家和国际法专家的产物(opinio juris)。② 而一旦第三方可以是任何一个,那么第三方就可以通过权利(至少是在原则上)解决国与国之间的任何冲突;但接下来,这些国家就不再是主权性的了,因而从施米特的意义上来说,再也没有国家存在了(页323—325)。

普遍均质国家是主权性的,但这仅仅是说,第三方的干预无论何时何地都是不可抗拒的,或者至少就原则上来说(正如科耶夫所承认的那样,在实践当中,逍遥法外的人总是存在的,即便在传统意义上的国家里面也是如此)是这样。这就意味着,在普遍均质的国家里面,只有第三方才是主权性的——这个第三方是施米特意义上的、做出"决断"的第三方。那些不能通过权利来决定、因此必须通过(潜在的)暴力性的政治斗争来解决的、某些特定个人的集团与另外一些集团的关系没有了(页91—92)。事实上,我们可以通过想象如下的这个场景来理解,为什么普遍均质的国家是一种已经终结的国家:假设有一群

---

① [译按]Rechtsstaat,德文,"法治国"的意思。
② [译按]拉丁文 opinio juris 一般译为"法律确信"。指的是这样一种信仰,即,某个行为之所以会被做出,是因为这是一种法律意义上的责任,而不是因为认知性的反应和个人的行为习惯。

人想"分离出去",也就是说,想宣布他们自己的"主权",而拒绝承认第三方的干预是他们与其他人关系的最终解决,那么,这些人将是一些不折不扣的、普通意义上的罪犯,或者是一些逍遥法外的人(即,一个帮会或者一群暴徒,它们的领土与摩托车爱好者俱乐部没有任何区别);因为他们没有办法诉诸任何一种可替代的正义概念以便建立一个"独立的"国家,所以,剩下来的只是一个从哲学上看起来没有多少趣味的经验性问题:即,从实践角度来说,普遍均质国家的警察力量会在什么时候、在何种程度上镇压这群人对于第三方之干预的反抗。

如果说在普遍均质国家里面只有第三方是主权性的,而这又意味着第三方是"做出决断"的那个人的话,那么,具有主权性的就不是有关的个人,而是那个从其作为第三方的角色出发、通过适用单一的、普遍性的正义概念,从而在其行为当中表现得不偏不倚、公正无私的第三方。人们可能会记起来,施米特抨击自由立宪主义的目标便是要指出,所有统治都具有一种人格性的特征,哪怕它有着自由主义的假象和"法"治的神话。施米特的用意,是想要用一种强调的意味,将作为主权的国家从立宪主义对于主权所做的、自由主义的稀释当中挽救出来。科耶夫则表明,自由立宪主义在一个国家内部都不能自圆其说,他同意施米特的意见,认为,只要国家的主权是施米特意义上的,只要国家是通过相对于其他国家的敌对性关系被建构起来的,那么,对于所有的、即便在表面看来是法律化的统治来说,都会存在一种人格性的向度,因为那个第三方绝对不会是"公正无私的"(页88)。但是现在,科耶夫却将施米特头脚倒置了——他指出,彻底的非人格化的统治这样一个自由立宪主义理念的实现,彻底的权利统治而非"人"的统治,都要求以一种实际的、跨国的、跨政治的、人类社会秩序的方案为前提,并且在这个方案里面,第三方可以是任何一个(页91—92)。具有讽刺意味的是,这样一种方案对于施米特的敏感神经来说比对于自由主义的(民族)—国家更加具有攻击性,但是对此他却没有办法再说些什么;既然施米特把敌—友之别作为进攻自由立宪主义的基础,那么,如果这个基础本身都已经消失,他还能说些什么呢?[1]

《纲要》一书对于施米特理论的这种头脚倒置,在公法一节表现得最为明显。一开始的时候,科耶夫观点很明显是施米特式的——也就是说,是反自由主义的,他认为,在个体性的公民与国家之间的关系当中,没有任何法律性的东西可言。不偏不倚、公正无私的第三方根本就是不存在的,因为在这些关系里面,国家必定是一方当事人,因此没有办法同时也作为第三方而行为(页297)。至于说到宪法,它不外乎是对一个国家(或者是这个国家的排他性的统治阶级)如何自我组织的描述而已。它跟权利没有任何关系,它所关心的一切问题,就是对于国家的自我保护来说,什么是最好的。的确,科耶夫以一种施米特式的风格,在很大的程度上将分权的概念作为一种自由主义的假象而抛弃了(页85—87,327—328)。

但是,正如科耶夫进一步指出的那样,国家在对自己的公民采取行动的时候,是通过公务员来进行的。但是,从国家只能通过作为个人的其他人而行为这样一个概念出发,科耶夫却得出了与施米特截然相反的结论。国家的独立性本身要求这些其他人(立法者,官僚,等等)仅仅作为国家的代理人,作为"公务员",而不是作为有着与国家相分别的自身利益的私人来行为。这样,无论这些统治者的人数是多还是少,就他们与国家内部的公民的关系来看,他们只是自己所造就(对此加以描述的则是宪法)的这个国家的公务员或者说是官员。只要公务员是以公务员的身份对国家内部其他作为公民的人采取行动——

---

[1] 施米特,*Concept of the Political*,页57—58。实际上,施米特对于这个问题的反应毋宁说只是辩论性的。他问道:"必须要问的问题是,那个涵盖全世界的经济和技术组织里面所包含的、翻天覆地的力量应该落实在谁的身上?人们当然可以相信说到那时所有一切都会自动运转,相信所有的事情都可以自我管理,相信人对人的统治是多余的,因为到那时全人类都会是绝对自由的,但这个问题是绝对没有办法通过信仰来抹杀的。因为即便人自由了,他们又能够怎样?这个问题只能通过或乐观或悲观的猜想来回答,但所有这些猜想最后都只能导致一种人类学意义上的信仰宣示。"关于这里出现的、施米特与自由主义之间的裂缝问题,可以参见霍斯,"From Legitimacy to Dictatorship and Back Again",页66—67。正如我们在下文所讨论的那样,科耶夫对于这个修辞问题的哲学回应在《纲要》关于承认问题的说明里面可以找到。

也就是说,只要他们不将国家赋予他们的、作为国家代理人的权力用于私人目的,或者用于作为私人的其他人——那么,在国家或者国家公务员与个体性的公民之间,就没有任何权利来统辖他们的关系:也就是说,国家将作为一方当事人而行为,因此也就没有办法成为接受请求对有关的关系进行法律干预的第三方(页136,333)。但是,如果公务员不是以其作为国家代理人的角色而行为,而是出于私人的利益而行为,那么,国家就能够成为第三方:就实际来看,这种冲突就不是发生在国家与公民之间,而是发生在两个私人之间。公务员于是就成了一个"冒名顶替者",名义上是代表国家行为,但实际上却是为了她自己的个人利益而行为(页337—338)。接下来,在某个特定的情形里面,怎样才能够知道某个公务员是以其官方的角色在行为,还是作为一个"冒名顶替者"在行为?既然按照科耶夫所确定的现象学的方法人们没有办法深入这个公务员的内心来对此做出判断,因此,人们就必须通过就外部来看是显而易见的东西来做判断——并且在这里宪法对于权利来说变得至关重要。从现象学的角度来看,当公务员的行为与宪法当中对于国家的描述相一致的时候,她就是在以其官方的身份在行为(页339)。

这是一个非常显著的知识取向上的变化,因为科耶夫看起来是重新构建了立宪主义和法治的理念,而作为其基础的前提恰恰是施米特在辩论当中所反对的。而如果考虑到科耶夫的论证为了捍卫立宪主义、为了反对施米特对自由主义的攻击而重新引入的、对于合法性的某些古典式的理解,则它的特异之处就更加明显。因此,按照科耶夫的看法,谁是排他性政治集团的成员(是一个人、少数人还是很多人),这个问题本身从合法性问题的角度来看,并不重要,重要的问题是,这个集团的成员是从整体(国家)的利益出发而行为,还是从自身的利益出发而行为(页337—338)。不过,科耶夫与古典的看法当然也有不同,那就是,他坚持这个问题应该"从现象学的角度"来考虑,也就是说,要想回答这个问题,只能通过对照宪法规范当中对于国家的确定描述,来判断统治者有没有作为公务员而行为,而不能依据对于公务员性格的观察。与此同时,正如前面已经提到过的,科耶夫也认为存在着这样的可能性,也就是说,在某种条件下,宪法本身也可能会被看作是不正当的,就如同在某些情况下,排他性的法律集团会与排他性的政治集团发送龃龉一样。在这样的情况下,一个可能的后果就是革命,但是革命并不是唯一可能的后果。也有可能出现这样的情况,即,这个"法律集团可以'教化'政治集团,从而使它接受法律集团认为合宜的法律"(页157)。这里说对政治集团存在着可以进行"教化"的可能,这种说法与现代所有其他的对于法律与合法性关系问题的讨论比较起来,与柏拉图《法义》中夜间密议(Nocturnal Council)的精神更接近;这一点与科耶夫跟施特劳斯争论僭政问题的时候也截然不同,在那里,哲人被"通俗化"地表现为暴君的帮手,那里给人的第一印象是在公共场合对于合法性问题所表现出来的、毫无顾忌的或者说是骇人听闻的冷淡情绪。①

科耶夫对立宪主义的重构,对于理解他关于普遍均质国家将来可能会借以自我实现的那个动态过程的阐述,是非常重要的。正如科耶夫所指出的那样,只要国家自身以及国家与公民之间的关系,是从纯粹政治角度,也就是说,是从敌—友划分的角度而非法律的角度来确定的,那么,即便人们在单一的正义概念的问题上看法一致,即便不同的国家之间在私法上可以统一,对于普遍均质国家的成立来说,仍然是不够的;因为,正是这单个的国家,通过宪法,决定了哪些问题与个体的私人"身份"有关,哪些与她作为"公民"的身份有关(页343—344)。比如,正如科耶夫所明白主张的那样,有一些我们认为跟刑法有关的作法,在某些情况下是刑事性权利的实现,而在另外一些情况下体现的则是与这个国家的自我保护有关的、纯粹的政治行为。如果国家之间在法律与政治的区分问题上不能达成一致,那么,某一个将某种特定的作法看成是政治性的国家,就不会在自己的领土上实施来自上述作法被看作是一个权利问题的国家的判决。这就意味着,如果公法不能够协调一致,那么,某些真正法律性的判决就不会被看作是

---

① 见上文第2页注释6,以及相应的正文。

不可抗拒的力量。①

但是,所有真正的、与冒名顶替者声称是代表国家所为的行为相对立的国家行为,要么是法律性的(第三方的干预),要么是政治性的(宪法中所描述的、国家与公民之间的关系)。因此,如果关于法律的适当领域问题可以有一个普遍性的合意(如果存在一种单一的正义概念,那么,这一点在原则上就是完全可能的),那么,不言而喻地,关于什么是适当的"政治"的问题,也必定会有一个合意。这就使得一种超越国家界限的宪法成为可能,这部宪法将确定任何一个特定的公务员到底是在真正地为国家行为,还是在作为一个"冒名顶替者"在行为。但是,最终,这部宪法会使得(施米特意义上的)政治本身消失——因为现在,没有什么问题不能通过与确定的正义概念相一致的第三方的干预加以解决。借助一部超国家的宪法,关于"政治"的合意也就现实地意味着政治的终结——也就是说,意味着主权国家之间和主权国家内部的敌—友斗争的消灭(页325)。

在法学家里面,很早就有斯坦因(Eric Stein)注意到,②这正是二战之后科耶夫对之倾注了极大心力的、欧洲联盟的道路。欧洲联盟起初只是一系列的条约,或者用科耶夫的语言来说,最多只是潜在的权利。原因在于,它只是一个彼此之间存在着严格政治关系的敌人之间的停战协定,所以不可抗拒的第三方的干预是不存在的。③ 但是,随着欧洲共同体法学的发展,欧洲法院(European Court of Justice)开始认为这些条约包含着在法律上可以对成员进行强制实施的权利和责任;换句话说,任何一种以国家名义实施的、与宪法性框架的细节不相符合的行为,法院都可以宣布为无效。这样,就再也没有哪一个成员国是拥有完全主权的了,而欧洲法律也就成了一种高于国际法的东西。这一点极好地证

---

① 并且,就事实来说,国外的刑事性的和税务性的判决得不到承认或者实施,这是一个传统的国际私法规范的问题。

② "Lawyers, Judges, and the Making of a Transnational Constitution", *American Journal of International Law* 75(1981),页1—27。

③ 有一个口号很好地表达了这样一种概念,这个口号说成员国是"Herren der Vertrage"[缔约的领主]。

明了科耶夫所提出的逻辑路线:即,政治性统一通过一种法律性统一的产生而出现(页326—327)。因此人们就可以理解,为什么在批准《马斯特里赫特条约》(the Maastricht Treaty)的时候,①德国宪法法院会畏首畏尾,不愿意明白地认可这种逻辑。② 正如韦勒(Joseph Weiler)所指出的那样,德国宪法法院是被施米特式的思维控制的:在这种思维看来,如果承认德国国家行为的合法性问题是由欧洲的第三方决定的,那也就等于承认(施米特意义上的)国家在欧洲再也不存在了。③

在将传统国家主权的终结理解为宪政化之结果而不是将宪政化

---

① [译按]1991年12月欧共体外长会议在丹麦的马斯特里赫特小城召开,会上提出了建立欧洲联盟的计划。1992年欧共体首脑会议,达成了实行欧洲统一货币联盟的条约,即《马斯特里赫特条约》。该条约分成两部分,一部分是《经济与货币联盟条约》,另一部分是《政治联盟条约》。条约规定在1993年实现欧洲统一大市场后,最晚于1999年1月1日实现欧盟内的货币联盟。该条约将"欧共体"改名为"欧洲联盟"。条约规定了三项主要任务:1、经济上,建成欧盟内统一的货币,要求在2002年1月1日实现欧盟所有成员国实行统一的货币,即欧元,2002年7月1日,欧元成为欧盟内唯一的货币,从而最终形成超国家的货币联盟;2、将现有的安全与外交合作机制,提升为高层的新外交与安全统一机制,必要时向外交与安全政策一体化的方向发展;3、加强各国内务与司法的合作。《马斯特里赫特条约》的签订,被认为是欧洲联盟发展史上最重要的里程碑之一。

② [译按]根据德国联邦宪法法院针对《马斯特里赫特条约》所作的有关判例,德国虽然认可扩大欧洲联盟的使命,但它在实质上仍然把欧洲联盟看作是一个受到主权国家委托的国际组织,主权国家仍然具有前提性的地位。按照这种逻辑,如果共同体机构颁布的法律文件超出了共同体受让渡的管辖权限,就不能要求德意志联邦共和国承认该文件在德国国内的法律约束力。德国基本法第100条第1款规定,德国联邦宪法法院可以就各共同体机构颁布的法律文件是否与德国宪法有关结构性原则相符进行审查。如果德国联邦宪法法院作出了这些文件与德国基本法不相符的判决,那么相应的共同体法律文件就有可能在德国国内不产生法律效力。但是,从共同体角度来讲,德国联邦宪法法院的此类判决也有可能因为无视欧洲法院的"独断的抵制权"而违反共同体法的优先效力。因此,关于在德国国内法转化欧盟法过程中能否进行保留,欧洲法院在判例中指出,根据信守条约原则以及条例在各个成员国所具有的直接适用效力原则,从欧洲共同体的角度来看,各成员国国内法、甚至宪法都有义务贯彻共同体法;这种由条约建立起来的、有着自己独立法律渊源的法律规范由于自身具有的独立特征,相对于成员国国内的任何法律规范都有优先适用的效力;共同体法的统一效力不允许单个的成员国在条约的授权之外,还单边地援引本国国内法、特别是本国宪法。

③ 韦勒(Joseph H. H. Weiler),"The State'Uber Alles':Demos,Telos and the German Maastricht Decision",收入杜尤(Ole Due)等编 Festschrift für Ulrich Everline(Baden – Baden:Nomos Verlagsgesellschaft,1995),页1651—1688。

理解为国家主权之终结的结果的过程中,科耶夫也填补了一条裂缝,或者说解决了一个康德在讨论"永久和平"问题时所产生的两难问题。永久和平的两难是这样的:如果一个永久性的联盟可以实现,那么,国家就再也没有必要因为交出自己的主权而担心,因为它再也不必担心其他"国家"会威胁到它的安全;但是,在这样一个时刻到来之前,有哪个国家会因为其他国家有望会永远加入到这样一个联盟当中,而自愿地、永久地放弃自己的主权?因此,在康德那里,从国家身份仍然停留在"Herren der Vertrage"水平的条约法飞跃到联盟,①只能被理解为一种跟信念或者希望有关的问题。② 但是,正如我们已经看到的那样,在科耶夫那里,在某个特定的时刻,法律统一的逻辑就会导向一种普遍性的公法,从而会导向一种以宪政为基础的联盟,而在这个联盟里面,国家不再是主权性的。并且,尽管这种统一和联盟一开始仅限于某种国家集团,但它却有一种普遍化的倾向。③

在《纲要》完稿之后的十年,科耶夫写信给施特劳斯,于是也就能够把自己的意思表达得更加具体:"如果西方人还保留着资本主义(也就是说,同时也保留着民族主义),那么,他们就会被俄国人打败,而那也正是最终的国家(End‑State)为什么会产生出来的原因。但是,如果他们能够将他们的经济和政治'整合'起来(他们现在正在这样做),那么,他们就能够打败俄国人。而那也正是达到终结性国家的手段(即同一个普遍均质国家)。"④欧洲共同体就是一个 en herbe 的普

---

① [译按]Herren der Vertrage,德文,"缔约的领主"的意思。参见注19。

② 可以参见哈贝马斯最近发表的一篇极具启示性的论文,"Kant's Idea of Perpetual Peace:At Two Hundred Years's Historical Remove",其中讨论到康德的"永久和平"理念和施米特主义对于这个理念的挑战,收入 The Inclusion of the Other:Studies in Political Theory(Cambridge:MIT University Press,1998),页165—201。

③ 最重要的是如下这段文字,国家倾向于"产生一种国家的联邦或者联邦制的国家,而这个联邦会以某种独特法律的存在作为自己的基础或者结果,这种法律普遍适用于所有联合在一起的国家,并且——在其'公法'的方面——还包含一种规范联合起来的国家之间的相互关系、尤其是规范联邦制的司法组织的、'联邦制法律'的要素"(页327)。

④ 施特劳斯,On Tyranny,页256,还可参见上文页2,注释6。

遍均质国家。① 但是科耶夫也提到了放弃"资本主义"(科耶夫用这个词指 19 世纪的 laissez‐faire② 的资本主义)的问题,③这一点提醒我们,能够导向普遍均质国家的,并不只是实在权利(positive right)的协调一致的问题,还有一个基于对某种特定正义概念——即,在(社会主义的)平衡性当中的平等性与等价性的综合——的合意而得以产生出来的统一问题。正是因为实现了这样一种正义的概念,普遍均质国家才能够为全体公民提供人性化的满足(页 479)。

主性、奴性与家庭

为了理解科耶夫是如何能够代表普遍均质国家提出这样一种主张的,我们就必须要考察一下,平等性、等价性以及它们在平衡性当中的综合到底意味着什么?但是,因为这些术语只有放在社会关系当中来理解、并且只有通过社会关系来理解才会有意义——也就是说,除了一种社会性的—人类学上的含义之外,它们没有任何超越性的含义——所以我们首先需要考察一下,科耶夫对作为一种社会性存在的人是如何理解的。在科耶夫看来,人是作为各种各样次政治社会或者跨政治社会(transpolitical societies)的成员来生活、来寻求自身需要的满足的,而在这些社会里面,最重要的(至少对于理解普遍均质国家的潜在性来说,是最重要的)应该是家族性的社会和经济性的社会。权利就是第三方将某种特定的正义原则适用于这些不同社会内部的关系,同时也适用于个人与上述作为一个整体的社会之间的关系(页167)。国家是作为第三方之干预的不可抗拒性的保护人而进入这幅

---

① [译按]en herbe,法文,"未成熟"、"未来"的意思。
② [译按]laissez‐faire,法文,"自由放任"的意思。
③ 尤其可以参看科耶夫在杜塞尔多夫的讲演,"Kolonialismus in europäischer Sicht [Colonialism in European Perspective]",收入托米森编,*Schmittiana*, Band Ⅵ(Berlin: Duncker & Humblot,1998),页 126—140。[译按]中译本本书也有收录,可以参看。

图景的;除此之外,正如我们已经看到的那样,国家还是一群政治上的"朋友"的缔造物,这些朋友联合起来反对共同的敌人,并且,这个排他性的"政治集团"还会为了国家的利益对公民提出一些非法律性的要求(页129)。但是,集体之间的对立(即,在施米特看来构建了政治的敌—友斗争),在任何一种永久性的人类需求里面,都没有存在的基础;在"种族"、"语言"等等这些子虚乌有的基础上将个人组织起来彼此斗争,这纯粹只是一种协定性的东西,是到目前仍没有能力达到普遍均质国家的表现。(施米特强调,敌—友之别是在存在论的意义上被决定的,它可以以任何一种对立为基础,因此,从某种意义上来说,施米特本人其实也已经为这样一种反施米特的结论做好了准备。)

因此,按照科耶夫的看法,尽管人最初是通过暴力性的斗争将自己加以人性化,并且在一开始的时候也是通过这种方式来寻求承认的,但是,通过这种方式被展示出来和创建起来的永久的人性化需求,却并不是对于斗争的需求,而是对于承认的需求(页211—212)。在科耶夫为普遍均质国家所提供的论证里面,这个假设是其中最重要的假设之一,但它被人们理解的程度却最低。这个假设已经被福山和德鲁利(Shadia B. Drury)这样的评论者弄得模糊不清了,因为他们都好像要将科耶夫所理解的那种人跟斗争本身看作是一回事。同样地,将黑格尔式的、关于承认的语言挪用过来概括各种为了政治身份而斗争的集团目标的特征,比如说以此概括道德性集团的特征(在这一点上表现得最为明显的是泰勒[Charles Taylor]),也使得对于如下问题的理解变得更加困难,即,对于科耶夫来说,从根本上给人以满足的那种承认,既不是一种对于集体认同的承认,也不是一种通过政治的手段获得的承认。① 当国家丧失了它的政治性特征而变成只是普遍性的、建立在某种确定的正义概念基础之上的权利的保护人的时候,承认就可

---

① 参见福山,*End of History*,页312;德鲁利,*Alexandre Kojève: The Roots of Postmodern Politics*(New York: St. Martin's Press, 1994),页17—78;泰勒,"The Politics of Recognition",收入古特曼(Amy Guttmann)编 *Multiculturalism and "The Politics of Recognition"*(Princeton: Princeton University Press, 1994),页25—73。

以通过法律的手段来获得。而权利一旦受到这样的保护,就能够保证自己可以承认个体对于普遍性的、人性化的满足的需求(页474—79)。

马克思当然已经预见到,在后历史的条件下,不但国家会消亡,法律也会消亡:为了普遍地满足人性需要而展开的生产方面的协作,将会变成一个纯粹技术性的问题。[1] 科耶夫则一边保护权利,一边也明确地认为,在政治当中所必需的、集体性的决断过程,作为一种与从正义出发的行政相区别的东西,并不是建立在任何一种永久性的人性需要的基础之上:也就是说,一旦所有的关系都是由正义来决定,那么,政治性的斗争就不再是必要的或者是可能的了(页94)。对于那些身为激进民主人士的左派来说,这一点将是难以容忍的——但是,对于想要彻底实现一种绝对而确定的正义概念的人来说,这却是一个意料之中的必然结论。出现在左派思想当中的一些后现代主义性质的重要转变已经说明,人们已经敏锐地意识到了这个问题——比如说,有些人为了反对围绕(市场)正义所达成的(资本主义性的)共识,坚持认为有关社会生活的那些术语都是可以争论的,而有些人则谈到了对虚假必然性(false necessity)进行重塑、反抗和反对的问题。[2] 有一种说法越听越具有这样的意味,即,民主的可争论性和政治性的斗争,这些事情就其本身而言就是人类值得为之斗争的好事——由此人们可以进一

---

[1] 塞普诺维奇,*The Concept of Socialist Law*,页1—2。

[2] [译按]这里可能在暗指巴西学者昂格尔(Roberto Mangabeira Unger)的某些著作和观点。昂格尔以主张所谓"构建性社会理论"(constructive social theory)和"激进的民主建设方案"(radical democratic project)而知名。他反对将现有的制度从所谓深层结构的角度做一种决定论式的理解,反对无限制地夸大所谓历史发展的必然性。他重视制度发展过程中的偶然性因素,重视社会超越现有制度安排和利益格局的所谓否定能力(negative capability),强调历史过程和制度设计上的可参与性和可修正性。三卷本的《政治学》(*Politics: A Work in Constructive Social Theory*, Cambridge University Press, 1987)被认为是昂格尔的代表性著作之一,这部著作的第一卷名为 *False Necessity: Anti - Necessitarian Social Theory in the Service of Radical Democracy*,第三卷名为 *Plasticity Into Power: Comparative - Historical Studies on the Institutional Conditions of Economic and Military Success*,这些都与本文作者提到的问题相符。

步理解,为什么当今的左派会对施米特怀有一种非常怪诞的兴趣。①

科耶夫(还有黑格尔)认为,斗争是人得以产生的基础,但是他又提出了一个终结性的国家,在这个国家里面,人性化的满足可以在这种斗争最终消灭之后而实在地达到,那么,科耶夫是怎样论证这样一个观点的呢?实际上,在《纲要》里面,科耶夫提出了一种比《导读》更加清晰也更加丰富的、关于主—奴辩证法的说明;并且,如果仔细加以分析的话,人们可以通过这种说明清楚地了解斗争在人类生活当中的地位。人通过否定自身动物性的存在而成其为人。通过在斗争中将自己动物性的存在拿来冒险,主人试图主张并且也达到了别人对其人性的承认。从本质上来说,他追求的不是主性(mastery)本身,而毋宁是承认。他之所以会变成主人,完全是因为他的对手在斗争当中对于生存问题的态度,是因为这些人决定放弃殊死的战斗,而将自己置于主人的支配之下(页212)。自然意义上的主人或者奴隶是不存在的——事实上,斗争本身,或者毋宁说是斗争对于正义的人性化含义,都预设了这样一个霍布斯意义上的前提,即,人都是平等的,因为人都拥有差不多平等的能力,可以使他们在与其他人进行肉搏的时候保全自己的生命(页219—220)。主人不会杀死自己对手:因为相对于他的希望被承认的目标来说,这样做将是自取灭亡。他为对手留下了性命,以换取对手对主人所提供的劳动。但是,对于主人来说,来自奴隶的承认并不能使他获得人性上的满足,因为这种承认不可能是相互的——也就是说,主人不可能承认奴隶是人,而只能承认他是满足自己需要的工具或者手段,因此,他没有办法通过一个他不能够反过来加以承认的人满足自己被承认的需要(页212—213)。但是奴隶却通过劳动——这种劳动最初是为主人提供的——为自己找到了一条通向人性化的道路,但却没有必要为此在斗争中冒生命危险;他通过在劳动中必然会出现的、对于自然本身的征服,而否定了动物性的存在(431—433)。通过放弃斗争,奴隶也放弃了被承认与主人相互平等的

---

① 参见墨菲(Chantal Mouffe),*The Return of the Political*(London:Verso,1993)。

要求,因为主人只承认自己与其他的、已经决定豁出自己的性命将斗争进行到底的主人相互平等。但是,从奴隶的观点来看,在将自己的劳动与生命相交换的时候,却存在着一种等价关系——一种契约性的正义。但是,这种等价性不可能被主人的贵族性社会承认为正义;因为,如果承认奴隶的劳动是人性化的,是一种协商(而协商则包含着某种平等)的产物,那么,贵族性社会的原则本身——即,只有主人才享有的、被承认为人的权利——就会被连根拔起(页223—224)。因此,斗争所产生的后果会允许将等价性确立为一种真正的正义原则,也会从根本上允许确立等价性正义和平等性正义在社会主义的平衡性之中的综合,这种综合,用科耶夫的话说就是公民的正义(页224)。

因此,正是因为最初的斗争使得通过劳动所获得的人性具有一种被承认的可能,所以,劳动才提供了满足人类需要的手段。这样一种承认要以等价性正义为基础,但是也包含了平等性,因为从根本上来说,承认某人为人,哪怕是在等价性的基础之上承认某人为人,也就是承认他与自己是平等的(奴隶与主人是不平等的,因为他的人性没有得到承认)。因为劳动可以导向一种相互的、普遍性的承认,所以,相对于斗争和主性来说,这是一条更加充分的满足人类需要的道路。在普遍均质国家的后历史的条件下,人们会顺理成章地想要工作,但是不会想到或者也不需要进行斗争:因为劳动的欲望不仅限于保护自己的生命;劳动也会产生新的需求(页433,477)。①

---

① 在后来的杜塞尔多夫的讲演中,科耶夫指出劳动是第一位的,因为,有些人,即资本家,即便在自己最极端的物质欲望被满足之后,仍然还在长时间地继续劳动,他还指出,生产力的提高已经通过技术的创新而实现,以至于——从原则上来说——社会当中每个人基本的动物性需求都可以通过劳动来满足,而这一点正如科耶夫所回顾的那样,正是马克思式的共产主义的最初目标。在科耶夫看来,真正革命性的阶级乃是资产阶级,而不是无产阶级,因为正是资产阶级才要求自己因为劳动而被承认为人,而不仅限于主张劳动只是为了满足物质性的、动物性的需求。但是,劳动同样也会造就更新更多的物质欲望,正如交换的可能会通过对于等价正义(市场正义)的承认而被实现一样。正如我们即将简短讨论的那样,这会产生新的不平等,而这个不平等只有通过新的平等性与等价性的综合才能解决。但是,正是通过这样一个过程——这条轨迹看起来更像是社会民主性的,而根本不像绝大多数马克思式的社会主义者所想象的那样,是一个革命的过程——以社会主义平衡性为目标的进步过程才会出现。

在阐述家庭问题的时候,科耶夫使得这种满足人性需要的图景变得更加丰富。按照科耶夫的看法,人们不仅需要因为自己的行为而被承认,还需要因为自己是什么而被爱。这第二种需要以一种特殊的方式与人对自身有限性和必死状态的自觉联系在一起;他希望超越自己作为动物性存在的死亡而被爱,而存在。因此在家庭里面,繁衍不只是简单地生产一个动物,也是一种人性化的需求(页408—413)。通过家庭所进行的人性化,首先对于人的充满兽性或者动物性的性欲来说,就是一种克服或者扬弃。因此,虽然通过劳动所进行的人性化必然要伴随着对于非人性的自然的控制或者主宰,但是,在家庭当中的人性化却包含着人的自我约束:的确,众所周知,家庭中的人性化首先就是关于禁忌或者限制的教育(页403—404)。① 在这个问题上,德鲁利在对科耶夫的戏拟当中所呈现出来那种关于为所欲为以及兽欲横行的想象,根本就是不着边际;福山所复兴的那种科耶夫式的、将暴力斗争看作是真正人性的大男子汉式的观念,也远远没有切中要害。② 的确,如果没有自我约束,通过正义和权利的承认怎么可能实现呢?如果缺少了一种自我约束或者自我扬弃的要素,说人们会将自己的冲突交由一个其权威得到承认的第三方的干预来处理,而不是回到暴力斗争中去,这个是很难想象的。实际上,当主人愿意将正义适用到彼此之间,而不再一味进行殊死战斗的时候,这样一种自我约束就已经被揭示出来了,或者说已经表现得很清楚了;而按照科耶夫的看法,在贵族性社会当中成为(平等的)财产权之源头的,也正是这样一种自我约束(页245—249)。

---

① 科耶夫相信,这些禁忌或者限制并不仰仗于神圣或者虔诚,在一个完全无神论的社会里面,它们也会在一种纯粹人性化的基础上,被持续地传授下去;但是,施特劳斯在 On Tyranny 页275 却强调说,他怀疑,如果没有宗教,上述这种社会化是否会出现。如果可以考虑到这一点,那么,人们就可以更深刻地理解施特劳斯与科耶夫之间的分歧。

② 尤其可以参见的是,德鲁利,*Alexandre Kojève*,页17—78,以及福山书的"Men without Chest"一章,页300—312,在这一章里面,福山似乎是在哀叹,在历史终结之后,再也不会存在任何人们值得为之殊死战斗的东西了。

在一段关键性的文字里面,科耶夫已经从事实上承认,从公民身份的观点来看,国家在子女的教化里面是有一种利益的;但是,家庭、国家和经济性社会的疆界是很难划分的,尤其是对于子女的教化而言就更是如此。因为家庭对应着一种特殊性的、人性化的需求,即,希望因为自己是某人而(至少在原则上是永远地)被爱的需求,所以,如果有哪种方案在子女教化方面不给家庭一种极大程度上的独立地位,科耶夫都会加以反对。但是,家庭内部的教育性权威必须要尊重赋予国家内部的权利以生命的那种正义概念,从而也必须要尊重普遍均质国家内部的、在平衡性之中的、平等性与等价性的综合。因此,如果家庭成员的权利和义务是等价的,如果它们没有破坏综合当中的平等性的要素——也就是说,权利与义务的区分必须与承认每个家庭成员就其人性而言都是平等的这样一点保持一致,那么,他们就可以有不同的权利和义务(页415,424)。因此,科耶夫家庭概念的基础是两性的平等,并且,这个概念不允许任何一种角色方面的区分与承认女性就其人性而言与男性是平等的这样一点发生抵触。正如科耶夫所强调的,只要人性的建立还只能通过男性之间的暴力斗争和(男性)奴隶的劳动来实现,那么,两性的不平等就会持续下去;一旦人性化通过家庭本身出现了,男女之间人格上的平等就会建立起来(页402,注释96)。

既然我们已经理解了科耶夫对于人性需求的说明,并且也理解了它们是从斗争当中发源这样一个事实,那么,如果要描述通往普遍均质国家的路线,只需两个关键性的步骤就可以了。第一个步骤在先前关于家庭的讨论中已经提到,那就是,平等性和等价性之间的动态关系是怎样在平衡性之中趋向一种综合的。第二个步骤是,作为这两种要素之固定综合的正义概念是怎样变得具有普遍性的,因为,迄今为止,每一种这样的综合都还没有固定过,并且每种综合都只能产生一种适合于某个特定国家的正义概念。

科耶夫的现象学方法拒绝了自然权利或者自然法,按照这样一种方法,人们不能,比如说,提前提出一种将来能够变得固定或者普遍的、平等性与等价性的综合。因此,如下这一点就不能看作是《纲要》的不完善之处,即《纲要》没有提出这样一种综合的细节,也没有为普遍均质国家的实在权利提出一部法典;毋宁说,《纲要》只能明确这样一点,即,在权利自身的定义和权利的历史进化里面,包含着哪些可能性和逻辑上的必要条件。① 的确,该书的题名将这本著作称为是一种"纲要"(Esquisse),这反映的不是原稿的状态,而是反映了在普遍均质国家的实在权利自我展开之前,要提出一种确定而完整的权利现象在哲学上是不可能实现的(页268)。

但是,要再说一遍,既然关于作为最终的平等性与等价性的综合而出现的实在权利,没有办法事先就给出一个蓝图,既然人们的起点只能是不同国家的实定法(positive droit)体系,那么,我们凭什么能够想象这样一个最终的、普遍性的概念可以达到呢? 我们几乎可以确定地说,这样一个概念是没有办法从任何一种具体的、现存国家的实在权利当中推导出来的。而如果科耶夫没有通过现象世界的人性化的行为,就正义概念如何能够作为一种绝对的东西被达到的问题做出一个充分的说明,那么,用《纲要》自己的术语来说,它在哲学上就一定要被看作是不充分的。当然也有一种可能,就是某个单一的国家通过征服就能够将它自己的实在权利强加于世界各地。但是,如果考虑到科耶夫的整个论证结构,这种可能会产生一些问题。与其中一个问题联系在一起的是,科耶夫一直都承认历史的终结这样一个黑格尔式的命题。如果最终的正义概念还是要留待暴力斗争的手段来解决,那么,历史如何能够结束呢? 并且,凭什么说这样一种解决方式就是永久性的或者说是固定的? 如果这个帝国内部的某个阶级或者某个团体的人就是喜欢帝国征服之前的实定法,那么,有什么能够制止他们退出这个帝国,而(重新)建立一个以那种法律为基础的国家? 因此,人们能够想象出来的,就不是一个稳定而持久、普遍而均质的国家,而是一种习见的、帝国征服行为与民族反抗行为的历史轮回。

而我们已经提到,科耶夫已经成功地说明了为什么一个普遍均质

---

① 因此,在安德森的结论里面就存在着某些过分夸大和扭曲的地方,他曾经说:"此书的政治结论实际上就是一套为普遍均质国家的民法典所提出的建言"(*A Zone of Engagement*,页321)。

国家可以是一个 Rechtsstaat——也就是说,可以通过跨国的立宪主义来实现,而这种跨国的立宪主义作为一种超国家的法律秩序,可以扬弃传统国际法的局限性。更进一步的问题是,现在的世界是一个民族国家的世界,每个国家都有自己的实定法,从这样一个 point de départ 出发,①如果不采用吉凶未卜、变幻莫测的征服办法,这样一种立宪主义如何才能出现,或者说为什么一定会出现?

答案取决于科耶夫对于人之满足的理解,而这种满足首先来自于人作为经济性社会和家族性社会之成员的资格。大部分的权利所处理的都是如何规范人在这些社会内部的关系以及与这些社会之间的关系问题。但是,这两个社会当中却没有哪一个与国家有着本质上相同的范围——它们可以是次政治性的,或者更重要的,也可以是跨政治性的(页133—134)。为了让权利可以将自身实在化,它必须要有能力规范这些社会内部的所有关系;但是,跟先前一样,为了让权利可以将自身实在化,第三方的干预还必须要是不可抗拒的。现在,如果 A 和 B 是同一个(跨国的)经济性社会的成员,但却不是同一个国家的成员,那么,如果 A、B 之间发生相互作用,情形会是怎样呢?首先不清楚的问题是,A 所在的或者 B 所在的那个国家的第三方会不会干预这种相互作用。其次,无论进行干预的第三方是谁,无论是相对于双方当事人中的哪一个,她的干预都不会是不可抗拒的。对于这个问题,有一个(不能让人满意的)解决办法就是传统上的礼让(comity)——礼让作为一种礼节或者是政治性的行为,其中并不包含任何法律性的东西,其作法是由一个国家对另外一个国家做出让步,而让步的方式,要么是承认将另外一个国家的权利适用于本国,要么是让另外一个国家的第三方的干预在自己的领土范围内成为不可抗拒的东西。但是,因为这种礼让性的承认是从政治上承认另外一种主权与自己是平等的,因此它没有办法真正产生那种科耶夫所谓的法律联盟(juridical union)(页326)。

---

① [译按]point de départ,法文,"出发点"的意思。

通过不同国家法律之间的相互承认而产生的法律统一

但是,如果这种承认是法律性的而非政治性的,那么,情形又会是怎样呢?如果在某些状况下,身处在某个特定社会内部的 A、B 之间的关系跨越了不同的国家,而正是为了处理这种状况而设立了某种程序,通过这种程序,一个国家的第三方可以承认另外一个国家的权利与本国的权利相等价,如果有了这样一种程序,情形又会怎样呢?而这样一种现象恰恰可以证实科耶夫的主张,即,正是权利有着要将自身加以实在化的倾向,所以,如果发生关系的不同国家的成员身处于相同的跨政治社会之中,那么在规范这种关系的过程中,法律联盟就能够产生。

关于这种状况如何成为可能的问题,在我们这一代的两位学者即斯洛特(Anne – Marie Slaughter)和尼古雷迪斯(Kalypso Nicolaidis)的著作当中已经有所描述。斯洛特的研究已经说明,跨越国界的法律合作,对于由全球化所造成的、不同国家之间的法律冲突问题,是如何变成一种普遍的并且经常也是有效的解决方式的。斯洛特的主要论点是,尽管这样的合作以前也总是会出现,但是,当现在的许多国家在承认外国的判决的时候,法官们的作法是,他们就像承认他们自己的法官那样承认其他国家的法官——用科耶夫式的语言来说,就是,他们承认其他国家的法官也是在作为真正的第三方在行为。不过,斯洛特也注意到,这种合作在自由国家之间表现得最为密切也最为充分;至于在其他国家之间,将问题诉诸对政治性主权的承认仍然是主要的作法。① 因此人们可以说,在不同国家的第三方之间有一种相互承认的关系:也就是说,他们承认,即便各国的实在权利从表面上来说仍然还有差异,但是,作为不同国家权利之基础的正义概念却是一致的,或者说是趋向于一致的。但是,这种承认的最终结果却是第三方开始适用(并且从而也开始发展)其他国家的实在权利(这一点之所以可能,仅

---

① 斯洛特,"International Law in a World of Liberal States",收入 *European Journal of International Law* 6(1995),页 503。

仅是因为他们都有意无意地承认一种类似的正义概念);并且,人们可以想象,如果 A、B 是来自不同的国家这样的情形出现得足够多,那么,到最后,纯粹因为每个国家的独特文化特征所形成的实在权利之间的差异就会逐渐消失,而一种单一的实在权利则会出现。但这并不意味着只会存在一种单一的实定法律;在不同的地方,因为不同的物质条件或者其他非法律性的条件而造成的法律上的(细节的法律规则方面的)差异还是存在的(住房的加热和隔热标准,在北方跟在赤道地区是不同的)。但实在的权利却会是单一的,因为不同国家法律之间剩下来的差异,会被人们看作是跟不同的(国家的)实定法没有关系,因而也跟严格意义上的权利没有任何关联的东西(页327)。

至少从科耶夫的社会主义观点来看,人们可以说,斯洛特的理念在理解某种法律联盟得以产生的具体的可能性方面,存在着一个非常严格的局限。刚刚所描述的这个动态过程,对于如下的法律(比如基本的契约法和侵权行为法)是极其适用的,这种法律(在普通法国家)在很大范围内是通过法律判决的形式发展起来的,而在另外一些地方则是通过由法学家和政治家共同制定的法典的形式发展起来的。但是,(社会主义的)正义作为一种平等性和等价性的综合,当然也要包含分配性的和调整性的措施(比如说,消费者保护法,劳动法,等等)。对于科耶夫来说,第三方并不只是法官而已,还要包括立法者和警察。并且人们可能还会认为,既然法律和法规(就表面来看,并且,只要就表面来看就可以了)从更直接的意义上来说是政治性的而非法律性的,那么,这一条或许会将第三方的法律承认限制在斯洛特所强调的法律性合作的领域。但是,尼古雷迪斯却构建出了另外一种不同国家之间法律和法规相互承认的理论。[1] 传统上对于这一实践的理解是将之看成一种纯粹政治性的契约,或者看成一种相互尊重主权的条约,

---

[1] "Mutual Recognition of Regulatory Regime",收入经济合作与发展组织(OECD),*Regulatory Reform and International Market Openness*(Paris:OECD,1996),页171—203。尼古雷迪斯教授曾经在谈话中指出,她在研究相互的法律和法规承认现象的时候,是知道科耶夫对于黑格尔承认理论的解释的。

尼古雷迪斯不同,她试图把相互承认的基础解释为是不同国家的指导者之间,或者说是立法者或者公务员之间的相互信任,而这些人在科耶夫那里应该会被看作是广义上的、排他性的法律集团。这样一种相互的承认之所以可能,正是因为每个国家的排他性法律集团都能够确信:实在性的法律或者法规当中的差异是无关紧要的——而这也就等于或多或少地承认说,这些差异并不是来自有关国家正义概念上的差别。

正如上文已经讨论过的那样,在仍然停留在施米特水平上的国家之间,对彼此法律的法律意义上的承认是如何可能的问题,在科耶夫关于公法的解释里面其实是有准备的。施米特承认,国家之间的敌意是非个人性的;而科耶夫对公法的说明则强调,国家只能通过自己的公务员来行为。尽管这些公务员通常来说都是排他性政治集团的组成部分,而这个排他性政治集团又恰恰因为(这点与施米特是一致的)这种敌意不是个人之间的一种仇恨,所以就与另外其他国家的政治集团处于一种政治上的敌对关系,但是,有关的、实在的个人,当他们以国家的名义、作为公务员(而不是作为排他性政治集团的成员本身)而行为的时候,他们之间的关系未必就是有敌意的。当不同国家的公务员在跨国性的规则冲突当中彼此合作的时候,他们彼此之间就会承认对方为公务员,并且,还会从法律上承认对方为立法意义上的第三方;并且,尽管每个公务员都是在为一个潜在的敌对国家而行为,但是,为了这样一种("友好的")承认能够成为可能,不同国家之间的敌对性还是不能侵入到这个公务员正在扮演的这个基本角色中来。当不同国家的公务员为了相互之间的承认而付出合作性的努力的时候,他们之间是不会感觉到敌意的;尽管他们仍然还是在为不同的、从潜在的意义上来说彼此敌对的国家而行为。接下来就出现了两种可能:要么他们作为"冒名顶替者"来行为(即,为了个人的利益与其他国家的公务员相互勾结),要么每一方都在不抱有敌意的情况下作为公务员而扮演自己具体的角色。后一种可能性(即,尼古雷迪斯所确认的、公务员之间作为公务员相互信任)的实现只能意味着一件事情。A 国的立法性的第三方之所以可以从法律上承认 B 的某个第三方,是因为每个国家或多或少都会有意识地将另外一方的正义概念看作是自己的。我们应该牢记这样一条,即,当第三方适用这个国家的正义概念的时候,那么,他就是在作为一个真正的、没有利害关系的第三方——作为一个公务员而不是作为一个冒名顶替者——进行干预。而如果她能够确信 B 国的正义概念就其所有基本的或者有关的方面来说与本国的正义概念是相同的,那么,当她(从法律上)承认 B 国之权利的时候,她就可以确信自己是在作为一个真正的第三方而行为。即便在相互承认的实定法律当中仍然还有差异存在,情形照样还是如此:再说一遍,通过合作,通过理念和信息等等的交换,两个国家的第三方都可以确信这些差异对于权利来说是无关紧要的。正是通过这种方式,正义和权利就可以超越国与国法律之间的、可以说是偶然性的或者说是暂时性的差异,而将自己纯粹地展示出来,而不必诉诸暴力性的斗争和征服,最后的结果也就可以不是将某种单一的实定法强加在全世界头上,而这种强加一定会造成一种对于现实的、非法律性(气候性的、语言性的)差异的残暴压制。① 在欧盟内部,在法律统一的条件之下,现在甚至还有一个词语专门用来描述对于这种差异的接受或者保护:即,"辅助性原则"(subsidiarity)。②

---

① 这点应该与康德在《永久和平论》当中对于某种世界国家(world state)的反对相近,这种世界国家被有些人拿来解决作为一种联邦化之工具的传统国际法的诸多局限。

② [译按]辅助性原则(或译为"基层化原则")的一般主张是,应该把最主要的事情交由规模最小或者层级最低的机构去做,中央政府只起一种辅助性的作用,只处理那些地方政府或者直接当事人没有办法完成的事务。这个概念可以用于政治学、控制论和管理学。从理想和原则上来说,这个原则应该是联邦制的一个特征(比如瑞士和美国)。

欧盟法律规定这个原则最早是在 1992 年的《马斯特里赫特条约》里面,该条约第 5条规定:"共同体(按:指根据《马斯特里赫特条约》即将成立的欧洲共同体)得于条约所授职权之限界内及所分配事项之限界内行为。非共同体专属职能范围之事项,当且仅当上述行为之目标由于该行为之范围与影响等因无法由成员国充分达成而可由共同体较好达成之际,共同体得依辅助性原则为之。共同体一切行为均不得逾越为达成本条约之目标所设之必要限度。"后来的《欧洲宪法》第 9 条也做了类似规定。

从形式上来说,因为辅助性原则划分了共同体可以行为和不可以行为的界限,所以它所适用的领域应该是共同体不享有专属职能的领域。但在实际上,这条原则往往在讨论哪些职权应该给共同体、哪些职权要留给成员掌握的时候被用到。另外,关于适用辅助性原则的标准,人们之间也有很多争议。

[译按]障碍赛,指在比赛中,为了给竞赛者以相同的获胜机会,给他们规定不同的条件。

因此，人们从斯洛特和尼古雷迪斯所确认的各式各样的现象当中，就能够理解：单一的正义概念是如何从表面上看来是形形色色的国家性的正义概念出发，将自己展示出来的。而这一点之所以可能，正是得益于科耶夫在《纲要》当中所确认的那个动态的过程：即，即便权利所规范的关系是发生在跨政治性社会的成员之间的时候，权利也试图将自己实在化；但是，为了将自己实在化，它必须要与其他国家合作，因为，将自己实在化也就是使得第三方的干预在所有的地方都成为不可抗拒的。对于《纲要》论证的完整性来说，上述趋势实现的步骤或者扩展到全球的速度有多快，都是没有必要加以说明的——也就是说，人们只要说明这样一种情形是有可能出现的，并且说明为什么这种情形的出现正是被权利本身的逻辑所推动的结果，就足够了。

（社会主义）平衡性中的平等性与等价性的综合

科耶夫通过平等性和等价性在平衡性之中的综合这样一个动态过程，到底要说明什么，这个问题在他关于经济性社会的权利的讨论当中体现得最为清楚。我们已经看到，在资产阶级革命以后，平等性和等价性同时被接受为正义的不可或缺的要素。关于平等性和等价性之间的相互作用，科耶夫有如下说明：

> 有两个人，其中一个已经吃过午餐而另外一个没有吃过，如果要在这两个人之间分配晚餐，那么，如果后者得到的多一些，人们就会说这个分配是正义的。给孩子的那块蛋糕比给成人的那块大，我们也会说这是正义的。体弱的人比体壮的人少拿一点东西也是正义的，障碍赛的做法也是来自一种正义的理想。在所有这些情形的基础上，人们只需往前再走一步就可以得出这样的结论，即，把某件物品给最需要的那个人是正义的。并且，人们平常也都说，把东西给最需要的那个人是正义的（参照"共产主义"社会的原则：即，按需分配）。或者人们也可以说，把东西给那个为

了得到它而付出最多努力的那个人是正义的(参照,"社会主义"社会的原则:即,按劳分配)——诸如此类。

对于所有这些情形里面因为不平等所造成的不正义,一个主人从一开始就会感到震惊。因此,为了保证只有平等的原则被适用,一个贫穷但却高傲的人会掩饰他没有吃过午饭这个事实。而一个体弱的人则可能出于高傲或者自尊(资产阶级会说这一钱不值)而负担跟体壮者同样重量的东西……而如果等价正义的原则要求一些人被设置障碍,另外有些选手可能会选择放弃比赛。一言以蔽之,主人能够要求平等而不考虑等价的问题,也可以不考虑如何补偿自己与其他人之间的不平等。相反地,资产阶级或奴隶则会满足于条件的等价性,而不考虑他们之间的不平等。(见本书254页——[译按]这里的"本书"指英译本,下同)

作为平等的正义和作为等价的正义之间的紧张关系可以在某种综合当中加以解决,而按照这段引文的说明,解决的方式就是通过"社会主义的""按劳分配"的理念;这个概念体现了等价性,因为把不同的东西分配给不同的人是正义的,同时也体现了机会的平等。在前一种情况下,条件与报酬(首先是劳动报酬)之间的差异只能被归结为贡献上的差异,如果我们能够确信它们从根本上来说没有受到生来就有的事故或者其他不测的影响的话。因此,通过使机遇或者机会平等起来,社会主义的平衡性的综合就是可能的,于是,不同的条件和报酬就可以在其等价性之中是正义的。如果没有平等的权利(比如教育等等)确保机会的平等(在社会主义国家里面,这是一个涉及公民"身份"的问题),那么,在平等性和等价性之间,就永远会或多或少地存在一种紧张关系。

还是用分配晚餐为例,科耶夫描述了这样一种综合的趋势。

平等的原则会要求在所有有权利得到晚餐的人之间进行平等分配,除此之外的任何东西都不再考虑。但是,等价原则会问,平分是不是真正等价的。如果有人看到有些人比另外一些更加饥饿,那他们就会发现情形不是这样的。接下来,人们会用另外的办法分配食物,以便使每个人得到的份额与其饥饿的程度相称。这样,这条原则就会得到满足,其余的事情人们就不再过问了。但是另外一种原则会受到这种不平等分配的冲击,于是它就要试图清除这种不平等。但是,为了可以不冲击等价原则,它就必须要清除当事人之间的不平等。接下来人们就会问,有些人要比另外一些人更加饥饿的原因何在。而如果人们观察到这种区别是因为有人吃过午餐而另外一些人没吃造成的,那么人们就会注意到这种情况,于是从此以后,所有的人可能就都可以吃到午餐了。(见本书 269 页)

在追求综合的过程中,人们可以既用等价性来处理平等性的局限问题,也可以反过来做。并且,从实践的角度来说,这样的一个趋势在当今福利国家的发展过程中到处都可以看到。我们可以举科耶夫自己所举到的两性平等(页 269—270)为例。男人和女人在生物学意义上的区分所导致的一个社会后果就是,女人往往要更多地承担照料子女的任务;因为这个原因,所以,男人和女人尽管在形式上是平等的,但是在职场上他们却没有平等的机会——也就是说,在通过劳动获得平等承认这方面,女性要面临许多限制而男性则不必。因此就需要采取一些手段来使男女两性在面对职场的"起跑门"("starting gate")的时候,彼此的负担可以平等。但是,如果即便在这个"起跑门"的问题解决之后,女性的收入还是比男性低,情形会是怎样呢?如果问题是说女性没有平等的权利可以进入跟男性相同的职业或者行业,那么,人们可以要求制定反歧视法;但是,人们仍然可以发现,可能是因为一些历史性的、认为女性当然没有平等权利的成见,所以,尽管女性所从事的劳动就表面看来在价值上跟男性是平等的,但她们所获得的报酬却还是不及男性。因此作为等价性的一种完善措施,人们还需要支付平衡性的支出。这样,女性就既能获得机会上的平等,又能获得与所付出的劳动相称的、收入上的等价。事实上,综合的趋势表现出了人们对如下这样一个问题的认识,即,单纯的平等性政策或者单纯的等价性政策都没有办法解决问题——也就是说,人们只有通过在平等性和等价性的相互作用中同时将两者注意起来,才能够纠正非正义的现象。

作为一个动态的过程,这样一种综合,如果不通过一些就短期来看可能会被恶化的、不平等或者不等价的要素,是不会实现的。而右派和左派恰恰也是在指出这些困扰的同时,都对警察国家和福利国家(regulatory and welfare state)的境况表示出了强烈不满。右派在当代国家的平等性政策里面看到了过分的拉平,看到了不平等者在被平等地对待;他们经常看不到最后的结果在事实上可以是一种允许在条件方面存在差异的综合,也看不到这种结果最终也可以被认为是正义的。类似的,传统意义上的左派往往都痛陈,市场化所造成的不平等的结果现在已经被过分地听之任之,甚至连那些自封为自由主义者和进步人士的人都在容忍这种现象。但是,人们必须看到,在许多情况下,一种固定的、正义的解决是没有办法通过利用市场所产生的结果来获得的,而只能通过把个体带到市场上去的那些机遇或者机会加以平等化的办法来获得。当右派和左派的知识分子在考察同一个处于发展过程中的社会福利国家和警察国家的时候,他们声称所看到的,更多的是他们各自所不喜欢的不平等性或者不等价性。从这种现象出发人们通常都会得出的预言或者解释是,这是一种日趋严重的社会分裂和社会分化,甚至还有人把它看作是自由民主政治事业当中所出现的一种绝境。但是,右派和左派都至少还需要考虑和处理一下科耶夫的挑战:也就是说,在经历了这些各式各样的干扰和调整之后,最后的趋势还是会走向一种综合(页263—268)。当然,这一挑战在各式各样的、代表了现代福利国家和警察国家之特质的经济和社会政策领域如何发挥作用,这不是本篇序言要考虑的问题。但是,关于这个问题有一个特别的维度需要指出来:也就是说,许多站在左派立场的人都把国家的进步状态看作是一种由于市场的全球化所导致的退却状态。科耶夫奉为真理的只是这样一点,即,经济性社会从天性上来说有一种跨政治的性格,但是这也意味着,一种固定的、平等性和等价性的相互综合,在国家的疆域范围内是没有办法实现的(页272—276)。因此,在超越了国家的经济关系的膨胀当中,在这种关系日益强化的情况下,是没有回头路可走的;并且丝毫也不必惊讶的是,最初的结果还会是左派已经指出的那种不平等性和等价性的再度出现。但是,除了实现由(民族)国家所实施的那种社会主义的理想之外,最后的结果为什么就不可能是取消这一个基本的限制呢?比如说,有人会指责全球化奴役了中国或者缅甸的劳动力;但是,在全球化到来之前,那些有实际能力可以在某种程度上解决这个问题的人,当真注意过这个问题么?因为经济性社会越来越多地把那些已经就这些作法当中的非正义性问题达成共识的和没有达成共识的国家包括了进来,因此人们就可以看到,社会主义权利的全球性蔓延是存在着一个现实的基础的,而这种正义不会再次试图或者再次倾向于取消所有来自市场的结果方面的差异,它所要做的仅仅是保留那些正义的东西。无论如何,迄今为止,与科耶夫对于平等性和等价性的综合借以推进,或者说借以将自身加以普遍化的那个动态过程的理解相矛盾,或者说驳倒了科耶夫上述理解的事情,还一件都没发生过。对于那些站在左派立场、将文化和民族奉为救命稻草、并仍然认为这可以作为一个稳固的基础来对抗全球化当中的"非正义"的人来说,科耶夫的观点至少是一个有力的挑战。

批判地对待科耶夫的《纲要》

我们在上文试着分析了科耶夫《纲要》一书的一些主要论点,希望可以对英美知识界的读者理解这些观点有所帮助,因为总体而言,在英美知识界,科耶夫的观点和理论体系是通过传说进入人们头脑之中的,并且还因为一些流行的、对其著作的误解和误用而遭到了扭曲。为了可以将《纲要》的哲学观念全面展现出来,我们还特别在意,避免让英语世界的读者抱着人们在读一本不完整的或者"草案性的"著作的时候所有的那种想法来读《纲要》这本书——也就是说,避免人们在理解作者基本思想的时候,将之看成是一本二流的或者次要参考书。

这并不意味着我们认为科耶夫呈现在《纲要》里面的思想,已经把人类状况解说得题无剩义。科耶夫在这部著作当中所做出的、毋庸置疑的原创性贡献,是他说明了,为什么 Rechtsstaat 可以不必是一个民族国家,并且,更有甚者,Rechtsstaat 为了可以完全实现自己的理想,它也不能是一个民族国家。他还说明了,从严格意义上的、施米特关于国家和政治的前提出发,人们如何可以达到一个极其不同的、完全与立宪主义和法治合拍的终点。①

当然,人们是不是愿意接受人类在普遍均质国家里面就会得到满足这样一个观点,从根本上要取决于人们是不是相信科耶夫对于人类需求的解释。福山曾经指出,人有一种他称之为 megalothymia(高尚或者伟大[high – mindedness or great – spiritedness])的需求,他用这个术语来指称某种类似于等级秩序的东西——也就是说,这是一种想要承认伟大或者高尚的需求,对于某些人来说也是一种需要被别人不平等地加以承认的需求。让我们接受福山的意见,假定某种这一类的需求的确是存在的。因为福山不知道科耶夫在《纲要》里面所提出的观点,因此,他就把平等的、普遍性的承认理念错误地理解为一种绝对的、彻底的均质化和齐平化,并且因此能够主张说,如果普遍承认的事业可以在普遍均质国家里面完成,那么,这样一种对于高尚或者伟大的需求就没有办法得到满足。但是,正如我们已经看到的那样,因为平衡性——在普遍承认的正义里面,这是基础——乃是平等性和等价性的综合,所以,在普遍均质国家里面,明显的、对于各种天分的、区分性的承认,也是能够存在的——但是,这种承认必须要与对于每个人平等人性的承认保持一致。因此,就不存在什么本质性的理由,说在这样一种国家里面,承认卓越的需求,或者说为了承认而卓越的需求,会因为这种国家的承认是以社会主义的平等性与等价性的综合为基础的,而得不到满足。

另外一个更深刻的问题,与普遍均质国家当中普遍承认的空洞性

---

① 按照有些学者的观点,这也是施特劳斯用另外一条极其不同的方式所做的,或者说想做的工作。参见霍斯,"From Dictatorship to Legitimacy and Back Again"。

的或者说形式性的性格(the contentless or formal character of universal recognition)有关(这个问题德里达等人已经在《导读》当中看到了)。科耶夫承认,人是希望其特殊性被人承认的。而普遍均质国家是可以确保这样一种承认的,而这首先又是因为,它并没有把个体仅仅看成是诸如阶级、种族或者宗教团体等类集体的成员,而是把他们看成是有着自身特定目的的个体。但是,人们却没有办法承认这些特定目的的内容,至少是没有办法直接承认这些目的的内容——也就是说,没有办法承认这些内容从本质上来说是高于其他目的的内容,或者与其他目的的内容不同。劳动是通过交换和货币、等级和职位(在公务员的情况下)等被承认的,也就是说,是通过一种中性的价值媒介被承认的。至少是在当今的自由民主社会里面,人们能够观察一种流行甚广的、对于某些更具个人性的社会承认的需求,而与这样一种承认联系在一起的则是个体的特殊"内容"。因此就存在着一种名人文化(celebrity culture)。但是,除了当然会有的例外之外,自由民主社会的"统治"精英,包括政治家、技术官僚和商人,几乎都不是名人;对于绝大部分人来说,名人文化是独立于管理的领域而起作用的。那些在二十世纪末期管理着社会、法律和经济生活条件的人,并没有表现出一种要拥有某种特殊的人格性内容或者要将之强加在社会头上的需求,并且对于加在名人身上的那种崇拜来说,他们也不是典型的对象。但是,仍然还有一些人急切地想要成为名人,或者说崇拜名人,而也有许多人在深深地厌恶那种被某个无个人面目的精英所主导的公共生活。

正如我们已经看到的那样,精英之间、不同国家法律集团之间的信任,对于某种确定的正义概念的出现是至关重要的,而以这个概念为参照,在实定法当中的差异还存在的范围内,这些差异就可以被解释为对应于不同的非法律性的条件和语境(气候,语言,等等)所做的调整。但是,人们真的能够确信说所有人都会按照这种方式来看问题么?精英们可以通过全球性的法律,或者说,通过技术性的手段来"解决"经济关系协调当中的难题,他们在这方面的本领不消说是有目共睹的,但是,另外有些人对于这些解决办法的抵制同样也是有目共睹的。比如说,最近美国和欧盟之间关于后者禁止激素牛肉的争端就表明,这种争端是没有办法通过立足于全球性经济法律框架之内的风险评估和风险分析这样一些技术管理性的/科学性的手段来加以解决的,因为大多数欧洲公共舆论都拒绝改变他们对于以这种方式来操纵自然的怀疑态度,而最终美国也返回到了对欧洲出口产品进行报复的老路上去①——也就是说,也返回到了施米特意义上的主权上去。正如我们已经指出的那样,科耶夫认为将自我管理或者民主性的自我决定作为目的本身是毫无价值的。然而,即便人们可以理解一种单一正义概念的产生问题,但是,这个概念在具体语境当中的解释和执行,同

---

① [译按]欧美激素牛肉案发生在上世纪 90 年代,但其起因可以追溯到 70 年代。当时法国曾在生产小牛肉的过程中非法使用激素,意大利在婴儿食品中也使用了含激素的牛肉。一些婴儿在食用后,出现了明显的异性特征。此事在当时的欧共体内掀起了轩然大波,并引发了欧洲消费者对荷尔蒙的恐惧,欧洲民众强烈要求制定相关法律以保护消费者的健康。随后,当时的欧共体理事会通过了一项指令,规定在 1982 年 8 月 7 日前,成员国必须制定并实施法律,禁止使用带有激素的添加剂饲养牲畜,禁止屠宰和销售此类牲畜及其肉制品和制成品。同时还规定自 1988 年 1 月 1 日和 1989 年 1 月 1 日起,分别正式实施该指令的有关条款。

而美国农场为了让肉牛长得更快更肥,普遍使用激素饲养。欧盟以生长激素可能导致癌症、神经系统紊乱和其他健康问题为名,禁止美国牛肉进入欧盟市场。因此,1989 年后,含有激素的美国牛肉一直未能进入欧盟国家,这对牛肉出口大国美国是一个巨大的损失。美国认为,美国农场使用激素添加剂的方式与欧洲有较大不同,因此不会对食用者产生危害,并以欧盟的禁令缺乏科学依据,是借"技术标准之名,行保护主义之实"为由,表示坚决反对,并把欧盟告到了世贸组织。1998 年,世贸组织裁定欧盟对美国和加拿大含激素牛肉的进口禁令是非法的,要求欧盟提供含激素牛肉对人体健康不利的科学证据,并规定 1999 年 5 月 13 日为取消欧盟有关禁令的最后期限。但欧盟拒绝执行这一裁决。

于是,从 1999 年 7 月开始,美国对来自欧盟的价值 1.168 亿美元的猪肉、牛肉、鹅肝、奶酪和芥末等食品征收 100% 的报复性惩罚关税。而加拿大则对欧盟实施了价值为 1130 万加元的制裁。2003 年 10 月,欧盟按照世贸组织的有关要求,对以前发布的含激素牛肉的进口禁令作了非实质性的修改,并提供科学报告说,已有充分的证据表明北美养牛业使用的 6 种激素中至少有一种叫雌二醇的物质是致癌的,肉类即使只有少量残留也会导致恶性肿瘤的发生,而儿童是最容易受到影响的人群。因此,欧盟认为美加对欧盟的报复性制裁措施是没有道理的。但美、加方面对此没有予以理会。

欧美双方曾就该问题在世界贸易组织的框架内展开过旷日持久的交涉。但由于多年来双方在含激素牛肉问题上互不相让,各自的立场几乎没有任何变化,所以大多数欧洲舆论认为,想从根本上消弭美欧之间的这一分歧是不可能的。

样还是会导致大量的、对于这一概念意义的不同理解,虽然这种不同理解是具体层面上的,但它还是会使得政治成为一种对合法性来说是不可或缺的东西。如果是这样,那么,在普遍均质国家的不可或缺性之下,我们又回到了一种真正意义上的统治的不可或缺性。于是,就产生了这样一个问题,这个确定的正义概念,对它的正确解释应该由谁来作出?是由在具体语境当中适用这个概念的特定民众,还是由普遍均质国家的第三方?而这正是一个尖锐的、施米特意义上的政治问题——也就是说,它其实是将应该由谁来决断这样一个施米特式的问题(重新)表述了一遍。总之,科耶夫所承认的实定法在普遍均质国家里面不会被彻底协调一致的问题,引发了许多困难,而这些困难的数量之多,看起来是超出了他对于技术管理处理差异的能力所抱有的那种信心所能容忍的范围。但尽管如此,科耶夫可能会回答说,尽管上述差异会在某些时候导致旧有的主权冲破普遍均质国家的限制,但就现实来说,它不会突破这种限制:因为,提高关税毕竟跟殊死战斗不同,而后者对于施米特意义上的政治和主权概念来说恰恰是至关重要的。由此可能就会出现一个科耶夫对于政治的整体态度问题——也就是说,就整体来看,他仍然还是在施米特对于政治的理解范围之内进行活动的,并且,尽管看起来他非常巧妙地从内部扬弃了施米特式的主权概念,但是,他或许并没有将政治应得的东西赋予政治。可能有一些人类差异,即便归根结底它们好像不太值得或者说没有必要让人们为之进行殊死战斗,但最好还是通过政治的途径加以解决。因为受到施米特的影响,所以科耶夫并不相信存在一种真正自由主义的、以这样一种政治斗争为前提的政治;这种斗争不会紧张到成为潜在水准的暴力对抗。如果说施米特跟政治自由主义说再见是错误的,那么,科耶夫在仅仅接受了施米特的辩论术语和选择之后便跟政治说再见,似乎也是错误的。

对于科耶夫所勾画出来的道路,也可以有另外一种挑战,那就是,并不是所有国家都是自由民主式的,人们还可以看到像米洛舍维奇式的和卡扎菲式的国家。但尽管如此,这些人还是越来越被说成是(或许是有些精神不正常的)"罪犯",并且还被作为"罪犯"来对待:也就是说,对他们所采取的暴力措施——至少在一些更加老于世故的圈子里面——被看作是一种为了推行某种普遍性的规范而采取的警察性的行为。

至于说到犯罪,(包括刑事性法权在内的)法权在后历史条件下的继续存在说明,犯罪是不会消失的。为了达到他们特殊的目的而将别人作为手段的人永远都会存在。科耶夫承认,没有哪种社会状态下的国家能够使作为一种病理现象而存在的、被压抑的欲望连发生的可能都没有,在这一点上,他与年轻时期的马克思不同,倒是更加接近弗洛伊德。科耶夫想要否定的只是这样一种看法,即,不满的情绪可以集结在任何一种可供选择的正义概念或者正义主张的后面,因为如果这种看法成立的话,参加反对普遍均质国家的暴力斗争也就是合理的了。

但概括言之,这就等于是说,从理性的角度看,人在普遍均质的国家里面应该是可以满足的。但是科耶夫不是主张要跟康德意义上的"应该",跟在他看来是从柏拉图到康德的所有哲学的规范性的、理想性的性格,彻底地分道扬镳么?即便他们那样做是不合理的,但是,如果不满足够多,如果他们主观性的不满已经足够强烈,那么,焉知这种不满不会通过暴力手段突破这个普遍均质的国家?科耶夫因为没有一种替代性的正义原则,所以,他或许会回答说,他们一定不会挑战普遍均质国家的权威;因为普遍均质国家之所以能够长久存在下去,正是以这条原则为基础,而远不是以执行这条原则的实在警力为基础。但是,希特勒可以有一种替代性的正义原则么?科耶夫或许会给出一个否定的回答,因为希特勒的失败是咎由自取(造就一个新的永垂不朽的 Reich),而如果说他取得了什么成绩的话,那也仅仅是为普遍均质国家的建立扫清了基础。[①] 但是,如果希特勒从一开始就拥有一个能够摧毁整个地球的核武库,情形会是如何?

提出这样一个问题为我们打开了一扇窗子,可以使我们由此进入

[①] 参见科耶夫 1955 年 5 月 16 日致施米特的信,收入 *Schmittiana*,页 103—104。

科耶夫哲学的微妙之处。科耶夫取消了黑格尔的自然哲学——在科耶夫看来,从人性化的角度来看,自然是有待否定的,并且是自身合一的。普遍均质国家是人类事业的顶点,但是,没有什么能够保证它不会被摧毁——也就是说,这个事业用人性化的语言来说完全都是合理的,但是,它仍然还只是一个出自于人的造物。它可能会被任何意外、甚至是被由人自己所引发的意外(比如说核灾难)一扫而空。或者,正如福山最近所预想的那样,通过对基因加以控制,人可以变成另外一种完全不同的东西;甚至还可以变成一种施米特意义上的人,也就是说,他可以从基因上被设计得就是要进行暴力控制或者说就是愿意被暴力控制。① 但是,这不会影响被合乎人类本性的斗争所决定的人类历史的完整性。作为一个社会主义者,科耶夫是能够把普遍均质国家的事业理解为一种值得完成的事业的——也就是说,是值得付出严肃的努力的。作为一个哲人,他是能够面对这个国家的人造性的性格或者说被建构的性格的,这样一种性格没有来自自然、上帝或者宇宙的支持。尽管这是一个极端无神论的结论,尽管这个结论在其最初的、存在主义的描述当中就有一种恐惧或者绝望与之相伴,但科耶夫还是可以接受这个结论。尽管意识到自己的、出自人之手的工作最终也只能是被一笔勾销,但他仍然还是一个优秀的社会主义的劳动者。正是这样一种不可言传的微妙之处,将许多科耶夫的诠释者和批评者带入了歧途,尽管它也使得科耶夫在自己最具智慧的同时代人里面成了魅力的源泉,甚至成了沮丧和神话的源泉。最好的概括还是来自科耶夫本人,据阿隆回忆,科耶夫曾经说:"人生是场喜剧;只有一次,须严肃对待。"②

---

① 福山,"Second Thoughts",收入 *National Interest*,夏季号 56(1999),页 16—33。
② 阿隆,《回忆录:政治反思五十年》(*Memoires:50 ans de réflexion politique*, Paris: Julliard,1983),页 99。

评科耶夫《无神论》①

佩姆(Kalev Pehme) 著

今天是星期日,上帝不在。29 岁的科耶弗尼科夫(Alexandre Kojevnikoff)(科耶夫最初的法文名字)在一个属于自己的周六夜写下了《无神论》。只是,为了承认的斗争(the struggle for recognition)没有出现,而从这点来说,这部已经接近成熟的作品是外在于知识体系(the system of knowledge)的,也就是说,是外在于绝对智慧(absolute wisdom)的逻辑展开的(这种绝对智慧从主奴之间的辩证斗争开始,经历了若干个世纪而臻于极致)。今天是黑格尔的生命的星期日(the Sunday of life)或者说是"世界之夜"(night of the world)。随着普遍均质国家被再度兽性大发的美国人和他们的技术—资本主义(techno - capitalism)推往全球,科耶弗尼科夫的这本书被从俄文翻译成了法文加以出版,尽管他可能连想都没有想过这本书还有见到天日的那一天。但生活在这样一个后现代的世界上,我们都有一种色情的联想,我们还想让所有一切都真相大白,甚至连这位哲人的生活,连他跟施特劳斯之间那些平淡无奇的通信也不放过。现在,科耶弗尼科夫这本书摆到了我们面前,尽管这是一本没有完成的、半途而废的作品,但它还是受

---

① [译按]本文译自 Interpretation,2002 年春季号,卷 29,第 3 期,是对科耶夫《无神论》(L'athéisme)一书的书评。该书由伊万诺夫(Nina Ivanoff)从俄文译为法文,1998 年由伽里玛出版社(Paris: Editions Gallimard)出版。

这篇文章的行文有一个特点,就是先引用一个法文短句或者法文段落,然后再在括弧里面或者另起一个段落,给出相应的英文翻译,这样的引用占据了相当大的篇幅。为了节省篇幅,我们没有照录这些法文的短句或者段落,而是径直按照英文的内容做出翻译。

到了极大的欢迎。在《无神论》的序言里面，我们被告知说："……在这本书里，亚历山大·科耶弗尼科夫正在寻找科耶夫。"换句话说，他的作品乃是一个年轻哲人的作品，而不是那个，比如说，我们在《异教哲学的理性化历史》(Essay on a Reasoned History of Pagan Philosophy)的序言当中所看到的那个智者的作品。这是一个更大规模的工作的前言，而这个前言可以让我们尝鼎一脔，看清楚一位思想家的历史发展或者也可以说是存在意义上的发展。

1931年的科耶夫人还年轻，但这并不是说《无神论》也是一本幼稚的读物。这本书的行文正好切合主题的要求，晦涩、艰深、令人费解，脚注特别多，并且通常都写得又长又引人入胜。像这样的文本如果要分析起来，在本文这样狭小的篇幅里面是不可能做到的，并且由此带出来的大问题也会层出不穷。法文本似乎是想说明，译本的行文风格完全就是科耶夫俄文原著的风格，比如他特别喜欢造一些新词，喜欢把一些外来词语翻译成具有他个人色彩的词语，喜欢使用数学符号等等。而如果考虑到如下这点，这本书的地位就更加值得注意了，因为，在写完这本书以后的两年，科耶夫就开始了他关于知识体系的讨论，而他在这些讲座上的笔记后来又被那个科耶夫式的小说家雷蒙·格诺(Raymond Queneau)搜集起来，以《黑格尔导读》(Introduction to the Reading of Hegel)为题出版。《导读》包含了关于无神论的最终教导，而这在本书里面是没有出现的。并且人们也必须得说，不但上帝是不存在的，而且在科耶夫智慧的深处，或者说，在充分实现了的自我意识(consciousness of self)(在自杀的语境之下，自我意识 = 自由)深处，有的只是虚无(nothingness)。

从传统角度来看，如果不是在那种最宽泛的意义上，人们是没有办法说"上帝存在"的。上帝是所有那些存在着的东西的形而上学基础，是一个人和宇宙都要以之为基础的、"外在的"他者(other)。不管我们就像在某种宗教里面所做的那样，用什么样的办法靠近上帝，跟上帝建立了什么样的关系，上帝相对于一切人性化的和自然性的事物来说，相对于一切不完美的和必死的事物来说，从根本上来说也一定还是外在的。这样一种用否定的办法建立起来的观点，科耶夫称之为纯粹的有神论

(pure theism),而这也正是他要否定的有神论。在这样一种否定的前提下,我们就要被迫得出这样的结论,即,如果年轻的科耶弗尼科夫是正确的,那么,存在的就只有虚无,而任何一种想建立自在之物(thing-in-iteself)的努力,也就如给了这部书以巨大影响的海德格尔所主张的那样,要么是一种错觉,要么是过去时代的一个巨大谬误。

因为科耶夫是一个历史主义者,所以人们可能不禁要问,一个接近三十岁的年轻人,尽管他思想深邃,特立独行,也绝对不会苟同任何成见,但他是通过一种什么样的方式确定说上帝不存在,并且说数千年来(神学意义上的)形而上学的根本基础也不存在的?这位年轻人所从事的工作是一个理论性的工作么?是一场辩论么?还是说是按照自身的观点,对由不同思想家所呈现出来的各式各样的选择所作的一个清理爬梳?在讨论存在的极端暂时性(the radical temporality of being)的时候,科耶夫如是说:

> 确凿无疑的死亡的事实,不仅是自在的[an sich],还是自为的(für sich);也就是说,"世界中的人"(man in the world)之被给予人本身,不仅是作为生于世界中的人被给予人本身,同样也是作为死于世界中的人被给予人本身;人知道自己是必死的[尽管在那个著名的三段论里面,人们会更加愿意说起苏格拉底和康德,而不会说起自己]。(页122)

这一段附加性的自白的意思是,理解无神论的情感条件和理智条件,不仅是一种心理学意义上的条件,同样也是一种存在论意义上的条件,是与那种作为人本身而存在的人(man qua man's own being)的特质联系在一起的。在这里,这位年轻的哲人不是在写什么抽象的学术论文,倒像是在为自己曾经经验过的痛苦、恐怖和宁静辩护,而这些痛苦、恐怖和宁静,恰恰也是因为意识到在人和人的物理意义上的宇宙和环境之外,根本什么都不存在而导致的。对于自身必死性和虚无性的知识与年轻哲人的存在是一体的,而这个古老的上帝问题,其重心也就被安放在了这个年轻人的暂时性的存在当中。并且,情形也必定会是如此,因为,如果有一个上帝存在的话,那么人就不会再是一个孑然一身的、存在主义意义上的英雄,也就不会再是那种把否定作为生活目的的人。

因此,《无神论》的用意就是想证明,人们对于无神论的经验是决定性的,而所有有神论的概念则不外乎是谬误或者错觉,尤其是对于那些可能会说无神论是盲目的有神论者来说,就更加如此。科耶弗尼科夫所采取的论证道路是分析死亡,而死对于人来说,就像生一样,也不过是"被给定的"。死亡这样一种命运不是一个指向另外某物的过程;它就是通往虚无本身的入口。人之死,跟打碎一个盘子没有任何区别,即便是自杀性的死(可能是在暗中回应基里洛夫[Kirilov])也是这样①。

> 让我们举一个简单的例子:我打碎了一个盘子。毫无疑问,我们在这里所面临的场景跟谋杀是类似的[尽管人们不会说杀死了一个盘子]。在这里,"谋杀"的事件是由这样一个事实构成的,即,某个具体的物品不再存在了。谋杀并不存在于对这个盘子的[空间]

---

① [译按]基里洛夫,陀思妥耶夫斯基小说《群魔》中的人物,以鼓吹自杀并且说自己也将会自杀而著名。他曾经说过这样的话:"我不明白迄今为止,一个无神论者既然知道没有上帝,为什么不立即自杀? 认识到没有上帝,而又不同时认识到他自己已经成了神——这是荒唐的,否则就一定要自杀。如果你认识到你就是沙皇,你就不会自杀了,而是位居九五之尊,享尽荣华富贵。可是第一个认识这道理的人就一定要自杀,要不然,谁来开这个头并证明这道理呢? 因为为了开这个头并证明这道理,我就非自杀不可。我还只是个身不由己地当了神的人,我很不幸,因为我必须表现出我能够为所欲为。所有的人之所以不幸,就因为大家都害怕为所欲为。人之所以迄今为止是不幸的和可怜的,就因为他害怕在最主要的问题上为所欲为,而只是像个小学生那样搞点擦边球。我非常不幸,因为我非常害怕。恐惧乃是人发出的一种诅咒……但是我一定要为所欲为,我必须确信我不信上帝。由我开头并由我结束,我一定要把门打开。我要拯救芸芸众生。只有这样才能拯救所有的人,并使下一代脱胎换骨,超凡脱俗;因为照我的看法,人在现在这样的肉体凡胎的情况下,没有过去那个上帝是无论如何活不下去的。我花三年时间来寻找我的神性的标志,而且找到了:我的神性的标志就是我能够为所欲为! 这就是我可以在主要问题上用来表现我的桀骜不驯和我的新的可怕的自由的一切。因为这自由的确很可怕。我要自杀,就是为了表明我的桀骜不驯和我的新的可怕的自由。"臧仲伦译,译林出版社,2002 年 5 月,页 761。

形式所作的单纯的改造,因为把这个盘子弄弯[假设这是一个金属盘子]跟"杀死"这个盘子没有任何共同之处。它跟把所有真实存在的东西都统统破坏也毫无关联,因为这个被打碎的盘子的材料跟作为一个整体的盘子的材料是没有丝毫区别的;无论如何,即便有什么区别……这个区别在目前也根本没有什么意义。(页144)

这个盘子被打碎了这样一个事件,对于所有盘子的共性(generality)和类(genus)来说,没有任何影响,并且,除了这个盘子已经被打碎了这样一点之外,这件事情也没有其他任何的、或多或少的意义。

但这是一种不流血也脱离了肉体的死亡。没有谁失去亲人;没有刀兵战火;没有面露狰獰笑容手持花圈的寻仇武士;没有脱离了轨道呼啸着奔向地球的小行星;甚至连哭丧着脸带来最后宣判的医生也没有。被看作是纯粹否定的死亡,就像是正在被"经历着"一样,是具体现实性之死亡的一种抽象,是对于肉体及其社会联系的个别化的破坏(particularized destruction)(最后总是会有奴隶过来清扫破碎的瓷片)。或许,人是没有任何一种传统意义上的灵魂的,但是,年轻的科耶弗尼科夫连人的肉体,也要从生命和死亡中拿走,无论这个肉体是生物学意义上的还是社会意义上的,是不健全的还是衰老的。人不是一种自然性的存在物。相反,尽管科耶弗尼科夫瞧不起唯我论(solipsism),但这个被否定的实体却是一个非物质化的、胆战心惊的笛卡尔主义者(Cartesian):也就是说,对虚无的恐惧不是生来就有的;而焦虑也跟深夜的失眠是两回事。痛苦是纯粹理智性的。接下来,人们不禁要接受这样一个传统的观点,即,为那种没有实物的东西感到恐惧,乃是身体健康的年轻人的专利。但是,成熟的回答要更加微妙一些:也就是说,如果永恒的存在是存在的,那么,秘传的、冥思的理智活动或许可以避开痛苦(比如,施特劳斯,1991年,页151—152;《论僭政》[*De la tyrannie*],页241—242)。智慧提供给我们的只有平静。对于科耶弗尼科夫本人来说,公开讨论无神论的问题,没有任何值得疑虑的地方。因为,既然说上帝存在的直觉以及普通人都具有这样一种直觉的直觉都是错误的,那么,就像这位无神论者所相信的那样,成为一个无神论者,或者说讨论无神论,就不会让人成为一个盲目的"道德畸形儿" (moral monster)(页197)。看起来,我们在有些哲人那里所看到的那种秘传性的限制(esoteric restraint),最明显的是在科耶夫的朋友施特劳斯那里所看到的那种秘传性的限制,当遇到这种讨论的时候,就没有道德上的意义了。但接下来,在这本书里面,就出现了一种对于传统道德考虑的冷淡态度。

无神论是从情感方面对于人之极端暂时性的毁灭性发现,它同时还伴有这样一种确信,即,任何一种因为其才智或者其他任何方面的存在特性而变得尽善尽美的自在之物,不过都是有神论者的投射性的想象(projected imagination)。(可能正是那种不成熟的确信才使作者从修辞的角度把几乎所有的偶像——用科耶弗尼科夫的话说就是 fétichisme[偶像崇拜]——都从这本书里面清除了出来,这种情形在年轻的海德格尔那里体现得更加明显,而海德格尔在偶像制造方面乃是最缺乏想象力的作家。)这里尽管存在着自我意识,但却没有"整体"或者"宇宙"。因为存在着尽管在这个世界之中但却与这个世界相分离的人。在世界之外是虚无。关于必然性的纯粹有神论,不仅为所有的存在物(beings)提供了一个基础,甚至也为非存在物(nonbeings)、为存在物和非存在物之间的相互秩序提供了一个基础。虚无甚至连对于这样一种宇宙结构的希望都要清除出去了,并且还坚持说,人跟世界是相互分离的,尽管他处于这个世界之中。但让人感到好奇的是,在这本书里面,世界是抽象的。

人们可以退入更多的矛盾里面:也就是说,尽管人是在这个世界"之中"的,但他却不是这个本身是非人(the not man)的世界的一部分,因为他享有这样一种自由,即,自己的意识、生命和死亡都是被给定的。世界是外在于他的,尽管还不是彻底地外在于他,并且也提供给他许多非常重要的利益。

> 人跟世界之间的相互作用,并没有在物理性的相互作用中将自己耗尽:在后一种情形里面,人被给定的只有他跟物理世界的共同体而已,并且,当人还没有意识到自己跟言说和文字之间的

相互作用的时候,体力劳动(比如,野蛮人)在它们面前就有一种神秘的恐惧感。所以,必须要在最宽泛的意义上来理解这种相互作用。世界跟我是贴近的,这不仅是因为它是为我(海德格尔手边的世界[the world at hand])而存在的,同样也是因为它是美丽的,有趣的,是因为我爱它,等等。——最后,仅仅是因为它是可知的。因此,不仅鸟和岩石的世界对我而言是亲近的,半人马座、对数和拳击台等等,对我而言也是亲近的。(页94)

一般来说,世界在它的所有方面都是可知的,包括它的虚构的方面和精神的方面。它甚至还可以激起一种爱和同情。虽然这个世界会让一些人感动恐惧,但是,对于这个世界的亲近相对于那个跟人完全没有关系的上帝来说,也是可亲的。那个毫不相干的存在会让人感到痛苦。

从这样一个观点来说,有神论者就是那种被给予了某些让人感到苦恼、异化或者外在于行为领域的东西的人,而无神论者则是被给予了这一类东西的虚无的人。(页95)

对于无神论者来说,世界是一个给定物,在这个世界上,他生活在相对的均质性(relative homogeneity)里面,但是对有神论者来说,则存在着某些被排除出他与这个世界的相互作用的东西,这些东西要么是物理性的,要么是非物理性的,都是他没有能够理解并加以控制的。当他发明各种"偶像"、神灵甚至柏拉图式的理念的时候,当他最终要一路向前走到最深奥的神学,以便以此来解释那种从表面看来是完全陌生的、掌握着人力所无法企及的世界的力量的本质的时候,上帝和神圣的根源就在这里出现了。

这一类解释在二十世纪之前是司空见惯,平淡无奇的,甚至在古代人们也可以找到各种形式的变种。但是,区别要追溯到虚无的问题,要追溯到不可知(abyss)的问题。如下的话值得重温一遍:

对于无神论者来说,在这个世界之外不存在任何东西,或者如果人们愿意的话,也可以说,"存在着"无(nothing)。这整个的世界是以自己的全部作为某物(something)来将自己与这个无相对的,并且在这种对立当中,它从头到尾都是有限的,并且与这种有限性也是均质的。在死亡面前,在与虚无相对立的时候,所有东西都是平等的,所有的、这个世界当中的某物与某物之间的[存在意义的]数量差别也都消失了;所有东西都熔化成了单一的某物,而这个单一的某物又以自己的方式存在着,并将自己与虚无区别开来。(页95)

一切事物都与无相对立,并且,只有个人才能够理解,在这个世界上,只有制造了一切差别的无是"存在着"的。无是决定性的,并且,正如无没有办法支撑任何东西一样,也没有什么东西可以否定它或者充满它,甚至连无限也不能否定或者充满它。有神论者所相信的只是:上帝就是无,而死亡则是上帝的先知。

一开始,科耶弗尼科夫是通过这样一个问题来开始自己的工作的,即,能不能有一种一般来说跟佛教这样一种没有上帝的宗教联系在一起的、无神论的宗教。很明显,如果没有上帝,那么所有以上帝为中心的宗教也就是无神论的宗教了,尽管它们成为无神论的宗教是在不经意之间。当然,科耶弗尼科夫也指出,即便上帝不存在了,人们仍然还是有"宗教性"(religiosity)的,也仍然有那些跟宗教性联系在一起的情感和理智的特性。但是,在佛教这样一种所谓的无神论的宗教里面,有一个更加让人感到兴味的问题。因为这本书没有最后完成,因此,在年少时期研究过印度教和佛教的科耶尼科夫也就从来没有给我们一个关于佛教的分析。但是,在这里,人们仍然还是可以做一些合乎逻辑的推测。

佛教里面尽管没有上帝,但佛教的生命本身仍然具有一种永恒的特性。死并不是决定性的,而转瞬即逝的世界也只是一个幻影。更加要紧的是,生命也只不过是所有人都想要解脱的苦难和痛苦。这种痛苦一部分是因为永无休止的因果宿债(karmic debt)而导致的,而这种债务也就像一个从来都赖债不还的恶棍,无休止地从一个生命走向另外一个生命。因此,佛教的目的也就是要把这样一种负债的生命倒空,同时也是要通过拥抱伟大的虚空(void)、虚无,或者说涅槃(Nirvana)、寂灭(extinction),而在启蒙当中结束生命本身。佛陀(Buddha)就像海德格尔一样,很少使用偶像,因为也曾经有过这样一段所有的事物都是梦幻般的偶像的时间,并且,佛陀也是被这个世界的苦难,尤其是被因为恐惧死亡所导致的苦难(生命的轮回就是对这种恐惧的疗救)点亮了或者说警醒了。接下来,就会出现一种持续不断的、单调的重复,在这种重复里面,暂时性的精神目标会占有我们的生命,而这种占有又需要通过转入一个几乎可以不受任何限制地进行沉思的世界,从而通过放弃或者割舍来倒空。这种点亮的过程最后可以归结为一套非常简单的、能够最终把生命中的悲惨全部倒空的法律(laws)、原理(elements)或者说律法(dharma)。科耶弗尼科夫在一种非常奇特的东西方的交汇当中对这种宗教性的法律进行了定义,或者更加确切地说,进行了适当的翻译:

> "纯粹的"存在将自己实际地转化成无,就如同它没有将自己与无加以区分一样。它不是作为与非存在物相区别的存在物而存在的,也不是作为被给定的存在物、作为律法而存在的:也就是说,它 = 存在物 + 非存在物 + 它们之间的区别。(页227注93)

是什么的某物持续不断地被不是什么的某物破坏,从这样一个彼此取代的过程当中产生出来的那些不确定性的考验,决定了道德的特性,从而也决定了秩序的特性。对于有神论者来说,死亡是某种现实的东西,而对于无神论者来说,严格来讲是没有死亡的,因为它不外乎是自身暂时性的终止,而不是生、死之间的一个门径或者界限。死亡之被给予人,正如他的无被给予人一样。有神论者认为,他的死可以确证另外一种什么东西的存在,这些东西既可能是他以上帝为基础所构建出来的、任何一种形式的道德律条,也可能是另外什么东西的一个开端。

但是,给予人的不管是什么样的东西,都是被给定的东西。被给定物的被给定性(the given of the given)是独立存在的,并且,它处于那种与人不同的东西的基础地位。生死之间的唯一区别,如果说在这里有某种区别可说的话,也就是死被给予人的不同方式之间的区别(页133—134)。这就是上面所定义的那种律法,尽管它看起来跟一个佛教徒看待这个问题的方式会不太一样。

首先不太明确的问题是,这两种不同的死亡观,它们之间的两难和冲突是如何与被给定物的被给定性就是律法这样一个认识调和在一起的。但是,科耶弗尼科夫尽管不是一个佛教徒,但他的回答跟佛教徒的回答是非常接近的。尽管在关于世俗和关于世界的一般看法的问题上,佛教徒的看法或许跟有神论者相反,但佛教徒有一个特别明显的特点,就是他们对于其他宗教和神祇是容忍的。因此,科耶弗尼科夫的理论就暗含了一种对于(同样也缺少一种佛教徒式的同情态度的)无神论者来说更加有利的"宗教容忍的修正案"(First Amendment tolerance):①

> 有神论者生活在一个有神论的世界里面;无神论者生活在一个无神论的世界里面;并且,每个人都可以作为科学家,作为行动者,作为宗教人(homo religiosus)等等,生活在一个适合于自己的世界里面[当然不是唯一适合的,但却是主要的]。比如,科学家的有神论(对于科学家来说)跟宗教人的有神论是不一致的;科学的上帝与宗教的上帝是不同的;但它们仍然还是关于上帝的。同样,在各种不同的立场当中,无神论之间也并不总是相同的,但也仍然都是关于无神论的。正是因为这个原因,所以人们可以在一般意义上谈论有神论和无神论。但是因此,有神论和无神论这样两个概念无疑也就成为抽象的了;它们只是各种有神论概念和无

---

① [译按]宗教容忍修正案(First Amendment tolerance),典出美国宪法修正案第一条:"国会不得制定关于下列事项之法律:确立国教或者禁止与宗教有关之自由行为;剥夺言论自由或者出版自由;剥夺人民和平集会及向政府诉冤请愿之权利。"这条修正案被认为是美国宗教信仰自由的法律基础。

神论概念的、一般性的基础和动力源泉,只是各种形式性方案的一般化,而这些形式性方案要用各种不同的有神论立场和无神论立场的鲜活内容来充实自己。如果在有些时候有神论和无神论的争论(无论是口头的还是书面的)是在一个抽象的层面上展开的,比如说,在无限论(infinitism)的存在论和有限论(finitism)的存在论之间所展开的争论,那么,在这种背景之下,就会有活生生的人存在,这些人无论是什么样的,每一方都是在自己的世界里面被建立起来的;并且,只有在它是以活生生的人作为基础的条件下,才会有价值。(页205)

人们总是会问,民主政治式的死亡(democratic death)是不是一定也要包含一种民主政治式的容忍,容忍所有的事物,容忍这样一种生活方式在社会当中化为现实:这种生活方式承认所有人的都得忍耐痛苦以及对于痛苦的恐惧。有神论者和无神论者是彼此需要的,因为如果离开了对方,他们都绝对没有办法再存在下去。容忍可以避免引起这样的问题,即:某些人会从最高等级的无意义性(the First Degree Meaninglessness)出发来谴责无神论者,因为即便在死亡的结局问题上会有分歧存在,但死亡最终还是会临到所有人身上。至少,科耶夫对于过去的援引,包括对于古印度婆罗门(Brahmans)的援引,都包含了这样一种意思,即,人们跟死亡有关的痛苦,其产生既跟过去有关,也跟人们理解过去、将过去化为社会的现实这样一个前进的过程有关。

尽管这本书非常抽象,因为这本书里面的人要比无更加抽象,但是科耶尼科夫坚持说,说到底,为了理解有神论和无神论,人们必须要理解人,并且是按照他们所处的这些状态来理解他们。接下来,这样一种理解或许可以为某种安逸状态的出现提供基础,而通过这样一种安逸的状态,所有人都可以彼此均质地容忍对方,这是一个颇有道理的假设,但好像没有得到非常好的论证,因为关于实际的无神论和有神论的分析在这本书里面是没有的。

但是,从最强烈的、作为一个无神论者而生活的人的情形出发,我们却可以看出某种迹象,并且,对于哲学来说,这种迹象也进入了关于有神论和无神论的问题。在非哲人的意识的背后,哲人是不是都是无神论者这样一个聚讼纷纭、长久不衰的问题一直都是存在的。因为存在着这样一种总体的印象,就是说,无神论乃是所有智慧的起点或者说是终结,而有神论则是人们借以超越自身局限以便认识到上帝并不存在的手段。如果没有其中一方,另外一方也就是不存在的,因为其中一方必须要扬弃另外一方。看起来在绝大多数时间里面,对于上帝的否定以及关于上帝并不存在的看法,更多的是建立在逻辑建构的基础上,而不是建立在实际证据的基础上:也就是说,上帝是他者,但却永远都没有办法成为某物(a something);因此,这个他者乃是无,等等。这并不是说,这种论证一钱不值,而只是说,当有神论和无神论以哲学辩论的逻辑程式彼此对峙的时候,这种论证里面有一种内在的困境。

科耶弗尼科夫假定,关于哲学是什么的问题我们已经有了一个很好的理念,并且他也没有给哲学下一个定义。但是,在追求智慧的无和否定的观念内部,却有这样一种固有的想法,即,所有的事情都是可以质问的,而无则是神圣的,它足以回避任何质问。这样一种哲学性的原则与有神论的直觉是相互龃龉的,包括与有神论的如下一种观念也是相互龃龉的,即,无神论对于所有正常人都可以看到的东西视而不见,并且,上帝是存在的,它是一个外在于人和这个世界的他者。最终,有神论不能接受任何一种对于这种直觉的质问,也不能接受随着这个质问而来的一切。即便一个有神论者已经从那种纯粹的有神论退却到一种得到修正的形式,他也没有办法接受任何形式的疑惑,因为这样做也就意味着说上帝是面向否定开放的(页194—195)。有神论者必须要把上帝看作纯粹实在的;接下来,这样一种完美状态就会要求对所有形式的否定保持一种毫不妥协的姿态,要么是从逻辑的角度把它们看成是荒谬的(盲目的),要么是从道德或者法律的角度把它们看成是错误的,要么径直看作是受到了不信者的观点的蒙蔽,要么就是从精神的角度把他们看成是不健全的。但是,神圣本身也没有办法预先排除这样一种状况,即,人可以从其精神的自由出发,从事实上质问神圣,质问神圣到底是不是存在。(还可以参见施特劳斯,*Literary Character of the Guide for the Perplexed*,1980年,页58—59,法文编者也引用过这个作品。)在一个直觉被接下来的另外一种直觉否定这样一种持续不断的循环里面,在是什么的某物几乎没有办法与不是什么的某物区分来开的条件下,有神论者总会拒绝科耶弗尼科夫律法的现实性。

因此,上帝不能被否定这样一种信仰,就是一种被有神论者构建起来的"错觉"。

> 在无神论者的眼中,所有的有神论都是广义上的拟人化(anthropomorphism),也就是说,是一种超越了"世界中的人"的各种在俗世中的(以这样那样的方式经过了改造或者联合的)被给定性的投射。对于无神论者来说,超出了这个世界当中的这些事物,就是虚无,而这种"虚无"是在他绝对有限的被给定性当中"被给予"他的。如果说他可以承认在有神论者当中有这样一种无神论的直觉存在的话,那么,最终在他的眼中,有神论只不过是一种对于这种直觉的错误解释而已。(页199)

有神论者误解了自己的直觉,因为他误解了那个"他者"和他的其他的世俗性(worldliness)。因为他把他的被一次死亡所纾解了的痛苦看作是通向了某种超越了他所拥有的那个生命的东西,所以,他就没有看到,具有决定性的乃是无,没有看到在人跟这个世界之外没有任何东西存在。但是,所有的东西都是存在于这个世界之中的,而任何外在于这个世界的东西都是无,除了认为在其实没有自身外在的某物之外还有某物存在这样一种拟人化的投射之外。正如一个有神论者把他所置身于其中的世界看作是某种外在于他本人的其他一种某物一样,他也想象在自己和这个世界之外另外还有一个世界。认为还有某种外在的某物这样一种直觉最终会被证明是一种关于那个无的直觉,而对于这个无,无神论者是不会遇到什么麻烦的,因为这是他最根本的理解问题的方式。

这就说明,无神论和有神论之间的分别并不是人们平常所料想的那样。

  在现实当中,既没有有神论,也没有无神论,有的只是一种科学,一种宗教,一种有神论的或者无神论的哲学,等等。并且,在现实中,也不存在任何一种单纯的科学,或者任何一种单纯的哲学,有的只是在这个世界之中的具体的人,同时,他也只能是这样一种人[在这些具体的人身上,某一种倾向的地位可能会高于其他各种倾向]。作为一种结局,对于无神论的描述和分析最后一定会归结为一种对于无神论的"世界之中的人"的具体给定性的充分性的描述和分析。(页196)

由此看来,科学实际上乃是一种对于世界之中的人所做的现象学意义上的说明,而这个人就其本身来说当然是没有上帝的人。只有这个才是一种真正的科学,一种最终的、无神论的、既可以解释无神论又可以解释有神论的科学。有神论者的意象和想象都被关于无的、最终的科学实现代替了。我们在这本书里面没有找到这种科学的纲要,倒是在知识体系里面找到了。这部书太过主观了;让人感到吃惊的是,这位年轻的无神论者为了把拿破仑的亡魂召来以便让他对耶拿(Jena)战场上的内伊元帅(Marshal Ney)下命令,他竟然会花费那么大的力气。①

  我们已经看到,从最终的意义上来说,哲学是某种低于科学的东西。有神论和无神论都有自己的哲学,都有一种对于智慧的热爱,但是,只有无神论者才会有一种真正的科学,并且,推测起来,或许也只有无神论者才会有一种真正的存在。另外,这乃是一种以无为基础的

---

① [译按]耶拿—奥厄施泰特战役(Battle of Jena – Auerstedt)是1806年10月14日在今德国萨勒河西岸平原上所进行的一场战役,战役的双方分别是法国的拿破仑一世和普鲁士的威廉三世。在这场战役中,普鲁士方面遭遇到了决定性的失败,从而导致它被从第四次反法同盟当中清除了出去。耶拿是这次战役的两个战场之一,而内伊则是法国方面在耶拿战场上的主战将领。虽然法国在两个战场上最后取得了胜利,但是在耶拿战场上,一开始,内伊元帅迫不及待所发动的进攻其实并没有得到任何的命令。普、法两方谁都没有料到会有这么一次愚蠢的进攻,所以这场进攻开始后不久,内伊就被普鲁士军队包围了。在眼看普军就要合围,法军就要被歼灭的时候,幸亏法国的援军赶到,救了内伊一命,战局也随之扭转。内伊元帅(1769—1815),法国大革命和拿破仑时期的重要将领,时称"红脸内伊"和"勇者中的勇者",以脾性焦躁为时人所知。

科学。它不只是一种文字游戏,不只是说说而已。科耶弗尼科夫自己马上就会指出,当我们谈及无,就好像它当真是某物的时候,这既不是自相矛盾,也不是语言的误用。这正是虚无自身向我们呈现出来、让自己被理解,并且和我们在一起时候的样子。尽管这种科学相对于人的条件来说是完全真实的,但是,因为那些好的东西、或者说那些关于好人们在传统上从形而上学的角度所考虑的东西都随着那种被称为是上帝的东西一起被否定了,因此,这种状况无论从哪一种确定的意义上来说,都未必是好的。虽然这种科学可以带来一种人性的宁静,但是在这种讨论里面,却有一种值得注意的、幸福的缺失。

但是,这样一种被牵连进来的科学却是人类的未来,或者说是一种未来性,就像死亡无论如何也是一种未来或者未来性一样。因为这本书的任务仅仅是展望未来,所以,人们必须要假定说,成熟之后的科耶夫,主张为了承认的战斗的科耶夫,还有真正的律法,一定会将我们在《无神论》当中所发现的那些东西翻译成最终的、关于知识体系的科学。不消说,这也意味着,那种决定了律法的、持续不断的循环,在我们生活于其中的后现代性里面,也已经被清空了,同时这种循环也展望了一个没有上帝的普遍均质国家,而这种国家正在迅速变成那个《无神论》在周日的学校里面被要求阅读的世界。

参考文献:

科耶夫:*Essai d'une histoire raisonnée de la philosophie païenne* Ⅰ, *les présocratiques*。Paris: Editions Gallimard, 1968。

施特劳斯:*De La Tyrannie.* 柯恩(Hélèn Kern)法译。这篇文章的前面是色诺芬的 *Hiero*,后面则是科耶夫的 *Tyrannie et Sagesse*。Paris:Editions Gallimard, 1954。

古热维奇(Victor Gourevitch)、罗斯(Michael S. Roth)编:*On Tyranny*,增订版,其中还包括了施特劳斯与科耶夫之间的通信。New York: The Free Press, 1991。

Persecution and the Art of Writing, Chicago: The University of Chicago Press, 1980。

评《法权现象学纲要》①

佩姆(Kalev Pehme) 著

法权(right)是正义的实现,弗洛斯特和霍斯两位先生以如此的精专和学术造诣将科耶夫的《法权现象学纲要》翻译过来,也是恰逢其时(right)。因为,尽管科耶夫是 20 世纪最伟大的思想家之一,人们却很少有机会读到他的英文著作。他的主要著作《黑格尔导读》很遗憾地遭到了删节,而除此之外,人们能看到的就是很少的几篇英文论文和书信,其中也包括众所周知的、收到《论僭政》里面的他跟施特劳斯的交锋。《纲要》对为了承认所进行的斗争和历史在普遍均质国家之中臻于极致这样两个理念,进行了最为详尽的解释,这个阐释甚至比我们在《导读》当中所能找到的还要详尽。我们应该感谢弗洛斯特和霍斯两位先生的出色工作,同时也要感谢他们为该书所写的序论,人们在解释科耶夫这部巨著的意蕴的时候,一定会情不自禁地详细引证这篇文章。

但是,科耶夫的简洁明快,再加上他对正、反、合辩证法的冷酷化用,不能不让我们在无形之中就着了他思想的道儿,并且在这个思想表面上所具有的那种完全是河汉无极的性格面前,规规然不知所措。试想:他从黑格尔的几页在表面看来是无关宏旨的对于主—奴关系的轻描淡写出发,将主—奴的斗争带回到古希腊,从中发掘出了哲学和 Droit(可以译作权利或者法律,但译者为了达到一种暧昧的明晰,巧妙地保留了最初的法文单词)的起源,接着又通过与主人的侪辈间的平

---

① [译按]本文译自 Interpretation,2003 年春季号,总第 30 卷第 2 期。

等性(equlity)相对置的、资产阶级义务的不平等性(inequality),鬼斧神工般地将这种为了承认所进行的斗争加以转化,将它综合到一个公民身上,而这个公民从根本上来说乃是一个享受着社会主义的平衡性(equity)的公民,他生活得恬然自足,并且在一个世界范围内的普遍均质国家里面享受着充分的正义。在关于事物本性的问题上,尤其是在关于各种人性化的事物的本性问题上,《纲要》坚持,在柏拉图洞穴之外照耀着的太阳底下没有新事,这对于寻常的理性观点来说,乃是一种掀翻天地的挑战。

后来之事皆有征兆,而成书于1943年维希法国的黑暗之中的《纲要》,对于某种科耶夫没有办法真正知晓的东西来说,也是一个前兆,那个东西就是将来。但是,恰恰就是这一个将来,使得现在和过去在système du savoir(智慧或者知识的体系)当中前后一贯,使得智慧自身通过一个将哲学转化成智慧、从而将历史带入终结的智者,被全面有条理地呈现出来。这个叫做科耶夫的智者,是一个职业的公务员,一个几乎不被任何主流历史学家所察觉的人物,但尽管如此,他还是表明了,他不仅可以步黑格尔的后尘准确地告诉我们智慧是什么,还可以告诉我们说,那个他没有办法真正知晓的将来现在就真正地大白于《纲要》之中。因此,这个现在已经众所周知的、在世界贸易组织的初创阶段代表法国参加谈判的智者,是一只老鼠,他不仅把这个世界的哲学之象整个活活吞下,还准确地告诉我们 Droit 是什么,而他这样做的办法乃是通过一套具有操作性的或者说行为主义的、将所有 Droit 性的现象尽数收拢其中的运算法则:

> Droit 的本质是实体(这种实体大体相当于某物[a something], Etwas[某物]),而不是无(Nichts)——随后我们就会看到,这一实体就是正义或者正义的"理念"),这一实体在如下的条件下,被实现为"Droit"的存在,也被揭示为"Droit"的现象,这个条件是:A 和 B 两个人之间发生了相互作用,这一相互作用又经过了某个不偏不倚、公正无私的第三人 C 的干预,而这一干预必然是由上述相互作用所引发的,它撤销了对 A 之行为做出反应的 B 的反作用行为。

于是：

> Droit 现象（就其"行为主义的"方面来说），是指一个不偏不倚、公正无私的人的干预，这种干预在有 A、B 两个人发生相互作用的时候必然会出现，并且会撤销 B 的对 A 之行为的反作用行为。（页 39—40）

权利是一种彻头彻尾的人性化的现象。Nomos 不会延伸到动物界，同时也没有任何神性的东西在里面，因为那种一度被认为是 Droit 当中所有的神性的东西，其实不过就是普遍均质国家。A、B 之间的相互作用，以及 C 的干预，构成了特殊的要素。"从整体上赋予某种情境以一种法律性格的，正是这种要素"（页 40）。①

不消说，这样一种三重性的相互作用是全部历史推动力的一面镜子，也是黑格尔辩证法的一面镜子，并且我们在《纲要》当中也可以发现，对于施特劳斯的说普遍均质国家一定是起源于暴力并且也要靠暴力来维系这样一个看似有道理的指责，科耶夫其实早就给出了回答；这个回答就是，将世界带到这样一种国家之中的，乃是一个 Droit 的发展过程，乃是理念自身的、朝着存在的充分实在化、或者说朝着概念自身在时间当中的充分实在化前进的革命运动。

> 或许人们会问，一种没有潜在性的实体是如何成功地做到实在的存在，甚或只是简单地存在于现实性之中的呢？这是因为，没有潜在性的实在性是那种通过将潜在性彻底地加以实在化，从而已经将之耗尽了的实在性。曾经有过这么一个时间，那时候这个实体是被正处于实在化过程之中的潜在性支撑的。正是这种潜在性将其送入存在，送入现实，而且，这个实体的存在，并且还

---

① ［译按］按照《法权现象学纲要》原著的说明，"这种干预就是那种特殊的法律要素，从整体上赋予某种情境以一种法律性格的，正是这种要素"。因此，"构成了特殊的要素"，应该只是 C 的干预，不应该再包括 A 和 B 的相互作用。

是实在的存在,也正是作为这种潜在性的实在化而存在。但是,如果这种实在性已经通过将这种潜在性彻底实在化而将其耗尽,那么,这种实体就再也不能将自己无限制地保持在现有(the present[l'actualité])之中,甚至也不能将自己保持在任何一种现实当中:也就是说,它将——迟早——会变成一种过去的现实性。这种普遍性的存在论法则也适用于我们这种情形。……旧的法律之所以已经破败不堪,是因为它曾经是有效力的,也就是说:它之所以不再有效力,是因为它曾经有过效力。因此,它迟早要让位于一种新的、国家授权的法律,这种法律将把一种新的法律性的潜在性加以实在化,直到它依次也将这种潜在性耗尽为止。这种游戏将会一直持续下去,直到这种法律性的排他性集团通过将整个人类都包涵进来,而不再具有排他性为止。但是,这只有在普遍均质国家里面——也就是说,在时间(历史)的终结处——才会发生。

人们总是忽视这样一条历史哲学的重大原则,即,从总体上来说,所有的事物都是唯一的,即便是许多在表面看来非常相像的事物,也是如此。上面这个过程的不断重复,到最后不会是再次返回到最初的某个点。

但对于黑格尔来说正好相反,这种新的潜在性就是实在性的无效性,也就是说,随着新的潜在性的出现,这种实在性将会消失,一去不复返:也就是说,这种新的潜在性是经由一种根本不同于前面一种实在性的实在性而被实在化的。因为对于黑格尔来说,这种新的潜在性是这种实在性的否定,也就是说:是正题的反题,而这种正题只有通过这种方式才能够将自身作为一个合题保存下来。基督教的中世纪是从古代产生出来的,但是,它已经"生下了"现代性[这个蛋],而如果人们愿意,也可以说,这种现代性是异教的古代的"再生"[Renaissance],也就是说,是古代与基督教的合题,而不是简单地向异教的回归。(页157,注释35)

人们可以把同样的水反复蒸馏,有一天人们会发现,他们得到的不再是 H_2O,而是可以用来制造原子弹的重水。我们可以发现,所有事物都具备的这种唯一性,不仅意味着说两个存在物或两个物品不会处于同样的状态,不会占据同样的空间跟时间,还意味着,比如说,两个不同的人之间的相互作用,在经过了某个公正无私的第三方的、撤销了其中一个人的行为而保护了另外一个人的行为的干预之后,会导致一种全新的事态。正如任何两组实验都不会产生相同的结果一样,科耶夫分析 Droit,他的用意是想表明:整个的、没有任何两个个体是相同的人类,正在追求一种所有状态里面最为独特的一种状态,一种最终的、全新的国家,这个国家的均一性(oneness)是独一无二的,普遍性也是彻头彻尾的。但是,虽说所有事情都是可能的,但并非所有事情都是允许的。施米特式的、对于国家之间无休无止的战争狂热结束了,施米特型的政治也随之烟消云散。另外,劳动的划分并没有随着政治上的划分一起消灭。但是,政府作为正义的最充分的表达,总是会一直表现出社会主义的辉煌一面,因为每个人都按需分配,每个人也都按劳分配。马克思所说的政府会完全消亡的观点是不对的。《纲要》是对马克思主义的巨大修正,但同时又比马克思本人所阐发的理论更好地达到了社会主义的目的。并且到最后,马克思会作为将普遍均质国家加以实在化的"人民"取得胜利(施特劳斯1991年,页290)。

尽管有些离奇,但现实的情况仍然是,智慧会从在单个的人身上的实现扩展到整个世界和所有的人,哪怕就如译者所说的,要做到这一点需几百年的时间。那样一种未来的现实状况会构造出一些事实,通过这些事实,Droit 和智慧的经验将来会被证明是正确的。

还应该从纯粹的阅读快感方面来说说这本书。这种智力上的快乐就像是一块油酥千层饼,一块拿破仑派和一块甜糕。人们几乎在每一页都可以遇到一处洞见,一条注脚,一个定义,或者一段评论,对于所讨论的问题——往往都是一些几百年来聚讼纷纭的问题——来说,它们都是如此命中要害,如此鞭辟入里,因此仅仅在字面上它们就可以对读者产生一种醍醐灌顶的力量。尽管作为一个《纲要》,顾名思义只要弄清楚 Droit 的等级和秩序就可以了,但是,本书在体系的总括性方面,也是非同寻常的,尽管存在论的和形而上学的基础在这里没有充分地展开讨论。它所处理的许多疑难和问题从表面看来都是风马牛不相及的,但是都被镶嵌进一个更加廓大的、将整个体系都按部就班地牢牢粘合在一起的语境里面。科耶夫几乎讨论到了所有问题:从巫术到道德的无神论性格,再到死刑当中的各种差异,或者是到关于生物进化逻辑的某个毁灭性的点,而在涉及物理学的逻辑问题的时候,还有对于某些亚里士多德式术语的、深入浅出的解释。在任何一个读者的经验里面,科耶夫都会是一个最出色的脚注写作者,并且,许多在表面上看来离题万里的东西经常就藏在书页底下。让我们看一下注释第 105:

> 人可以爱任何一个人,甚至是爱任何一样东西。一旦人开始将一种绝对性的价值赋予某个特定实体的存在本身的时候,他就已经在爱了。任何一种对于某个存在的(肯定性的)"没有利害考虑的"(disinterested)关系都是"爱",而所有的爱也都是一种"没有利害考虑的"关系。人们可以爱一件物品或者是一个动物。(可能艺术要表达的就是对于某个事物本身的爱:比如说,爱某棵树的纯粹的存在,爱这棵树的"本质"、"理念"。而音乐要表达的也是对于存在本身的爱,这种爱是抽象的,是无法言传的。)也可以"在普遍的意义上"爱人("爱邻人",或者"爱人类")。但是,人们也可以爱这样一个人,而排斥所有其他的人。因此,人们可以从这个人的特殊性出发来爱他,但是,在这样爱的时候,人们要把他从这种特殊性的*动作*——也就是说,那个将这个特殊性加以实在化的行为——当中抽象出来。因此,"拿破仑"的概念虽说只能适用于一个存在,但它也是一个概念——也就是说,是一个与经验性的拿破仑的 hic et nunc[此时此刻]相分离的实体。爱"拿破仑"也就是将自己与"拿破仑"这个概念——或者说,与他的"本质",他的"理念"或者他的"存在"本身——联系在一起。(正是

因为这个原因,所以爱人者会把被爱者"理想化"。如果说他错误地将"理想的"被爱者与被爱者 hic et nunc 的经验性的肉身一体看待,那么,"爱就是盲目的"。如果他意识到了这之间的差异,那么,他可能会"教化"这个肉身,以便使之符合自己的"理念"或者"理想",苏格拉底在《会饮》[*The Symposium*]中所谈及的"柏拉图式的爱"——当然这未必就是"柏拉图式的爱"——就是这样来的。不仅如此,看起来,不仅所有自觉的爱都会导向一种"教化",而且,所有自发的"教化"都要以爱为前提。)人们绝不可以把爱跟("肉欲性的")性的"升华"混为一谈,虽说性也是专属于人的(性欲)。但是,性欲可以与爱发生联系,可以给出一种现代意义上的"爱"。但这种"爱"没有任何家族性的东西在里面。如果说没有性欲的爱(在某些情况下)就是"友谊[amitié]",那么,上述这种"爱[amour]"就是一种"肉欲性的友谊[amitié amoureuse]":这种友谊是"性爱意义上的同居 [concubinage]"的人性化基础。[英译注:我们译作"肉欲性的友谊"的表达法,在法语里面一般用来指代某种通常发生在男人和女人之间的、调情式的和色欲性的关系,它的特点更多在于引诱和调情,而非势不可挡的激情,与完全意义上的性事比较起来,它的程度要差一些。]爱要想变成家族性的,必须要抱着教化的目的生育儿女,并且还要为这种教化创造一种共同的家业。并且,只要彼此相爱的人们还在被将他们与这种共同的家业联系起来的纽带联结在一起——或者说,只要他们还是"一家人",那么,这种爱就是家族性的。相反,只要这对伴侣彼此不再相爱——或者说,只要他们彼此之间不再把对方当成"一家人",那么,即便这种共同的家业还具有教育的意义,它也不再是家族性的了。另外,一家人之间的爱,无非意味着这样一个事实,就是说,他们在双方相互的**行为**之外,彼此都把一种肯定性的价值归于对方——也就是说,他们之所以相爱,仅仅因为他们是"一家人",仅仅是因为他们(作为一家人)存在。我可以看不起甚至仇视我的兄弟。但如果我仅仅是因为他是我的兄弟而给了他1000块钱,那么,对他而言我就体会到了一种家族性的爱。但是,如果我给什么人 1000 块钱,仅仅是因为他在我家族性的家业方面给过我帮助[collaboré],或者是因为他帮我教育过子女,那么,即便我爱他,我对他的爱也不是家族性的:也就是说,他不是我的家人。"家族性的爱"是对于"亲属"现象的另外一种表达。(页 407—408)

按照科耶夫的看法,是黑格尔揭示了行为是所有现实的核心。人和时间之所以可以创造人,是因为黑格尔赋予人一种绝对性的价值。但是,随着历史的终结,辩证法的这样一个创造过程似乎也要终结。《纲要》说到底不过就是这样一种意识,即:普遍均质国家一旦出现,那么,Droit 的过程就可以从实质上取代哲学的辩证过程。对将来会出现的所有事件都可以做出公断的那个"不可抗拒的"第三方,其本身就是充满智慧的;并且,《纲要》实质上也是这个最终的 Droit 的产物。但是,将来的生活会是怎样的呢?《纲要》的目标也许会被实现,但也有可能维持目前的这样一种困顿局面。

因为我们不得不考虑这样一点,即,创造了人的人,最后又把人带向终结,这必然要意味着:普遍均质国家里面的人,跟目前正在等待这个国家来临的这些凡人比较起来,一定将是一种本质上完全不同的、全新的人。在《黑格尔导读》的那段现在已经非常有名也备受争议的脚注里面,科耶夫曾经谈到过人在将来会再度动物化(re-animalization)的问题,他说:

> 人作为与自然或者特定存在相互**协调**的动物,仍然是存在的。消失的乃是严格意义上的人——也就是说,消失的乃是否定了特定存在的行为,乃是过错,或者从一般的意义上来说,乃是与客体相对立的主体。实际上,人类时间的终结,或者说历史的终结——也就是说,严格意义上的人的最终灭绝,或者说,自由的、历史性的个人的最终灭绝——它的意思无非是说,真正意义上的人类行为终止了。(科耶夫,1969 年,页 158—159)

但是,在写完《纲要》若干年之后,科耶夫对于这个问题有了更进一步的考虑,而办法则是拒绝接受这样一种观念,即:人的消失很明显也就意味着人的活动——艺术,爱,游戏等等——可以像今天这样继续下去。

> 如果人再度变成了动物,那么,他的艺术,他的爱和他的游戏一定也会再度变成纯粹"自然性的"东西。因此人们必须要承认,在历史的终结处,人们会像鸟造巢穴、蜘蛛织网那样构筑自己的房屋和艺术品,会学青蛙和知了的样子召开音乐会,会像幼小的动物那样游戏,也会像成年的野兽那样恋爱。但在那时,人们不能说所有这些会"让人**幸福**起来"。人们能够说的只是,后历史的智人类的(生活在富足和安全之中的)动物会因为他们艺术性的、肉欲的和游戏性的行为而**感到满足**,因为从本质上来说,他们会满足于这种行为。"严格意义上的人的最终灭绝"也意味着严格意义上的人类话语(Logos)的最终消失。智人类的动物会出于条件反射而对各种发声的信号或者信号性的"语言"做出反应,因此,他们所谓的"话语"也就是某种跟想象中的"蜜蜂的语言"相类似的东西。因此,要消失的不仅有哲学,有对于逻辑性智慧的探求工作,还有智慧本身。因为,在这些后历史的动物身上,再也不会有"对世界、对自己的[逻辑性的]理解"了。(前揭书,页159—160)

众所周知,科耶夫是用一种半开玩笑的口气来解决这个问题的,而他所举的例证则是他自己所看到的日本社会那种单纯的形式主义(formalism),在日本,

> 以纯粹的形式表现出来的势利眼(Snobberry),产生了各种否定"自然性的"给定存在或者"动物性的"给定存在的纪律,而这些纪律在效力上要远远超过那些在日本或者其他地方产生于"历史性"的行为("historical" Action)——也就是说,产生于尚武精神

和革命斗争,或者产生于被迫的劳动——的纪律。……但是,尽管有着长期存在的经济和政治方面的不平等,所有的日本人在当前仍然毫无例外地在按照一些就总体而言是形式化的价值——也就是说,这些价值根本没有任何"历史"意义上的、"人性化的"内容——在生活。因此,就极端情形来说,每一个日本人在原则上都可以出于纯粹势利的理由,而"无端地"自杀(而自杀的工具,也可以从传统意义上的武士之剑转化为飞机或者鱼雷),但这种自杀跟为了某些"历史性的"、具有社会或者政治内容的价值而发动的战争,跟在这种战争中对于生命的冒险,没有丝毫干系。……而既然没有哪个动物可以成为一个势利小人,所以,每一个"日本化的"(Japanized)、后历史的时段也就只能是人所特有的。因此,只要有智人类(the species Homo sapiens)的动物体存在,只要这些动物体还在为人身上那种人性化的东西提供"自然性的"物质支撑,那么,"严格意义上的人就不会最终灭绝"。但是,……"与自然或者特定存在相互协调的动物"虽然是一个有生命的存在,但他绝不会是人性化的。为了保持自己的人性,即便"否定给定存在的行为和过错"不存在了,人也必须要保持为一个"与客体相对立的主体"。这就意味着,尽管从此以后后历史的人会用一种适当的方式谈及所有被给予他的东西,但是,人一定会继续将"形式"与"内容"相**分离**,而这样做的目的也是为了以后不再对后者做出实际性的改造,但是却可以通过这种手段将纯粹"形式"中的自己与被作为任何一种"内容"来对待的自己和他人对立起来。(前揭书,页161—162)

因为知识既是全部被回忆起来并且也已经被完成的人类历史(即哲学史),也是主体与客体的同一,因此,历史性的人的无知,其实恰好是他的行为、爱和艺术的情欲刺激。而这种无知的终结则意味着,将来,人的行为不再跟行为及其意义的探求和考察联系在一起,而是跟某种生活联系在一起,在这种生活里面,他在做事情的时候好像是懵懂无知,但其实却不是如此,因为他在按照 Droit 的指引自然地、本能地生活着。也正是在这里，Droit 才会在自身正义的充分性里面将自己展示出来。

因为人类的政治生活也会消失，因为历史性的人的人性内容将会终结，所以，人类的生活从根本上来说将会被导向经济性和家族性的生活，也就是说，人类生活的根本目的乃是为了提供让社会平等成为可能的、经济方面的充裕，乃是为了过一种充满了爱的生活，但是在这种生活里面，爱和劳动将不再是意义寻求或者哲学实现的一个组成部分。后历史的人必然会将形式中的自己与自己和他人对立起来，这意味着，充分实现的、不再有进化的必然性的 Droit，会像 Droit 的辩证法和 Droit 的进化曾经一度推动历史性的世界那样，推动后历史的世界。划分将会出现，因为，即便是在社会主义的框架里面，仍然也有内在的困难和紧张需要解决。比如说：

> 平等的原则会要求在所有有权利得到晚餐的人之间进行平等分配，除此之外的任何东西都不再考虑。但是，等价原则会问，平分是不是真正等价的。如果有人看到有些人比另外一些更加饥饿，那他们就会发现情形不是这样的。接下来，人们会用另外的办法分配食物，以便使每个人得到的份额与其饥饿的程度相称。这样，这条原则就会得到满足，其余的事情人们就不再过问了。但是另外一种原则会受到这种不平等分配的冲击，于是它就要试图清除这种不平等。但是，为了可以不冲击等价原则，它就必须清除当事人之间的不平等。接下来人们就会问，有些人要比另外一些人更加饥饿的原因何在。而如果人们观察到这种区别是因为有人吃过午餐而另外一些人没吃造成的，那么人们就会注意到这种情况，于是从此以后，所有人可能就都可以吃到午餐了。（269 页）

因为这些问题的存在，所以在将来需要由法律不时作出正当的裁决。除此之外，因为经济生活也会对新技术和自然科学领域的发展提出要求，所以人们同样也可以想象，到时候仍然会有各种要求 Droit 从国家角度进行干预的冲突出现。因此,虽然权利和法律不会再有什么进化,但因为社会构造本身在很大程度上跟今天的情形一样,从复杂性的角度来说会变得更加丰富,所以它们也会变得更加丰富。另外,虽然不会再有任何的战争存在了(因为再也没有国家存在了),但科耶夫仍然毫不迟疑地将刑法也包括在《纲要》当中。即便是在彻底全球化并且也彻底正义的普遍均质国家里面,犯罪的后历史的人仍然还会存在。即便是被表述和理解到极致的正义,也仍然要预设非正义的存在。不管人们是生活在毫无历史内容的、形式化的行为里面,还是像蜂房里的蜜蜂那样纯粹出于本能而生活,像物理自然的混沌的决定论这一类东西是没有办法扬弃的。另外,将来也会有精神上遭伤害的人存在。

在《纲要》所面临的巨大困难里面,有一部分是来自科耶夫没有办法详细地列举普遍均质国家的宪法(是的,这个国家是有宪法的),也没有办法详细地列举实际的法律,因为这只有普遍均质国家自己才能做到。按照科耶夫的定义,普遍均质国家不可能是一个暴政国家。我们应该为这个正义的将来所提供的乐观前景感到高兴,但是,对于那些在如下问题上持有疑义的人来说,读这本书仍然会带来一种很深刻的、不自在的感觉,也就是说:寻求哲学意义上的智慧是不是跟任何一种社会秩序都是矛盾的,无论这种秩序是地区性的还是全球性的。但是,问题还不止这些;即便是从非哲学的意义上来看,人们仍然可以提出如下的疑问,即:科耶夫的智慧所揭示出来的,究竟是不是一种值得过的生活?因为这种智慧势必要将所有那些跟神圣、跟不可能、跟神话等等有关的事物,统统清除出去,因为当智慧本身是彻底的无神论——也就是说,人们意识到,所有人们一度认为是外在于自己的东西都不过是一种拟人论——的时候,情形势必就会是这样。人们甚至还可以说,科耶夫的伟大之处就在于,他不允许任何地方有哪怕一丝一毫的、哪怕是不经意的超越性的痕迹存在。除了物理性的和感官性的幻觉之外,所有其他幻觉统统都被清除出去,而这或许意味着,人类的将来乃是这样一种局面,也就是说:即便我们今天在像普鲁斯特(Proust)这一类受苦的作家那里所看到的那种颓废的、绝对意义上的文学,即便是这种文学当中的艺术创造力,也会消失。① 在将来,不管出现什么样的思想和艺术作品,即便是在将来那些虽然不幸福但却感到满意的作家的势利心态之下所发表出来的作品,在实质上绝对都将是重复性的。不过,从某种意义上来说,提出这样的问题可能也意味着:在这个问题的根基处存在着一种渴望,即,为了保持人的个体性,人们需要非正义和非法,需要打破 Droit,哪怕这种个体性是无知的,不明智的,或者换一个说法,是哲学性的,哪怕它就是我们在柏拉图那里所看到的那种旧式的 Droit。

译者弗洛斯特和霍斯在他们为《纲要》所写的导言里面,对于普遍均质国家如何通过 Droit 本身的实现而平稳地达到,做了最好的讨论。正如我们在今天的欧盟里面看到各种跨国性的组织机构正在迅速地被人们找到一样,世界范围内的全球化看起来正在迅速来临。另外,极具反讽意味的是,那些一直都在为自己的资本主义沾沾自喜的美国人,竟然没有意识到,资本主义推动普遍均质国家到来的方式,在很大程度上跟资本主义最伟大的哲人马克思所预见的方式是相同的。换句话说,普遍均质国家也许不是突发奇想,不是乌托邦式的科学虚构,而科耶夫的 système du savoir② 也说出了事态的全部真相。它也意味着,我们这些最后的历史性存在(last of the historical beings)所能够做的最有意义的事情,便是思考一下未来,同时也想办法设计出在将来的宪法里面可以对这种生活进行某种保护的法律(或许是在某个远古岛屿的某个黑暗洞穴里面)。

在《论僭政》(On Tyranny)里面,施特劳斯主张,即便是在普遍均质国家里面也还是有某些人会造反,而造反的人可能就是真正的哲人,他们会起来反抗普遍均质国家所遗留下来的这笔哲学遗产。坦白说,在读完《纲要》之后,人们的感觉跟读他其他著作是一样的,也就是

---

① [译按]普鲁斯特,可能是指 Valentin Louis Georges Eugène Marcel Proust(1871—1922),法国作家,以 1913—1927 年间分七个部分发表的小说《追忆似水年华》(à la recherche du temps perdu)最为著名。

② [译按]système du savoir,法文,意为"智慧或者知识的体系"。

说,人们可以很清楚地看到一点:科耶夫所预料的未来的远景不只是推测或者理论而已,因为当我们环顾整个世界的时候就可以发现,这个世界的情势很明显跟科耶夫对智慧的主张是若合符节的。因此,这种智慧完全有可能变成现实,因为,虽然它(目前尚未)成为现实,但有朝一日却可以自我实现。"一个冲突有可能发生的社会,如果内部没有有朝一日会变成现实的冲突,就不能够无限制地存在下去,也就是说,不能变成真正的现实。……而为了社会可以持续存在下去,这个干预必须要发生。因此,它必须要是一个'不可抗拒的'干预。一言以蔽之,必须要有一个法律情境。因此,只有在一个现实的——也就是说,有效力的,或者说,实际适用的——法存在于其中的条件下,社会才可以是真正现实的,或者说,才可以无限制地延续下去"(页118注释1)。只要有人存在,即便这些人在集体当中是必死的,普遍均质国家也会存在下去,因为这个国家拥有最充分的 Droit。旧式的 Droit 随时都可能毁灭,但身在这个平静集体当中的人,却被认为是不朽的。

因此,法权本身可以产生法权,并且,只要它是普遍的,是永远存在的,它就只能是法权。在科耶夫这里,如果 Droit 存在,那么,就必然要存在一个普遍均质国家,在这个国家里面,只有真正的对立,只有哲学,只有桀骜不驯的人性化追求才没有办法存在下去,因为此时居于统治地位的乃是 Droit。而要想接受这种情形,则需要一个具有极强社会正义感的强人。

参考文献:

科耶夫,1969年,*Introduction to the Reading of Hegel*。格诺编集的关于《精神现象学》的讲座。英译本主编布鲁姆,英译者是小尼古拉斯(H. Nichols Jr.),New York: Basic Books, Inc。

施特劳斯,1991年,*On Tyranny*。增订版,其中收录了施特劳斯与科耶夫之间的通信。编者是古热维奇(Victor Gourevitch)和罗斯(Michael S. Roth),New York: The Free Press。

评《僭主的爱欲》[1]

达格利尔(üner Daglier)　著

在《僭主的爱欲：施特劳斯与科耶夫关于僭政问题的争论》里面，辛格(Aakash Singh)围绕着"eros[爱欲]这样一个主导性的概念"(页1)，分析了施特劳斯和科耶夫在《论僭政》(*On Tyranny*)当中的争论。辛格主张，在施特劳斯那里占有中心地位的 eros[爱欲]的概念，或者更加准确地说，柏拉图的 eros turannos 概念，在科耶夫的理论当中与之对应的概念是 désir[欲望]。但是，如果要说这两个概念是一回事，或者说它们都可以归结为 eros 的概念，这就有点过分简化的味道了，而对此作者在著作的主要部分里面也是反对的。辛格在全书的开头和结尾所作的分类，或许跟他倾向于他所认为的施特劳斯的立场有关。在做了如上的交代之后，我认为辛格 *Eros Turannos* 一书最大的贡献便是他对于科耶夫的刻画，而这些刻画跟人们平常从《论僭政》出发所得出的结论是截然不同的。(实际上，也正是在这种语境之下，辛格对于当代思想家戴斯蒙德[William Desmond]的有力引证才显示出最大的价值。)无论人们从何种角度来分析这一场争论，在科耶夫对于真理和人类本性所做的、历史主义的理解的最深处，似乎都有一种僭政的因素。

从一开始，辛格就表达了对于施特劳斯僭政批评的同情态度，尽管这种同情直到全书最后才变成一种直言不讳的取向。对于以一种

---

[1] 本文译自 *Interpretation*,2007 年夏季号,总第 34 卷第 3 号,评辛格(Aakash Singh)著：*Eros Turannos*: *Leo Strauss and Alexandre Kojève Debate on Tyranny*, Lanham, Md.: University Press of America, 2005。

严肃态度来考虑这个问题的理论事业来说,柏拉图式的视角不仅是相关的,并且还是举足轻重的。与之相反,科耶夫对于僭政则采取甘愿服从的态度。辛格通过对于两位哲人精神传记和个人传记的简洁引用,来支持自己的主张。这位俄裔法国人对于斯大林主义的同情,以及他在冷战期间所谓的精神活动,使人们注意到了很多《论僭政》里面所没有的历史细节。但与此同时,当需要以两位作者的生平材料为基础来评价有关的哲学见解的时候,辛格又变得骑墙起来。这方面议题的出现跟目前人们正在争论的、美国高级管理层当中的"施特劳斯主义者"的意图这样一个问题有关。虽然辛格将施特劳斯的政治哲学从诸种对于僭政倾向的指控当中解脱了出来,但他仍然补充说,施特劳斯门人的那种所谓的政治行动主义(political activism),跟施特劳斯在《论僭政》里面所主张的那种哲学隐逸(philosophical withdrawal)倾向是没有办法调和的。除了将哲学事业之路上的各种障碍都清除之外,哲人在城邦里面不应该再参与超出这个限度之外的政治活动。如果情形果真如此,那么,关于目前美国这场公共的争论,辛格就留下了某些疑问的空间。"我的意思并不是说:因为施特劳斯是个柏拉图主义者,所以他就可以抵制那种让科耶夫倾倒的僭主的魅力"(页2)。

辛格以施特劳斯在《论僭政》当中所提出的、关于色诺芬《希耶罗》(Hiero)的基本见解为基础,主张:这篇对话的戏剧性结构要求人们要注意爱欲之爱(erotic love)。当诗人西蒙尼德(Simonides)表现得像一个年幼无知的对谈者,有条有理地探讨着僭政的诸多吸引人的所在的时候,他的谈话对手,专制君主希耶罗(Hiero)以最强调的语气表达了自己在情欲方面的不满足。很有可能,希耶罗之所以要有这些抱怨,一部分原因可能是想要贬低绝对政治权力的吸引力,以便让僭政对于一个可能是野心勃勃的人显得不再那么有吸引力。但是,如果一个专制君主没有办法找到真正的爱,而只能看到自私自利的恩惠,那么,这应该也是一个很痛苦的事实。"当性的问题被提出来以后,西蒙尼德所历数的所有那些随后的乐事就被全部忘记了"(页27)。看来对于专制君主来说,没有什么比情欲的满足更加重要。

西蒙尼德那种近乎愚蠢的幼稚其实是策略性的。在这个专制君主承认自己的孤独和不满足之前,西蒙尼德应该不会是插手进来并且在统治艺术方面给希耶罗一些建议的。但是,在到达这场对话的高潮之前,人们还必须要走另外一步。这个专制君主还必须要表达自己在另外一方面的不满足。当西蒙尼德提到,更高品格的人会不顾艰辛而追求荣誉的时候,这位君主又一次成为一个痛苦的人。他说自己还是吊死更好一些。但是,辛格主张,当两个人在讨论荣誉问题的时候,君主希耶罗并没有像讨论情欲满足问题时那样热心。不管怎样,这个君主都没有办法跳出他所成长的那个情境。因此,西蒙尼德插手进来并且给出统治艺术之建议的基础,其实是准备好了的。对话到了那里就结束了,我们也根本没有办法知道希耶罗的反应到底如何。施特劳斯主张,色诺芬不会从当时那种戏剧性的效果当中退出来。相反科耶夫则主张,希耶罗之所以默不作声,是因为他没有在乎西蒙尼德的建议。

一般来说,一个专制君主,无论他是不是正义,有没有德性,都希望得到所有人的爱戴。相反,哲人则只关注一帮精选出来的听众。"也就是说,哲人要更加自足一些,而从事政治的人则会成为所有公民的奴隶"(页31)。从另外一个层面来分析,与人对于另外一个人的需求联系在一起的 eros,是隐藏在哲人对于优雅、高贵和美丽的追求之后的根本动机。饶有趣味的是,正是这个驱使着哲人走向完美的动机 eros,却让君主变得卑下和不义。接下来,辛格分析了君主与哲人之间的相似性。城邦的秩序反映了统治者的心智,"因为城邦乃是大写的灵魂,所以僭政是以最不义的手段释放出来的 eros 的政权,而哲人的绝对统治则是最正义的"(页4)。不消说,这是因为哲人的灵魂有非常好的秩序,而被哲人所统治的城邦也会是一个秩序良好的城邦,而不是一个屈从于卑下的激情的城邦。

与施特劳斯的 eros[爱欲]相对等的,是科耶夫左派黑格尔主义当中的 désir[欲望],即对于承认的欲望。而辛格也的确将 désir 与荣誉看作是同义词。科耶夫认为,色诺芬对话当中占首要地位的,不是关于情欲满足的讨论,而是关于荣誉的讨论。在科耶夫看来,"希耶罗赞同西蒙尼德的、认为荣誉便是一切的、主人式的视角,但是他否认通过僭政可以获得荣誉"(页39)。君主不应该获得满足,因为他已经将臣民降至奴隶的地位,并且,他也没有办法因为下等人的赞美而得荣耀。人们可以说,那些同为平等地位之主人的、其他城邦的统治者可以给他荣耀,但这丝毫没有办法将他从他绝对的同时也是最后的胜利的那些无法避免的后果当中,即从世界性的统治当中,解脱出来。接下来,辛格指出了科耶夫对于这一问题的天才回答。

在哲人或者智者相对于政治来说应该扮演什么样的角色这个问题上,施特劳斯和科耶夫的见解是不同的。与施特劳斯的认为哲人应该过一种沉思生活的主张相反,科耶夫认为,智者应该积极参与政治,积极塑造历史,以便加快那种完美秩序的到来。这场争论的解决,取决于人们如何看待真理的本性和存在的本性。如果存在是永恒的,那么,在探求真理的过程中,沉思就将是最为保险的途径。但是,如果存在是与时俱化的(becoming),那么,科耶夫的建议就要占上风。

尽管辛格在本书接下来的部分继续了关于施特劳斯和科耶夫的讨论,但是,差不多在全书一半篇幅的时候,他将当代的思想家戴斯蒙德拉进来做两个人的仲裁。戴斯蒙德对于古代人联结伦理与政治的作法非常之敏感,但他所讲的却也是历史主义的语言。通过这个途径,辛格试图"将古代对于僭政的视角与当代思潮联系起来"(页70)。在戴斯蒙德看来,"'中间状态'(between)乃是人的根本处境"(页70)。但是,戴斯蒙德并不是一个道德上的相对主义者,并且,他也将人们对于伦理和道德的普遍性追求与人类的情欲本性联系起来。他步苏格拉底的后尘,主张从内在的角度来说,人作为情欲的存在物是指向于善的。困难在于,自然和伦理没有办法完全向人性敞开;它们毋宁倒是晦暗的,模棱两可的。在辛格看来,现代人自从培根以来,一直都在试图征服自然,而不是揭示自然。在道德哲学的领域,这意味着将自己从思想(ethos)和自然现实性的模棱两可当中解放出来;由此就导致,他们的探求就变成了一场为了追求自主性而展开的斗争。同样的道理也适用于科耶夫的教导,也就是说,科耶夫的教导也是"极端自主性"的一例,"在这种极端的自主状况里面,人们试图通过自己的力量将自己的理性规划雕刻在自然性的、处女地式的他者之上"(页71)。"在自主性和权力意志"之下的,乃是一种"将他者的存在(otherness)作为毫无价值的同时也是贬值的泥土的思想"(页71)。而一旦这种对于自然的盛气凌人的态度被人们接受,戴斯蒙德就会将政治性的僭政作为一种近切的可能性。

正是因为古代人对于自然的不可捉摸的性质保持了敏感,所以他们才胜过现代人。与此同时,戴斯蒙德也指出了柏拉图立场的某种不足。柏拉图将 eros 与对他者的渴望同等看待,而一旦自我与他者统一起来,这个他者又会死亡。与之相对,戴斯蒙德则更多地将 eros 看作是对于某种确定的缺失状态的反应:也就是说,情欲性的渴望乃是人类所独具的一种特性,也是人类面向自我超越敞开的根本源泉。辛格引用戴斯蒙德的话说,eros 乃是"对于根本状态的不懈追求"(页73;强调是原来就有的)。辛格本人则主张,在追求自我超越的过程中,柏拉图和施特劳斯都倾向于将他者化解到自我之中。

在接下来的内容里面,辛格分析了施特劳斯和科耶夫的其他著作。与《论僭政》当中毫不掩饰的、对于主人地位和承认所做的个人主义的斗争相比,主导科耶夫的《黑格尔导读》的则是某种阶级对抗的因素。这场为了主人地位的斗争最后将会随着工人阶级的解放达到高潮。换句话说,科耶夫试图扬弃主人与奴隶的二分法以及由这个二分法所带来的不可避免的后果,这个后果是:在战士获得决定性的胜利以后,他自己却没有办法获得满足。这需要进行更加详尽的解说。

在科耶夫看来,人通过欲望会变成一个"我",或许会获得一种对于自我的意识。但是,具有人性化作用的欲望必须要超越那种以自然性的对象为目标的、具有自我满足作用的欲望,它必须要指向那些给定现实性之外的对象,也就是说,必须要指向非自然性的和非现实性的对象。因为说到底,动物也是有欲望的。而实际上,具有人性化作用的欲望必须要特定地指向另外一个欲望,或者说,要指向另外一种自我意识。更进一步说,具有人性化作用的欲望必须要扬弃最初的、寻求自我保护的自然本能,而追求承认。那些"愿意为了某个非关生命本身的目的(a non-vital end)——即承认——而牺牲生命的人,也就等于是主张说,他是自己的主人,也是别人的主人。因此,虽然主人可以被奴隶承认,但奴隶却不会被主人承认"(页102)。尚武的主人出于某个人为的目的通过扬弃对于死亡的恐惧而获得东西，奴隶们通过自我否定，通过满足另外一种自我意识而得到了。"但是，奴隶通过劳动扬弃了自然，同样也扬弃了自身的自然性"（页103）。人们有理由认为，科耶夫从战士和劳动阶级都是自身的主人这点出发将二者等量齐观，这或许有某种过分简化的嫌疑，而在辛格的解释里面，对此似乎也是一笔带过，未加留意。换句话说，尽管战士和劳动者都达到了对自我做主的境界，但是，两者的存在还是有一种实质性的、关乎本性的区别。

科耶夫主张，从自我满足的角度来说，奴隶战胜了尚武的主人。"主人的行为仅仅是破坏性的，而奴隶的行为，即劳动，虽然也有破坏，但其目的却是为了创造——也就是说，他的行为不是破坏，而毋宁可以说是升华"（页103）。按照这种方式，奴隶应该"变成'绝对的主人'，应该可以得到一种普遍性的承认"（页103）。相反，"最初一刻的主人"却注定得不到满足（页103）。但是，将要被满足的是什么呢？

按照科耶夫的解释，智者已经获得了满足，并且，他既不需要什么东西，也不希望改变什么，"他只是存在，而不会变成什么"（页105）。但是，当所有人都可以获得满足的时候，历史将会终结。尚武的主人通过来自奴隶的承认而得到满足。而被转化成为无产阶级的奴隶，他们获得满足的途径则是通过对于自然的掌握，通过随着他们为主人所生产出来的东西而获得的、主人的承认——在这种联系当中，科耶夫提到一条《圣经》上的证据，即劳动必须被永远加在人们身上。主—奴的两分是在历史当中被实际地加以扬弃的。但是，随之而来的自主性的条件，将会替代人们发现自然的企图。在科耶夫的哲学里面，这应该是最具根本性的僭政因素。

辛格在给施特劳斯下结论的时候说，eros逐渐演化成了施特劳斯政治哲学的一个根本性原则。在一开始的时候，辛格考虑的问题是，施特劳斯为什么要在1959年的时候在芝加哥大学的政治学课堂上讲授柏拉图的《会饮》。但是相对于辛格如下的这个雄心勃勃的主张来说，这个问题只是一个序曲，这个主张是，"eros在某种意义上就是自然，甚至还可能是自然权利"（页112）。一开始，施特劳斯是将理性跟自然权利联系在一起的,但这引出了一个问题,"很明显,虽然野蛮人可能没有理性,但没有人会拒绝他们的 eros"(页 112)。因此,施特劳斯转变了他的自然权利的概念。在《自然权利与历史》第七版的序言里面,施特劳斯写道,"自从我写完这本书之后,我相信,我对于'自然权利与历史'的问题,理解得更加深入了"(转引自页 113)。但是,辛格并没有援引更多的证据来支持自己的论点。或许是认识到了自身立场的虚弱,他将焦点转移到了将 eros 看作是自然之本质的柏拉图那里,因为,eros"是产生和消灭的核心"(页 114)。除此之外,辛格也援引柏拉图来支持自己早先的一个主张,即,哲人和僭主是因为他们情欲的本性而联系在一起的。是这种情欲的本性将他们与具有进取性格的(thumos)政治家们区别开来。实际上,苏格拉底在诸如《法义》(Laws)、《蒂迈欧》(Timaeus)、《克里提阿》(Critias)、《智术师》(Sophist)和《治国者》(Statesman)等篇当中完全的缺席或者相对的沉默,也都应该放在这样一个框架当中来理解。与之形成对比的是,身为政治参与者的僭主则是 eros 的化身。"约定跟自然是相反的,而自然就是 eros"(页 121)。专制僭主蔑视习惯或律法(nomos),但是跟哲人不同,他们既不知道正义,也不知道中庸。

最后,《僭主的爱欲》涵盖了范围很大的材料,也介绍了一系列的观点;但是,毛病在于它对这些材料和观点的组织不太清晰。首先,在从施特劳斯和科耶夫的讨论当中得出结论之前,作者没有交代清楚,为什么他要将戴斯蒙德拉进来做这两位思想家的裁判。另外,即便是辛格最有说服力的部分也有可能会成为批评的对象:也就是说,并不是所有被讨论到的理念到最后都能够得出一个让人满意的结论,并且,这些理念之间的关联也并不完全是没有争议的。但是,辛格绝大多数的主张都是引人入胜的,并且就整体而言,它们也值得辛格要求读者在阅读这本书的时候付出努力和耐心。

图书在版编目（CIP）数据

科耶夫的新拉丁帝国 /（法）科耶夫等著；邱立波编译. --2版. --北京：华夏出版社有限公司，2024.5
（西方传统：经典与解释）
ISBN 978-7-5222-0599-1

I.①科… II.①科… ②邱… III.①政治哲学–研究 IV.①D0

中国国家版本馆 CIP 数据核字(2023)第 243455 号

科耶夫的新拉丁帝国

著　　者	[法]科耶夫 等
编　　译	邱立波
责任编辑	刘雨潇
责任印制	刘　洋
出版发行	华夏出版社有限公司
经　　销	新华书店
印　　装	北京汇林印务有限公司
版　　次	2024 年 5 月北京第 2 版 2024 年 5 月北京第 1 次印刷
开　　本	880×1230　1/32
印　　张	15.5
字　　数	423 千字
定　　价	108.00 元

华夏出版社有限公司　地址：北京市东直门外香河园北里 4 号　邮编：100028
网址：www.hxph.com.cn　电话：(010)64663331(转)
若发现本版图书有印装质量问题，请与我社营销中心联系调换。

西方传统：经典与解释
Classici et Commentarii
HERMES
刘小枫 ◎ 主编

古今丛编

拉辛与古希腊肃剧 吴雅凌 编译
欧洲中世纪诗学选译 宋旭红 编译
克尔凯郭尔 [美]江思图 著
货币哲学 [德]西美尔 著
孟德斯鸠的自由主义哲学 [美]潘戈 著
莫尔及其乌托邦 [德]考茨基 著
试论古今革命 [法]夏多布里昂 著
但丁：皈依的诗学 [美]弗里切罗 著
在西方的目光下 [英]康拉德 著
大学与博雅教育 董成龙 编
探究哲学与信仰 [美]郝岚 著
民主的本性 [法]马南 著
梅尔维尔的政治哲学 李小均 编/译
席勒美学的哲学背景 [美]维塞尔 著
果戈里与鬼 [俄]梅列日科夫斯基 著
自传性反思 [美]沃格林 著
黑格尔与普世秩序 [美]希克斯 等著
新的方式与制度 [美]曼斯菲尔德 著
科耶夫的新拉丁帝国 [法]科耶夫 等著
《利维坦》附录 [英]霍布斯 著
或此或彼（上、下）[丹麦]基尔克果 著
海德格尔式的现代神学 刘小枫 选编
双重束缚 [法]基拉尔 著
古今之争中的核心问题 [德]迈尔 著
论永恒的智慧 [德]苏索 著
宗教经验种种 [美]詹姆斯 著
尼采反卢梭 [美]凯斯·安塞尔-皮卢逊 著
舍勒思想评述 [美]弗林斯 著

诗与哲学之争 [美]罗森 著
神圣与世俗 [罗]伊利亚德 著
但丁的圣约书 [美]霍金斯 著

古典学丛编

俄耳甫斯祷歌 吴雅凌 译注
荷马笔下的诸神与人类德行 [美]阿伦斯多夫 著
赫西俄德的宇宙 [美]珍妮·施特劳斯·克莱 著
论王政 [古罗马]金嘴狄翁 著
论希罗多德 [苏]卢里叶 著
探究希腊人的灵魂 [美]戴维斯 著
尤利安文选 马勇 编/译
论月面 [古罗马]普鲁塔克 著
雅典谐剧与逻各斯 [美]奥里根 著
菜园哲人伊壁鸠鲁 罗晓颖 选编
劳作与时日（笺注本） [古希腊]赫西俄德 著
神谱（笺注本） [古希腊]赫西俄德 著
赫西俄德：神话之艺 [法]居代·德拉孔波 编
希腊古风时期的真理大师 [法]德蒂安 著
古罗马的教育 [英]葛怀恩 著
古典学与现代性 刘小枫 编
表演文化与雅典民主政制
[英]戈尔德希尔、奥斯本 编
西方古典文献学发凡 刘小枫 编
古典语文学常谈 [德]克拉夫特 著
古希腊文学常谈 [英]多佛 等著
撒路斯特与政治史学 刘小枫 编
希罗多德的王霸之辨 吴小锋 编/译
第二代智术师 [英]安德森 著
英雄诗系笺释 [古希腊]荷马 著
统治的热望 [美]福特 著
论埃及神学与哲学 [古希腊]普鲁塔克 著
凯撒的剑与笔 李世祥 编/译
伊壁鸠鲁主义的政治哲学 [意]詹姆斯·尼古拉斯 著
修昔底德笔下的人性 [美]欧文 著

修昔底德笔下的演说　[美]斯塔特 著
古希腊政治理论　[美]格雷纳 著
赫拉克勒斯之盾笺释　罗逍然 译笺
《埃涅阿斯纪》章义　王承教 选编
维吉尔的帝国　[美]阿德勒 著
塔西佗的政治史学　曾维术 编

古希腊诗歌丛编
古希腊早期诉歌诗人　[英]鲍勒 著
诗歌与城邦　[美]费拉格、纳吉 主编
阿尔戈英雄纪（上、下）
[古希腊]阿波罗尼俄斯 著
俄耳甫斯教辑语　吴雅凌 编译

古希腊肃剧注疏
欧里庇得斯与智术师　[加]科纳彻 著
欧里庇得斯的现代性　[法]德·罗米伊 著
自由与僭越　罗峰 编译
希腊肃剧与政治哲学　[美]阿伦斯多夫 著

古希腊礼法研究
宙斯的正义　[英]劳埃德-琼斯 著
希腊人的正义观　[英]哈夫洛克 著

廊下派集
剑桥廊下派指南　[加]英伍德 编
廊下派的苏格拉底　程志敏 徐健 选编
廊下派的神和宇宙　[墨]里卡多·萨勒斯 编
廊下派的城邦观　[英]斯科菲尔德 著

希伯莱圣经历代注疏
希腊化世界中的犹太人　[英]威廉逊 著
第一亚当和第二亚当　[德]朋霍费尔 著

新约历代经解
属灵的寓意　[古罗马]俄里根 著

基督教与古典传统
保罗与马克安　[德]文森 著
加尔文与现代政治的基础　[美]汉考克 著

无执之道　[德]文森 著
恐惧与战栗　[丹麦]基尔克果 著
托尔斯泰与陀思妥耶夫斯基
[俄]梅列日科夫斯基 著
论宗教大法官的传说　[俄]罗赞诺夫 著
海德格尔与有限性思想（重订版）
刘小枫 选编
上帝国的信息　[德]拉加茨 著
基督教理论与现代　[德]特洛尔奇 著
亚历山大的克雷芒　[意]塞尔瓦托·利拉 著
中世纪的心灵之旅　[意]圣·波纳文图拉 著

德意志古典传统丛编
黑格尔论自我意识　[美]皮平 著
克劳塞维茨论现代战争　[澳]休·史密斯 著
《浮士德》发微　谷裕 选编
尼伯龙人　[德]黑贝尔 著
论荷尔德林　[德]沃尔夫冈·宾德尔 著
彭忒西勒亚　[德]克莱斯特 著
穆佐书简　[奥]里尔克 著
纪念苏格拉底——哈曼文选　刘新利 选编
夜颂中的革命和宗教　[德]诺瓦利斯 著
大革命与诗化小说　[德]诺瓦利斯 著
黑格尔的观念论　[美]皮平 著
浪漫派风格——施勒格尔批评文集　[德]施勒格尔 著

巴洛克戏剧丛编
克里奥帕特拉　[德]罗恩施坦 著
君士坦丁大帝　[德]阿旺西尼 著
被弑的国王　[德]格吕菲乌斯 著

美国宪政与古典传统
美国1787年宪法讲疏　[美]阿纳斯塔普罗 著

启蒙研究丛编
论古今学问　[英]坦普尔 著
历史主义与民族精神　冯庆 编
浪漫的律令　[美]拜泽尔 著

现实与理性 [法]科维纲 著
论古人的智慧 [英]培根 著
托兰德与激进启蒙 刘小枫 编
图书馆里的古今之战 [英]斯威夫特 著

政治史学丛编
驳马基雅维利 [普鲁士]弗里德里希二世 著
现代欧洲的基础 [英]赖希 著
克服历史主义 [德]特洛尔奇 等著
胡克与英国保守主义 姚啸宇 编
古希腊传记的嬗变 [意]莫米利亚诺 著
伊丽莎白时代的世界图景 [英]蒂利亚德 著
西方古代的天下观 刘小枫 编
从普遍历史到历史主义 刘小枫 编
自然科学史与玫瑰 [法]雷比瑟 著

地缘政治学丛编
地缘政治学的起源与拉采尔 [希腊]斯托杨诺斯 著
施米特的国际政治思想 [英]欧迪瑟乌斯/佩蒂托 编
克劳塞维茨之谜 [英]赫伯格-罗特 著
太平洋地缘政治 [德]卡尔·豪斯霍弗 著

荷马注疏集
不为人知的奥德修斯 [美]诺特维克 著
模仿荷马 [美]丹尼斯·麦克唐纳 著

品达注疏集
幽暗的诱惑 [美]汉密尔顿 著

阿里斯托芬集
《阿卡奈人》笺释 [古希腊]阿里斯托芬 著

色诺芬注疏集
居鲁士的教育 [古希腊]色诺芬 著
色诺芬的《会饮》 [古希腊]色诺芬 著

柏拉图注疏集
挑战戈尔戈 李致远 选编
论柏拉图《高尔吉亚》的统一性 [美]斯托弗 著
立法与德性——柏拉图《法义》发微 林志猛 编

柏拉图的灵魂学 [加]罗宾逊 著
柏拉图书简 彭磊 译注
克力同章句 程志敏 郑兴凤 撰
哲学的奥德赛——《王制》引论 [美]郝兰 著
爱欲与启蒙的迷醉 [美]贝尔格 著
为哲学的写作技艺一辩 [美]伯格 著
柏拉图式的迷宫——《斐多》义疏 [美]伯格 著
苏格拉底与希琵阿斯 王江涛 编译
理想国 [古希腊]柏拉图 著
谁来教育老师 刘小枫 编
立法者的神学 林志猛 编
柏拉图对话中的神 [法]薇依 著
厄庇诺米斯 [古希腊]柏拉图 著
智慧与幸福 程志敏 选编
论柏拉图对话 [德]施莱尔马赫 著
柏拉图《美诺》疏证 [美]克莱因 著
政治哲学的悖论 [美]郝岚 著
神话诗人柏拉图 张文涛 选编
阿尔喀比亚德 [古希腊]柏拉图 著
叙拉古的雅典异乡人 彭磊 选编
阿威罗伊论《王制》 [阿拉伯]阿威罗伊 著
《王制》要义 刘小枫 选编
柏拉图的《会饮》 [古希腊]柏拉图 等著
苏格拉底的申辩（修订版） [古希腊]柏拉图 著
苏格拉底与政治共同体 [美]尼柯尔斯 著
政制与美德——柏拉图《法义》疏解 [美]潘戈 著
《法义》导读 [法]卡斯代尔·布舒奇 著
论真理的本质 [德]海德格尔 著
哲人的无知 [德]费勃 著
米诺斯 [古希腊]柏拉图 著
情敌 [古希腊]柏拉图 著

亚里士多德注疏集
亚里士多德论政体 崔嵬、程志敏 编
《诗术》译笺与通绎 陈明珠 撰

亚里士多德《政治学》中的教诲　[美]潘戈 著
品格的技艺　[美]加佛 著
亚里士多德哲学的基本概念　[德]海德格尔 著
《政治学》疏证　[意]托马斯·阿奎那 著
尼各马可伦理学义疏　[美]伯格 著
哲学之诗　[美]戴维斯 著
对亚里士多德的现象学解释　[德]海德格尔 著
城邦与自然——亚里士多德与现代性　刘小枫 编
论诗术中篇义疏　[阿拉伯]阿威罗伊 著
哲学的政治　[美]戴维斯 著

普鲁塔克集
普鲁塔克的《对比列传》　[英]达夫 著
普鲁塔克的实践伦理学　[比利时]胡芙 著

阿尔法拉比集
政治制度与政治箴言　阿尔法拉比 著

马基雅维利集
解读马基雅维利　[美]麦考米克 著
君主及其战争技艺　娄林 选编

莎士比亚绎读
莎士比亚的罗马　[美]坎托 著
莎士比亚的政治智慧　[美]伯恩斯 著
脱节的时代　[匈]阿格尼斯·赫勒 著
莎士比亚的历史剧　[英]蒂利亚德 著
莎士比亚戏剧与政治哲学　彭磊 选编
莎士比亚的政治盛典　[美]阿奎里斯/苏利文 编
丹麦王子与马基雅维利　罗峰 选编

洛克集
上帝、洛克与平等　[美]沃尔德伦 著

卢梭集
致博蒙书　[法]卢梭 著
政治制度论　[法]卢梭 著
哲学的自传　[美]戴维斯 著
文学与道德杂篇　[法]卢梭 著

设计论证　[美]吉尔丁 著
卢梭的自然状态　[美]普拉特纳 等著
卢梭的榜样人生　[美]凯利 著

莱辛注疏集
汉堡剧评　[德]莱辛 著
关于悲剧的通信　[德]莱辛 著
智者纳坦（研究版）　[德]莱辛 等著
启蒙运动的内在问题　[美]维塞尔 著
莱辛剧作七种　[德]莱辛 著
历史与启示——莱辛神学文选　[德]莱辛 著
论人类的教育　[德]莱辛 著

尼采注疏集
尼采引论　[德]施特格迈尔 著
尼采与基督教　刘小枫 编
尼采眼中的苏格拉底　[美]丹豪瑟 著
动物与超人之间的绳索　[德]A.彼珀 著

施特劳斯集
苏格拉底与阿里斯托芬
论僭政（重订本）　[美]施特劳斯 [法]科耶夫 著
苏格拉底问题与现代性（第三版）
犹太哲人与启蒙（增订本）
霍布斯的宗教批判
斯宾诺莎的宗教批判
门德尔松与莱辛
哲学与律法——论迈蒙尼德及其先驱
迫害与写作艺术
柏拉图式政治哲学研究
论柏拉图的《会饮》
柏拉图《法义》的论辩与情节
什么是政治哲学
古典政治理性主义的重生（重订本）
回归古典政治哲学——施特劳斯通信集

***

哲学、历史与僭政　[美]伯恩斯、弗罗斯特 编

追忆施特劳斯　张培均 编

施特劳斯学述　[德]考夫曼 著

论源初遗忘　[美]维克利 著

阅读施特劳斯　[美]斯密什 著

施特劳斯与流亡政治学　[美]谢帕德 著

驯服欲望　[法]科耶夫 等著

施特劳斯讲学录

苏格拉底与居鲁士

追求高贵的修辞术

——柏拉图《高尔吉亚》讲疏（1957）

斯宾诺莎的政治哲学

施米特集

宪法专政　[美]罗斯托 著

施米特对自由主义的批判　[美]约翰·麦考米克 著

伯纳德特集

古典诗学之路（第二版）　[美]伯格 编

弓与琴（重订本）　[美]伯纳德特 著

神圣的罪业　[美]伯纳德特 著

布鲁姆集

巨人与侏儒（1960-1990）

人应该如何生活——柏拉图《王制》释义

爱的设计——卢梭与浪漫派

爱的戏剧——莎士比亚与自然

爱的阶梯——柏拉图的《会饮》

伊索克拉底的政治哲学

沃格林集

自传体反思录

朗佩特集

哲学与哲学之诗

尼采与现时代

尼采的使命

哲学如何成为苏格拉底式的

施特劳斯的持久重要性

迈尔集

施米特的教训

何为尼采的扎拉图斯特拉

政治哲学与启示宗教的挑战

隐匿的对话

论哲学生活的幸福

大学素质教育读本

古典诗文绎读 西学卷·古代编（上、下）

古典诗文绎读 西学卷·现代编（上、下）